21世纪高等学校土木建筑类
创新型应用人才培养规划教材

桥梁工程

主　编　吴　鸣　金晓勤

武汉大学出版社

图书在版编目(CIP)数据

桥梁工程/吴鸣,金晓勤主编.—武汉:武汉大学出版社,2020.9
ISBN 978-7-307-21501-6

Ⅰ.桥… Ⅱ.①吴… ②金… Ⅲ.桥梁工程—高等学校—教材 Ⅳ.U44

中国版本图书馆 CIP 数据核字(2020)第 080781 号

责任编辑:胡 艳　　　责任校对:汪欣怡　　　版式设计:马 佳

出版发行:武汉大学出版社　(430072　武昌　珞珈山)
（电子邮箱:cbs22@whu.edu.cn　网址:www.wdp.com.cn）
印刷:武汉鑫佳捷印务有限公司
开本:787×1092　1/16　印张:25.25　字数:641 千字　插页:1
版次:2020 年 9 月第 1 版　　2020 年 9 月第 1 次印刷
ISBN 978-7-307-21501-6　　定价:55.00 元

版权所有,不得翻印;凡购我社的图书,如有质量问题,请与当地图书销售部门联系调换。

前　言

基于学习产出的教育模式(outcomes-based education，OBE)，自 1981 年由 Spady 等人提出后，其理念和方法被公认为是追求卓越教育的有效方法，受到世界各国著名大学的重视。作为国际化程度最高、体系最完整的本科工程教育国际互认协议——《华盛顿协议》(Washington Accord)，全面接受了 OBE 理念，并将其融入到工程教育专业认证中。2016 年 6 月，中国成为《华盛顿协议》正式成员，这意味着中国工程教育认证结果将在《华盛顿协议》正式签约国和地区实现互认。因此，面向世界一流大学建设，将 OBE 理念作为本科专业建设改革的方向，意义深远。本教材编写以 OBE 为导向，以学生现代工程能力培养为主线，以工程案例为载体，可以达到培养学生知识综合运用能力与工程实践能力的目的，亦符合高等学校土木工程专业教学指导委员会制定的培养目标。本教材编写的总体思路是"厚基础，重能力，求创新，以培养应用型人才为主"，可作为宽口径土木、交通类学生的专业课教材。

教材以培养学生工程能力为主线，以工程案例为载体，本书在编写过程中充分体现工程特色，突出实践，强化应用，突出工程教育的主体意识，突出工程能力培养，培养学生发现问题、解决问题的能力。书中对桥梁基本知识力求阐述清楚，简化了若干复杂理论问题的中间推导过程；尽量以实际工程的图片结合理论内容进行讲解，增强学生对桥梁工程的感性认识，并由此加深对桥梁工程理论的理解，尤其是通过介绍各种类型桥梁结构的构造要求、受力特点、计算方法和桥规规定等，使学生能掌握我国常用桥梁的构造原理和设计计算方法，熟悉有关桥梁施工方面的知识，了解现代各种大跨度桥梁的构造、计算原理和施工特点，并能运用已学知识，解决大跨、较复杂桥梁问题的能力。本教材按交通部颁布的最新桥梁设计规范编写，重点突出实用、创新；体现了学科行业新知识、新技术、新成果，反映了人才培养模式和教学改革最新趋势；在内容编排上，将桥梁结构和美学结合在一起，使读者对技术美、艺术美、功能美协调统一有更深的理解，同时还涉及工程伦理的相关知识。

虽然利用计算机程序进行计算分析已极为普遍，但为了突出对力学概念和方法、步骤的理解，书中还是较详细地介绍了荷载横向分布的原理。

全书共 11 章。第 1 章简述桥梁在公路交通中的重要作用及其在社会经济和文化发展中的重要地位，介绍桥梁的组成与分类，国内外桥梁建筑的发展概况，桥梁的设计程序和设计基本原则，以及学生应掌握的作用的分类及各类作用的计算方法、作用效应的组合方法；第 2 章介绍了桥面的构造要求和设置原则；第 3 章详细介绍了学生应掌握的简支梁桥的构造要求和受力特点、设计计算方法、横向分布系数的计算等；第 4 章介绍了梁桥支座的类型、构造和布置，学生应重点掌握的桥梁常用的橡胶支座的构造、工作原理以及在桥梁中的应用；第 5 章介绍了连续梁桥和连续刚构桥的主要特点和一般构造，学生应了解结构设计计算方法、产生次内力的因素及计算方法；第6、8章详细介绍了混凝土梁桥和拱桥的常用施工方法。第7章详细介绍了拱桥结构特点和受力特点、拱桥的分类，中小跨径拱桥的结构设计计算方法；第9章介绍了斜拉桥和悬索桥的受力特点、孔跨布置、结构设计、各主要部件的作用和主要的施工方法；第10章介绍了常用桥墩、桥台的结构类型及设计计算方法；第11章介绍了桥梁的审美原理与法则，桥梁建筑美学的基本要素，以及各种桥型的美学设计。

本教材第1、2、4、6、8、9、11章由汕头大学吴鸣编写，第3、5、7、10章由厦门理工学院金晓勤编写，全书由汕头大学吴鸣统稿并任第一主编，湖南大学邵旭东教授主审。在本书编写过程中，汕头大学祝志文教授、湖南城市学院曹国辉教授提出了许多宝贵的意见，在此表示衷心的感谢。同时，还要感谢汕头大学研究生张琳琳、浦童刚、林君福参加了本书文稿整理及部分插图的绘制。

此教材的出版得到汕头大学教材补贴资助，在此表示感谢。

由于作者水平有限，书中难免存在差错和不当之处，敬请读者批评指正。

编 者

2019年10月

目 录

第 1 章　绪论 ·· 1
1.1　桥梁的组成和分类 ·· 2
1.2　桥梁发展概述 ·· 12
1.3　桥梁总体规划与设计程序 ··· 27
1.4　桥梁上的作用 ·· 38
1.5　桥梁的维护与管理 ·· 47
本章小结 ·· 51
思考题及习题 ·· 52

第 2 章　桥面布置与构造 ·· 53
2.1　桥面铺装 ··· 54
2.2　桥面防水与排水系统 ··· 56
2.3　桥梁伸缩缝 ··· 59
2.4　人行道、栏杆、护栏与灯柱 ··· 65
2.5　防落梁桥梁装置 ··· 73
本章小结 ·· 74
思考题及习题 ·· 75

第 3 章　混凝土简支梁桥 ·· 76
3.1　概述 ·· 76
3.2　混凝土简支板桥的构造与设计 ·· 76
3.3　混凝土简支梁桥的构造与设计 ·· 83
3.4　混凝土简支梁桥的计算 ··· 91
本章小结 ·· 118
思考题及习题 ·· 119

第 4 章　梁式桥支座 ·· 122
4.1　常用支座的类型和构造 ·· 122
4.2　支座的布置 ··· 127
4.3　支座的计算 ··· 131
本章小结 ·· 133
思考题及习题 ·· 134

第 5 章　混凝土连续体系梁桥 ... 135
5.1　预应力混凝土连续梁桥 ... 135
5.2　预应力混凝土连续刚构桥 ... 147
本章小结 ... 152
思考题及习题 ... 152

第 6 章　混凝土梁桥的施工 ... 153
6.1　混凝土简支梁桥的制造工艺 ... 154
6.2　装配式简支梁的运输和安装 ... 166
6.3　连续体系梁桥的施工 ... 170
本章小结 ... 180
思考题及习题 ... 181

第 7 章　拱桥 ... 182
7.1　概述 ... 182
7.2　拱桥的构造 ... 188
7.3　拱桥的设计 ... 202
7.4　拱桥的计算 ... 206
7.5　钢管混凝土拱桥简介 ... 230
7.6　其他类型拱桥 ... 234
本章小结 ... 237
思考题及习题 ... 238

第 8 章　混凝土拱桥的施工 ... 240
8.1　拱桥有支架施工 ... 240
8.2　拱桥缆索吊装施工 ... 243
8.3　其他施工方法简介 ... 248
本章小结 ... 257
思考题及习题 ... 258

第 9 章　斜拉桥和悬索桥 ... 259
9.1　概述 ... 259
9.2　斜拉桥的布置与构造 ... 265
9.3　斜拉桥的计算分析要点 ... 287
9.4　悬索桥的基本类型和总体布置 ... 290
9.5　悬索桥构造 ... 296
9.6　斜拉桥和悬索桥施工 ... 305
本章小结 ... 318
思考题及习题 ... 319

第10章 桥梁墩台 ·· 321
- 10.1 桥梁墩台的设计和构造 ·· 321
- 10.2 桥墩计算 ·· 340
- 10.3 桥台计算 ·· 355
- 本章小结 ·· 360
- 思考题及习题 ·· 361

第11章 桥梁建筑美学 ·· 362
- 11.1 桥梁审美原理与法则 ··· 362
- 11.2 梁桥美学设计 ·· 372
- 11.3 拱桥美学设计 ·· 376
- 11.4 悬索桥美学设计 ··· 379
- 11.5 斜拉桥美学设计 ··· 385
- 11.6 附属设施美学设计 ·· 390
- 本章小结 ·· 393
- 思考题及习题 ·· 394

参考文献 ·· 395

第1章 绪　　论

本章提要及学习结果

　　本章简述桥梁在公路交通中的重要作用及其在社会经济和文化发展中的重要地位；桥梁的组成、结构体系和分类；桥梁的发展，以及国内外桥梁建设的成就。介绍桥梁的平、纵、横设计与建设的程序和设计步骤；桥梁作用的分类及各类作用的计算方法、作用效应的组合；桥梁的使用管理。通过本章的学习，学生应该能够：

　　1. 阐述桥梁的基本结构及其各部分的作用，表达现阶段桥梁的主要类型，讨论并表述各种桥型的力学特点；
　　2. 理解桥梁总体规划原则和方案比选方法，能应用桥梁纵、横断面设计和平面布置；
　　3. 记住规范中有关设计荷载的确定，解释车道荷载和车辆荷载，应用荷载组合；
　　4. 阐述国内外桥梁发展概况，解释桥梁的发展趋势；
　　5. 说明桥梁的使用管理。

　　桥梁(bridge)是跨越障碍的通道，是道路和铁路的重要组成部分。

　　桥梁工程在学科上属于土木工程的重要分支。它与房屋工程一样，也是用石、砖、木、混凝土、钢筋混凝土和各种金属材料建造的结构工程，如果说一座现代化高层建筑具有高耸挺拔的雄姿，一座大跨度桥梁则具有凌空宏伟的魅力。

　　桥梁是一种功能性的结构物，也往往是一座立体的造型艺术工程，是一处具有时代特征的景观，是世界建筑艺术的重要组成部分。从古至今，人类从未停止过对桥梁美学的追求，很多桥梁被建成为令人赏心悦目的艺术品，使人们产生美的感受，激发人们的自豪感，成为人们生活环境中使人印象深刻的标志性建筑物，比如1937年建成通车的美国旧金山金门大桥，至今仍然为人们所赞叹。

　　大力发展交通运输事业，建立四通八达的现代交通网络，对于国民经济的发展，促进文化交流，加强民族团结，缩小地区差别，巩固国防等方面都有着非常重要的作用。我国自改革开放以来，路(特别是高等级公路、城市道路、铁路)、桥建设得到了飞速的发展，对改善人民的生活环境，改善投资环境，促进经济的腾飞起到了关键性的作用。

　　桥梁的发展与运输业的发展密不可分，每当运输工具发生重大变化，就对桥梁在承载能力、结构型式和跨越能力等方面提出新的要求，进而推动了桥梁工程技术的发展。此外，整个社会的进步，新材料的应用，结构力学和计算力学的发展，乃至近年来电子技术、施工技术的发展，都有力地促进了建桥技术水平的不断发展与提高，使之更好地适应交通运输的发展要求。

　　随着科学技术的进步和经济、社会、文化水平的提高，人们对桥梁建筑提出了更高的要求。经过几十年的努力，我国的桥梁工程无论在建设规模还是在科技水平上，均已跻身世界先进行列。各种功能齐全、造型美观的立交桥、高架桥,横跨长江、黄河等大江大河的特大跨度桥梁,如雨后春笋般频频建成。中国桥梁在世界大跨度悬索桥、拱桥和斜拉桥的排行榜上已名列前茅,而且在数量上亦居于领先地位,中国已成为名副其实的桥梁大国,正向桥梁强国迈进。

纵观我国的经济社会发展,交通设施的发展与完善依然任重道远,桥梁工程的建设方兴未艾,与此同时,桥梁建设正朝着新型、大跨、轻质、美观的方向发展。可以预见,在今后相当长的一个时期内,广大的桥梁工程师将面临建设更加新颖和复杂桥梁结构的挑战,肩负着更加光荣而艰巨的任务,这也是学习"桥梁工程"这门课的意义所在。

1.1 桥梁的组成和分类

道路路线遇到江河湖泊、山谷深沟以及其他线路(铁路或公路)等障碍时,为了保持道路的连续性,就需要建造专门的人工构造物——桥梁,来跨越障碍。下面先熟悉一座桥梁的基本组成部分以及桥梁的分类情况。

1.1.1 桥梁的基本组成

桥梁一般由四个基本部分组成,即上部结构(superstructure)、下部结构(substructure)、支座(bearing)和附属设施(accessory)。

图1.1所示为一座梁式桥的概貌,涉及一般桥梁工程的主要名词解释如下:

上部结构(桥跨结构):是在线路中断时跨越障碍的主要承重结构,是桥梁支座以上(无铰拱起拱线或刚架主梁底线以上)跨越桥孔的总称,桥梁跨越幅度越大,上部结构的构造也就越复杂,施工难度也相应增加。

下部结构:包括桥墩(pier)、桥台(abutment)和基础(foundation)。

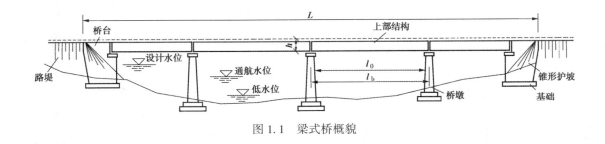

图1.1 梁式桥概貌

桥墩和桥台:是支承上部结构,并将其传来的恒载和车辆等活载再传至基础的结构物。通常将设置在桥两端的称为桥台,设置在桥中间部分的称为桥墩。桥台除了具有上述作用外,还与路堤相衔接,并抵御路堤土的压力,防止路堤填土的坍落。单孔桥只有两端的桥台,而没有中间桥墩。

桥墩和桥台底部的奠基部分:称为基础,基础承担了从桥墩和桥台传来的全部荷载,这些荷载包括竖向荷载以及地震力、船舶撞击墩身等引起的水平荷载,由于基础往往深埋于水下地基中,在桥梁施工中是难度较大的一个部分,也是确保桥梁安全的关键之一。

支座：是设在墩(台)顶，用于支承上部结构的传力装置，它不仅要传递很大的荷载，并且要保证上部结构按设计要求产生一定的变位。

桥梁的附属设施：包括桥面系(bridge decking)、伸缩缝(expansion joint)、桥梁与路堤衔接处的桥头搭板(transition slab at bridge head)和锥形护坡(conical slope)等。

河流中的水位是变动的，枯水季节的最低水位称为低水位(low water level)，洪峰季节河流中的最高水位称为高水位(high water level)。桥梁设计中按规定的设计洪水频率计算所得的高水位(很多情况下是推算水位)，称为设计洪水位(designed flood level)。在各级航道中，能保持船舶正常航行时的水位，称为通航水位(navigable water level)。

下面介绍一些与桥梁布置有关的主要尺寸和名词术语。

主桥(main bridge)：桥孔跨越主要障碍物(如河道主槽部分或深谷、人工设施主要部分)而设置的桥跨结构。

引桥(approach bridge)：位于主桥两端，代替高路堤的桥梁跨段。引桥将主桥与路堤以合理的坡度连接起来。

净跨径(clear span)：对于设支座的桥梁为相邻两墩、台身顶内缘之间的水平净距，不设支座的桥梁为上、下部结构相交处内缘间的水平净距，用 l_0 表示，如图1.2所示。

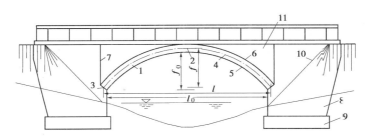

1—拱圈；2—拱顶；3—拱脚；4—拱轴线；5—拱腹；6—拱背；
7—变形缝；8—桥台；9—基础；10—锥坡；11—拱上结构
图1.2 拱桥概貌

计算跨径(computed span)：对于设支座的桥梁，为相邻支座中心的水平距离，对于不设支座的桥梁(如拱桥、刚构桥等)，为上、下部结构的相交面之中心间的水平距离，用 l 表示。桥梁结构的力学计算是以 l 为准的。

总跨径(total span)：是多孔桥梁中各孔净跨径的总和($\sum l_0$)，它反映了桥下宣泄洪水的能力。

桥梁全长(total length of bridge)：简称桥长，对于有桥台的桥梁为两岸桥台翼墙尾端间的距离，对于无桥台的桥梁为桥面系行车道长度，用 L 表示(图1.1)。

桥下净空(clearance height of span)：为满足桥下通航(或行车、行人)的需要和保证桥梁安全而对上部结构底缘以下规定的空间界限。其中，桥下净空高度是设计洪水位或计算通航水位至桥跨结构最下缘之间的距离，以 H 表示，它应保证能安全排洪，并不得小于对该河流通航所规定的净空高度。对于跨线桥或立交桥，桥下净空对于保证所跨越线路的通行能力至关重要。

桥梁建筑高度(construction height of bridge)：上部结构底缘至桥面顶面的垂直距离(图1.1中的h)，线路定线中所确定的桥面标高，与通航(或桥下通车、人)净空界限顶部标高之差，称为容许建筑高度(allowable construction height)，显然，桥梁建筑高度不得大于容许建筑高度，为控制桥梁建筑高度，可以通过在桥面以上布置结构(如斜拉桥、悬索桥、中、下承式拱桥等)的方式加以解决。

桥面净空(clearance above bridge floor)：是桥梁行车道、人行道上方应保持的空间界限，公路、铁路和城市桥梁对桥面净空都有相应的规定。

净矢高(clearance bowed height)：是从拱顶截面下缘至相邻两拱脚截面下缘最低点之连线的垂直距离，以f_0表示(图1.2)。

计算矢高(computed bowed height)：是从拱顶截面形心至相邻两拱脚截面形心之连线的垂直距离，以f表示(图1.2)。

矢跨比(rise span ratio)：是拱桥中拱圈(或拱肋)的计算矢高f与计算跨径l之比(f/l)，也称拱矢度，它是反映拱桥受力特性的一个重要指标。

此外，我国《公路桥涵设计通用规范》(JTG D60—2015，以下简称《公路桥规》)中规定，对标准设计或新建桥涵跨径在50m以下时，一般均应尽量采用标准跨径(l_b)(standard span)。对于梁式桥，它是指两相邻桥墩中线之间的距离，或墩中线至桥台台背前缘之间的距离；对于拱式桥，则是指净跨径。

1.1.2 桥梁的分类

桥梁种类繁多，都是人们在长期的生产活动中，通过反复实践和不断总结逐步发展起来的。为了对各种类型的桥梁结构有个概略的认识，下面加以简要的分析说明。

1. 按结构类型分类

结构工程上的受力构件，总离不开拉、压和弯三种主要受力方式。由基本构件所组成的各种结构物，在力学上也可归结为梁式、拱式和悬吊式三种基本体系以及它们之间的各种组合(如刚架桥和斜拉桥)。现代的桥梁结构也一样，不过其内容更丰富，形式更多样，材料更坚固，技术更进步。下面分别来阐明桥梁各种体系的主要特点。

(1)梁式桥(beam bridge)

梁式桥是一种在竖向荷载作用下无水平反力的结构，如图1.3(a)(b)所示，由于外力(恒载和活载)的作用方向与承重结构的轴线接近垂直，因而与同样跨径的其他结构体系相比，梁桥内产生的弯矩最大，通常需用抗弯、抗拉能力强的材料(钢、配筋混凝土、钢-混凝土组合结构等)来建造，目前在公路上应用最广的是预制装配式的钢筋混凝土简支梁桥，这种梁桥的结构简单，施工方便，简支梁对地基承载力的要求也不高，其常用跨径在25m以下。当跨径较大时，需采用预应力混凝土简支梁桥，但跨度一般不超过50m。为了改善受力条件和使用性能，当地质条件较好时，中、小跨径梁桥均可修建连续梁桥，如图1.3(c)所示，对于很大跨径的大桥和特大桥，可采用预应力混凝土梁桥、钢桥和钢-混凝土组合梁桥，如图1.3(d)(e)所示。

(2)拱式桥(arch bridge)

拱式桥的主要承重结构是拱圈或拱肋(拱圈横截面设计成分离形式时称为拱肋)。拱结构在竖向荷载作用下，桥墩和桥台将承受水平推力，如图1.4(a)(b)所示。同时，根

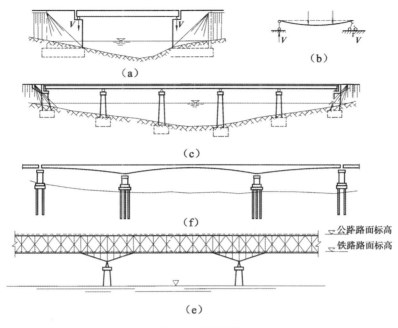

图 1.3 梁式桥

据作用力和反作用力原理,墩台向拱圈(或拱肋)提供一对水平反力,这种水平反力将大大抵消在拱圈(或拱肋)内由荷载所起的弯矩。因此,与同跨径的梁相比,拱的弯矩、剪力和变形都要小得多,鉴于拱桥的承重结构以受压为主,通常可用抗压能力强的圬工材料(如砖、石、混凝土)和钢筋混凝土等来建造。

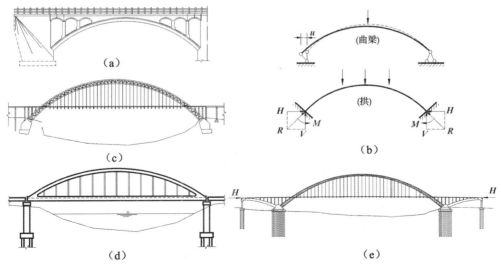

图 1.4 拱式桥

拱桥不仅跨越能力很大,而且外形酷似彩虹卧波,十分美观,在条件许可的情况下,修建拱桥往往是经济合理的,一般在跨径500m以内均可作为比选方案。

应当注意,为了确保拱桥的安全,下部结构和地基(特别是桥台)必须能经受住很大的水平推力作用,此外,与梁式桥不同,由于拱圈(或拱肋)在合龙前自身不能维持平衡,因而拱桥在施工过程中的难度和危险性要远大于梁式桥。

在地基条件不适合于修建具有很大推力的拱桥的情况下,也可建造水平推力由受拉系杆来承受的系杆拱桥,系杆可由钢、预应力混凝土或高强钢筋做成,如图1.4(d)所示。近年来发展了一种所谓"飞雁式"三跨自锚式微小推力拱桥,如图1.4(e)所示,即在边跨的两端施加强大的水平预加力 H,通过边跨梁传至拱脚,以抵消主跨拱脚处的巨大水平推力。

按照行车道处于主拱圈的不同位置,拱桥分为上承式拱、中承式拱和下承式拱三种。如图1.4所示,"承"代表承受车辆荷载的位置,即行车道位置,"上、中、下"分别代表这个车道位置位于主拱圈的上部、中部和下部。

(3) 刚架桥(rigid frame bridge)

刚架桥的主要承重结构是梁(或板)与立柱(或竖墙)整体结合在一起的刚架结构,梁和柱的连结处具有很大的刚性,以承担负弯矩的作用。图1.5(a)所示的门式刚架桥在竖向荷载作用下,柱脚处具有水平反力,梁部主要受弯,其受力状态介于梁桥与拱桥之间,如图1.5(b)所示。刚架桥跨中的建筑高度就可做得较小。当遇到线路立体交叉或需要跨越通航江河时,采用这种桥型能尽量降低线路高程,以改善纵坡,并能减少路堤土方量。但普通钢筋混凝土修建的刚架桥在梁柱刚结处较易产生裂缝,需在该处多配钢筋。另外,门式刚架桥在温度变化时,内部易产生较大的附加内力,应引起重视。

图1.5(c)所示的T型刚构桥(带挂孔的或不带挂孔的)是修建较大跨径混凝土桥梁普采用的桥型,属静定或低次超静定结构。对于这种桥型,由于T构长悬臂处于一种不受约束的自由变形状态,在车辆荷载作用下,悬臂内的弯、扭应力均较大,因而各个方向均易产生裂缝,另外,由于混凝土徐变,会使悬臂端产生一定的下挠,从而在悬臂端部和挂梁的结合处形成一个折角,不仅损坏伸缩缝,而且车辆在此跳车,给悬臂以附加冲击力,使行车不适,对桥梁受力也不利,目前这种桥型已较少采用。

图1.5(d)所示的连续刚构桥属于多次超静定结构,在设计中一般应减小墩柱顶端的水平抗推刚度,使得温度变化时在结构内不致产生较大的附加内力。对于很长的桥,为了降低这种附加内力,往往在两侧的一个或数个边跨上设置滑动支座,从而形成如图1.5(e)所示的刚构—连续组合体系桥型。

当跨越陡峭河岸和深谷时,修建斜腿刚构桥往往既经济合理又造型轻巧美观,如图1.5(f)所示。由于斜腿墩柱置于岸坡上,有较大斜角,中跨梁内的轴压力也很大,因而斜腿刚构桥的跨越能力比门式刚构桥要大得多。但斜腿的施工难度较直腿大些。

刚构桥一般均需承受正负弯矩的交替作用,横截面宜采用箱形截面,连续刚构桥主梁受力与连续梁相近,横截面形式与尺寸也与连续梁基本相同。

(4) 悬索桥(suspension bridge)

悬索桥(也称吊桥)是用悬挂在两边塔架上的强大缆索作为主要承重结构,如图1.6所示。在桥面系竖向荷载作用下,通过吊杆使缆索承受很大的拉力,缆索锚于悬索桥两端

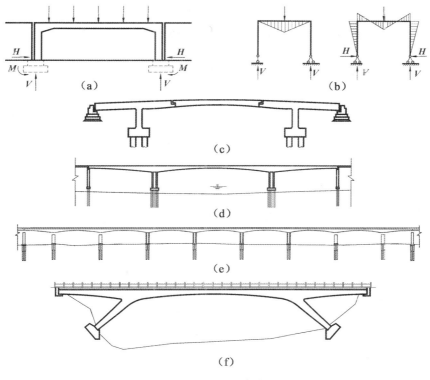

图 1.5 刚构桥

的锚碇结构中,为了承受巨大的缆索拉力,锚碇结构需做得很大(重力式锚碇),或者依靠天然完整的岩体来承受水平拉力(隧道式锚碇),悬索桥也是具有水平反力(拉力)的结构。现代悬索桥广泛采用高强度的钢丝成股编制成钢缆,以充分发挥其优良的抗拉性能,悬索桥的承载系统包括缆索、塔柱和锚碇三部分,因此结构自重较轻,能够跨越其他桥型无法达到的特大跨度(经济跨径在 500m 以上)。悬索桥的另一特点是受力简单明了,成卷的钢缆易于运输,在将缆索架设完成后便形成了一个强大稳定的结构支承系统,施工过程中的风险相对较小。在我国西南山岭地区和遭受山洪泥石冲击等威胁的山区河流上,以及对于大跨径桥梁,在修建其他桥梁有困难的情况下,往往采用悬索桥。

图 1.6(a)所示为单跨式悬索桥,图 1.6(b)所示为三跨式悬索桥。

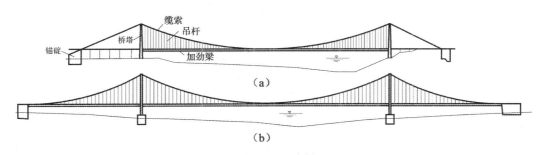

图 1.6 悬索桥

近年来,鉴于对桥梁美观的要求,在不宜修建锚碇的情况下,也可建造将主缆锚固在主梁两端的所谓"自锚式"悬索桥。这种桥型虽然很有特色,但其结构设计和施工工艺比较复杂(先梁后缆施工方式),经济性较差,而且跨径也不宜过大,另外,加劲梁在巨大的轴向压力作用下,为满足稳定和应力要求,用钢量较大。

在所有桥梁体系中,悬索桥的刚度最小,属柔性结构,在车辆荷载作用下,悬索桥将产生较大的变形,例如跨度 1000m 的悬索桥,在车辆荷载作用下,$L/4$ 区域的最大挠度可达 3m 左右。另外,悬索桥风致振动及稳定性在设计和施工中也需予以特别重视。

(5)斜拉桥(cable stayed bridge)

斜拉桥由塔柱、主梁和斜拉索组成,如图 1.7 所示。它的基本受力特点是:受拉的斜索将主梁多点吊起,并将主梁的恒载和车辆等其他荷载传至塔柱,再通过塔柱基础传至地基。塔柱基本上以受压为主。跨度较大的主梁就像一根多点弹性支承(吊起)的连续梁一样工作,从而使主梁内的弯矩大大减小。由于同时受到斜拉索水平分力的作用,主梁截面的基本受力特征是偏心受压构件。斜拉桥属高次超静定结构,主梁所受弯矩大小与斜拉索的初张力密切相关,存在着一定最优的索力分布,使主梁在各种状态下的弯矩(或应力)最小。

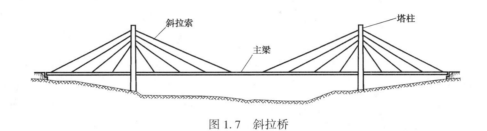

图 1.7 斜拉桥

斜拉桥的跨越能力大于梁桥和拱桥,仅次于悬索桥。在技术可达的跨径范围内,一般来说,斜拉桥的经济性能优于悬索桥。此外,与悬索桥相比,斜拉桥的结构刚度大,即在荷载作用下的结构变形小得多,且其抵抗风振的能力也比悬索桥好,这也是在斜拉桥可能达到的大跨度情况下使悬索桥逊色的重要因素。

斜拉桥的斜索组成和布置、塔柱形式以及主梁的截面形状是多种多样的。我国常用平行高强钢丝束、平行钢绞线束等制作斜索,并用热挤法在钢丝束上包一层高密度的黑色聚乙烯(HDPE)外套进行防护,还可用彩色高密度聚乙烯制成彩色索。除防锈外,斜拉索的疲劳和 PE 套的老化也是两个需认真对待的问题。

常用的斜拉桥是三跨双塔式结构,但独塔双跨形式也常见(图 1.8),具体形式及布置的选择应根据河流、地形、通航、美观等要求加以论证确定。

在桥横向,斜拉索一般按双索面布置,也有采用中央布置的单索面结构。

斜拉桥是半个多世纪来最富于想象力和构思内涵最丰富且引人瞩目的桥型,它具有广泛的适应性。一般说来,对于跨度为 200~700m,甚至超过 1000m 的桥梁,斜拉桥在技术和经济上都具有相当优越的竞争力。诚然,随着斜拉桥跨度的增大,将会面临塔过高和斜索过长等一系列技术难点,这不仅涉及高耸塔柱抗震和抗风等动力稳定方面的问题,而且

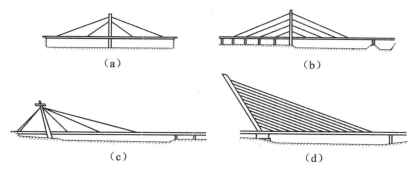

图 1.8 独塔式斜拉桥

还涉及主梁受压力过大以及长斜索因自重垂度增大而引起的种种技术问题。另外，必须提到的是，斜拉桥的斜索可以说是这种桥梁的生命线，至今国内外已发生过几起通车仅几年就因斜索腐蚀严重而导致全部换索的工程实例。因此，确保斜索使用寿命，仍是当今桥梁界十分关切和重视的重要课题。可以相信，随着高性能新材料的开发、计算理论的进一步完善、施工方法的改进，特别是设计构思的不断创新，斜拉桥还在向更大跨度和更新的结构形式发展。

(6)组合体系桥梁(composite bridge)

除了以上五种桥梁的基本体系以外，根据结构的受力特点，还有由几种不同体系的结构组合而成的桥梁，称为组合体系桥。图1.9(a)所示为一种梁和拱的组合体系，其中梁和拱都是主要承重结构，两者相互配合共同受力。由于吊杆将梁向上(与荷载作用的挠度方向相反)吊住，这样就显著减小了梁中的弯矩；同时，由于拱与梁连接在一起，拱的水平推力就传给梁来承受，这样，梁除了受弯以外，还受拉。这种组合体系桥能跨越较一般简支梁桥更大的跨度，而对墩台没有推力作用，因此，对地基的要求就与一般简支梁桥一样。图1.9(b)所示为拱置于梁的下方、通过立柱对梁起辅助支承作用的组合体系桥。

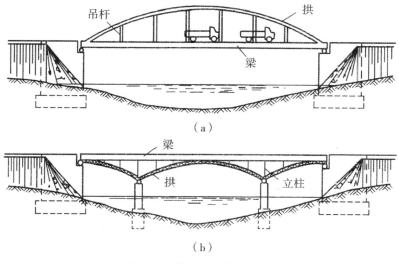

图 1.9 拱梁组合体系桥梁

图 1.10 所示为几座大跨度组合体系钢桥的实例。图 1.10(a)所示是钢桁架和钢拱的组合;图 1.56(b)所示是钢梁与悬吊系统的组合;图 1.10(c)所示是钢梁与斜拉索的组合;图 1.10(d)所示是斜拉索与悬索的组合。

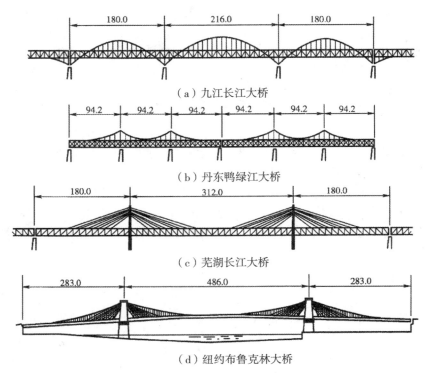

(a) 九江长江大桥

(b) 丹东鸭绿江大桥

(c) 芜湖长江大桥

(d) 纽约布鲁克林大桥

图 1.10　组合体系桥梁(尺寸单位:m)

2. 桥梁的其他分类简述

除了上述按受力特点分成不同的结构体系外,人们还习惯地按桥梁的用途、大小规模和建桥材料等其他方面将桥梁进行分类:

①按用途来划分,有公路桥(highway bridge)、铁路桥(railway bridge)、公铁两用桥(highway and rail transit bridge)、农桥(rural bridge,或机耕道桥)、人行桥(foot bridge)、水运桥(aqueduct bridge,或渡槽)、管线桥(pipeline bridge)等。

公路桥与城市桥均以通行汽车为主,与专供铁路列车行驶的铁路桥相比,活载相对较轻,桥的宽度相对较大。公铁两用桥指同时承受公路和铁路荷载的桥梁,一般规模较大、可做成双层桥面桥(double-deck bridge),也可做成同一平面的桥。人行桥指专供行人通过的桥梁,活载较小,桥面较窄,结构造型较灵活,对美学要求较高,因此常采用一些造型独特、新颖的结构。

②按桥梁全长和跨径的不同,分为特大桥(super major bridge)、大桥(major bridge)、中桥(medium bridge)、小桥(small bridge)和涵洞(culvert)。《公路桥规》规定的划分标准如表 1.1 所示。

表1.1　　　　　　　　　　　　　　　桥梁涵洞分类

桥涵分类	多孔跨径总长 $L(\text{m})$	单孔跨径 $L_K(\text{m})$	桥涵分类	多孔跨径总长 $L(\text{m})$	单孔跨径 $L_K(\text{m})$
特大桥	$L>1000$	$L_K>150$	小桥	$8 \leqslant L \leqslant 30$	$5 \leqslant L_K <20$
大桥	$100 \leqslant L \leqslant 1000$	$40 \leqslant L_K \leqslant 150$	涵洞	—	$L_K<5$
中桥	$30<L<100$	$20 \leqslant L_K <40$			

注：①单孔跨径系指标准跨径。
②梁式桥、板式桥的多孔跨径总长为多孔标准跨径的总长；拱式桥为两岸桥台内起拱线间的距离；其他形式桥梁为桥面系行车道长度。

③按照主要承重结构所用的材料划分，有圬工桥(masonry bridge，包括砖、石、混凝土桥)、钢筋混凝土桥(reinforced concrete bridge)、预应力混凝土桥(prestressed concrete bridge)、钢桥(steel bridge)、钢-混凝土组合桥(steel-concrete composite bridge)和木桥(timber bridge)等。木材易腐，且资源有限，一般不用于永久性桥梁。

在我国，混凝土桥是目前应用最为广泛的桥梁，从环保和低碳方面考虑，国内外尝试应用超高性能混凝土建造桥梁工程。超高性能混凝土(ultra-high performance concrete，UHPC)一般需掺入钢纤维，也被称作超高性能纤维增强混凝土(ultra-high performance fibre reinforced concrete，UHPFRC)。UHPC以超高强度、高韧性和超长耐久性为特征，是水泥基复合材料实现跨越式进步的新型结构和功能性材料。

组合桥(composite bridge)是指主要受力构件的截面上由两种或两种以上材料组成的桥梁，最常见的是钢-混凝土组合桥，它能发挥钢与混凝土的各自优势，取得整体结构的合理性和经济性，组合材料应用是桥梁工程发展的一个重要方向。

除钢与混凝土组合外，长期在航空航天和国防领域应用的高级组合材料(advanced composite materials，ACMs)也开始被应用于桥梁之中。这些材料包括加劲塑料(reinforced plastics，RP)、纤维加劲塑料(fiberglass-reinforced plastics，FRP)、碳纤维加劲塑料(carbon-fiber-reinforced plastics，CFRP)和玻璃纤维加劲塑料(即玻璃钢，glass-fiber-reinforced plastics，GFRP)。目前这些材料还主要用于旧桥的维修加固中，还未大量地作为主要材料用于新建桥梁中。

④按跨越障碍的性质，可分为跨河桥(river bridge)、跨海桥(sea-crossing bridge)、跨线桥(overpass bridge)、立交桥(interchange)、高架桥(viaduct)和栈桥(trestle bridge)。

⑤按桥跨结构的平面布置，可分为正交桥(right bridge)、斜交桥(skew bridge)和弯桥(curved bridge)。

⑥按上部结构的行车道位置，可分为上承式桥(deck bridge)、中承式桥(half-through bridge)和下承式桥(through bridge)。

⑦按照桥梁的可移动性，有固定桥(fixed bridge)和活动桥(movable bridge)。活动桥包括开启桥(bascule bridge)、升降桥(lift bridge)、旋转桥(swing bridge)和浮桥(floating bridge)等。

1.2 桥梁发展概述

桥梁发展大致经历了三次飞跃：19世纪中叶钢材的出现，随后又出现高强度钢材，使桥梁工程的发展获得了第一次飞跃，跨度不断加大；20世纪初，钢筋混凝土的应用及20世纪30年代兴起的预应力混凝土技术，使桥梁建设获得了廉价、耐久且刚度和承载力均很大的建筑材料，从而推动桥梁的发展产生第二次飞跃；20世纪50年代以后，随着计算机技术和有限元技术的迅速发展，人们能够方便地完成过去不可能完成的大规模结构计算，这使桥梁工程的发展获得了第三次飞跃。

世界上各国的桥梁工作者始终在寻求结构合理、造价更经济、跨越能力更大的桥梁形式，推动了桥梁工程的发展。

1.2.1 中国古代桥梁

1. 概述

桥梁是人类在生活和生产活动中，为克服天然障碍而建造的建筑物，也是有史以来人类所建造的最古老、最壮观和最美丽的建筑工程，它体现了一个时代的文明与进步，也从一个侧面反映一个国家生产、经济与科学技术的发展程度。

可以推测，人们学会建造各式桥梁，最初是受到自然界各种景象的启发。例如，从倒下而横卧在溪流上的树干，就可衍生建造桥梁的想法；从天然形成的石穹、石洞，就知道修建拱桥；受崖壁或树丛间攀爬和飘荡的藤蔓的启发，而学会建造索桥，等等。考古发掘出的世界上最早的桥梁遗迹是在公元前6000—前4000年现今小亚细亚一带。我国1954年发掘出的西安半坡村的公元前4000年左右的新石器时代氏族村落遗址，则是我国已发现的最早出现桥梁的地方。

古代桥梁所用材料，多为木、石、藤、竹之类的天然材料。锻铁出现以后，开始建筑简单的铁链吊桥。由于当时的材料强度较低、人们力学知识不足，古代桥梁的跨度都很小。木、藤、竹类材料易腐烂，致使能保留至今的古代桥梁多为石桥。世界上现存最古老的石桥在今希腊的伯罗奔尼撒半岛，是一座用石块干砌的单孔石拱桥（公元前1500年左右）。

我国文化悠久，是世界上文明发展最早的国家之一。在人类文明的发展史中，桥梁占有重要的一页。中国古代木桥、石桥和铁索桥都长时间保持世界领先水平，在桥梁发展史上曾占据重要地位，为世人所公认。例如，据文献记载，中国早在公元前50年（汉宣帝甘露四年）就建成了跨度达百米的铁索桥，而欧美直到17世纪才出现铁索桥。我国幅员辽阔，山多河多，古代桥梁不但数量惊人，而且类型也丰富多彩，几乎包含了所有近代桥梁中的最主要形式。

2. 古代桥梁类型简介

中国古代桥梁有梁、拱、索、浮等类型。下面简要介绍各种桥型中闻名中外的几座古代桥梁。

（1）梁桥

我国历史上最早记载的梁桥为钜桥，桥建于商代（公元前16—前11世纪）。周武王伐纣，克商都朝歌（今河北省曲周县东北），发钜桥头积粟，以赈济贫民。自周代起到秦汉，中国多造石柱、木梁桥。

宋代建造了为数众多的石墩、石梁桥。200多年间，仅泉州一地，见于古籍的桥梁就有110座，其中名桥10座。如安平桥（图1.11），有362孔，桥长5里（2223m），故又名五里桥（现桥长2100m），保持了700余年的桥长记录，该桥始建于宋绍兴八年（公元1138年），成于绍兴二十一年（公元1151年），历时13年。又如泉州万安桥，俗称洛阳桥（图1.12），共有47孔，建于洛阳江入海口，桥总长约890m，桥宽3.7m。桥始建于宋皇佑五年（公元1053年），完成于宋嘉祐四年（公元1059年）。两桥均为国家重点文物单位。

图1.11 安平桥

图1.12 洛阳桥

福建漳州江东桥（虎渡桥）的石梁最为巨大（世界最大，图1.13）。该桥于宋嘉熙元年（公元1237年）由木梁桥改为石梁桥，计有15孔，每孔三片石梁。石桥现存5孔，其中最大的石梁长23.7m、宽1.7m、高1.9m，重量达2000kN。这样巨大的石梁，在没有重型起重设备的古时，其采、运、安装等工作都是十分艰巨的。

图1.13 江东桥

木梁桥上一般建有桥屋或桥廊，侗族风雨桥就是一种桥屋。广西三江侗族自治县的程阳永济桥（图1.14），是一座4孔5墩的伸臂桥屋，全长644m，建于1916年，5座墩台上均有桥亭，用桥廊把桥亭相互贯通。桥亭起着重力平衡作用，把装饰与功能有机结合在一起。这里特别值得一提的是，浙江省泰顺县的廊桥，造型古朴别致、典雅大方，同周边的青山绿水和古民居融为一体，具有很高的历史、艺术和科学价值。经许多桥梁专家论证，泰顺的木拱廊桥（俗称蜈蚣桥）的结构与《清明上河图》中的汴水虹桥非常接近，但其技术远远超过汴水虹桥；因影片《廊桥遗梦》而一夜成名的美国国家级历史保护文物单位麦迪逊廊桥，无论是单孔跨度、年代久远、外形美观，还是科技含量，都不能与泰顺廊桥相提并论。目前泰顺境内保存完好的木结构古廊桥有32座。图1.15为位于泰顺仙稔乡仙居村水尾的仙居桥。

图1.14　程阳永济桥　　　　　　　　　　图1.15　泰顺仙居桥

（2）拱桥

世界上对拱结构的起源众说不一，有人认为导源于自然界溶洞天然拱；有人认为起自崩落的堆石拱；有人认为由于砌墙开洞，逐渐由"假拱"演变而成。在中国，从墓葬结构及仅存实物显示出拱是由梁与侧柱逐渐演变为三、五、七等折边拱，然后演变为圆拱。

中国的木拱桥始自宋。宋代张择端的《清明上河图》中的虹桥（图1.16），为了漕运，水中无桥墩，桥采用了宋明道年间（1032—1033年）有一守卒子发明的"贯木"架桥，即大木穿插叠架为木拱。虹桥桥跨约18.5m，拱矢约4.2m，桥面总宽9.6m，桥毁于金元之际，几百年来一直认为已是绝唱。

图1.16　《清明上河图》虹桥　　　　　　图1.17　河北赵县赵州桥

中国现存最早,并且保存良好的是隋代赵州安济桥,又称赵州桥(图1.17)。桥为敞间圆弧石拱,拱圈并列28道,净跨37.02m,矢高7.23m,主拱圈等厚1.03m。在主拱圈上两侧,各开两个净跨分别为3.8m和2.85m的小拱,以泄洪,减轻自重。桥面呈弧形,栏槛望柱,雕刻着龙兽,神采飞扬。桥始建于隋开皇十五年(595年),完工于隋大业元年(605年)。安济桥制作精良,结构独创,造型匀称美丽,雕刻细致生动,历代都予重视和保护,不但是中国的重点保护文物,同时是世界公认的"国际历史土木工程里程碑"。

北京宛平卢沟桥,在北京广安门外30里,跨永定河,始建于金大定二十八年(1188年),完工于金明昌三年(1192年)。桥全长212.2m,共11孔,净跨11.4~13.45m不等,桥宽9.3m。墩宽6.5~7.9m。桥墩迎水面尖端镶有三角铁柱的分水尖,背水面为削角方形。桥面上石栏杆共269间,各望柱头上雕刻有石狮,已成为鉴赏重点,亦是统一变化的美学原则的具体应用。

现存最长的多孔薄拱薄墩连拱为江苏苏州宝带桥(图1.18),始建于唐,历代多次重修,现存桥共计53孔,全长316.8m,中间有3孔隆起,以通船只,桥头建有石狮、石亭、石塔。

此外,还有一些著名的拱桥,比如颐和园内的玉带桥和十七拱桥、苏州的枫桥、瘦西湖的五亭桥等。我国石拱桥的建造技术在明朝时曾流传到日本,促进了文化交流并增进了友谊。

(3)索桥

近代的大跨径吊桥和斜拉桥也是由古代的藤、竹吊桥发展而来的。全世界都承认我国是最早有吊桥的国家,藤索桥距今约有3000年历史(图1.19)。在唐朝中期,我国已发展到用铁链建造吊桥,而西方在16世纪才开始建造铁链吊桥,比我国晚了近千年。我国保留至今的尚有跨长约100m的四川泸定县大渡河铁索桥(1706年)和跨径约61m,全长340余米,举世闻名的安澜竹索桥(1303年),如图1.20所示。

图1.18 苏州宝带桥

图1.19 藤索桥

铁索桥传说起自汉初,西汉大将樊哙在陕西褒城县(今留坝县)古栈道上建成的樊河桥(前206年),很可能就是铁索桥。有确切记载的横江铁锁(即铁索),是西晋伐吴(280年)吴守将用铁锁守道,横截长江三峡的西陵峡口以挡舟师。

云南永平县霁虹桥，如图 1.21 所示，跨澜沧江，是中国现存最古、最宽、铁索最多的铁索桥，桥净跨 57.3m，全长 113.4m，桥宽约 4.1m。桥底有索 16 根，左右栏杆索共两根，桥位于通往印度、缅甸的千年古道上。

图 1.20　安澜竹索桥　　　　　　　　图 1.21　永平县霁虹桥

(4) 浮桥

浮桥古时称为舟桥，它用船舟代替桥墩，属于临时性桥梁，由于架设简便、成桥迅速，在军事上常被应用，因此又称"战桥"。到汉唐时期，我国浮桥的应用日益普遍，千百年中，建造的浮桥难以统计。

公元前 541 年，秦景公的母弟因自己所储存的财物过多，恐怕被景公杀害，在今山西临晋附近的黄河上架起浮桥，带了"车重千乘"的财富逃往晋国，这可算是第一座黄河大桥。

第一座长江大桥，是公元 35 年光武帝在与四川割据势力公孙述作战中，公孙述在今湖北宜都荆门和宜昌虎牙之间，利用险要的地势，架起一座浮桥，取名江官浮桥，以断绝刘秀的水路交通，后被东汉水师利用风势烧毁。

隋大业元年在洛水上建成的天津桥，是我国第一次用铁链连接船只架成的浮桥。

我国古桥建筑中，尚值得一提的是建于公元 1169 年的广东潮州横跨韩江的湘子桥(又名广济桥，图 1.22)。此桥全长 517.95m，共 19 孔，上部结构有石拱、木梁、石梁等多种形式，还有用 18 条浮船组成长达 97.30m 的开合式浮梁。这样，既能适应大型商船和上游木排的通过，还可避免过多的桥墩阻塞河道。这座世界上最早的开合式桥，结构类型之多、施工条件之困难、工程历时之久，都是古代建桥史上所罕见的。

图 1.22　潮州湘子桥

1.2.2 我国近现代桥梁建设的成就

如前所述,中国的古代桥梁建筑,无论在其造型艺术、施工技巧、历史积淀、文化蕴涵,还是人文景观等方面,都曾为世界桥梁建筑史谱写了光辉的篇章。然而,封建制度的长期统治,大大束缚了生产力的发展,1840年鸦片战争后,帝国主义列强的侵入和腐朽的社会制度更使广大劳动人民处于水深火热之中,人民群众的无穷智慧被压抑和摧残,在桥梁建筑方面,大部分是外国投资、洋人设计、外商承包。中华人民共和国成立之初,我国交通事业落后,公路桥梁绝大多数为小跨度的木桥和石桥,年久失修,破烂不堪。

中华人民共和国成立以后,特别是改革开放以来,随着我国国力迅速增强,交通事业的快速发展,尤其是20世纪90年代以来国家对高等级公路的大力投入,使得我国的桥梁事业得到了空前的大发展,取得了举世瞩目的成就,目前我国在桥梁建设方面已经跻身世界先进行列。

我国的桥梁建设在过去40年来经历了学习与追赶、跟踪与提高两个发展阶段后,目前正处于全面创新与突破阶段,中国桥梁以每年新增3万多座的速度,成为世界第一桥梁大国。但与发达国家相比,尚存在不少差距,主要表现在技术上的自主创新不够、质量和耐久性存在问题、桥梁美学重视不够三方面。因而我国的桥梁工作者一定要在桥梁建设中,提高自主创新的理念,重视工程的整体质量,提高对桥梁美学的素养。

目前我国桥梁建设的成就主要体现在如下两个方面。

1. 桥型不断更新,跨径不断超越

桥梁主跨跨径是衡量桥梁技术含量最主要的指标之一,表1.2列出了世界上主要桥型的十大跨径桥梁排行榜的情况(包括在建)。

我国的现代悬索桥建设起步较晚,特别是在特大跨度悬索桥方面,但是在20世纪90年代中期以后,这一局面得到了彻底的改变。1995年建成的广东汕头海湾大桥,主跨452m,采用预应力混凝土箱型加劲梁,开创了我国现代公路悬索桥的先河。此后,又建成

表1.2 世界各主要桥型十大跨径桥梁排行榜

桥型	序号	桥名	主跨跨径(m)	建成时间	所在地
悬索桥	1	Canakkale 1915 Bridge	2023	在建	土耳其
	2	明石海峡大桥	1991	1998年	日本
	3	南京仙新路过江通道	1760	在建	中国
	4	六横大桥	1756	在建	中国
	5	杨泗港大桥	1700	2019年	中国
	6	广州南沙大桥	1688	2019年	中国
	7	深中通道伶仃洋大桥	1666	在建	中国
	8	西堠门大桥	1650	2008年	中国
	9	Great Belt Bridge	1624	1998年	丹麦
	10	Izmit Bridge	1550	2016年	土耳其

续表

桥型	序号	桥名	主跨跨径(m)	建成时间	所在地
斜拉桥	1	常泰过江通道主航道桥	1176	在建	中国
	2	俄罗斯岛大桥	1104	2012 年	俄罗斯
	3	沪苏通长江公铁大桥	1092	2020 年	中国
	4	苏通长江大桥	1088	2008 年	中国
	5	昂船洲大桥	1018	2009 年	中国
	6	武汉青山长江大桥	938	2019 年,合龙	中国
	7	鄂东长江大桥	926	2010 年	中国
	8	嘉鱼长江公路大桥	920	2019 年	中国
	9	多多罗大桥	890	1999 年	日本
	10	诺曼底大桥	856	1995 年	法国
拱桥	1	平南三桥	575	在建	中国
	2	朝天门长江大桥	552	2009 年	中国
	3	卢浦大桥	550	2003 年	中国
	4	傍花大桥	540	2000 年	韩国
	5	波司登长江大桥	530	2013 年	中国
	6	秭归长江大桥	519	2019 年	中国
	7	新河峡桥	518	1977 年	美国
	8	合江长江公路桥	507	2020 年,合龙	中国
	9	贝永桥(Bayonne)	504	1931 年	美国
	10	悉尼港湾大桥	503	1932 年	澳大利亚
混凝土梁式桥	1	石板坡长江大桥	330	2006 年	中国
	2	斯托尔马桥(Stolma)	301	1998 年	挪威
	3	拉脱圣德桥(Raftsundet)	298	1998 年	挪威
	4	星期日桥(Sunday Bridge)	298	2003 年	挪威
	5	北盘江大桥	290	2013 年	中国
	6	Sandsfjord Bridge	290	在建	挪威
	7	巴拉圭河桥	270	1979 年	巴拉圭
	8	虎门大桥辅航道桥	270	1997 年	中国
	9	Ujina Bridge	270	1999 年	日本
	10	苏通大桥辅航道桥	268	2008 年	中国

湖北西陵长江大桥(主跨 900m,1996 年)、广东虎门大桥(主跨 888m,1997 年)、香港青马大桥(主跨 1377m,1997 年)、江阴长江大桥(主跨 1385m,1999 年)、润扬长江大桥(主跨 1490m,2005 年),标志着我国进入能修建现代大跨度悬索桥国家的行列。2009 年建成的西堠门大桥,主跨 1650m,成为我国已建跨径最大的桥梁,位居世界第二(图 1.23)。

图 1.23　西堠门大桥

1975 年建成的跨径 76m 的四川云阳桥是国内第一座斜拉桥,20 世纪 90 年代以后,因跨越大江大河的需要,斜拉桥得到了快速的发展,修建了一系列特大跨度的斜拉桥,据不完全统计,我国建成的斜拉桥已超过 100 座,其中跨度超过 400m 的斜拉桥已超过 60 座,居世界首位。

1991 年建成的上海南浦大桥,跨径 423m;1993 年建成的上海杨浦大桥,跨径 602m;1998 年建成的香港汀九桥,跨径 448m+475m;2001 年建成的福建青州闽江桥,跨径 605m,均为钢-混凝土组合梁斜拉桥。1993 年建成的郧阳汉江大桥,跨径 414m;1995 年建成的安徽铜陵长江大桥,跨径 432m;1996 年建成的重庆长江二桥,跨径 444m;2001 年建成的重庆大佛寺长江大桥,跨径 450m,均为混凝土主梁斜拉桥。2001 年建成的跨径 628m 的南京长江二桥和 2005 年建成的跨径 648m 的南京长江三桥(图 1.24),均为钢主梁斜拉桥。

图 1.24　南京长江三桥

目前,我国已建成两座跨度超千米的斜拉桥:香港昂船洲大桥(主跨为 1018m)和江苏苏通长江公路大桥(主跨 1088m),见图 1.25。

拱桥型式多姿多彩,1997 年建成的万县长江大桥为主跨 420m 混凝土拱桥(图 1.26),2005 年建成的巫山长江大桥为主跨 460 米钢管混凝土拱桥(图 1.27),2003 年建成的上海卢浦大桥为主跨 550m 钢箱拱桥(图 1.28),建成时均分别位居同类型桥梁世界第一。2013

图 1.25　苏通长江大桥

建成的波司登长江大桥(主跨为530m)是世界上最大跨径的钢管混凝土拱桥。2009年通车的重庆朝天门大桥为主跨552m的中承式钢桁架连续系杆拱桥(图1.29),目前为已建成世界第一大跨拱桥。在我国,石拱桥跨径达100m的有16座,山西晋城丹河桥跨径146m(图1.30),为目前世界第一大跨石拱桥。可以说,我国的拱桥建造水平已跃居世界先进行列。

我国跨径最大的简支梁桥,是1997年建成的昆明南过境干道高架桥,跨径63m。进入20世纪80年代,对称平衡悬臂法施工的大跨度预应力混凝土箱型截面连续梁得到了迅速的发展,1991年建成的云南六库怒江大桥,主桥是跨径为85m+154m+85m的预应力混凝土连续梁;2013年建成的乐自高速公路岷江特大桥,其主桥跨径为100.4m+3×180m+100.4m,是我国目前跨度最大的预应力混凝土连续梁桥。

图 1.26　万县长江大桥

图 1.27　巫山长江大桥

图 1.28　上海卢浦大桥

图 1.29 重庆朝天门大桥

图 1.30 山西晋城丹河桥

连续刚构桥的特点是梁保持连续，墩梁固结，这样既保持了连续梁无伸缩缝、行车平顺的优点，又保持了 T 构不设支座的优点，同时避免了连续梁和 T 构的缺点，因而在我国得到了迅速的发展。

1988 年建成的广东番禺洛溪大桥是我国第一座大跨径连续刚构桥（65m+125m+180m+110m）。1997 年建成的广东虎门辅航道桥，跨径组合为 150m+270m+150m。2006 年建成的重庆石板坡长江大桥（图 1.31），主跨达到 330m，跨中 108m 长的主梁采用了钢结构，从而大幅度降低了自重引起的恒载弯矩。

图 1.31 重庆石板坡长江大桥

2. 技术不断突破，工艺不断成熟

我国已进入桥梁技术突飞猛进发展的时代，除了实现了大江、大河和海湾的超大跨径桥梁的跨越外，还积累了面对特殊复杂气象、水文、地形、地质、通航等条件的桥梁建设经验，攻克了特大跨径、跨海长桥、深水基础、超高桥墩或桥塔等的设计、施工难题，涌现出一大批"协作体系、组合结构、复合材料、创新工艺、大型运架设备"的自主创新成果。例如：攻克了大跨径钢箱梁的桥面铺装的世界性难题，成功采用超高韧性混凝土（STC）作为正交异性钢桥面板的铺装结构，运营实践证明，这一钢桥面铺装技术的创新是成功的；杭州湾跨海大桥，在施工前，根据其水文、气象、地形、地质条件特别复杂、海上有效作业时间短的特点，提出了施工决定设计的新理念，最大限度地选择预制安装的结构，做到"标准化设计、工厂化生产、装配化施工"，以进一步降低施工风险、节省工程造价、加快工程进度、提高工程质量，进而提高结构的耐久性；石板坡长江大桥，跨中创新地采用 108m 长的钢箱梁使连续刚构桥的跨径突破 300m 大关，达到了 330m。

我国桥梁建设已具备完成建设深水大跨桥梁的丰富经验。各种复杂地质和水文条件下的深水基础、锚碇基础的大型钢围堰、高桩承台、沉井、地下连续墙以及钢箱梁、钢桁梁、叠合梁、混合梁、缆索、斜拉索、钢锚箱、钢塔、伸缩缝、支座等桥梁构件的制作、安装等均取得了设计和施工的成功经验。苏通长江大桥、舟山西堠门大桥、深中通道伶仃洋大桥、杭州湾跨海大桥、杨泗港大桥、大胜关长江大桥、港珠澳大桥等超大跨规模桥梁，技术起点高、施工难度大，其设计和施工技术将达到更高的水平。

中国桥梁快速发展的脚步还在继续，在可预测的未来10年，每年仍将有2万座以上的新建桥梁，必将给世界桥梁界带来新的贡献和发展。

1.2.3 国外桥梁发展概况

在古代，罗马人和中国人一样，在建造石拱桥方面具有辉煌的历史。公元前30年至公元476年的罗马帝国，在其全盛时期，修建过许多巨大的石拱桥。最著名的是今法国南部尼姆城(Nimes)的加尔德(Gard)石拱桥(图1.32)。该桥建于公元前18年，顶层全长275m，下层最大跨度24.4m。全桥共分三层：上层宽3m、高7m为输水槽；中层宽4m、高20m供行人通行；下层宽6m、高22m，并在一侧加宽以便车马通行，是1743年扩建的。意大利威尼斯的利亚托桥(Rialto)是14—16世纪文艺复兴时期桥梁的代表作(图1.33)。该桥长48.2m、宽22.5m，跨度为27m。全桥用大理石装饰，雕凿精美，线条流畅。桥上还建有24家店铺，它充分反映了欧洲文艺复兴时期桥梁建筑技术与建筑艺术达到的水平。

图1.32 法国南部尼姆城的石拱桥

图1.33 意大利威尼斯的利亚托石拱桥

悬索桥是能充分发挥高强钢材优越性的独特桥型，在国外发展甚早。1883建成纽约布鲁克林悬索桥(图1.34)，跨径达483m，开创了现代悬索桥的先河。1937年建成的旧金山金门大桥(图1.35)，主跨达1280m，保持了27年的世界记录，至今金门大桥仍是一座举世闻名的集工程艺术和建筑艺术与一体的桥梁经典之作。目前，世界上跨度最大的悬索桥是日本的明石海峡公铁两用桥(图1.36)，跨径1991m(设计跨径为1990m，后因阪神地震，地壳移位，才变成目前的跨径)。此桥的问世，可誉为当今世界桥梁之王。

世界上第一座现代化斜拉桥是1955年瑞典建成的斯特罗姆海峡桥(图1.37)，其主跨182.6m。1978年，美国建成的PK桥(图1.38)，跨径299m，是世界上第一座密索体系的预应力混凝土斜拉桥。1977年法国Mueller建造了世界上第一座单索面的混凝土斜拉桥：主跨320m的布鲁东桥。图1.39示出1987年在美国佛罗里达州帕海湾上建成的阳光高架公路桥，此桥主桥是跨径达164.6m+365.8m+164.6m的单索面混凝土斜拉桥，桥面总宽度29.0m。日本的多多罗桥(图1.40)，其主跨达890m，建成于1999年，此桥为主跨用

图1.34 纽约布鲁克林桥

图1.35 旧金山金门大桥

图1.36 日本明石海峡大桥

图1.37 瑞典斯特罗姆海峡桥

图1.38 美国PK桥

图1.39 美国阳光高架公路桥

钢箱边跨为混凝土结构的混合式斜拉桥。法国在1995年建成的诺曼底大桥，跨度也达到856m，此桥首先采用平行钢绞线拉索和防雨振的螺旋表面处理，无论在构造处理和施工工艺方面，都是当代杰出的著名大桥（图1.41）。此外，2004年建成通车的米约大桥（图1.42），因坐落在法国西南的米约市而得名，曾经是世界上最高的桥梁（目前最高的桥梁为中国的沿溪沟大桥）。尽管全长达2.45km，但只用7个桥墩支撑，其中2、3号桥墩分别高达245m和220m，是世界上最高的两个桥墩。如果算上桥墩上方用于支撑斜拉索的桥塔，最高的一个桥墩则达到343m，超过法国巴黎著名的埃菲尔铁塔23m。

图 1.40　日本多多罗大桥

图 1.41　法国诺曼底大桥

图 1.42　正在施工中的米约大桥

值得一提的是，土耳其在马尔马拉海东部曾做过跨径为 600m+2000m+600m 的伊兹米特海湾桥的设计方案，其中孔跨中 800m 范围内全部由悬索承重（图 1.43）。这种将自锚式的斜拉桥与地锚式的悬索桥两种体系结合在一起的方法，是进一步扩大斜拉桥跨度的一种很有前途的方法。

圬工拱桥在国外已有一百多年的历史，1946 年在瑞典建成的绥依纳松特桥，是一座混凝土圬工拱桥，跨度达 155m。由于石料开采和加工砌筑费工巨大，国外已很少修建大跨度石拱桥。

钢筋混凝土拱桥从 20 世纪初到 50 年代间，得到了很大的发展，后因支架问题，应用受到一定的限制，直到 1979 年，南斯拉夫用无支架悬臂施工法建成跨度达 390m 的克尔克大桥（图 1.44），该桥跨径保持了 18 年的世界纪录。无支架悬臂施工法目前在大跨度拱桥施工中被广泛采用。

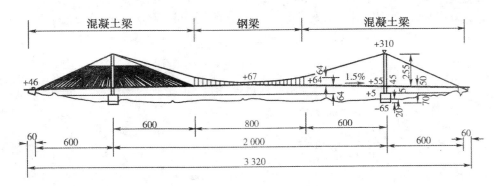

图 1.43　伊兹米特桥设计方案（土耳其）（尺寸单位：m）

图 1.44 克尔克大桥

图 1.45 新河峡桥

图 1.45 是美国佛吉尼亚州的新河峡桥，主跨 518m，建成时是世界上跨径最大的钢拱桥。著名的悉尼港湾大桥（图 1.46），是一座中承式桁架钢拱桥，跨径 503m，建于 1932 年。

梁式桥的力学特征是以受弯为主，而钢筋混凝土结构抵抗弯拉引起开裂的能力较弱，普通钢筋混凝土梁式桥的跨径一直较小。随着预应力技术的成熟，促进了预应力混凝土梁式桥的迅速发展。1977 年奥地利建成了跨径达 76m 的阿尔姆桥，该桥通过在梁的下缘张拉和在上缘顶压预应力（称为双预应力）的技术，将梁高降至 2.5m，高跨比仅 1/30。

目前世界上跨度最大的预应力混凝土连续梁桥是挪威的伐罗德桥（$l=260m$，1994 年），连续刚构桥是挪威的斯托尔马桥（$l=301m$，1998 年，图 1.47 目前已经被中国的石板坡长江大桥超越），斜腿刚架桥是法国的博诺姆桥（$l=186.3m$，1974 年，图 1.48）。

图 1.46 悉尼港湾大桥

图 1.47 挪威斯托尔马桥

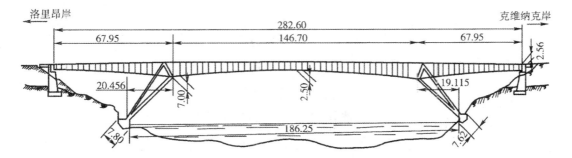
图 1.48 法国博诺姆桥（尺寸单位：m）

从以上的简介中可以看出，德、法、英、美、瑞士、日本和丹麦等国从20世纪六七十年代以来，对现代桥梁的发展贡献了大部分创新技术。不仅在新材料、新结构和新工艺上有许多创造，而且在桥梁设计理论和方法方面，如钢桥的正交异性桥面、结合梁、斜拉桥的施工控制、预应力混凝土桥的配索原理、桥梁稳定和振动等方面，都做出了杰出的贡献。

现代桥梁工程的发展历程中，许多桥梁新体系、新结构、新材料、新工法以及新的理论和分析方法的创造和发明，使现代桥梁工程呈现出完全不同于近代桥梁工程的崭新面貌。现代桥梁工程的价值源于创新精神。随着新工法的出现和相应施工装备的不断升级换代，桥梁施工也日益精确、轻便、自动控制，更少依赖人工操作，从而使工程质量更好、更耐久，同时又推动材料不断向高性能发展。可以说，现代桥梁工程的质量和耐久性源于装备的不断创新，必须加强质量观念，依靠先进的装备来控制工程质量，大大减少对人力的依赖。

桥梁工程师应当不断提高美学素养，掌握美学设计的方法，提倡和建筑师合作，在设计中创造出优美的桥梁，以满足人们对桥梁的审美要求。然而，美观并不是靠多花钱，而是通过寻找结构的比例、平衡与和谐，趋向最合理的受力性能、最经济的结构和最方便的施工，来获得最美丽的桥梁。

2007年年底，美国国家工程院宣布了由50多位专家审定的"21世纪14项重大工程挑战项目"，分别属于可持续发展、卫生健康、防灾和提高生活质量四个方面。其中除了卫生健康领域，其余三个方面都和桥梁工程的未来有关。

最后，展望今后20年的现代桥梁工程，我们要充分认识桥梁工程师所肩负的使命和任务，在材料、软件、硬件(施工装备和监测设备)、防灾以及新一代的规范五个方面加倍努力，迎接跨海和连岛工程的挑战，为建设符合全寿命和可持续发展理念的21世纪现代桥梁工程贡献力量。

1.2.4 桥梁工程的研究与发展

根据发展规划，可预见的未来仍将是桥梁建设的高峰期。因此，在充分总结好已有的桥梁建设经验的基础上，可在以下几个方面实现桥梁建设技术新的超越：

①加大桥梁前期研究力度，确保合理设计周期，用系统论的方法进行优化设计。目前大桥建设的前期研究阶段绝大部分精力集中在论述项目建设的必要性和对桥位方案、桥型方案的海选阶段。相对而言，对未来实施方案的关键技术、重要构造细节、特殊构件的研究深度和广度不足。一旦桥梁的初步设计得到批复，普遍存在着急于开工建设的情况，合理的施工图设计周期得不到保证，无力对各种基础资料进行系统整合，导致主体工程与配套工程、主体结构与附属设施、各分项工程之间的衔接不尽合理，搭接不够协调。因此，需要加大桥梁的前期研究的力度，给设计者合理的设计周期，采用系统论的方法统筹考虑与桥梁建设有关各个方面和全过程，在桥梁结构上进行创新，真正做到精心设计。

②材料性能的提高是桥梁工程不断进步的重要原动力。现代桥梁工程仍以钢材和混凝土为主要建筑材料。钢材从S343发展到S1100，混凝土从C30发展到C150，有了长足的进步。各种轻质高强复合材料和智能材料已在桥梁工程中得到应用。在可以预见的未来，UHPC、纳米技术和生物技术可能成为21世纪技术革新的重要动力，并不断进入桥梁工程

的应用领域,成为新一代建筑材料的载体。

③IT技术和计算机处理能力的提高以及相应结构分析软件的不断进步,将使桥梁设计日益精细化,为实现仿真数值模拟和"虚拟现实"(VR)技术创造了条件。大力开展有关桥梁工程的概念设计、结构设计、施工控制、健康监测、养护管理等方面的先进理论和方法研究,并研发相应的软件和数据库技术,是十分重要的研究领域。

④实现桥梁建设与建筑艺术和周围环境有机结合。桥梁本身就有很强的力度感和跨越感,桥梁美学就是要将桥梁本身的美学元素很好地与周围环境相协调。要求桥梁不仅仅满足交通功能,还要将功能与环境要素很好地结合起来,利用其自身的体量、比例和三维的张力与周围的自然风貌、地形地物特点、人文背景进行融合,使其具有时代特色、人文内涵和观赏特质,形成桥梁结构与建筑艺术高度统一的景观工程和旅游景点,让通过大桥的人们产生力与美的心灵震撼。

⑤智能监测设备(传感器、诊断监测仪、便携式计算机)以及大型智能机器人施工设备的创造发明,将使桥梁的施工、管理、监测、养护、维修等一系列现场工作实现自动化和远程管理。我国的装备工业还比较落后,大型施工设备、先进测试仪器和精密传感器都依赖进口,我们应当大力开展这一硬件领域的研发工作,逐步加强这一方面的投入,摆脱对外的依赖。

⑥自然灾害和恐怖主义威胁,使未来的世界环境存在高风险性。我国国家自然科学基金会启动的关于"重大工程动力灾变"的重大研究计划将有助于降低风险,保证人民生活的安全,从而提高人民生活质量。此外,对于风险评估和提高结构耐久性的研究也应该受到重视,以保障重大工程的正常使用寿命。

⑦进行桥梁建设体制创新。进行桥梁建设体制的改革,统筹协调桥梁建、养、管的关系,确保桥梁按照设计的工况、荷载条件、养护手册进行运营,全面提高桥梁运管水平,为我国现代化建设做出新的贡献。

⑧规范和标准的制定也是反映一个国家建设水平的重要标志。在容许应力法(1923—1963)、极限状态法(1963—2003)之后,发达国家已开始致力于基于性能的设计规范(Performance Based Design Code)的制定,以提高基础设施的建设水平。制定这一新的建立在全寿命设计和可持续发展理念上的基于性能的设计规范和标准,应当是我们在21世纪初期的最重要的任务之一,以跟上世界土木工程的潮流。

我国的桥梁建设空前繁荣,展望我国桥梁建设的前景,桥梁新建、改建、加固的任务依然很重。只要坚持桥梁创新和可持续发展,总结经验,正视不足,认真解决桥梁建设中所存在的不足,不断创新,我国从"桥梁大国"向"桥梁强国"迈进的步伐就一定会加快。

1.3 桥梁总体规划与设计程序

1.3.1 桥梁设计的原则和理念

桥梁是公路、铁路和城市道路的重要组成部分,特别是大、中桥梁的建设,对当地政治、经济、国防等都具有重要意义。公路桥梁的设计,根据其使用任务、性质和所在线路的远景发展需要,除应符合技术先进、安全可靠、适用耐久、经济合理的要求外,还应考虑造型美观和有利环保的原则，同时尚应考虑因地制宜、就地取材、便于施工和养护等因素。我国公路桥涵结构的设计基准期为100年。

新世纪的桥梁建设要树立科学发展观，走资源节约型之路，以人为本，使可持续发展的理念得到不断加强。将工程质量和全寿命成本的理念贯穿于工程规划、勘察、设计、施工、养护、运营管理全过程，以工程建设、养护和维护管理的综合效益最优为目标。在设计阶段就应该一并考虑工程建设后养护、维修和管理的问题，力求实现总资源消耗最小的目标。降低初期建设成本不能以增加后期维护成本为代价，要克服建设成本较低而后期运营管理费用高的弊病，真正做到把桥梁建设成"技术先进、安全可靠、适用耐久、经济合理、美观协调、生态节能"的精品工程，实现社会成本最低的目的。

桥梁设计，既是一种工程设计，也是一门艺术。具体到一座桥梁，解决方法不是唯一的，它可以是重复已有设计图纸的平庸、常规设计，也可以是通过对已有设计的改进甚至提出新的构思而做出具有一定创新内容的设计。工程师的职责就是要创造最合适的方法来解决工程问题。合理的创新构思，不但能提高结构安全、降低工程造价，还能起到改善使用功能和美化结构的效果。

为了培养学生在工程设计中具有综合创新构思的能力，在国外，特别是德国，已在工程设计的课程安排内增设了不分材料类型并视同理论教学同样重要的"概念设计"的教学。设计是桥梁工程的灵魂，而创新又是设计的灵魂，设计理念的创新就是要将桥梁整个生命周期（全寿命）的实用性、耐久性、经济性及风险性统筹考虑，使各方面实现总体协调平衡，具体表现在以下三个方面：

①总体设计与桥梁景观和运营管理有机结合。桥梁总体设计在考虑平纵线形、桥跨总体布置的同时，还要注重桥梁景观和日后运营养护管理。大桥景观设计时，应对全桥结构造型、色彩、各部分结构的美学元素构成、不同结构间的过渡、桥面系以及景观照明等进行系统的设计，使大桥不仅雄伟、美观，而且与周围环境协调和谐。

由于大桥通常跨度大、技术含量高、造价昂贵、工期长，因此，在大桥设计阶段就必须考虑大桥日后的运营养护、交通组织、抢险救灾、紧急求援、桥梁监控等，并从构造上考虑日后各构件的养护通道，为日后运营管理创造良好的条件。

②桥型方案设计与建设环境和施工工艺有机结合。大桥桥位处一般自然条件复杂，受特殊的水文、气象、工程地质条件制约，要最大限度地结合大桥桥位处的自然条件特点选择适应性好的施工工艺，以降低工程实施的风险和工程造价；有针对性地采用大型化、工厂化、机械化、标准化的总体设计理念，以提高工程质量，确保大桥建设得以安全顺利开展。

③结构设计与结构耐久性设计有机结合。大桥的分项工程多，上部结构多为钢筋混凝土结构或钢结构，下部结构及基础多为大体积混凝土结构，钢结构的防护和大体积混凝土结构的防温度裂缝就是结构设计的重点内容。大桥混凝土结构耐久性设计应从材质本身的性能出发，以提高混凝土材料的品质为根本，并辅以外加涂层、涂层钢筋、阴极保护等辅助措施，本着"结构设计是结构耐久性的灵魂"，结构设计要做到"可检、可换、可强、可补、可控"，同时贯彻"大桥施工是结构耐久性的基础，运营养护是结构耐久性的保障"的理念。

1.3.2 桥梁纵、横断面设计和平面布置

1. 桥梁纵断面设计(vertical sectional design of bridge)

桥梁纵断面设计包括确定桥梁的总跨径、桥梁的分孔、桥道的标高、桥上和桥头引道的纵坡以及基础的埋置深度等。

(1) 桥梁总跨径的确定

桥梁总跨径一般根据水文计算来确定。其基本原则是：应使桥梁在整个使用年限内，保证设计洪水能顺利宣泄；河流中可能出现的流冰、船只和排筏等能顺利通过；避免因过分压缩河床引起河道和河岸的不利变迁；避免因桥前壅水而淹没农田、房屋、村镇和其他公共设施等。对于桥梁结构本身来说，不能因总跨径缩短而引起的河床过度冲刷对浅埋基础带来不利的影响。

在某些情况下，为了降低工程造价，可以在不超过允许的桥前壅水和规范规定的允许最大冲刷系数的条件下，适当增大桥下冲刷，以缩短总跨长。例如，对于深埋基础，一般允许稍大一点的冲刷，使总跨径能适当减小；对于平原区稳定的宽滩河段，流速较小，漂流物也少，主河槽较大，这时可以对河滩的浅水流区段作较大的压缩，但必须慎重校核，压缩后的桥梁的壅水不得危及河滩路堤以及附近农田和建筑物。

(2) 桥梁的分孔

对于一座较长的桥梁，应当分成若干孔，但孔径划分的大小不仅影响使用效果和施工难易等，而且在很大程度上影响桥梁的总造价。例如，采用的跨径愈大，孔数就少，固然可以降低墩台的造价，但却使上部结构的造价大大增高；反之，则上部结构的造价虽然降低了，但墩台的造价却又有所增高。因此，在满足下述的使用和技术要求的前提下，通常采用最经济的分孔方式，即使上、下部结构的总造价趋于最低。这些要求是：

①对于通航河流，在分孔时，首先应满足桥下的通航要求。桥梁的通航孔应布置在航行最方便的河域。对于变迁性河流，根据具体条件，应多设几个通航孔。

②对于平原区宽阔河流上的桥梁，通常在主河槽部分按需要布置较大的通航孔，而在两侧浅滩部分按经济跨径进行分孔。

③对于在山区深谷上、水深流急的汇河上，或需在水库上修桥时，为了减少中间桥墩，应加大跨径。如果条件允许的话，甚至可以采用特大跨径的单孔跨越。

④对于采用连续体系的多孔桥梁，应从结构的受力特性考虑，使边孔与中孔的跨中弯矩接近相等，合理地确定相邻跨之间的比例。

⑤对于河流中存在不利的地质段，例如岩石破碎带、裂隙、溶洞等，在布孔时，为了使桥基避开这些区段，可以适当加大跨径。

⑥一座桥梁既是交通工程结构物，又是自然环境的美化者，对于一些特别重要的桥梁，在整体规划桥梁分孔时，尚须重视美观上的要求。

总之，大、中桥梁的分孔是一个相当复杂的问题，必须根据使用要求、桥位处的地形和环境、河床地质、水文等具体情况，通过技术经济等方面的分析比较，才能做出比较完美的设计方案。

(3) 桥道高程的确定

对于跨河桥梁，桥道的高程应保证桥下排洪和通航的需要；对于跨线桥，则应确保桥

下安全行车。因此，必须根据设计洪水位、桥下通航(或通车)净空等需要，结合桥型、跨径等一起考虑，以确定合理的桥道高程。在有些情况下，桥道高程在路线纵断面设计中已做规定。下面介绍确定桥道高程的有关问题。

①流水净空要求

为了保证桥下流水净空，对于梁式桥，梁底一般应高出设计洪水位(包括壅水和浪高)不小于50cm，高出最高流冰水位75cm；支座底面应高出设计洪水位不小于25cm，高出最高流冰水位不小于50cm(图1.49)，但如果支座部分有围护隔水则可不受此限。

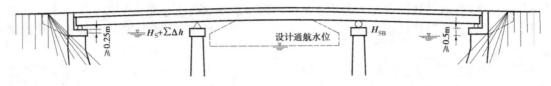

图1.49 梁式桥纵断面规划图

对于无铰拱桥，拱脚允许被设计洪水位淹没，但淹没深度一般不超过拱圈矢高 f_0 的 2/3(图1.50)。并且在任何情况下，拱顶底面应高出设计洪水位1.0m，即 $\Delta f_0 \geqslant 1m$。拱脚的起拱线应高出最高流冰水位不小于0.25m。

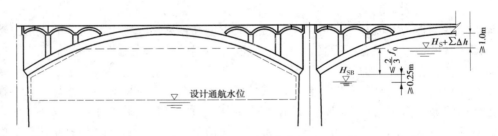

图1.50 拱桥桥下净空图

《公路桥规》规定，在不通航或无流放木筏河流上及通航河流的不通航桥孔内，桥下净空不应小于表1.3中所示的规定。

表1.3　　　　　　　　　　　非通航河流桥下最小净空

桥梁的部位		高出设计水位(m)	高出最高流冰面(m)
梁底	洪水期无大漂流物	0.50	0.75
	洪水期有大漂流物	1.4	—
	有泥石流	1.00	—
支承垫石顶面		0.25	0.50
拱脚		0.25	0.25

②通航净空要求

为了保证桥下安全通航，通航孔桥跨结构下缘的标高应高出自设计通航水位算起的净空高度。《内河通航标准》(GB 50139—2014)规定了水上过河建筑物的通航净空尺寸，表1.4列出了天然和渠化河流的通航净空尺寸，对于限制性航道、黑龙江水系和珠江三角洲至港澳内河航道的通航净空另有相关规定。此外，还颁布了《海轮航道通航标准》(JTS 1803—2018)，适用于沿海、海湾及区域内通航海轮航道的桥梁。表中符号见图1.51所示。

表1.4　　　　　　　　天然和渠化河流上过河建筑物通航净空尺寸(m)

航道等级	代表船舶、船队	净高	单向通航孔			双向通航孔		
			净宽	上底宽	侧高	净宽	上底宽	侧高
Ⅰ	(1)4排4列	24.0	200	150	7.0	400	350	7.0
	(2)3排3列	18.0	160	120	7.0	320	280	7.0
	(3)2排2列		110	82	8.0	220	192	8.0
Ⅱ	(1)3排3列	18.0	145	108	6.0	290	253	6.0
	(2)2排2列		105	78	8.0	210	183	8.0
	(3)2排1列	10.0	75	56	6.0	150	131	6.0
Ⅲ	(1)3排2列	18.0☆ / 10.0	100	75	6.0	200	175	6.0
	(2)2排2列	10.0	75	56	6.0	150	131	6.0
	(3)2排1列		55	41	6.0	110	96	6.0
Ⅳ	(1)3排2列	8.0	75	61	4.0	150	136	4.0
	(2)2排2列		60	49	4.0	120	109	4.0
	(3)2排1列		45	36	5.0	90	81	5.0
	(4)货船							
Ⅴ	(1)2排2列	8.0	55	44	4.5	110	99	4.5
	(2)2排1列	8.0或 5.0▲	40	32	5.5或 3.5▲	80	72	5.5或 3.5▲
	(3)货船							
Ⅵ	(1)1拖5	4.5	25	18	3.4	40	33	3.4
	(3)货船	6.0			4.0			4.0
Ⅶ	(1)1拖5	3.5	20	15	2.8	32	27	2.8
	(3)货船	4.5						

注：①注☆的尺度仅适用于长江，注▲的尺度仅适用于通航拖带船队的河流。
②当水上过河建筑物的法线方向与水流方向的交角大于5°，且横向流速大于0.3m/s时，通航净宽需适当加大；当横向流速大于0.8m/s时，应一跨过河或在通航水域中不设置墩柱。
③当水上过河建筑物的墩柱附近可能出现碍航紊流时，通航净宽值应适当加大。

图 1.51 表 1.4 中符号示意图

③跨线桥桥下净空要求

在设计跨线路(铁道或公路)的立体交叉时，桥跨结构底缘的标高应高出规定的车辆净空高度。对于公路所需的净空限界，见以下"桥梁横断面设计"部分，铁路的净空限界可查阅《铁路桥涵设计规范》(TB 10002—2017)。

综上所述，全桥位于河中各跨的桥道高程均应首先满足流水净空的要求；对于通航或桥下通车的桥孔，还应满足通航净空或建筑净空限界的要求；另外，还应考虑桥的两端能够与公路或城市道路顺利衔接等。因此，全桥各跨的桥道高程是不相同的，必须综合考虑和规划，一般将桥梁的纵断面设计成具有单向或双向坡度的桥梁，既利于交通，美观效果好，又便于桥面排水(对于不太长的小桥，可以做成平坡桥)。但桥上纵坡不宜大于4%；桥头引道纵坡不宜大于5%。对于位于市镇混合交通繁忙处的桥梁，桥上纵坡和桥头引道纵坡均不得大于3%，并应在纵坡变更的地方按规定设置竖曲线。

2. 桥梁横断面设计(cross sectional design of bridge)

桥梁横断面设计主要是决定桥面的宽度和桥跨结构横截面的布置。桥面宽度取决于行车和行人的交通需要。我国公路桥面每条行车道的净宽标准与设计行车速度有关，当设计行车速度在80km/h或以上时，车道净宽为3.75m；当设计行车速度为60~20km/h时，车道净宽为3.50~3.00m①。我国公路净空界限的一般规定见《公路工程技术标准》(JTG B01—2014)3.6.1条。在规定界限内，不得有任何结构部件等侵入。

桥上人行道和自行车道的设置应根据实际需要而定。人行道的宽度为0.75m或1m，大于1m时，按0.5m的级差增加。一条自行车道的宽度为1m，当单独设置自行车道时，一般不应少于两条自行车道的宽度。高速公路上的桥梁应设检修道，不宜设人行道。与路基同宽的小桥和涵洞可仅设缘石或栏杆。漫水桥不设人行道，但可设置护栏。

城市桥梁以及位于大、中城市近郊的公路桥梁的桥面净空尺寸，应结合城市实际交通量和今后发展的要求来确定。在弯道上的桥梁应按路线要求予以加宽。与行车道平行的人行道，两者间应有安全隔离设施，否则人行道和路缘石最好应高出行车道面0.25~0.35m，以确保行人和行车的安全。

图 1.52 所示为对于相同桥面净宽的上承式桥和下承式桥的横截面布置。显然，由于结构布置上的需要，下承式桥承重结构的宽度 B 要比上承式桥的大，而其建筑高度 h 却比上承式桥的小。

公路和城市桥梁，为了利于桥面排水，应根据不同类型的桥面铺装，设置从桥面中央倾向两侧1.5%~3%的横向坡度。

3. 平面布置

按照《公路工程技术标准》(JTG B01—2014)的规定，小桥和涵洞的位置与线型应符合路线的总走向，为满足水文、线路弯道等要求，可设计成斜桥和弯桥，对于公路上的大、中桥桥位，原则上应服从路线走向，桥、路综合考虑，尽量选择在河道顺直、水流稳定、

---

① 见《公路工程技术标准》(JTG B01—2014)4.0.2条规定。

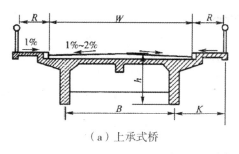
（a）上承式桥

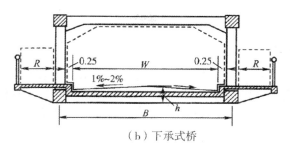
（b）下承式桥

图 1.52　横截面布置

地质良好的河段上。

桥梁的平曲线半径、平曲线超高和加宽、缓和曲线、变速车道设置等，均应满足相应等级线路的规定。

从桥梁本身的经济性和施工方便来说，应尽可能避免桥梁与河流或桥下路线斜交，但对于一般小桥，为了改善路线线形，或当城市桥梁受原有街道的制约时，也允许修建斜交桥，斜度通常不宜大于45°。在通航河流上斜交不能避免时，交角不宜大于5°；当交角大于5°时，宜增加通航孔净宽。

1.3.3　桥梁设计与建设程序

设计工作是一座桥梁建设的灵魂。对于工程复杂的大、中桥梁的设计，为了能从错综复杂的客观情况中得出既经济又合理的设计，就需要循序渐进、逐步深入、科学地进行工作。一般大型桥梁的正规设计工作，分为前期工作阶段和设计工作阶段。前者又分为：工程预可行性研究（简称"预可"）报告阶段和工程可行性研究（简称"工可"）报告阶段；后者则又分成初步设计（preliminary design）、技术设计（technical design）和施工图设计（constructional drawing design/execution design）三个阶段。各个阶段所包含的内容和深度、目的、解决的问题是不相同的。它们的关系如图 1.53 所示。

1."预可"和"工可"阶段

这两阶段所包含的内容基本一致，但研究的深度各有不同。"预可"阶段要在工程可行的基础上，着重研究建桥的必要性和宏观经济上的合理性。"工可"阶段则要在"预可"被审批确认后，进一步研究工程技术上的可行性和投资上的可行性。

一座大型桥梁的"预可"报告应从经济、政治、国防等方面，详细阐明建桥理由和工程建设的重要性和必要性，同时初步探讨技术上的可行性。对于区域性线路上的桥梁，应以建桥地点（渡口等）的车流量调查（计及国民经济逐年增长率）为立论依据。

在"预可"阶段的另一重点是，通过多个桥位的综合比较后，选定桥位和确定建设规模。

"预可"阶段工作的主要目标是解决建设工程的上报立项问题。在"工可"阶段，则要在"预可"的基础上着重研究和制定桥梁设计的技术标准，包括设计荷载标准、桥面宽度、通航标准（通航净宽和净高）、设计车速、桥面纵向和横向坡度、竖曲线与平曲线半径等。在这一阶段，要与河道、航运、城市规划等部门共同研究，处理好所有"外部条件"的关系。

在可行性研究阶段,尚不可能对桥式方案作深入比选,故不需要明确提出推荐方案。对工程量的估算亦不宜偏紧。

在此两阶段内,对经济分析方面,主要涉及造价估算、投资回报,以及资金来源和偿还等问题。在"工可"阶段,应提出多个桥型方案,并按交通部《公路基本建设工程投资估算编制办法》估算造价,对资金来源和投资回报等问题应基本落实。一般来说,"预可"中要有设想,"工可"中要基本落实。如图1.53所示。

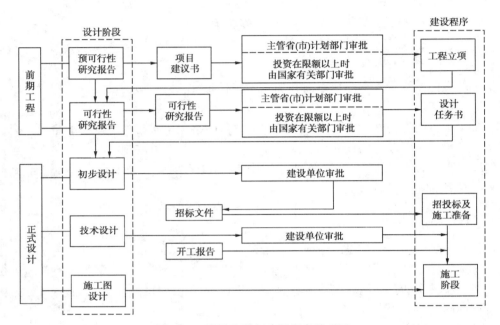

图1.53 设计阶段与建设程序关系图

2. 初步设计

根据所批准的"工可"报告而编制的"设计任务书",是进行初步设计的依据。在进一步的水文、地质"初勘"后,如发现原可行性研究阶段建议的桥位有问题,可适当挪动桥位轴线,推荐新桥位。

初步设计阶段,也是桥梁设计中通过酝酿、构思、最富于创造性的概念设计阶段,其工作重点是:通过多个各具创意的桥式方案的比选,推荐最优方案,报上级单位审批。在编制各个桥型方案时,要提供桥型布置图、主桥和引桥的横断面图,标明主要结构尺寸(包括重要的细节构造和尺寸),并估算工程数量,提供主要材料的用量,根据施工组织设计和概算定额编制出工程概算。初步设计的概算造价是作为控制建设项目投资和以后编制施工预算的依据。对所作的工程概算加以适当调整,可以作为招标的"标底"。

3. 技术设计

对于技术上复杂的特大桥、互通式立交或新型桥梁结构,需进行技术设计。

技术设计应根据初步设计批复意见、测设合同的要求,对重大、复杂的技术问题,通过科学试验、专题研究、加深勘探调查及分析比较,进一步完善批复的桥型方案的总体和细部各种技术问题以及施工方案,并修正工程概算。如果初步设计中有批准下达的科研项目,则也要在这阶段予以实施解决。

4. 施工图设计

两阶段(或三阶段)施工图设计应根据初步设计(或技术设计)批复意见、测设合同,进一步对所审定的修建原则、设计方案、技术决定加以具体和深化。在此阶段中,必须对桥梁各种构件进行详细的结构计算,并且确保强度、稳定、刚度、裂缝、构造等各种技术指标满足规范要求,绘制出施工详图,提出文字说明及施工组织计划,并编制施工图预算。施工图设计可由原编制技术设计的单位继续进行编制,或由中标施工单位编制,但要对技术设计有所改变的部分负责。

国内一般的(常规的)桥梁采用两阶段设计,即初步设计和施工图设计,对于技术简单、方案明确的小桥,也可采用一阶段设计,即施工图设计。

1.3.4 桥梁设计方案比选

为了获得经济、实用和美观的桥梁设计,设计者需要运用丰富的桥梁建筑理论和实践知识,按照本章所述的方法与步骤,进行深入细致的分析研究工作。对于一定的建桥条件,尽可能做出基本满足要求的多种不同的设计方案,只有通过技术经济等方面的综合比较,才能科学地得出完美的最优设计。

桥梁设计方案的比选和确定可按下列步骤进行:

①明确各种标高的要求。在桥位纵断面图上,先行按比例绘出设计水位、通航水位、堤顶标高、桥面标高、通航净空、堤顶行车净空位置图等。

②桥梁分孔和初拟桥型方案草图。在上述确定了各种标高的纵断面图上,根据泄洪总跨径的要求,作桥梁分孔和桥型方案草图,作草图时思路要宽广,宁可多画几个图式,也不要遗漏可能的桥型和布置,每一图式可在跨度、高度、矢度等方面大致按比例画在同样大小的桥址断面图上。

③方案初选。对草图方案作技术和经济上的初步分析和判断,剔除一些在技术经济上明显相形见绌的图式,并从中选出几个(通常2~4个)构思好、各具优点但一时还难以判定孰优孰差的图式,作为进一步详细研究和进行比较的桥型方案。

④详绘桥型方案。根据不同桥型,不同跨度、宽度和施工方法,拟定主要尺寸,并尽可能细致地绘制各个桥型方案的尺寸详图。对于新结构,应作初步的力学分析,以准确拟定各方案的主要尺寸。

⑤编制估算或概算。依据编制方案的详图,可以计算出上、下部结构的主要工程数量,然后依据各省、市或行业的"估算定额"或"概算定额",编制出各方案的主要材料(钢、木、混凝土等)用量、劳动力数量、全桥总造价。

⑥方案选定和文件汇总。全面考虑建设造价、养护费用、建设工期、营运适用性、美观等因素,综合分析,阐述每一个方案的优缺点,最后选定一个最佳的推荐方案。在深入比较过程中,应当及时发现并调整方案中的不尽合理之处,确保最后选定的方案是强中选强的方案。每一桥梁设计方案图中应绘出附有河床断面及地质分层的立面图和横断面图。

一般来说,造价低、材料省、劳动力少、工期短的应是优秀方案。但实际上并不尽然,因为有时当其他技术因素或使用要求(如对美观有特殊要求)上升成为设计的主要矛盾时,就不得不放弃较为经济的方案。所以,在比较时,必须从任务书提出的要求、所给的原始资料以及施工等条件中,找出所面临问题的关键所在,分清主次,才能探索出适合于各具体情况的最佳方案。

上述工作全部完成之后,着手编写方案说明书。说明书中应阐明方案编制的依据和标准,各方案的主要特色、施工方法、设计概算,以及从中选出比较方案的理由、方案比较的综合性评述。对于推荐方案,应作较详细的说明。各种测量资料、地质勘察和地震烈度复核资料、水文调查与计算资料等应按附件载入。

图 1.54 所示为湖南岳阳洞庭湖大桥的桥型方案比较图,该桥位于洞庭湖的长江出口处。各桥型主要优缺点见表 1.5,经过水利、经济、美观等多方面的论证,最后选择了三塔斜拉桥的方案(图 1.55)。

表 1.5   岳阳洞庭湖大桥各桥型主要优缺点比较表

	三塔斜拉桥方案	系杆拱配斜拉桥方案	连续刚构方案
经济性	54295.7万元	53653.4万元	55412.8万元
适用性	1. 两孔310m主跨跨越主航道,与航道适应性好,通航净空大,防撞要求低; 2. 河床压缩少,有利于汛期泄洪; 3. 西岸副孔50m简支T梁伸缩缝多,桥面连续易开裂	1. 主桥大跨少,对通航较不利,桥墩防撞要求较高; 2. 河床压缩较多,对汛期泄洪较不利; 3. 西岸副孔50m连续梁,伸缩缝较少	1. 两孔280m跨径连续刚构跨越主航道,与航道适应性好。通航净空大,防撞要求低; 2. 河床压缩多,汛期泄洪能力较差; 3. 西岸副孔50m空心板,伸缩缝多,桥面连续易开裂
安全性	1. 主桥跨度适中,板梁式结构施工方便,工期较短; 2. 西岸副孔采用预制T梁,可工厂化预制施工,质量可靠,工期有保障,但需大型预制场和吊装设备; 3. 主桥后期营运养护费用较高; 4. 行车较平顺	1. 主体采用箱梁断面,刚度大,施工安全; 2. 西岸副孔采用移动支架现浇,施工条件差,工期制约因素多,并需要多套设备方能保证工期; 3. 主桥后期营运养护费用较高; 4. 行车平顺舒适	1. 主跨280m连续刚构为当前世界最大跨度,施工难度大,工期较长; 2. 西岸副孔采用预制空板,可工厂化预制施工,质量可靠,工期有保障。但需要预制场与吊装设备; 3. 主桥后期营运养护费用少; 4. 行车平顺舒适
美观性	桥型美观,气势宏伟,与周围环境协调好	高耸的桥塔与低矮的拱圈,大跨梁桥与小跨拱桥反差明显,配合不协调,桥型欠美观	主桥线条简洁明快,但因其高跨比例不很协调,影响桥型美观

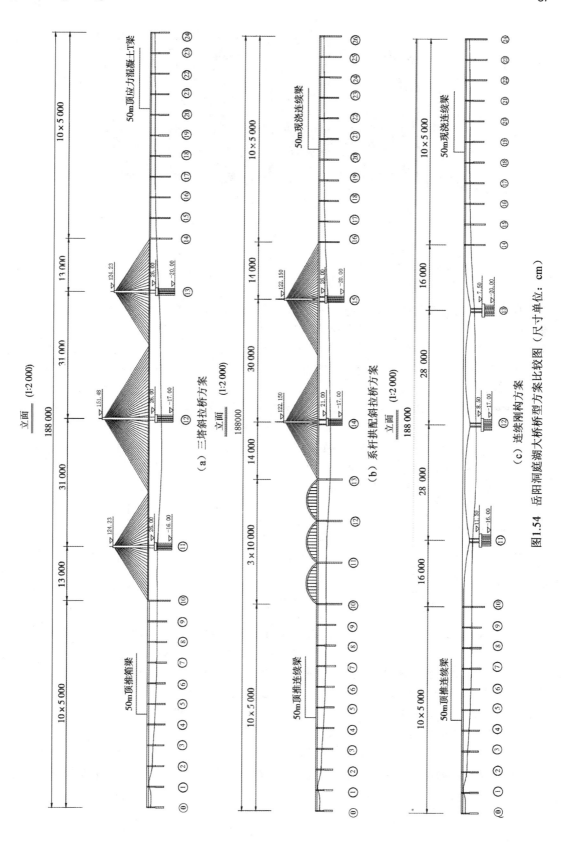

图1.54 岳阳洞庭湖大桥桥型方案比较图（尺寸单位：cm）

图 1.55　岳阳洞庭湖大桥

1.4　桥梁上的作用

根据桥梁的功能，桥梁结构除了承受本身自重和各种附加恒载作用外，主要是承受桥上车辆和人群等荷载。而且，鉴于桥梁结构所处的环境和本身结构的特性，它还要经受温度变化、地震、基础变位、混凝土收缩和徐变等复杂因素的影响。这些施加在结构上的一组集中力或分布力，或引起结构外加变形或约束变形的原因，统称为作用。前者称直接作用，亦称荷载；后者称间接作用。

《公路桥规》中将桥梁作用(action)分为 4 大类：永久作用(permanent action)、可变作用(variable action)、偶然作用(accidental action)和地震作用(earthquake action)，见表 1.6。

按照对结构的反应情况，作用还可以分为静态作用和动态作用两类，静态作用指在结构上不产生加速度或产生的加速度可以忽略不计的作用，比如结构自重等；动态作用是使结构上产生一个不可忽略的加速度的作用，包括汽车荷载、地震作用等，对动态作用效应的分析一般比较复杂，通常在容许的情况下将它们转变成静态作用来计算。作用种类、形式和大小的选择是否恰当，不但关系桥梁结构在使用年限内是否安全可靠，而且还关系桥梁建设费用是否经济合理。

1.4.1　永久作用

永久作用是指在设计基准期内，始终存在且其量值变化值与平均值相比可忽略不计的作用，或其变化是单调的，并趋于某个限值的作用。结构物自身重力及桥面铺装、附属设施等外加重力均属于结构重力，它们可按照结构物的实际体积或设计拟定的体积乘以材料的重度计算，桥梁结构的自重往往占全部设计荷载的大部分，因此采用轻质高强材料对减轻桥梁自重、增大跨越能力具有重要意义。

预加力在结构进行正常使用极限状态设计和使用阶段构件应力计算时，应作为永久作用计算其主效应和次效应，并计入相应阶段的预应力损失，但不计由于预加力偏心距增大引起的附加效应。在结构进行承载能力极限状态设计时，预加力不作为作用，而将预应力钢筋作为结构抗力的一部分，但在连续梁等超静定结构中，仍需考虑预加力引起的次效应。

表1.6 作 用 分 类

编号	作用分类	作用名称
1	永久作用	结构重力（包括结构附加重力）
2		预加力
3		土的重力
4		土侧压力
5		混凝土收缩及徐变作用
6		水的浮力
7		基础变位作用
8	可变作用	汽车荷载
9		汽车冲击力
10		汽车离心力
11		汽车引起的土侧压力
12		汽车制动力
13		人群荷载
14		疲劳荷载
15		风荷载
16		流水压力
17		冰压力
18		波浪力
19		温度（均匀温度和梯度温度）作用
20		支座摩阻力
21	偶然作用	船舶的撞击作用
22		漂流物的撞击作用
23		汽车撞击作用
24	地震作用	地震作用

对于超静定的混凝土结构、钢-混凝土组合结构等均应考虑混凝土的收缩和徐变作用的影响，预应力构件还涉及其预应力损失问题。《公路钢筋混凝土及预应力混凝土桥涵设计规范》（JTG 3362—2018）规定了混凝土的收缩应变和徐变系数的计算方法。

其他永久作用均可按《公路桥规》相关条文计算。

1.4.2 可变作用

可变作用是指在设计基准期内，其量值随时间而变化，且其变化值与平均值相比不可忽略不计的作用。以下简要介绍桥梁设计中常用的可变作用。有关可变作用的详细计算方法，可查阅《公路桥规》相应的条文。

1. 公路桥梁汽车荷载

汽车荷载由车道荷载和车辆荷载组成，车道荷载由均布荷载和集中荷载组成。桥梁结构的整体计算采用车道荷载；桥梁结构的局部加载（比如桥面板的计算）、涵洞、桥台和挡土墙土压力等的计算采用车辆荷载。在各计算项目中，车道荷载与车辆荷载的作用不得叠加。

公路桥涵设计时，将汽车荷载分为公路-Ⅰ级和公路-Ⅱ级两个等级，各级公路桥涵设计的汽车荷载等级按表1.7取用。

表1.7　　　　　　　　　各级公路桥涵的汽车荷载等级

公路等级	高速公路	一级公路	二级公路	三级公路	四级公路
汽车荷载等级	公路-Ⅰ级	公路-Ⅰ级	公路-Ⅰ级	公路-Ⅱ级	公路-Ⅱ级

注：1. 二级公路作为集散公路且交通量小、重型车辆少时，其桥涵的设计可采用公路-Ⅱ级汽车荷载。

2. 对交通组成中重载交通比重较大的公路桥涵，宜采用与该公路交通组成相适应的汽车荷载模式进行结构整体和局部验算。

(1) 车道荷载

车道荷载的计算图式如图1.56所示。

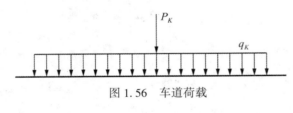

图1.56　车道荷载

①公路-Ⅰ级车道荷载的均布荷载标准值为 $q_K = 10.5 \text{kN/m}$；集中荷载标准值 P_K 按以下规定选取：桥梁计算跨径≤5m时，$P_K = 270\text{kN}$；桥梁计算跨径≥50m时，$P_K = 360\text{kN}$；桥梁计算跨径在5～50m之间时，P_K 值采用直线内插求得。对于多跨连续结构，P_K 按照最大跨径为基准取值，计算剪力效应时，上述集中荷载标准值 P_K 应乘以1.2的系数。

②公路-Ⅱ级车道荷载的均布荷载标准值 q_K 和集中荷载标准值 P_K 为公路-Ⅰ级车道荷载的0.75倍采用。

③车道荷载的均布荷载标准值应满布于使结构产生最不利效应的同号影响线上；集中荷载标准值只作用于相应影响线中一个最大影响线峰值处。

(2) 车辆荷载

公路-Ⅰ级级和公路-Ⅱ级汽车荷载采用相同的车辆荷载标准值。车辆荷载的立面、平面尺寸如图1.57所示，主要技术指标规定见表1.8。

(3) 设计车道数、车道荷载的横向布置及荷载效应的折减

① 设计车道数：公路桥涵设计车道数与行车道宽度的关系见表1.9。

② 车道荷载的横向布置：车道荷载的横向分布系数，应按表1.9的设计车道数如图1.58布置车辆，再进行计算。

③ 多车道荷载效应的横向折减：布置一条车道汽车荷载时，应考虑汽车荷载的提高。当桥梁横向布置车道数大于2时，由于单向并行通过的机率较小，应考虑多车道汽车荷载

的折减,横向车道布载系数系数见表1.10,但折减后的效应不得小于两设计车道的荷载效应。

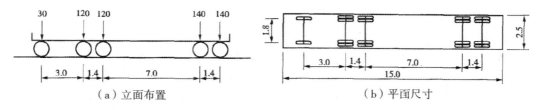

图1.57 车辆荷载的立面、平面尺寸(荷载单位:kN;尺寸单位:m)

表1.8 车辆荷载的主要技术指标

项目	单位	技术指标	项目	单位	技术指标
车辆重力标准值	kN	550	轮距	m	1.8
前轴重力标准值	kN	30	前轮着地宽度及长度	m	0.3×0.2
中轴重力标准值	kN	2×120	中、后轮着地宽度及长度	m	0.6×0.2
后轴重力标准值	kN	2×140	车辆外形尺寸(长×宽)	m	15×2.5
轴距	m	3+1.4+7+1.4			

表1.9 设计车道数与车行道宽度的关系

桥面宽度 W(m)		桥涵设计车道数
车辆单向行驶时	车辆双向行驶时	
$W<7.0$		1
$7.0 \leqslant W<10.5$	$6.0 \leqslant W<14.0$	2
$10.5 \leqslant W<14.0$		3
$14.0 \leqslant W<17.5$	$14.0 \leqslant W<21.0$	4
$17.5 \leqslant W<21.0$		5
$21.0 \leqslant W<24.5$	$21.0 \leqslant W<28.0$	6
$24.5 \leqslant W<28.0$		7
$28.0 \leqslant W<31.5$	$28.0 \leqslant W<35.0$	8

④ 荷载效应的纵向折减:当桥梁计算跨径大于150m时,应按表1.11规定的纵向折减系数进行折减。当为多跨连续结构时,整个结构应按最大的计算跨径考虑汽车荷载效应的纵向折减。

以上介绍的是现行公路桥梁设计规范中规定的汽车荷载,在此之前的《公路桥涵设计通用规范》(JTJ 021—1989)中规定的汽车荷载为车辆荷载、车辆荷载又分为计算荷载与验算荷

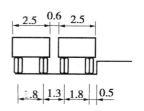

图1.58 车辆荷载横向布置
(尺寸单位:m)

载,即汽车-超 20 级、汽车-20 级、汽车-15 级、汽车-10 级、挂车-120、挂车-100、挂车-80、履带-50。具体规定本书不详细介绍。需要指出的是,我国已建的大量公路桥涵是按之前的规范设计的,考虑今后在对它们进行维护、保养和加固改造时,还需要先按之前的规范进行分析研究。

2. 城市桥梁汽车荷载

《城市桥梁设计规范》(CJJ 11—2011)规定,除可变作用中的设计汽车荷载与人群荷载外,作用与作用效应组合均应按现行《公路桥规》的有关规定执行。汽车荷载等级可划分为:城-A 级汽车荷载和城-B 级汽车荷载,汽车荷载分为车辆荷载和车道荷载。

表 1.10 横向车道布载系数

横向布置设计车道数(条)	1	2	3	4	5	6	7	8
横向折减系数	1.20	1.00	0.78	0.67	0.60	0.55	0.52	0.50

表 1.11 纵向折减系数

计算跨径 $L_0(m)$	纵向折减系数	计算跨径 $L_0(m)$	纵向折减系数
$150 < L_0 < 400$	0.97	$800 \leq L_0 < 1000$	0.94
$400 \leq L_0 < 600$	0.96	$L_0 \geq 1000$	0.93
$600 \leq L_0 < 800$	0.95		

车道荷载主要用于桥梁的主梁、主拱和主桁架等的计算(总体计算)。车辆荷载主要用于桥梁的横隔梁、行车道板、桥台或挡土墙后土压力的计算(局部计算)。当进行桥梁结构计算时,不得将车辆荷载与车道荷载的作用叠加。当桥面车行道内有轻轨车辆混合运行时,尚应按有关轻轨荷载规定进行验算,并取其最不利者进行设计。

城-A 级车辆荷载的立面、平面布置见图 1.59。总重 700 kN,前后轴距为 18.0 m,行车限界横向宽度为 3.0 m。城-A 级汽车荷载的横桥向布置和城-B 级车辆荷载的立面、平面布置及标准值应采用现行《公路桥规》车辆荷载的规定值。

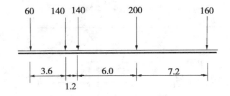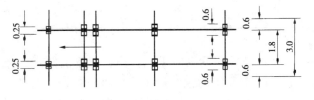

图 1.59 城-A 级标准车辆纵、平面布置(荷载单位:kN;尺寸单位:m)

城-A 级车道荷载和城-B 级车道荷载分别采用的是《公路桥规》中公路-Ⅰ级和公路-Ⅱ级的车道荷载标准值。

车道荷载横向分布系数,多车道的横向折减系数,大跨径桥梁的纵向折减系数,汽车荷载的冲击力、离心力、制动力及车辆荷载在桥台或挡土墙后填土的破坏棱体上引起的土侧压力等，均应按现行《公路桥规》的规定计算。

3. 汽车冲击力

车辆驶过桥梁时，由于桥面的不平整、车轮不圆以及发动机震动等原因，会引起桥梁结构振动，这种动力效应通常称为冲击作用。在此情况下，车辆荷载（动荷载）对桥梁结构所引起的应力和变形，要比同样大小的静荷载引起的大。在计算中采用静力学的方法，即将车辆荷载的动力影响用车辆的重力乘以冲击系数 μ 来表达。汽车荷载冲击力为汽车荷载标准值乘以冲击系数 μ。

冲击系数的计算采用以结构基频为指标的方法。结构的基频反映了结构的尺寸、类型、建造材料等动力特征内容，它直接体现了冲击效应和桥梁结构之间的关系。按结构不同的基频，汽车引起的冲击系数在 0.05~0.45 之间变化，其计算方法为：

$$\left.\begin{array}{ll} 当 f < 1.5\text{Hz 时}, & \mu = 0.05 \\ 当 1.5\text{Hz} \leqslant 14\text{Hz 时}, & \mu = 0.1767\ln f - 0.0157 \\ 当 f > 14\text{Hz 时}, & \mu = 0.45 \end{array}\right\} \quad (1\text{-}1)$$

式中：f——结构基频（Hz）。宜采用有限元方法计算，对于常规结构，可采用《公路桥规》条文说明中的计算公式计算。

汽车荷载的局部加载及在 T 梁、箱梁悬臂板上时冲击系数采用 0.3。

对于钢桥、钢筋混凝土及预应力混凝土桥、圬工拱桥等上部构造和钢支座、板式橡胶支座、盆式橡胶支座及钢筋混凝土柱式墩台，应计算汽车的冲击作用。填料厚度（包括路面厚度）等于或大于 0.5m 的拱桥、涵洞以及重力式墩台，不计冲击力。支座的冲击力，按相应的桥梁取用。

4. 汽车离心力

汽车离心力是车辆在弯道行驶时所伴随产生的惯性力，它以水平力的形式作用于结构上，是弯桥横向受力与抗扭设计计算所要考虑的主要因素。曲线桥应计算汽车荷载引起的离心力。离心力标准值为车辆荷载（不计冲击力）标准值乘以离心力系数 C，离心力系数按下式计算：

$$C = \frac{V^2}{127R} \quad (1\text{-}2)$$

式中：V——设计速度，应按桥梁所在路线设计速度采用（km/h）；

R——曲线半径（m）。

在计算多车道桥梁的汽车荷载离心力时，车辆荷载标准值应乘以表 1.10 中规定的横向车道布载系数；离心力的着力点在桥面以上 1.2m 处，为计算简便也可移至桥面上，不计由此引起的作用效应。

5. 汽车引起的土侧压力

汽车荷载在桥台或挡土墙后填土的破坏棱体上引起的土侧压力，可换算成等代均布土层厚度 h 计算，即

$$h = \frac{\sum G}{Bl_0\gamma} \quad (1\text{-}3)$$

式中：γ——土的重度（kN/m³）；

l_0——桥台或挡土墙后填土的破裂棱体长度(m),对于墙顶以上有填土的路堤式挡土墙,l_0 为破裂棱体范围内的路基宽度部分;

B——桥台横向全宽或挡土墙的计算长度(m);

$\sum G$——布置在 $B \times l_0$ 面积内的车轮的总重力(kN),当涉及多车道加载时,车轮总重力应按表 1.10 进行折减。

6. 人群荷载

设有人行道的桥梁,当用汽车荷载计算时,应同时计入人行道上的人群荷载。

(1)公路桥梁

公路桥梁人群荷载标准值按下列规定采用:当桥梁计算跨径小于或等于 50m 时,人群荷载标准值为 3.0kN/m²;当桥梁计算跨径等于或大于 150m 时,人群荷载标准值为 2.5kN/m²;当桥梁计算跨径为 50~150m 时,可由线性内插得到人群荷载标准值。对跨径不等的连续结构,以最大计算跨径为准。城镇郊区行人密集地区的公路桥梁,人群荷载标准值为上述规定值的 1.15 倍。专用人行桥梁,人群荷载标准值为 3.5kN/m²。

人群荷载在横向应布置在人行道的净宽度内,在纵向施加于使结构产生最不利荷载效应的区段内。人行道板(局部构件)可以一块板为单元,按标准值 4kN/m² 的均布荷载计算。计算人行道栏杆时,作用在栏杆立柱顶上的水平推力标准值取 0.75kN/m;作用在栏杆扶手上的竖向力标准值取 1kN/m。

(2)城市桥梁

人行道板(局部构件)的人群荷载应按 5kN/m² 的均布荷载或 1.5kN 的竖向集中力分别计算并作用在一块构件上,取其最不利者。

梁、桁架、拱及其他大跨结构的人群荷载 ω 可按下列公式计算,且 ω 值在任何情况下不得小于 2.4kN/m²:

当加载长度 $l<20$m 时,
$$\omega = 4.5 \times \frac{20-\omega_p}{20} \tag{1-4}$$

当加载长度 $l \geq 20$m 时,
$$\omega = \left(4.5 - 2 \times \frac{l-20}{80}\right) \times \frac{20-\omega_p}{20} \tag{1-5}$$

式中:ω——单位面积上的人群荷载 ω_p(kN/m²);

l——加载长度(m);

ω_p——当计算城市桥梁的人群荷载时,为单边人行道宽度(m);在专用非机动车桥上时宜取 1/2 桥宽,当 1/2 桥宽大于 4m 时应按 4m 计。

检修道上的设计人群荷载应按 2kPa 或 1.2kN 的竖向集中荷载计,作用在短跨小构件上,可分别计算,取其不利者。计算与检修道相连构件,当计入车辆荷载或人群荷载时,可不计检修道上的人群荷载。

7. 汽车制动力

汽车制动力是车辆在减速或制动时,为克服车辆的惯性力而在路面与车辆之间产生的滑动摩擦力。它作用于桥跨结构上的方向与行车方向一致。汽车制动时,车辆与路面间的摩擦系数可达 0.5 以上,但是制动常常只限于车队的一部分车辆,所以制动力并不等于摩擦系数乘以全部车辆荷载。

一个设计车道上的汽车制动力标准值为布置在加载长度上计算的总重力的10%，但公路-Ⅰ级汽车荷载的制动力标准值不得小于165kN；公路-Ⅱ级汽车荷载的制动力标准值不得小于90kN。多车道时，要考虑横向折减，同向行驶双车道的汽车荷载制动力标准值为一个设计车道制动力标准值的2倍；同向行驶三车道为一个设计车道的2.34倍；同向行驶四车道为一个设计车道的2.68倍。

制动力的着力点在桥面以上1.2m处，计算墩台时，可移至支座铰中心或支座底面上；计算刚构桥、拱桥时，制动力的着力点可移至桥面上，但不计因此而产生的竖向力和力距。

研究表明，车辆制动除对主结构产生较大的水平力外，还会引起桥梁的振动，对铺装层推挤磨损，甚至破坏。虽然设计中考虑了车辆荷载的制动力，但桥梁养护部门仍应注意维持桥面良好的行车条件，尽量避免车辆紧急刹车，特别是高速行驶车辆急刹车。

8. 其他作用力

①对于风荷载标准值应按《公路桥梁抗风设计规范》(JTG/T 3360-01—2018)的规定计算。

②对于流水压力、冰压力、温度作用、支座摩阻力的规定和计算，详见《公路桥规》。

③位于外海、海湾、海峡的桥梁结构，下部结构设计必要时应考虑波浪力的作用影响。宜开展专题研究，确定波浪力的大小。

1.4.3 偶然作用与地震作用

1. 偶然作用

在设计基准期内不一定出现，而一旦出现，其量值很大且持续时间很短的作用，称为偶然作用。偶然作用具体包括：

（1）船舶或者漂流物撞击作用

船舶或漂流物撞击力在有可能的条件下，应采用实测资料或模拟撞击试验进行计算，并据此进行防撞设施的设计。《公路桥规》中，根据航道等级、船舶吨位定出的撞击作用设计值，当缺乏实际调查资料时可参考采用。

（2）汽车撞击作用

必要时可考虑汽车的撞击作用。汽车撞击力设计值在车辆行驶方向取1000kN，在车辆行驶垂直方向取500kN，两个方向的撞击力不同时考虑，撞击力作用于行车道以上1.2m处，直接分布于撞击涉及的构件上。对于设有防撞设施的结构构件，可视防撞设施的防撞能力，对汽车撞击力设计值予以折减，但折减后的汽车撞击力设计值不应低于上述规定值的1/6。

汽车撞击问题在我国日渐突出，已影响到公路桥梁结构和道路行车的安全。为防止或减小因撞击产生的破坏，对易受到汽车撞击构件的部位应采取相应的构造措施，并增设钢筋或钢筋网。对于跨线桥，不宜在没有中间带的公路中央设立桥墩。

2. 地震作用

地震作用主要是指地震时强烈的地面运动所引起的结构惯性力，它是随机变化的动力荷载，其值的大小取决于地震强烈程度和结构的动力特性（频率和阻尼等）以及结构或杆件的质量。地震作用分竖直方向和水平方向，经验表明，地震的水平运动是导致结构破坏的主要因素，结构抗震验算时，一般主要考虑水平地震作用。因此，在工程设计中，凡计算作用在结构上的地震作用都是指水平地震作用（简称地震作用）。

抗震设防要求以地震时地面最大水平加速度的统计值——地震动峰值加速度确定。地震动峰值加速度等于 0.10g、0.15g、0.20g、0.30g 地区的公路桥涵，应进行抗震设计。地震动峰值加速度大于或等于 0.40g 地区的公路桥涵，应进行专门的抗震研究和设计。地震动峰值加速度小于或等于 0.05g 地区的公路桥涵，除有特殊要求者外，可采用简易设防。公路桥梁地震作用的计算及结构的设计，应符合《公路工程抗震规范》（JTG B02—2013）和《公路桥梁抗震设计规范》（JTG/T 2231-01—2020）的规定。

偶然作用和地震作用会对结构安全产生非常巨大的影响，甚至导致桥梁毁坏和交通中断，因此，建造在地震区的桥梁或有可能受到船只或漂流物撞击的桥梁，应进行谨慎的抗震和防撞设计。

除了上述规范中规定的作用之外，在桥梁设计中，还必须注意结构物在预制、运输、架设安装及各施工阶段可能遇到的各种临时荷载，如起重机具的重力等，总称其为施工荷载。桥梁设计中，因为对施工荷载的取值不当或验算上的疏忽，造成毁桥事故并不少见。

1.4.4 作用效应组合

1. 作用效应组合的原则

以上简述了各种可能出现的荷载和作用，这些作用并非同时作用于桥梁上。根据各种作用重要性的不同和同时出现的可能性，《公路桥规》规定，公路桥涵结构设计应考虑结构上可能同时出现的作用，按照承载能力极限状态和正常使用极限状态进行作用效应组合，均应按下列原则取其最不利效应组合进行设计：

①只有在结构上可能同时出现的作用，才进行其效应的组合。当结构或结构构件需做不同受力方向验算时，则应以不同方向的最不利的作用效应进行组合。

②当可变作用的出现对结构或结构构件产生有利影响时，该作用不应参与组合。实际不可能同时出现的作用或同时参与组合概率很小的作用，可不考虑其作用效应的组合。制动力与支座摩阻力不同时组合，这是考虑到任何纵向力，不能大于支座摩阻力，因此，制动力与支座摩阻力不同时存在。流水压力不与汽车制动力、波浪力、冰压力同时组合，这是考虑到其同时出现的可能性极小。

③施工阶段的作用组合，应按照计算需要及结构所处条件而定，结构上的施工人员和施工机具设备均应作为可变作用加以考虑。组合式桥梁，当把底梁作为施工支撑时，作用效应宜分两个阶段组合，底梁受荷为第一阶段，组合梁受荷为第二阶段。

④多个偶然作用不同时参与组合。

⑤地震作用不与偶然作用同时参与组合。

2. 设计状况

公路桥涵应根据不同种类的作用及其对桥涵的影响、桥涵所处的环境条件，考虑以下四种设计状况，进行极限状态设计：

①持久状况应进行承载能力极限状态和正常使用极限状态设计。

②短暂状况应进行承载能力极限状态设计，可根据需要进行正常使用极限状态设计。

③偶然状况应进行承载能力极限状态设计。

④地震状况应进行承载能力极限状态设计。

3. 承载能力极限状态设计的作用组合

承载能力极限状态是指桥涵结构或构件达到最大承载能力或不适于继续承载的变形的状态。公路桥涵结构按承载能力极限状态设计时，对持久设计状况和短暂设计状况应采用作用的基本组合，对偶然设计状况应采用作用的偶然组合，对地震设计状况应采用作用的地震组合。

①基本组合，是永久作用的设计值与可变作用设计值组合。

②偶然组合，是永久作用标准值与可变作用某种代表值、一种偶然作用设计值相组合。与偶然作用同时出现的可变作用，可根据观测资料和工程经验取用频遇值或准永久值。

③地震组合，效应设计值应按《公路工程抗震规范》（JTG B02—2013）和《公路桥梁抗震设计规范》（JTG/T 2231-01—2020）的有关规定计算。

基本组合用于结构的常规设计，所有桥涵结构都需要考虑。偶然组合和地震组合用于结构在特殊情况下的设计，所以不是所有公路桥涵结构都要采用，一些结构也可采取构造或其他预防措施来解决。

4. 正常使用极限状态设计的作用组合

正常使用极限状态是指桥涵结构或构件达到正常使用耐久性能的某项规定限值的状态。公路桥梁按正常使用极限状态设计时，应根据不同的设计要求，采用作用的频遇组合或准永久组合。

①作用频遇组合，是永久作用标准值与主导可变作用频遇值、伴随可变作用准永久值相组合。

②作用准永久组合，是永久作用标准值与可变作用准永久值相组合。

公路桥涵结构设计计算中的作用效应组合的规定详见《公路桥规》。

1.5 桥梁的维护与管理

1.5.1 概述

桥梁方便了交流与沟通，缩短了距离，为人们的生产和生活提供了方便，满足了人类社会的需要。然而，要想实现桥梁的可持续、高质量地为人类服务，并满足交通持续增长的需要，就必须对已建桥梁实行合理、规范化的管理与日常养护维修，预防发生病害，及时根治缺陷。公路桥梁的养护应按照《公路桥涵养护规范》（JTG H11—2004）的要求进行，城市桥梁的养护应按照《城市桥梁养护技术规范》（CJJ 99—2017）的要求进行。

桥梁的建设与管理养护经常不是同一单位或部门，桥梁建成之后，由建设单位移交给管养单位，这不利于桥梁的全寿命管理。最好能在桥梁建设之初就确定桥梁的管理养护单位，这样管养单位可以不是被动地等着建设单位移交，而是在桥梁建设前期就开始介入，提出桥梁耐久性的指标，并要求设计单位在桥梁设计时考虑今后使用管理与养护的需要。

在施工阶段，管养部门要通过监理严把质量关，并积极收集施工资料，尤其是有关的桥梁施工质量监控的数据，全面了解桥梁的全部施工过程，更好地为以后的管理和养护工作服务。对于重要的桥梁,应考虑今后定期检测的需要,预先设置日后健康检测所需的测点。这些测点的设置可结合施工监测监控和成桥静动载试验进行综合考虑。

对于一些大桥和新型桥梁,在建成后通车前,一般要进行成桥静动载试验,对桥梁的控制截面的应力、控制点的挠度、主结构各方向变位、动力特性与动力响应、吊杆与系杆力等进行检测。全面分析与评定桥梁结构的承载能力与使用条件,既为成桥的验收提供数据,也为桥梁使用管理养护提供了基础数据。成桥静动载试验所收集到的成桥初始阶段的受力性能和结构基本信息,可以用于建立桥梁档案资料,如果是属于桥梁管理系统中的桥梁,还可将这些信息输入桥梁管理系统之中。同时,测试资料有助于建立基准有限元模型,为日后的桥梁状况有限元分析、损伤识别提供对比的原始状态资料。

桥梁建成后,应实行合理、规范化的管理与日常养护维修。首先,管理与养护部门应建立资料档案,内容包括施工过程的记录、成桥静动载试验资料等,同时,基于上述试验建立基准有限元模型,以便于对桥梁结构长期监测与状态评定。将来还要进行定期与非定期检查与维修的记录。在养护过程中,要预防病害的发生,设法解决和处理设计施工留下的缺陷,及时处理桥梁出现的缺陷。管理与养护部门应通过日常检查、定期检查和特殊检查,及时地了解通过桥梁的车辆荷载、车辆数,了解交通量,注意交通标牌设立是否完整,保持桥面的整洁,减小跳车对桥梁的冲击影响。同时,还要注意检查桥梁结构构件的使用情况,尤其是易损构件如吊杆、斜拉索、系杆、支座、伸缩缝的使用情况、锈蚀问题等,进行经常性的保护性养护与维修更换。在桥梁使用管理方面,随着现代信息技术与桥梁管理技术的发展,基于计算机信息技术的桥梁管理系统目前已得到广泛的应用。

1.5.2 桥梁的检查

桥梁管养部门要及时进行桥梁的检查,系统、准确、及时地掌握桥梁的使用与技术状况。桥梁检查可分为经常性检查、定期检查和特殊检查三种方式。

1. 经常性检查(frequency inspection)

经常性检查主要是指对桥面设施、上部结构、下部结构及附属构造物的技术状况进行的检查。经常性检查主要以目测方式进行,也可配以简单的工具进行测量,周期为每月不得少于一次;现场要登记所检查项目的缺损类型,估计缺损范围及养护工作量,提出相应的小修保养措施,为编制所管理的桥梁养护计划提供依据。如果发现桥梁重要构件存在明显缺陷,应及时向上级提交专项报告。

2. 定期检查(periodic inspection)

定期检查是指按照规定周期,对桥梁主体结构及其附属构造物的技术状况进行定期跟踪的全面检查,为桥梁养护管理系统搜集结构技术状况的动态数据。通常依靠富有经验的专职桥梁检查工程师,以目视观察为主,辅以必要的工具、常规测量仪器、照相机和其他现场用器材等手段检查,实地判断桥梁病害原因,做出质量状况评定,并估计需要维修的范围和方法,提出交通限制的建议。对需要进一步查明原因或继续观察的缺损部件,提出特殊检查和下次检查的时间要求。

3. 特殊检查(special inspection)

特殊检查是指在特定情况下对桥梁技术状况进行鉴定,判定桥梁承载能力,以采取加固、改善措施。通常分为专门检查和应急检查。

专门检查：根据经常性检查和定期检查的结果，对需要进一步判明损坏原因、缺损程度和使用能力的桥梁，针对病害进行专门的现场试验检测、验算与分析等鉴定工作。

应急检查：当桥梁受到灾害性损伤后，为了查明破损状况，采取应急措施，组织恢复交通，对结构进行的详细检查和鉴定工作。

1.5.3 桥梁的养护与维修

1. 养护与维修内容

从内容来看，桥梁的养护有广义和狭义之分。广义的桥梁养护包含桥梁的使用管理、日常养护、维修、加固与改建（造）等内容。狭义的桥梁养护（maintenance）是指桥梁的日常养护，这里所说的桥梁养护指的是狭义的桥梁养护。

从目的来看，养护又可分为预防性养护与治疗性养护。预防性养护指日常进行的、为防止桥梁出现故障而进行的保养工作；或在桥梁出现小毛病时就进行工程量不大的更换和维修，以防止桥梁大故障出现的养护工作。所以，养护与维修工作是分不开的。预防性养护具有系统性、计划性和前瞻性的特点，养护的依据是事先编制的养护计划。治疗性养护是在桥梁出现故障或事故发生后要进行的养护措施，也称基于故障的养护。治疗性养护是事后的补救，无计划性，往往带有突发性，且需要大量资金，并对正常交通有重大影响，在桥梁养护中应尽量避免，但一旦出现要尽快解决。

目前，我国桥梁日常养护人员所受教育程度普遍较低，受专业训练的水平更低，主要是临时雇用的保洁人员。因此，加强对这个基本队伍的培训，提高他们发现桥梁病害和小修的能力，增强责任感，是一项十分重要的工作。

2. 养护工程管理

桥梁养护工程要积极采用现代化管理手段和先进养护技术，大力推广和应用新技术、新材料、新工艺、新设备，不断提高桥梁养护管理技术水平。同时，把养护工程质量管理放在首位，建立健全质量控制体系，严格检查验收制度，提高投资效益。

公路桥梁的养护作业应执行《公路养护安全作业规程》（JTG H30—2015）的有关规定。养护维修作业单位应根据国家规定建立安全管理部门，配备专职或兼职安全管理人员。作业时，养护作业人员要配备专门的工具设备和特别的保护措施，严格遵守各项安全技术操作规程。养护工作管理人员要特别注意那些影响工作区安全的因素，对养护维修安全作业进行监督和检查。养护维修作业的设施应始终处于良好的工作状态，在作业完成前，不能随意撤除或改变安全设施的位置、扩大或缩小控制区范围，以保证养护维修作业控制区安全控制的有效性。

由于桥梁往往是交通的咽喉，所以日常的养护一般不宜进行交通全封闭作业，而开放交通条件下的养护作业更应注意安全防护，设置作业控制区并制定交通控制方案是非常必要的。对于特大桥，在进行养护维修作业控制区的布置时，要尽量减少封闭车道，至少要保持一条车道的交通畅通，最好只封闭一条车道。

1.5.4 桥梁健康监测

桥梁健康监测（health monitoring）是指对运营阶段的桥梁结构及其工作环境进行实时

监测，并根据监测得到的信息分析桥梁结构的健康状况，评价桥梁承受静、动载的能力以及结构的安全可靠性，为运营维护管理提供决策依据。它是当前桥梁工程研究的一个热点，已引起国内外桥梁使用与管理部门的高度重视。在这方面的研究与应用正处于起步阶段，目前在一些投资大、重要性突出的桥梁中已经开始了这项应用。如何针对我国的环境与经济特点和桥梁特点，探索出经济、实用、方便、有效的桥梁使用状态的健康诊断与长期监测系统，是一个亟待研究的课题。

健康监测是一个复杂的系统工程，需要多方面的工作，内容主要包括软件与硬件部分。软件部分主要由数据采集、信息管理以及智能健康诊断和安全预警与决策等模块组合而成。其中数据采集、信息管理模块应在桥梁结构投入使用后就开始工作，获取桥梁结构最为原始的信息资料；而智能健康诊断和安全预警与决策模块则应在相应的规定期限内完成，使其尽快充分地发挥作用。硬件部分主要是指系统中安装的所有检测仪器和相应的信号传输设备以及监控装置。这些硬件设备的开发、安装、调试应与桥梁的施工过程以及系统软件的开发协调一致。

基于振动信息的无损伤检测技术，目前在航天机械等领域得以广泛研究。由于该方法的无损伤性，且在桥梁运营过程，桥梁结构的振动信息可以通过环境振动法获得，简单易行，因此这一方法已成为结构整体性能评估研究的热点，具有较强的发展潜力。

结构模态参数常被用作结构的指纹特征，也是系统识别方法和神经网络法的主要输入信息。另外，基于结构应变模态、应变曲率以及其他静力响应的评估方法也在不同程度上显示了各自的检伤能力。然而，尽管某些整体性评估技术已在一些简单的结构上成功应用，但还不能可靠地用于复杂结构。阻碍实际应用的主要原因有：结构与环境的不确定性和非结构因素影响；测量信息谱不完备；测量精度不足和测量信号噪声；桥梁结构赘余度大，并且测量信号对结构局部损伤不敏感。

国外一些已建或在建的大跨度桥梁已安装了不同规模的健康监测系统。如丹麦主跨为1624m的大贝尔悬索桥、墨西哥总长1543m的Tampico斜拉桥等，都安装了用于环境、结构响应与形变的传感装置，旨在获取识别结构主体性能和安全性能的各种记录，逐步建立实时的结构整体性能与安全性能的健康监测系统。国内大跨度桥梁健康监测也已开始受到人们的重视，一些重要的大型桥梁，如青马大桥、江阴长江大桥等，也都安装了健康监测系统。

桥梁健康监测系统理论的研究主要集中于结构整体性评估和损伤识别。结构整体性评估方法可以归结为模式识别法、系统识别法以及神经网络方法三类。

应该提出的是，桥梁实时健康监测的理论与技术还处于发展阶段，还存在着许多问题，如埋设在结构中的传感器等测试器件的测试范围有限，其寿命可能低于结构的寿命；大量测试数据的处理和有效利用，以及实时健康监测所需的经费与它的效果的比值，都是确定一座桥梁是否需要进行实时健康监测时所要考虑的。在当前的情况下，除非特大跨径或具有特殊性的桥梁，以及实时健康监测的试验研究的桥梁进行实时健康监测外，一般的桥梁以定期和不定期的检查更为合适。

本 章 小 结

1. 桥梁由上部结构、下部结构、支座和附属设施四部分组成。

2. 桥梁按基本体系分类，有梁、拱、吊三大基本体系，梁受弯、拱受压，而吊受拉。由上述三大基本体系相互组合，可派生出显示组合受力特征的桥型。

3. 普通钢筋混凝土简支梁桥跨径一般不超过25m，预应力混凝土简支梁桥跨径一般不超过50m，跨径再增加应考虑采用连续体系梁桥。

4. 拱桥分有推力和无推力(系杆)拱，根据不同的行车道位置，又分为上承式、中承式和下承式拱。

5. 刚构桥包括门式、斜腿、连续刚构以及T构。

6. 斜拉桥的主要组成部分是梁、塔和索，斜拉桥属高次超静定结构，索的初张力对斜拉桥受力状态的优劣至关重要。

7. 悬索桥属柔性结构，一般为钢结构，悬索桥的风振问题在设计施工中应特别重视。

8. 我国古代利用天然材料建造出堪称世界经典的桥梁，无论是建桥工艺还是建桥技术，都处于当时世界领先水平；但由于近代科技和经济的落后，我国建桥技术和建桥数量停滞不前，而西方发达国家由于工业革命的崛起，以及新材料、新工艺的出现，造桥技术不断提高，各种桥型的跨径纪录不断被刷新。我国改革开放以来，特别是近30年，由于国力的增强以及科技的高速发展，桥梁建设无论在数量上还是在技术上都得到了迅猛发展，各种桥型的建设都已达到或接近世界先进水平，部分桥型已刷新了世界纪录。

9. 桥梁设计应遵循技术先进、安全可靠、适用耐久、经济合理、美观及利于环保的原则，并考虑因地制宜、就地取材、便于施工和养护等因素。

10. 桥梁设计包括平面设计、纵断面设计和横断面设计三大部分。桥梁的平面设计为桥位的选定。桥梁纵断面设计包括确定桥长、桥梁的分孔、桥面高程与桥下净空、桥上和桥头引道的纵坡以及基础的埋置深度等。桥梁的横断面设计，主要取决于桥面的宽度和不同桥跨结构横截面的形式。

11. 一座大桥从项目立项开始到运营通车，要经过研究阶段(预可和工可)、设计阶段(初设、技设和施设)、施工阶段和运营阶段。国内一般的(常规的)桥梁采用两阶段设计，即初步设计和施工图设计。

12. 桥梁设计方案的比选主要包括桥位方案的比选和桥型方案的比选。方案比选是一个循序渐进、由浅入深的过程，首先应调查掌握各种规划和自然条件，然后充分运用专业知识和国内外信息，按照一定的步骤后，才能获得最佳的设计方案。

13. 桥梁上的作用分为永久作用、可变作用、偶然作用和地震作用四类。永久作用采用标准值作为代表值，可变作用根据不同的极限状态采用标准值、组合值、频遇值或准永久值作为其代表值，偶然作用取其设计值为代表值，地震作用取其标准值作为代表值。作用的代表值按《公路桥规》规定计算。有关汽车荷载的计算图式、荷载等级及其标准值、加载方法和纵横向折减等应符合《公路桥规》规定。

14. 桥梁通常要承受多种作用。桥梁按承载能力极限状态和正常使用极限状态设计。桥梁按承载能力极限状态设计采用三种作用效应组合：基本组合、偶然组合和地震组合。

桥梁按正常使用极限状态设计时，采用短期效应组合和长期效应组合两种效应组合。

15. 施工阶段效应组合，按计算需要及桥梁所处条件而定。对不可能同时出现或同时参与组合概率很小的作用，不考虑其作用效应组合。多个偶然作用不同时参与组合。

思考题及习题

1. 桥梁结构主要有哪些部分组成？各部分的功能是什么？列举几座你见过的桥梁的组成部分。
2. 对于不同的桥型，计算跨径都是如何确定的？
3. 什么叫做桥梁的容许建筑高度？当容许建筑高度严格受限时，桥梁设计如何去满足它的要求？
4. 请阐述梁桥、拱桥、刚架桥、斜拉桥和吊桥的主要受力特点。
5. 试阐述我国古代四大名桥及其特点以及桥梁未来发展趋势。
6. 桥梁设计应满足哪 6 项基本要求？简要叙述各项要求的基本内容。
7. 解释桥梁工程常用名词和术语。除了课本介绍之外，你还知道哪些桥梁专业术语？
8. 桥梁的平面设计、纵断面设计和横断面设计主要包括哪些内容？
9. 对较长的桥梁进行分孔时，一般要考虑哪些主要因素？
10. 桥梁各种标高的确定应考虑哪些因素？
11. 确定桥面总宽时，应考虑哪些因素？
12. 请简要阐述桥梁设计前期工作阶段和设计工作阶段各自的主要内容。
13. 请阐述桥梁设计方案比选的过程，成果应包含的主要内容。
14. 什么是三阶段设计？什么是两阶段设计？什么情况下采用三阶段设计？什么情况下采用两阶段设计？
15. 试分别阐述永久作用、可变作用、偶然作用和地震作用的主要内容。
16. 为什么车道很多或桥梁很长时，汽车荷载应予以折减？
17. 什么叫汽车冲击力？它是如何计算的？
18. 桥梁设计中应按哪两个极限状态设计？采用的作用效应组合分别是什么？
19. 从发展历史来看，桥梁技术进步与哪些因素有关？现状如何？发展趋势如何？
20. 桥梁材料与结构类型之间有什么关系？
21. 何谓桥梁全寿命设计？它的的主要内涵是什么？
22. 桥梁使用管理与养护包括哪些内容？介绍你见到的桥梁病害，提出你对其养护、维修的看法。

第 2 章 桥面布置与构造

本章提要及学习结果

本章主要介绍桥面构造、各组成部分的功能、设置原则、常用类型和构造细节；无缝桥梁概念。通过本章的学习，学生应该能够：

1. 记住桥面铺装的主要类型；
2. 详细说明人行道、栏杆与灯柱的设置；
3. 陈述桥面排水设施的特点及其布置原则；
4. 说明桥面伸缩缝的特点及类型，以及无缝桥梁的概念；
5. 阐述防落梁的构造措施。

桥面构造通常包括桥面铺装(deck pavement)、防水与排水系统、桥面伸缩缝(expansion joint)、人行道(或安全带)、缘石、栏杆、护栏和照明灯柱等，其一般构造如图 2.1 所示。

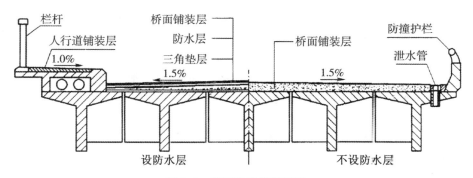

图 2.1 桥面构造横截面图

桥面构造多属于外露部位，直接与外界(包括车辆、行人、大气等)接触，对桥梁的主要结构起保护作用，使桥梁能够正常发挥功能，同时也对行车安全和桥梁的美观起着重要的作用。现代高速交通体系的桥梁，更强调桥面构造的重要性。

由于桥面构造工程量小，项目繁杂，以及其附属性的地位，往往在设计和施工中得不到应有的重视，从而有可能导致运营过程中产生弊病，影响桥梁的正常使用，增加维修费用，甚至被迫中断交通。因此，必须全面了解桥面构造各部件的工作性能，合理选择，认真设计，精心施工。桥面的布置应在桥梁的总体设计中考虑，应根据道路等级、桥梁宽度、行车要求等条件确定。

2.1 桥面铺装

桥面铺装(deck pavement)也称行车道铺装，其功能是保护属于主梁整体部分的行车道板不受车辆轮胎的直接磨耗，防止主梁遭受雨水的侵蚀，并能对车辆轮重的集中荷载起一定的分布作用，因此，桥面铺装应具有抗车辙、行车舒适、抗滑、不透水等特点。桥面铺装的结构形式宜与所在位置的公路路面相协调。

2.1.1 桥面布置

桥面布置应根据道路的等级、桥梁的宽度、行车要求等条件确定，主要有以下几种：

①双向车道布置，即行车道的上下行交通布置在同一桥面上，它们之间用画线分隔。由于在桥梁上同时存在上下行机动车和非机动车，车辆只能中速或低速行驶，对交通量较大的道路，桥梁往往会造成交通滞流状态。

②分车道布置，即桥面上设置分隔带(图2.2(a))或分离式主梁(图2.2(b))布置，使上下行交通分隔，甚至机动车道与非机动车道分隔，行车道与人行道分隔设置。这种布置方式可提高行车速度，便于交通管理。

③双层桥面布置，即桥梁结构在空间上提

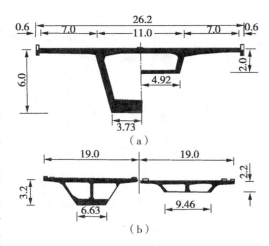

图 2.2　分车道桥面布置(单位：m)

供两个不在同一平面上的桥面构造。双层桥面布置可以使不同的交通严格分道行驶，提高了车辆和行人的通行能力，便于交通管理。同时，在满足同样交通要求时，可以充分利用桥梁净空，减小桥梁宽度，缩短引桥长度，达到较好的经济效益。

2.1.2 桥面横坡的设置

桥面设置纵横坡，以利雨水迅速排除，防止或减少雨水对铺装层的渗透，从而保护桥面板，延长桥梁的使用寿命。

桥面上设置纵坡，不仅有利于排水，在平原地区还可以在满足桥下设计净空要求的前提下，降低墩台高程，减少引桥长度或桥头引道土方量，从而节省工程费用。桥面的纵坡，一般做成双向纵坡，在桥中心设置竖曲线。

桥面横坡坡度可按路面横坡取用，或比后者大0.5%。对于沥青混凝土或水泥混凝土铺装，行车道桥面通常采用抛物线型横坡，人行道则用直线型。通常有三种设置形式：

①对于板桥(矩形板或空心板)或就地浇筑的肋板式梁桥，为节省铺装材料并减小恒载，可将横坡直接设在墩台顶部(图2.3(a))，或墩台顶部为水平采用变高的支承垫石使桥梁上部结构形成双向倾斜，此时，铺装层在整个桥宽上做成等厚的。

②对于装配式肋板梁桥，为使主梁构造简单、架设与拼装方便，通常横坡直接设在行车道板上。在行车道板(全跨范围内)与等厚的混凝土桥面铺装层之间铺设一层厚度变化、

形成双向倾斜的素混凝土三角垫层(图2.3(b))。桥面不很宽时,这种方式较常用。

③在桥宽较大的桥梁(如城市桥梁)中,用三角垫层设置横坡将使混凝土用量和恒载增加太多,为此,可将行车道板做成倾斜面而形成横坡。其缺点是主梁构造复杂,制作麻烦(图2.3(c))。

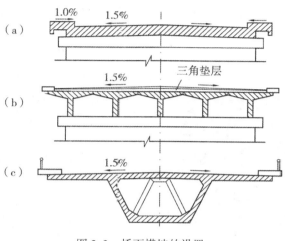

图2.3 桥面横坡的设置

2.1.3 桥面铺装的类型

桥面铺装可采用水泥混凝土、沥青表面处治和沥青混凝土等各种类型。沥青表面处治桥面铺装耐久性较差,仅在中级或低级公路桥梁上使用。水泥混凝土和沥青混凝土桥面铺装性能良好,应用较广,如图2.4所示。

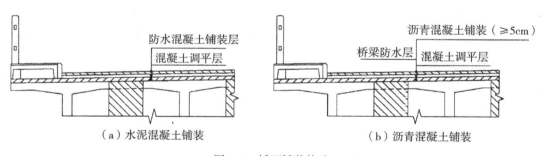

图2.4 桥面铺装构造

水泥混凝土的耐磨性能好,适合重载交通。水泥混凝土桥面铺装直接铺设在防水层或桥面板上,层厚不宜小于80mm,其强度等级不应低于C40,铺设时应避免二次成型。水泥混凝土铺装层内应配置钢筋网,钢筋直径不应小于8mm,间距不宜大于100mm。

考虑到在大桥和特大桥中,因结构体系的原因,桥面板常受到拉、压应力的交替作用,为防止桥面铺装参与受力而导致开裂,现行《公路桥规》推荐在高速公路、一级公路上的特大、大桥宜采用沥青混凝土铺装。

沥青混凝土桥面铺装由黏层、防水层、保护层及沥青面层组成，其总厚度宜为6cm~10cm，铺设方式分为单层式和双层式两种。高速公路、一级公路的沥青桥面铺装为双层式，下层为3~4cm中粒式沥青混凝土整平层，表面层的厚度与级配类型可与其相邻桥头引线相同，但不宜小于2.5cm。多雨潮湿地区、纵坡大于5%或设计车速大于50km/h的大中型高架桥、立交桥的桥面应铺设抗滑表层。

沥青混凝土维修养护方便，铺筑后几小时就能通车，但易老化和变形。因此，沥青材料应采用重交通沥青或改性沥青。改性沥青混凝土是近年来国内开展研究和铺筑的改性能沥青混凝土材料，它具有抗滑、密水、抗车辙、减少开裂等优点，值得推广应用。

钢桥面为减轻自重和适应钢结构的变形，基本上都用沥青混凝土铺装，常用的体系有"双层环氧""下层环氧+上层SMA""下层浇筑+上层SMA""下层浇筑+上层环氧"等铺装体系。在应用中出现了较多的早期病害现象，如高温车辙、横向推移与开裂等。近年来，我国开展了大量的研究与实践，钢桥面沥青混凝土铺装技术取得了较大的进步，早期病害得到了有效的控制。目前还出现了采用超高性能混凝土(UHPC)的钢桥面铺装新技术。

近年来，随着路面防水技术的发展，已广泛采用各种改性沥青黏结料或高分子聚合物沥青防水涂层的新技术。这种防水层具有黏结力强、高温不流淌、低温不脆裂、无毒、成膜时间短、重量轻等优点。图2.5所示为湖北省武汉市卓刀泉

图2.5 彩色路面高架桥

高架桥，路面采用了彩色陶瓷颗粒新型材料，具有防滑、耐磨、耐腐等特点。

国外也有使用环氧树脂涂层来达到抗磨耗、防水和减小桥梁恒载的目的的例子。这种铺装层的厚度通常为0.3~1.0cm。为保证其与桥面板牢固结合，涂抹前应将混凝土板面清刷干净。显然这种铺装的费用较昂贵。

2.2 桥面防水与排水系统

桥面积水不利于行车安全，也给行人带来不便，为了保障桥面行车通畅、安全，防止桥面结构受降水侵蚀，应设置完善的桥面防水和排水设施。

2.2.1 防水层

桥面的防水主要由设置防水层来完成。防水层的作用是将透过铺装层渗下的雨水汇集于排水系统(泄水管)排出。桥面的防水层设置在桥面铺装层下面(图2.6)。

《公路桥规》规定，桥面铺装要设置防水层，但其形式和方法应当视当地的气候、雨量和桥梁结构形式等具体情况而定。桥面伸缩缝处应连续铺设，不可切断；在主梁受负弯矩作用处，应设置柔性防水层。防水层应采用便于施工、坚固耐久、质量稳定的防水材

料。当前，桥梁中常用的防水层有以下三种类型：

①沥青涂胶下封层，即首先洒布薄层沥青或改性沥青，其上再铺一层砂子，然后经反复碾压形成。

②高分子聚合物涂料，如聚氨酯胶泥、环氧树脂、阳离子乳化沥青、氯丁胶乳等。高分子聚合物涂料不但具有优异的弹塑性、耐热性和黏结性，而且具

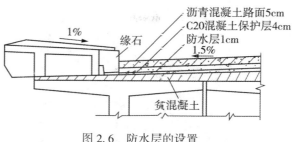

图 2.6　防水层的设置

有与石油沥青制品良好的亲和性，能适应沥青混凝土在高温条件下的施工。由于施工简单方便，安全无污染，近年来得到广泛的使用，已成为各类大中型桥梁桥面防水施工的专用涂料。

③铺装沥青或改性沥青防水卷材，以及浸渍沥青的无纺土工布等。沥青防水卷材用作防水层，造价高，施工麻烦且费时。由于将行车道和铺装层分开，削弱了之间的连接，如果施工处理不当，将使桥面铺装层似有一弹性垫层，在车轮荷载作用下，铺装层容易起壳开裂。为了增强其抗裂性，可在其上的混凝土铺装层或垫层内铺设 $\phi 3 \sim \phi 6$ 的钢筋网，网格尺寸为 150mm×150mm 至 200mm×200mm。

2.2.2　排水设施

为了迅速排除桥面积水，保证行车安全，桥面应设置排水系统。排水系统主要由设置桥面纵横坡及一定数量的泄水管等组成。

泄水管的设置应依据设计径流量计算确定，但最大间距不宜超过 20m。通常，当桥面纵坡大于 2% 而桥长小于 50m 时，桥上可以不设置泄水管，此时可在引道两侧设置流水槽，以免雨水冲刷路基；当桥面纵坡大于 2% 而桥长大于 50m 时，桥上每隔 12~15m 设置一个泄水管；当桥面纵坡小于 2% 时，应每隔 6~8m 设置一个泄水管。在桥梁伸缩缝的上游方向应增设泄水管，在凹型竖曲线的最低点及其前后 3~5m 处也应各设置一个泄水管。桥面上泄水管的过水面积按每平方米桥面不少于 2~3cm² 布置。

泄水管口可采用圆形或矩形。圆形泄水管口的直径宜为 15~20cm；矩形泄水管口的宽度宜为 20~30cm，长度为 30~40cm。泄水管常采用铸铁管或塑料管，最小内径为 15cm。泄水管周围的桥面板应配置补强钢筋网。

1. 竖向泄水管道

竖向泄水管道可以沿行车道两侧左右对称排列，也可交错排列，其离缘石的距离为 20~50cm，泄水管口顶部采用铸铁格栅盖板，其顶面应比周围路面低 5~10mm（图 2.7），桥面积水流入泄水管后直接向下排放。也可将泄水管布置在人行道下面（图 2.8），桥面水通过设在缘石或人行道构件侧面的进水孔流入泄水孔。安装泄水管时，应将其下端伸出桥面板底面以下 150~200mm，以防止雨水浸润桥面板。如果桥面铺装层内设有防水层，则应让管道与防水层紧密结合，以便防水层上所积存的渗水能通过泄水管道排出桥外。

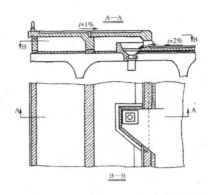

图 2.7　杭州湾大桥的排水系统　　　图 2.8　泄水管布置在人行道下的图式

2. 横向泄水管道

对于一些跨径不大、不设人行道的小桥,有时为了简化构造和节省材料,可以直接在行车道两侧的安全带或路缘石上预留横向孔道,并用铁管或其他排水管将水排出桥外(图 2.9)。横向泄水管道应伸出桥侧 20~30mm,以免积水浸润构件。这种泄水管道构造简单、安装方便,但因坡度较缓,容易堵塞。

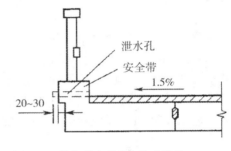

图 2.9　横向泄水孔道(尺寸单位:mm)

3. 封闭式泄水管道

对于跨越公路、铁路、通航河流的桥梁以及城市桥梁,为保证桥下行车行人安全及公共卫生的需要,应像建筑物那样设置封闭式的排水系统,将流入泄水管中的雨水汇集到纵向排水管(或排水槽)内,并通过设在墩台处的竖向排水管(落水管)流入地面排水设施或河流中(图 2.10)。

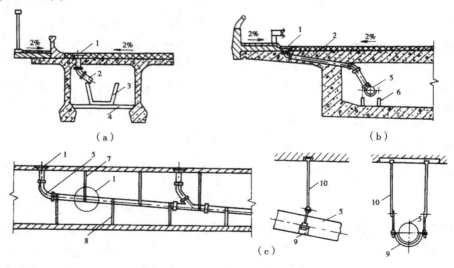

1—泄水漏斗;2—泄水管;3—钢筋混凝土斜槽;4—横梁;5—纵向排水管;
6—支撑结构;7—悬吊结构;8—支柱;9—弧形箍;10—吊杆

图 2.10　城市桥梁桥面排水设施

排水管材料有铸铁管、塑料管(聚氯乙烯 PVC 或聚乙烯 PE)或钢管,其内径应等于或大于泄水管的内径。排水槽宜采用铝、钢或玻璃钢材料,其横截面为矩形或"U"形,宽度和深度均宜为 20cm 左右。纵向排水管或排水槽的坡度不得小于 0.5%。桥梁伸缩缝处的纵向排水管或排水槽应设置可供伸缩的柔性套筒。寒冷地区的竖向排水管,其末端宜距地面 50cm 以上。

当采用透水沥青混凝土铺装时,排水管的顶面应低于透水层的地面,以发挥排水系统的作用;集水口要有强大的集水功能,特别是对于有纵坡的长桥,应避免雨水沿纵坡向台后汇流;在伸缩缝前要有集水装置,以免伸缩缝的缝隙成为桥面雨水的出口,侵蚀伸缩缝,并影响支座和桥梁结构的耐久性。

2.3 桥梁伸缩缝

桥梁伸缩装置的主要作用是适应桥梁上部结构在气温变化、活载作用、混凝土收缩徐变等因素的影响下变形的需要,并保证车辆通过桥面时的平稳。一般设在两相邻梁端之间以及梁端与桥台背墙之间。特别要注意,在伸缩缝附近的栏杆、人行道结构也应断开,以满足梁体的自由变形。

桥梁伸缩装置直接暴露在大气中,承受车辆、人群荷载的反复作用,很小的缺陷和不足,都会引起跳车等不良现象,从而使其承受很大的冲击力,甚至影响到桥梁结构本身和通行者的生命安全,是桥梁结构中最易损坏又较难修缮的部位。在设计与施工过程中,应给予足够的重视。桥梁伸缩缝应满足下列要求:

①能够满足桥梁自由伸缩的要求,保证有足够的伸缩量;
②牢固可靠,与桥梁结构连为整体,抗冲击,经久耐用;
③桥面平坦,行驶性良好,车辆驶过时应平顺,无突跳和噪声;
④具有能够安全防水和排水的构造,有效防止雨水渗入;
⑤能有效防止垃圾渗入阻塞。敞露式的伸缩缝要便于检查和清除缝下沟槽的污物;
⑥构造简单,施工、安装方便,且养护、修理与更换方便;
⑦经济、价廉。

桥梁伸缩装置的类型有梳齿板式伸缩装置、橡胶伸缩装置、TST 碎石弹性伸缩缝等,目前多用橡胶伸缩装置。按照伸缩体结构不同,桥梁橡胶伸缩装置可分为纯橡胶式、板式、组合式和模数式四种,其选型主要视桥梁变形量的大小和活载轮重而定,目前最大适应伸缩量可达 3000mm。

桥梁变形量的大小主要考虑以伸缩装置安装时的温度为基准,由温度变化引起的伸缩量和混凝土的徐变、干燥收缩所引起的伸缩量作为基本伸缩量,其计算公式为:

$$\Delta l = \Delta l_t^+ + \Delta l_t^- + \Delta l_s + \Delta l_e$$

式中:Δl ——基本伸缩量;

Δl_t^+ ——温度升高引起的梁的伸长量;

Δl_t^- ——温度下降引起的梁的缩短量;

Δl_s ——混凝土收缩引起的梁的收缩量;

Δl_e ——徐变引起的梁的收缩量。

对于其他因素，例如梁端的转角变位、安装时的偏差等，一般都作为安全裕量和构造上的需要来考虑。通常在基本伸缩量的基础上，再增加20%的安全裕量即可。

2.3.1 梳齿板式伸缩缝

图2.11为梳齿形钢板伸缩缝。梳齿形钢板伸缩缝行驶性好，伸缩量大（可达40mm以上），在大、中型桥梁中得到普遍采用。按其支撑形式不同，分为悬臂式和支撑式两种，图2.11为面层板成齿形，从左右伸出桥面板间隙处相互啮合的悬臂式构造；支撑式则是左右伸出梳齿，并在齿的前端支撑的一种形式。由于支撑式在冲击荷载作用下，耐久性较差，故多采用悬臂式。梳齿形钢板伸缩缝的缺点在于造价较高，制造加工困难，防水能力弱，清洁工作复杂。图2.12为梳齿形钢板伸缩缝的平面图。

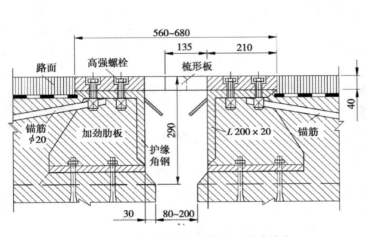

图2.11 梳齿形钢板伸缩缝（悬臂式，尺寸单位：mm） 　　图2.12 伸缩缝平面图

2.3.2 TST碎石弹性伸缩缝

TST碎石弹性伸缩缝是20世纪70年代由英国发展起来的一种桥梁伸缩缝，适用于伸缩量不超过50mm的中、小跨径桥梁，其构造形式如图2.13所示。在现场将特制的弹塑性复合材料TST加热熔融后，灌入经过清洗加热的碎石中，即形成了TST碎石弹性伸缩缝。碎石用以支撑车辆荷载，TST弹塑性体在$-25\sim+60℃$条件下能够满足伸缩量的要求。

TST碎石弹性伸缩缝构造简单，施工方便快捷，易于维修和更换，通常施工完成后$2\sim3h$即可开放交通；若喷水加速冷却，1小时后即可开放交通，图2.14为TST碎石弹性伸缩缝的现场施工图。由于TST弹塑性体与前后桥面或路面铺装形成连续体，因而桥面平整无缝隙，行车时不致产生冲击、振动等，舒适性较好。其本身的防水性也较好。TST碎石弹性体可以在各个方向发生变形，因此这种弹性伸缩缝还可以满足弯桥、坡桥和斜桥在纵、横、竖三个方向的伸缩与变形，也可用于人行道伸缩缝。鉴于以上优点，TST碎石弹性体伸缩缝具有良好的应用前景。但由于是在路面铺装完成后再用切割器切割路面，并在其槽口内注入嵌缝材料而成的构造，故仅适用于较小的接缝部位，适用范围有所限制。

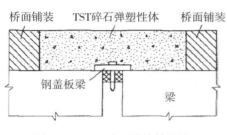

图 2.13 TST 碎石弹性伸缩缝

图 2.14 TST 碎石弹性伸缩缝施工现场

这类伸缩缝的关键是填缝材料的开发与应用，填缝材料必须柔软、有较大的变形能力、有较好的热稳定性，除上述的 TST(一种改性沥青)弹塑性材料外，还有密封胶加集料形成的填充料等一些新产品。

2.3.3 橡胶伸缩缝

橡胶伸缩缝采用各种断面形状的橡胶带(或板)作为嵌缝材料。由于橡胶(一般为氯丁橡胶)既富有弹性，又易于胶贴，并且能满足变形要求和具备防水功能，施工及养护维修也很方便，故目前在国内外桥梁工程中得到广泛的应用。

橡胶伸缩缝根据橡胶带(或板)传力和变形机理的不同可分为嵌固对接式和剪切式两类。

嵌固对接式以橡胶带的拉压变形来吸收梁体的变形。橡胶带的断面有 3 节形、2 孔条形、3 孔条形、M 形、W 形和倒 U 形等多种形式。通常将梁架好后，在梁端焊上角钢，涂上胶后，再将橡胶嵌条强行嵌入，或者用不同形状的钢构件将不同形状的橡胶条嵌牢固定即可。图 2.15 为 2 孔橡胶带伸缩缝装置，该类伸缩缝用于伸缩量在 80mm 及其以下的桥梁工程上。由于橡胶带伸缩缝的橡胶带容易弹跳出来，目前已较少采用。

图 2.16 是一种板式橡胶伸缩缝。板式橡胶伸缩缝是利用橡胶伸缩体上下凹槽之间的剪切变形来适应梁体结构的相对位移，因此也称为剪切式橡胶伸缩缝。板内埋设承重钢板跨越梁端间隙，承受车辆荷载。橡胶板两侧预埋两块锚固钢板，并设有预留螺栓孔，通过螺栓与梁端连成整体。板式橡胶伸缩缝是一种刚柔结合的装置，具有一定的竖向刚度，跨越间隙的能力大(变形范围可达 30~300mm)，但安装较困难，伸缩时会出现高差变化，甚至会出现橡胶板脱落的现象，在大交通量下易于损坏。

变形量更大的大跨度桥上，可以采用橡胶和钢板组合模数式伸缩缝构造。其中，橡胶嵌条的数量可按变形量的大小选取，车轮荷载则通过一组钢板来传递。常用的有 D80 型和 D160 型伸缩缝(数字代表容许变形量，以 mm 计)，这种伸缩缝的变形量可达 1040mm (即 D1040 型)。组合伸缩缝有多种形式，构造也较复杂。图 2.17 为德国毛勒伸缩装置的

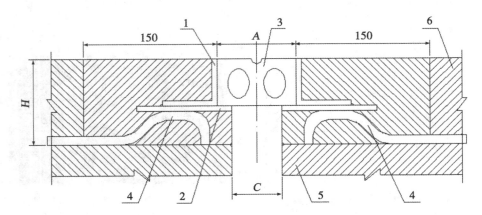

1—角钢；2—钢板；3—橡胶条；4—锚固钢筋；5—行车道块件；6—桥面铺装

图 2.15　橡胶带伸缩缝（尺寸单位：mm）

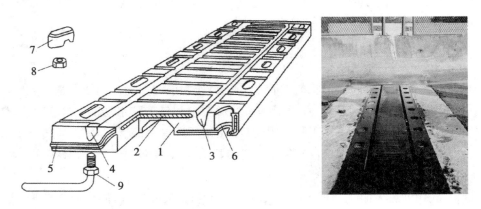

1—橡胶；2—加强钢板；3—伸缩用槽；4—止水块；5—嵌合部；
6—螺帽垫板；7—腰形盖帽；8—螺帽；9—螺栓

图 2.16　板式橡胶伸缩装置一般构造

一种，其密封橡胶条为鸟形构造，伸缩量为 80~1040mm，图 2.18 为组合式伸缩装置实际安装图。采用橡胶伸缩缝来代替跨搭钢板式伸缩缝，可以避免污物落入缝内，省去排水溜槽，显著减小活载的动力作用，简化接缝构造和安装工艺，并能显著节约钢材。

规范规定，对于多跨简支梁桥，桥面应尽量做到连续，使得多孔简支梁桥在竖直荷载作用下的变形状态为简支或部分连续体系，而在纵向水平力作用下则属于连续体系。桥面连续措施的实质，就是将简支上部构造在其伸缩缝处施行铰接。伸缩缝处的桥面部分应当具有适应车辆荷载作用所需的柔性，并应有足够的强度来承受因温度变化和制动作用所产生的纵向力。图 2.19 为简支梁桥面连续示意图。钢筋 N2 和钢板 N6 需预先焊好，埋设在主梁内。预制梁时，梁端接缝处从翼板根部向上在全梁宽度按 10∶1 做成斜面，在进行桥面进行连续前先涂黄油，再填 C30 号混凝土。

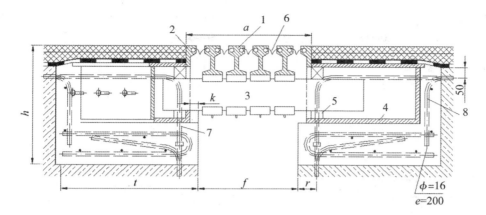

1—中间梁；2—边梁；3—支承横梁；4—位移控制箱；5—支承支座；
6—伸缩橡胶带；7—下锚筋；8—预埋钢筋

图 2.17　组合式伸缩装置(尺寸单位：mm)

图 2.18　组合式伸缩装置的安装

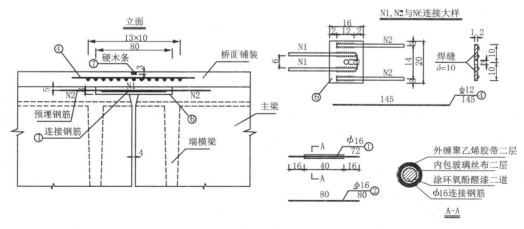

图 2.19　简支梁桥桥面连续构造(尺寸单位：cm；钢筋直径单位：mm)

但经验表明，采用桥面板连续构造，连续部分桥面易开裂，因此近年来发展了简支-连续结构，使多跨简支梁桥在一期恒载作用下处于简支体系受力，在二期恒载和活载作用下处于连续体系的受力。这种简支-连续结构具有施工方便，减少桥面伸缩缝，行车平顺等优点，因此得到了越来越广泛的使用。图2.20为简支-连续结构示意图。

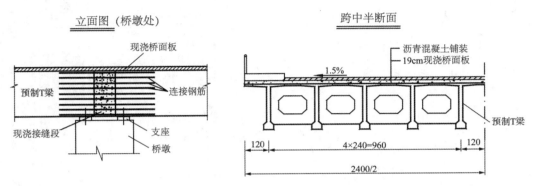

图2.20　简支-连续构造（尺寸单位：cm）

2.3.4　无缝桥梁

桥梁一般均需设置伸缩缝，以满足温度变形的要求。由于设置在桥面的接缝处，伸缩缝受到结构集中变形、外部环境侵蚀和汽车荷载的反复冲击作用，成为桥梁结构中最易遭到破坏的部位。桥梁伸缩装置易损难修，是国内外公认的难题。为此，一方面，人们对其性能进行不断改进；另一方面，通过各种工程措施，尽量减少它的使用，如多跨简支梁采用桥面连续构造，梁桥结构采用长联的连续梁、连续刚构等。20世纪60年代，美国的桥梁工程师提出了"无伸缩缝桥梁"（jointless bridge）的概念，并开始付诸应用。经过几十年的发展，这种桥梁已经在美国、加拿大、英国、德国和日本等国得到了大量的应用。其中，应用最广泛的是整体式桥台桥梁（integral abutment bridge，IAB）和半整体式桥台桥梁（semi-integral abutment bridge，SIAB），也有将其称为整体桥或半整体桥的。

整体式桥台桥梁，如图2.21（a）所示。它的桥台是由柔性桩基础（国外绝大多数采用H型钢）和上部结构整体地浇筑成一体构成，称为整体式桥台，桥台上不设伸缩缝装置。它在消灭伸缩缝与支座的同时，由于梁与桥台为整体结构，可以避免出现地震作用下的落梁问题，台后的填土可吸收地震时桥梁振动的大量能量，减轻地震对桥梁结构的破坏作用；由于桥梁整体性强，还提高了桥梁抵抗洪水横向冲击力的能力。

整体式桥台桥梁的上部结构在温度作用下的伸缩变形由桥台的柔性变形和台后的土体变形来实现。因此，台后的填土材料要求排水性能较好，且达到95%的压实度，以消除搭板可能产生的沉陷。

桥台基础为刚性基础无法采用整体式桥台桥梁时，可采用半整体式桥台桥梁（图2.21（b）），它对刚性桥台与梁体或部分端墙采用零弯矩（类似铰接，只传递轴力和剪力，而不传递弯矩）连接，通过上部结构端部的转动和微小的水平变位实现其温度变化引起的伸缩变形,并传到台后的填土中。它的地震耗能能力和整体性差于整体式桥台桥梁,但它在相同的温度差作用下,桥长限值比整体式桥台无缝桥梁大,而且可用于非柔性桥台。

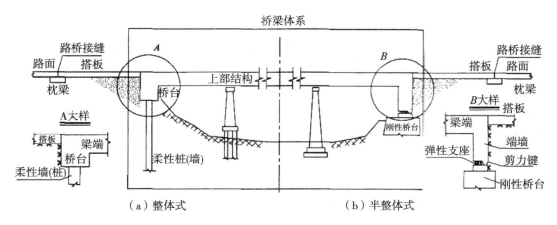

图 2.21　国外两种无缝桥梁体系

整体式或半整体式桥台桥梁,在国外已成为新建梁桥的主要桥型。美国至今使用的无伸缩缝桥梁约 13000 座,特别推荐住地震区使用,且规定新建桥梁总长小于 100m 时应首选无缝桥。英国则规定新建桥梁总长小于 60m 时应首选无缝桥梁。此外,日本、澳大利亚和欧洲各国都对无伸缩缝桥梁进行了大量的研究与应用。尽管无缝桥梁由于各地气候条件、台后填土材料和工程师习惯的差异,迄今还未有认可度很高的技术规范,但桥梁的无缝化无疑已成为世界桥梁的发展趋势。相比较而言,我国在无缝桥梁的研究与应用方面还刚刚起步,应积极探索、积累经验、加以推广。在我国,中小桥量大面广,在目前服役的 80 余万座公路桥梁中,总长 100m 以内的中小型桥梁占 88%,因而在中小桥上实现无缝化具有重要的意义。

2.4　人行道、栏杆、护栏与灯柱

位于城镇和市郊等人口稠密地区的桥梁均应设置人行道、栏杆及灯柱,在城镇以外、行人稀少地区的公路桥梁上,可以不设人行道和灯柱,但必须设置栏杆、安全带或护栏。这些设施虽然并不直接参与桥梁结构的受力,但它们对于行人和车辆的安全以及桥梁的美观有着重要的作用,城市桥梁的栏杆和灯柱设计还应重视艺术造型设计,应简洁明快,并与周围的环境和桥梁结构整体相协调,给行人和车辆驾驶员提供广阔的视野。

2.4.1　人行道和安全带

人行道的宽度和高度应根据行人的交通流量和周围环境来确定。人行道的宽度宜为 1m,当宽度要求大于 1m 时,按 0.5m 的倍数增加。表 2.1 列出了城市桥梁人行道参考宽度。在快速路、主干路、次干路桥,或行人稀少地区,若两侧无人行道,则两侧应设安全带,它是为保证车辆在桥上靠边行使时的安全而设置的带状构造物,宽度为0.50~0.75m,高度不少于0.25m。近年来,不少桥梁设计中,为了保证行车的安全,安全带的高度已经用到≥0.4m。

表2.1　　　　　　　　　　　城市桥梁桥面人行道宽度表

桥梁等级及地段	人行道宽度(单侧)
火车站、码头、长途汽车站附近和其他行人聚集地段	3~5m
大型商店和大型公共文化机关附近,商业闹市区	2.5~4.5m
一般街道地段	1.5~3m
大桥、特大桥	2~3m

安全带可以做成预制块件或与桥面铺装层一起现浇。预制的安全带有矩形截面和肋板式截面两种(图2.22),以矩形截面较为常用。安全带应每隔2.5~3.0m做一断缝,以免参与主梁受力而被损坏。

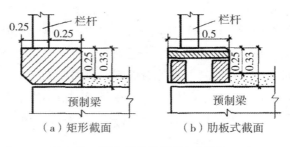

图2.22　安全带构造图(尺寸单位:m)

人行道顶面应做成倾向桥面1%~1.5%的排水横坡,城市桥梁人行道顶面可铺彩砖,以增加美观。此外,人行道在桥面断缝处必须做伸缩缝。

人行道的构造形式多种多样,根据不同的施工方法,可分为就地浇筑式、预制装配式、部分装配和部分现浇的混合式。其中,就地浇筑式的人行道现在已经很少采用。而预制装配式的人行道具有构件标准化、拼装简单化等优点,在各种桥梁结构中应用广泛。

图2.23(a)为整体预制的"F"形的人行道,它搁置在主梁上,适用于各种净宽的人行道,人行道下可以放置过桥的管线,但是对管线的检修和更换十分困难;图2.23(b)为人行道附设在板上,人行道部分用填料填高,上面敷设2~3cm砂浆面层或沥青砂,人行道内缘设置缘石,以对人行道起安全保护作用,缘石可用石料或预制混凝土块砌筑,也可在板上现浇;图2.23(c)为小跨宽桥上将人行道部分墩台加高,在其上搁置独立的人行道

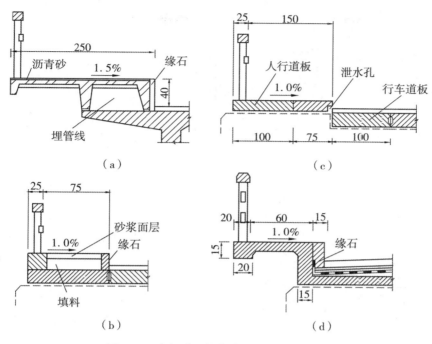

图 2.23 人行道一般构造(尺寸单位：cm)

板；图 2.23(d)为就地浇筑式人行道，适用于整体浇筑的钢筋混凝土梁桥，而将人行道设在挑出的悬臂上，这样可以缩短墩台宽度，但施工不太方便。

图 2.24 所示为悬出的装配式人行道构造，有效宽度为 0.70m，人行道一部分悬出主梁的桥面板外。人行道由人行道板、人行道梁、支撑梁及缘石组成。人行道梁分 A、B 两种形式，A 式梁上要装栏杆柱，故端部设有凹槽而较宽些。支撑梁用以固定人行道梁的位置。在安装时，将人行道梁的一部分通过稠水泥砂浆搁置在主梁上，为了固定人行道梁，尚需要在梁的根部预埋钢板，使与从桥面板内伸出的锚固钢筋相互焊接(也可采用螺栓连接)。焊毕后，应将钢筋和钢板涂热沥青两道以防锈。锚固件的数量及尺寸应通过计算确定，以保证有足够的强度。最后，在人行道梁上再搁置厚 6cm 的预制人行道板。施工时，应注意安全。上述构造方式的块件自重较小，但施工较麻烦。如起重安装条件容许，可以把人行道结构按横向竖缝划分成预制肋板式的大型块件进行安装。

为了满足近代交通安全的特殊要求，也可设计各种新颖的人行道结构。图 2.25 所示是具有高路缘的预制钢筋混凝土人行道构造。每一块件长 2.7m、宽 3.2m。在行车道一侧具有强大的钢筋混凝土角块，其水平肢宽 52cm 作为安全带，其倾斜的顶面能起到使不慎而驶上的车轮回至路面的作用。高达 60cm 的竖直肢能可靠地防止车辆冲越，以确保行人安全。这样的人行道结构能使车辆在桥上照常高速行驶。

人行道顶面一般均铺设 2cm 厚的水泥砂浆或沥青砂作为面层。

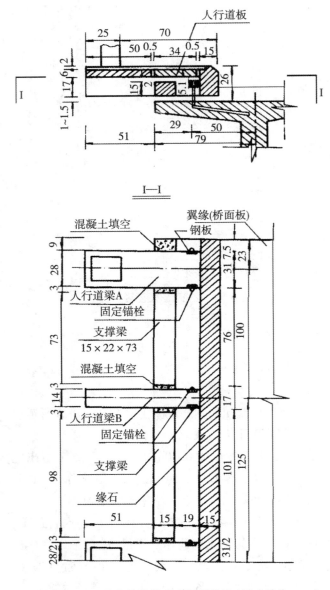

图 2.24 悬出的装配式人行道构造(尺寸单位:cm)

2.4.2 栏杆和照明灯柱

1. 栏杆

栏杆是桥上的一种安全防护设施,既要坚固耐用,又要经济美观。栏杆的高度不应小于 1.1m,标准设计取用 1.0m;栏杆柱的间距一般为 1.6~2.7m,标准设计取用 2.5m。

公路与城市桥梁的栏杆可采用混凝土、钢筋混凝土、铸铁、钢材等材料,应结合桥梁特点和美观要求进行合理的选材。栏杆的设计首先要满足结构的受力要求,还要考虑经济实用、施工方便、养护维修省力。城郊的公路桥、城市桥梁及重要的大桥应考虑栏杆的美观性(图 2.26)。设计和施工时还应当注意,在靠近桥面伸缩缝处的所有栏杆均应能自由变形。

对于重要的城市桥梁,在设计栏杆和灯柱时,更应注意在艺术造型上使与周围环境和桥型本身相协调。金属栏杆易于制成各种图案和铸成富于艺术性的花板(图 2.27),但金属材料耗费大,只在特殊要求下才采用。例如,在我国武汉长江大桥和南京长江大桥上均采用了具有民族特色、造型优美的铸铁栏杆。

栏杆是桥梁的表面构造物,栏杆设置在桥面的边缘,对桥梁起着装饰作用;当行人走在桥上或车辆驶上桥后,主要看到的就是桥面及其上的栏杆,因此栏杆设计的重点是栏杆本身的造型及其美学要素,使其适应周围的环境(包括风景及风土人情)及桥梁本身的造型。

栏杆的构造形式应避免与桥梁结构雷同,设计时,应将两者结合起来考虑。对于拱式桥,栏杆应尽量采用直线形式,且应多数与水平线垂直;当桥型为斜拉桥时,斜拉索与塔柱形成巨大的伞状,则栏杆以连续式为宜;对于梁板式桥梁,因为构成桥体的主要线条除

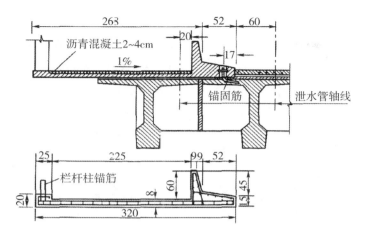

图 2.25　具有高路缘的人行道构造（尺寸单位：cm）

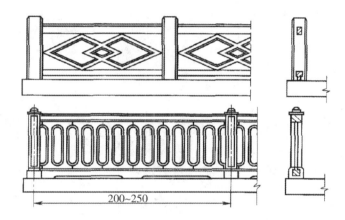

图 2.26　栏杆图式（尺寸单位：cm）

图 2.27　各种金属栏杆

桥墩外多为水平线，所以栏杆的设计应以垂线为主。栏杆的装饰和颜色要与大自然的景色相协调，并且要与桥梁的基色相匹配。

2. 照明灯柱

在城市桥上及城郊行人和车辆较多的公路桥上，均应设置照明设施，一般采用柱灯在桥面上照明（立交桥上也有采用高杆照明的）。照明灯柱可以利用栏杆柱，也可以单独设在人行道内侧，在较宽的人行道上，还可设在靠近缘石处。照明用灯一般高出车道 8～12m。柱灯的设计要满足照明的使用要求，力求经济合理，同时使全桥在立面上具有统一协调的艺术造型。近年来，在公路桥上也有采用低照明和用发光建筑材料涂层标记，设计时也可以考虑选用。对于大型桥梁和具有艺术、历史价值的中小桥梁的照明，应进行专门设计，既满足功能要求，又顾及艺术效果，并与桥梁的风格相协调。特别需要提出的是，太阳能作为一种"取之不尽，用之不竭"的安全、环保新能源，越来越受到重视，因而，从可持续发展和环保、节约资源的要求出发，应该尽量采用太阳能灯，如图 2.28 所示。

图 2.28　太阳能灯

3. 桥梁灯饰夜景设计

在以高科技为支撑的桥梁夜景中，灯光已不再是传统观念中的照明工具，而成为展示和扩展桥梁审美效应，创造丰富多彩、神秘美妙、流动变化的夜空世界的审美要素。

20 世纪 90 年代以来，国内现代桥梁建设中已逐步认识到夜景的重要性，并进行了夜景建设，从而大大提升了桥梁的审美功能和城市品味，如图 2.29、图 2.30 所示。

灯饰系统设计可以从以下四个方面进行控制：

①视功能舒适性，这主要与照度和亮度以及投光方向有关。照度和亮度不是越大越好，而应以满足交通功能和夜间观赏需要为标准。对照度和亮度的要求并不高，更重要的是照度要均匀。在交通区域，20~100 lx 的照度水平就能被接受。灯饰夜景照明的照度则应根据方案要求选择在 20~2000 lx 之间，超过 2000 lx 就容易造成眩光。此外，被观察物体表面亮度与其表面反射比有关，相同照度下，反射比低的被观察物体，其表面亮度必然低于反射比高的物体。国际照明委员会（CIE）对道路照明进行了分类，制定了相应的标准。

图 2.29 润扬长江大桥夜景

图 2.30 钱江四桥夜景

②立体感的表现。当照明来自一个方向时，会出现规则的阴影，形成鲜明的立体感。但若照明方向过于单一，则会产生令人不快的强烈明暗对比和生硬的阴影。然而，照明方向也不能过于扩散，否则，物体各个面的照度一样，立体感就会消失。在桥梁夜景灯饰设计中，立体感的表现尤为重要。如果合理布置光源，调整光照角度，就可以得到合适的立体感。但同时也必须注意眩光现象，避免出现平淡的光环境。

③色彩的表现。在不同的光源照射下观看物体时，其外观颜色会发生变化，这种变化是由于光源不同的光谱分布造成的，如蓝色表面在红色光照射下可能会呈现绿色，所以光源的色调对物体色彩的表现很重要。如以红色为主色调的美国金门大桥使用了橘黄色调高压钠灯，表现效果更为显著；而我国以混凝土本色为主色调的香港青马大桥在蓝、紫、红、黄等彩色灯光的照射下，索塔呈现出变幻的彩色效果。如果需要准确表现桥梁索塔颜色，则须选择高显色性光源。

④眩光的控制。如果被照物体亮度极高或对比强烈，则会引起不舒适感，并使视觉降低，这就叫做眩光。眩光是影响照明质量、干扰行车、航空、行船、影响交通安全的最重要因素，应当严格控制。眩光可以是直射的，也可以是反射的。直射眩光产生的原因通常是亮度过高的光源进入人的眼睛，可采用以下两种灯具避免直射眩光：一是采用半透明的漫射板改善灯具发光面，使其亮度降低；二是用反射器或格片来遮挡灯具。反射眩光一般是光滑表面或附近的镜面反射光源产生的，最好的解决办法是使光的入射方向和观看方向相同，或从侧边入射到反射面上，这样反射光度就不会出现在视觉范围内了。

2.4.3 桥梁护栏

对于高速公路以及汽车专用一级公路上的特大桥、大、中桥梁，必须根据其防撞等级在人行道与车行道之间设置桥梁护栏。一般公路的特大、大、中桥在条件许可的情况下也应设置桥梁护栏。在有人行道的桥梁上，应按实际需要，在人行道和行车道分界处设置汽车行人分隔护栏。护栏的主要作用在于封闭沿线两侧，不使人畜与非机动车辆闯入公路；诱导视线，起到一些轮廓标的作用，使车辆尽量在路幅之内行驶，并给驾驶员以安全感；同时还具有吸收碰撞能量，迫使失控车辆改变方向，并使其恢复到原有行驶方向，防止其越出路外或跌落桥下的作用。

桥梁护栏按设置部位可分为桥侧护栏、桥梁中央分隔带护栏和人行、车行道分界处护栏;按构造特征可分为梁柱式护栏、钢筋混凝土墙式护栏、组合式护栏和缆索护栏等。缆索护栏是一种以数根施加初张力的缆索固定于立柱上而组成的结构。按防撞性能不同,有刚性护栏、半刚性护栏和柔性护栏之分,见图2.31。

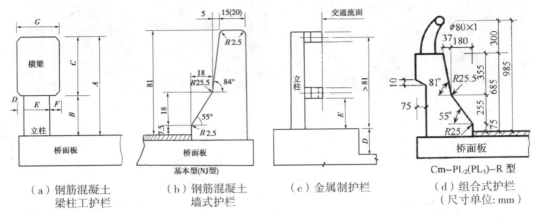

（a）钢筋混凝土梁柱工护栏　（b）钢筋混凝土墙式护栏　（c）金属制护栏　（d）组合式护栏（尺寸单位:mm）

图 2.31　桥梁护栏构造(尺寸单位：cm)

桥梁护栏的形式选择,首先应满足其防撞等级的要求,避免在相应设计条件下的失控车辆跃出,其次还应综合考虑公路等级、桥梁护栏外侧危险物的特征、美观、经济性,以及养护维修等因素(图2.32~图2.37)。

图 2.32　缆索护栏　　　图 2.33　立算盘式护栏　　　图 2.34　多种材质护栏

图 2.35　桥梁护栏的绿化遮挡　　　图 2.36　木立柱护栏　　　图 2.37　顽石护栏

2.5 防落梁桥梁装置

历次破坏性地震的震害表明,落梁是一种常见的震害。因此,采取有效的构造措施来防止落梁,为多震害国家的桥梁设计所重视。这种措施主要包含两个方面:一是限制支承连接部位的支承面最小宽度;二是约束相邻梁之间、梁与墩台之间的刚体位移。

简支梁梁端至墩帽、台帽或盖梁边缘距离 a 的最小值(图 2.38),我国《公路桥梁抗震设计规范》(JTG/T 2231-01—2020)规定为:

$$a \geqslant 70 + 0.5L \tag{2-1}$$

式中: a——梁端距边缘最小距离(cm);

L——梁的计算跨径(m)。

斜桥与曲线梁桥的梁端比正桥更易发生落梁,更要注意留有足够的梁端边缘距离,其最小值的规定详见《公路桥梁抗震设计细则》(JTG/T 2231-01—2020)。

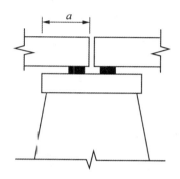

图 2.38 梁端最小边缘距离

对于 7 度区及以上的桥梁,桥面不连续的简支梁(板)宜采用挡块、螺栓连接和钢夹板连接等防止纵横向落梁的措施。连续梁和桥面连续简支梁(板)桥,应采取防止横向产生较大位移的措施。

图 2.39 和图 2.40 是两种典型的拉杆式和挡块式纵向约束装置。在梁与梁之间、梁与桥台背墙之间,应加装橡胶垫或其他弹性衬垫,以缓和冲击作用和限制梁的位移。

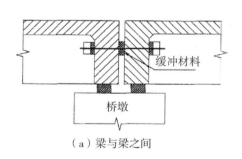

(a)梁与梁之间

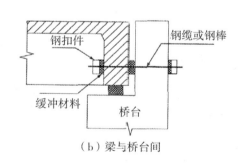

(b)梁与桥台间

图 2.39 拉杆式约束装置

在强震区和重要的桥梁,还可根据需要设置锚栓将上下部结构联结在一起,如 8 度区的连续曲梁,边墩和上部构造之间宜采用锚栓连接,防止边墩与梁脱离,如图 2.41 所示。

对于支座较高的桥梁,为防止地震时支座的损坏造成主梁之间的高差,还可采用防落差装置。它用略低于支座的橡胶支座,沿纵桥向或横桥向布置,图 2.42 所示的是沿纵桥向布置的一种。

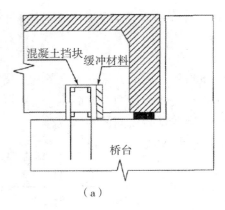 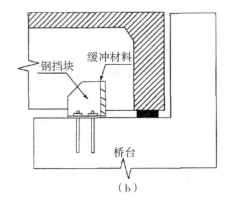

图 2.40 挡块式约束装置

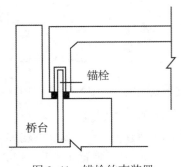

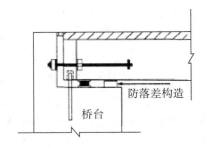

图 2.41 锚栓约束装置　　　　图 2.42 防落差装置

本 章 小 结

1. 混凝土桥梁的桥面构造由桥面铺装、防水和排水设备、伸缩装置、人行道(或安全带)、缘石、栏杆和灯柱等部分组成。

2. 桥面铺装有普通水泥混凝土或沥青混凝土铺装等多种类型。高速公路、一级公路推荐用沥青混凝土铺装。

3. 桥面排水设施主要为设置桥面纵坡、横坡(包括超高)排水,并设置一定数量的排水管。桥面横坡一般采用 1.5% ~ 3%,通常有三种设置形式。桥梁常用的泄水管道有竖向、横向和封闭式泄水管道等形式。

4. 为了适应梁端变位,常需设置桥面伸缩装置。伸缩装置分为 U 形锌铁皮式伸缩装置、钢板式伸缩装置、TST 碎石弹性伸缩装置、橡胶伸缩装置、组合式伸缩装置等。

5. 为了克服桥面伸缩缝在使用过程中容易损坏和行车不稳的现象,常采用简支-连续的构造。无缝桥梁近几年在国内也得到了研究和应用,应积极探索、积累经验、加以推广。

6. 当桥梁上允许行人通过时,在桥的两侧需设置人行道,否则应设置安全带。

7. 在桥梁的两侧人行道(或安全带)外侧应设置栏杆或护栏,栏杆只起到安全防护作用,不能抵挡车辆的撞击。而护栏则既能保障行人和车辆的安全,又能抵挡车辆的撞击。

8. 在以高科技为支撑的桥梁灯饰夜景设计中,灯光已不再是传统观念中的照明工具,而成为展示和扩展桥梁审美效应,创造丰富多彩、神秘美妙、流动变化的夜空世界的审美要素。

9. 在抗震区,要采取有效的措施来防止落梁。

思考题及习题

1. 结合你见过的桥梁,介绍桥面系的主要组成以及各组成的功能。
2. 桥面铺装的功能是什么?有哪些类型?
3. 桥面横坡有哪几种设置方式?各适用于哪些桥梁?
4. 桥面防水层的作用是什么?有哪些类型?
5. 为什么要设置桥面伸缩装置?选择伸缩缝的主要依据是什么?
6. 常用的泄水管有哪几种形式?如何选用?
7. 桥面连续的本质是什么?
8. 人行道和安全带的设置原则是什么?有哪些类型?
9. 栏杆和护栏的区别是什么?
10. 提高桥面铺装抗裂性的措施有哪些?
11. 桥梁照明设置应考虑哪些因素的影响?
12. 人行道宽度的确定受哪些因素的影响?
13. 伸缩缝的主要功能与要求是什么?你见过哪几种类型的伸缩缝?发现什么病害?
14. 如何理解"无伸缩缝是最好的伸缩缝,无支座是最好的支座'?如何实现?
15. 什么叫无缝桥梁?常见的类型有哪些?

第3章 混凝土简支梁桥

本章提要及学习结果

本章主要介绍了混凝土简支板桥(包括斜板桥)和简支梁桥的截面设计、钢筋构造以及装配式结构的横向联结构造等内容,混凝土梁桥桥面板、主梁、横隔梁的受力特点和最不利内力(包括内力组合)的计算方法(手算法),并简要介绍了挠度及预拱度计算。通过本章的学习,学生应该能够:

1. 阐述混凝土梁式桥的优点及其主要分类方式;
2. 说明简支板桥和装配式简支梁桥及其组合梁桥的设计与构造,描述斜交板桥的受力特点与构造,解释装配式板桥的横向联系方式;
3. 表达简支T梁桥各部分计算的基本原理,计算行车道板内力、横向分布系数(杠杆原理法、偏心压力法)、主梁内力、横隔板(梁)的内力;
4. 说明挠度、预拱度的计算,以及预拱度设置的基本原则。

3.1 概述

目前我国的中小跨径公路桥梁或者城市桥梁,大部分是钢筋混凝土或预应力混凝土梁式桥。这两种桥梁具有能就地取材、工业化施工、耐久性好、适应性强、整体性好以及美观等许多优点。预应力混凝土梁桥更兼有节省钢材和跨越能力大的长处。

从受力特点上看,混凝土梁式桥分为简支梁(板)桥、连续梁(板)桥和悬臂梁(板)桥。

从承重结构横截面形式上分类,混凝土梁式桥可分为板桥、肋梁桥和箱形梁桥。

按施工方法分类,又可分为整体浇筑式梁桥和预制装配式梁桥两类。

本章重点介绍钢筋混凝土简支板桥和简支梁桥的设计与构造。

3.2 混凝土简支板桥的构造与设计

板桥因它在建成后外形上像一块薄板,故习惯称为板桥。从结构静力体系来看,板桥可以分为简支板桥、悬臂板桥和连续板桥。

本节重点介绍简支板桥的构造与设计。

3.2.1 整体式简支板桥的构造

整体式板桥一般做成实体式等厚度的矩形截面(图3.1(a)),为了减轻自重也可做成肋板式截面(图3.1(b))。图3.1(c)(d)是常见的城市高架桥的板桥截面形式。

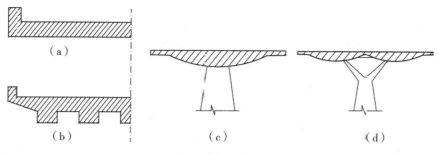

图 3.1 整体式板桥横截面

整体式简支板桥桥面净宽依路线标准而定,一般使用跨径在 8m 以下,其桥面宽度往往大于跨径。因此,在荷载作用下,桥面板实际上是双向受力状态,即除板的纵向中部产生正弯矩外,横向也产生较大的弯矩。因此,当桥面板宽较大时,除配置纵向的受力钢筋外,尚应计算配置板的横向受力钢筋。

整体式板桥行车道的主钢筋直径应不小于 10mm,间距应不大于 200mm,一般也不宜小于 70mm;分布钢筋直径不小于 8mm,间距不应大于 200mm,并在单位板长的截面面积一般不应少于板的截面面积的 0.1%。

保证混凝土结构在设计年限内具有足够的耐久性的决定性因素是混凝土内的钢筋不被腐蚀。理论和实践均表明,钢筋腐蚀与混凝土保护层厚度和密实性有很大的关系。《公路桥规》规定,一般环境下板的最外侧钢筋与板缘间的净距(即保护层厚度)应不小于 20mm;设置钢筋网时,钢筋网片的混凝土保护层厚度不得小于 25mm。

图 3.2 为一跨径为 6m 的钢筋混凝土整体式简支板桥构造图,桥面宽度为净 −7+2×

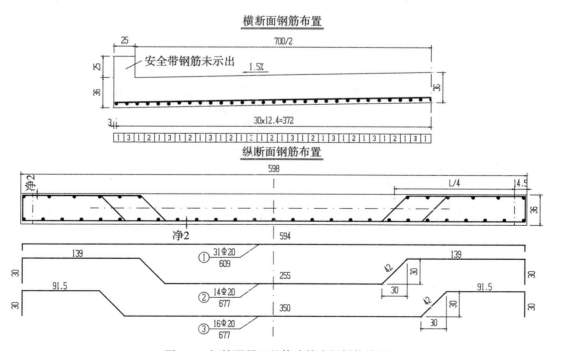

图 3.2 钢筋混凝土整体式简支板桥构造图

0.25m，按汽车-20级，挂车-100设计（相当于现行桥规的公路-Ⅱ级）。该桥计算跨径为5.69m，板厚360mm，纵向主筋采用Ⅱ级钢筋，直径为20mm，分布钢筋采用Ⅰ级钢筋，直径为10mm，间距为200mm，主筋两端呈45°弯起。

3.2.2 装配式简支板桥的构造

装配式简支板桥的横截面形式主要有实心板和空心板两种。

1. 矩形实心板桥

矩形实心板具有形状简单、施工方便、建筑高度小等优点，一般使用跨径为1.5~8m，板高为0.16~0.36m，常用的桥面净空有净-7、净-9两种。

图3.3为一标准跨径6m，设计荷载为公路-Ⅰ级的装配式钢筋混凝土简支板桥的构造图。预制板全长为5.96m，计算跨径为5.70m，混凝土标号为C30，纵向主筋用直径18mm的HRB335钢筋，箍筋和架立钢筋均用直径10mm的HPB235钢筋，预制板安装就位后，在企口缝内填筑C40混凝土，并浇筑厚100mm的C40防水混凝土整体化层使之成为整体。

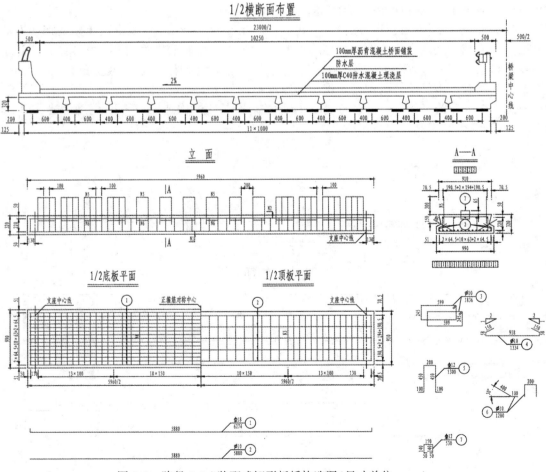

图3.3 跨径6.0m装配式矩形板桥构造图（尺寸单位：mm）

2. 空心板桥

当跨径增大时，便采用空心板截面，它不仅能减轻自重，而且能充分利用材料。空心板的开孔形式如图3.4所示。其中图3.4(a)、(b)为单孔，挖空率大、重量轻，但顶板需配置横向受力钢筋承担荷载的作用；图3.4(c)为双圆孔形，施工时可用无缝钢管(或橡胶胶囊)作芯模，但挖空率小、自重较重，图3.4(d)芯模则由两个半圆和两块侧模板组成，当板的厚度改变时，只需改变侧板高度即可。在板梁数量较多、观感质量要求较高的大中型预制场，宜采用钢芯模制作。

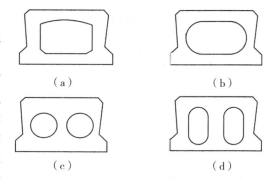

图3.4 空心板截面形式

我国2008年交通部新版《公路桥涵标准图》中，钢筋混凝土空心板桥的跨径分别为6m、8m和13m，板厚分别为320mm、420mm和500mm，板宽为1000mm；预应力混凝土空心板的跨径分别为10m、13m、16m和20m，相应板厚分别为600mm、700mm、800mm和950mm，板宽有1250mm和1000mm两种。空心板横截面的最薄处不得小于80mm，以保证施工质量和承载的需要。

图3.5为标准跨径8m的装配式钢筋混凝土空心板的钢筋布置图，该桥桥面宽为2×净-10.25m，荷载等级为公路-I级，行车速度为60km/h，采用40号混凝土预制。预制板全长7.96m，计算跨径7.60m，板厚42cm，横截面采用双圆孔，圆孔直径为22cm。N4、N5与N1~N3钢筋焊接形成骨架，每板块配两片钢筋骨架；N9钢筋与N2、N7钢筋绑扎连接，N10钢筋与N1'、N7钢筋绑扎连接，在块件预制时紧贴侧模，脱模后立即抜出；N11应与顶板内钢筋绑扎，顺桥向间距400mm；N12和N13为内模定位钢筋，顺桥向间距为1000mm。

3. 装配式板桥的横向连接

装配式板桥的板块之间必须采用横向连接构造，以保证板块共同承受车辆荷载。常用的横向连接方式有企口混凝土铰连接和钢板焊接连接。

企口混凝土铰接形式有圆形、菱形和漏斗形三种，如图3.6(a)(b)(c)所示。它是在块件安装就位后，在铰缝内用C25到C40细骨料混凝土填实而成；如果要使桥面铺装层也参与受力，也可以将预制板中的钢筋伸出与相邻板的同样钢筋互相绑扎，再浇筑在铺装层内，如图3.6(d)所示。为了保证桥梁的整体刚度，现浇混凝土铺装层厚度不宜小于80mm。铰的上口宽度应满足施工时用插入式振捣器的需要，铰槽的深度宜为预制板高的2/3。

实践证明，企口式混凝土铰能保证传递横向剪力，使各块板共同受力。

由于企口缝内的混凝土需要养护一段时间才能通车，当施工期间需要临时通车时，也可采用钢板连接，如图3.7所示。具体做法是：将钢板N1焊在相邻两块件的预埋钢板N2上。连接构造的纵向中距通常为80~150cm，跨中部分布置较密，向两端支点处逐渐减疏。

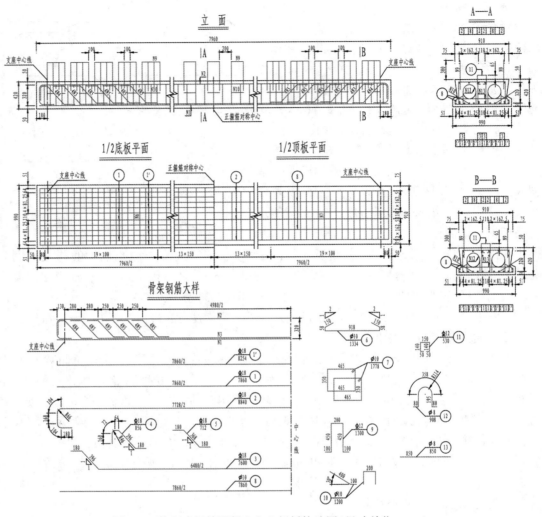

图 3.5 装配式钢筋混凝土空心板桥构造图（尺寸单位：mm）

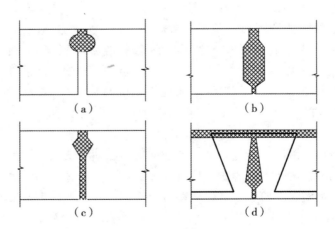

图 3.6 企口式混凝土铰

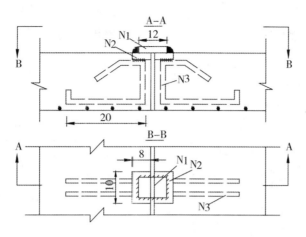

图 3.7 钢板连接构造图(尺寸单位:cm)

3.2.3 斜交板桥构造

斜交桥是指桥梁轴线与支承线呈某一夹角的桥梁,其夹角习惯上称为斜交角 α,而桥梁轴线与支承线垂线的夹角则称为斜度 φ。斜交板桥受力复杂,其受力特性与三跨连续梁有相似之处,如图 3.8 所示,即斜板在荷载作用下,在钝角 B、C 处不仅产生较大的负弯矩,而且还对该部分产生扭矩。据此,当斜度小于 15°时,可按正交板设计;大于 15°时,应按其受力性能布置钢筋。

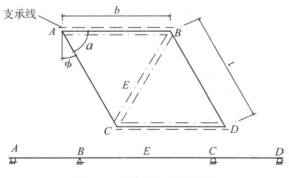

图 3.8 斜交桥比拟连续梁

1. 整体式斜板桥

整体式斜板桥的钢筋可按如下两种方案配置:

①主钢筋沿主弯矩方向的变化配置,分布钢筋与支承边平行,如图 3.9(a)所示。在底层钝角处约 1/5 跨径范围内,配置与角平分线方向一致的加强钢筋;板的上层应配置与钝角角平分线相垂直的加强钢筋,以抵抗较大的反力和负弯矩;上下加强钢筋数量为主钢筋每米数量的 0.6~1 倍,上层自由边边缘还应配置平行于自由边的钢筋网,如图 3.9(b)

所示,以抵抗板内的扭矩。这种钢筋布置符合结构的受力特点,但施工复杂。

②在两钝角角点之间垂直于支承边布置主筋,在靠近自由边处主筋则平行于自由边布置,直至与中间部分主筋完全衔接为止,如图3.9(c)所示。其余配置与方案①同。

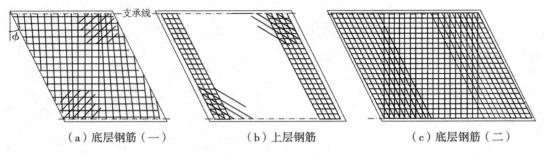

图 3.9 整体式斜板钢筋布置图

2. 装配式斜板桥

装配式斜板桥的主钢筋平行于自由边布置,分布钢筋视斜度不同而不同。

①当 $\phi=25°\sim35°$ 时,分布钢筋平行于支承边方向布置,如图 3.10(a)所示。

②当 $\phi=40°\sim60°$ 时,分布钢筋布置与整体式板方案②相同,即钝角间垂直于自由边,其余部分分布筋与支承边平行,如图 3.10(b)所示。

③加强钢筋布置:当 $\phi=40°\sim50°$ 时,加强钢筋布置在底部,其方向与支承边相垂直,如图 3.10(c)所示。

④当 $\phi=55°\sim60°$ 时,除底部布置加强钢筋外,顶部尚应布置与钝角平分线相垂直的

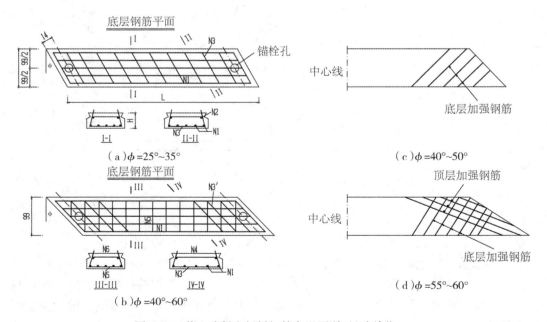

图 3.10 装配式斜交板桥钢筋布置原则(尺寸单位:cm)

加强钢筋,如图 3.10(d)所示;另外,为防止锐角处翘起,尚应在板端部中心处预留锚栓孔,安装完成后与墩(台)上的地脚螺栓固定。

当装配式斜板桥结构的斜度为 30°时,其中板顶层、底层钢筋布置如图 3.11 所示,其余钢筋布置与图 3.5 所示的直桥相同。

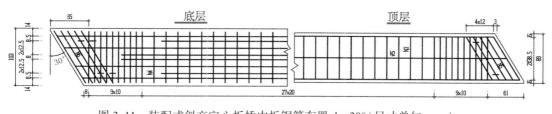

图 3.11 装配式斜交空心板桥中板钢筋布置 $\phi=30°$(尺寸单位:cm)

3.3 混凝土简支梁桥的构造与设计

混凝土肋梁桥因它在横截面上具有明显的肋形结构而得名。它具有受力明确、构造简单、施工方便等优点,能适应弯、坡、斜桥,是中小跨径桥梁中应用最广的桥型。

简支梁桥的上部构造由主梁、横隔梁、桥面板、桥面系等部分组成。主梁是桥梁的主要承重结构;横隔梁保证各根主梁相互结成整体,以提高桥梁的整体刚度;主梁的上翼缘构成桥面板,组成行车(人)平面,承受车辆(人群)荷载的作用。这类桥梁可采用整体现浇和预制装配两种不同的方式进行施工。

3.3.1 整体式简支 T 形梁桥

整体式梁桥在城市立交桥中应用较广泛,具有整体性好、刚度大、易于做成复杂形状等优点,多数在桥孔支架模板上现场浇筑,个别也有整体预制、整孔架设的情况。

常用的整体式简支 T 形梁桥,如图 3.12 所示。在保证抗剪、稳定的条件下,主梁的肋宽为梁高的 1/6~1/7,但不宜小于 14cm,以利于浇筑混凝土;当肋宽有变化时,其过渡段长度不小于 12 倍肋宽差。主梁高度通常为跨径的 1/8~1/16。为了减小桥面板的跨径(一般限制在 2~3m 之内),还可以在两根主梁之间设置次纵梁(图 3.12(b))。为了合理布置主钢筋,梁肋底部可做成马蹄形。

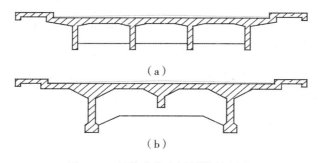

图 3.12 整体式简支梁桥横断面图

整体式简支梁桥桥面板的跨中板厚不应小于 10cm。桥面板与梁肋衔接处一般都设置承托结构,承托长高比一般不大于 3。

3.3.2 预制装配式简支 T 形梁桥

图 3.13 所示的装配式简支梁主梁的横截面形式。

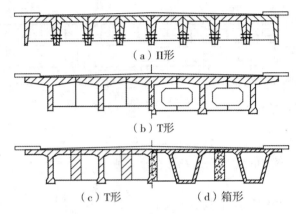

图 3.13 装配式简支梁桥的横断面

装配式 T 形梁桥是使用最为普遍的结构形式,其优点是制造简单、整体性好,接头也方便。

图 3.14 所示为一座五片式 T 形梁桥的概貌,该桥桥面宽度为净-9+2×1.0m 人行道。梁的全长为 19.96m,计算跨径为 19.50m,全桥设置 5 道横隔梁。

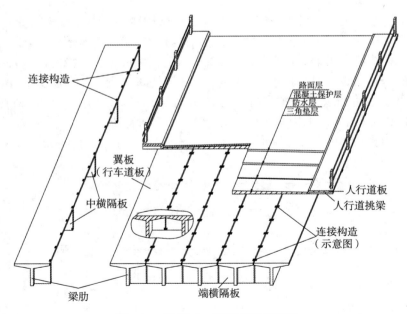

图 3.14 装配式 T 形简支梁桥概貌

1. 主梁

表 3.1 列出了常用的简支梁桥主梁尺寸的经验数据。其变化范围较大，跨径较大时，应取较小的比值；反之，则应取较大的比值。

表 3.1　　　　　　　　　　　混凝土简支梁桥主梁尺寸

桥梁型式	适用跨径(m)	主梁间距(m)	主梁高度	主梁肋宽度(m)
装配式简支 T 形梁	8<l<20	1.5~2.2	$h = \left(\dfrac{1}{11} \sim \dfrac{1}{16}\right) l$	$b = 0.16 \sim 0.20$
预应力混凝土 T 形梁	20≤l<50	1.8~2.5	$h = \left(\dfrac{1}{14} \sim \dfrac{1}{25}\right) l$	$b = 0.18 \sim 0.20$

主梁梁肋厚度在满足抗剪要求下，可适当减薄，但梁肋太薄，混凝土不易振捣密实。当主梁间距小于 2m 时，梁肋一般做成全长等厚度；当主梁间距大于 2m 时，梁肋端部 2.0~5.0m 范围内可逐渐加宽，以满足抗剪和安放支座要求。对于预应力主梁梁肋，端部宽度尚应满足预应力锚具布置的要求。

当吊装重量允许时，主梁间距采用 1.8~2.2m 为宜。过去，我国较多采用主梁间距为 1.6m，2008 年的交通部部颁预制 T 形梁通用图中，为了方便标准化施工，公路-I 级的中梁预制宽度均为 1.7m，吊装后湿接缝宽为 0.4~0.7m；公路-Ⅱ级的中梁预制宽度分为 1.5m 和 1.7m 两种，湿接缝宽为 0.5~0.7m。

图 3.15 是一根标准跨径为 20m 的钢筋混凝土 T 形主梁钢筋骨架构造图，每根梁内主筋为 12 根 φ32 的 HRB335 钢筋。其中，最下层的 4 根 N_1 将通过梁端支承中心，其余 8 根则按梁的抗剪要求从不同位置弯起。设在梁顶部的 φ22 架力钢筋在梁端向下弯起并与主筋 N_1 相焊接。箍筋采用 φ8@140，但在支座附近加倍。附加斜筋采用 φ16 的 HRB335 钢筋，其具体位置要通过计算确定。防收缩钢筋采用 φ8 的 R235 钢筋，按下密上疏的要求布置。所有钢筋的焊缝均为双面焊。

预应力钢筋的布置形式与桥梁结构形式、受力情况、构造形式、施工方法都有密切关系，图 3.16 是一根标准跨径为 20m 的后张法预应力混凝土 T 形主梁预应力钢束布置图（普通钢筋布置图未示出），梁内布置有三束预应力筋，均采用抗拉强度标准值为 1860MPa、公称直径为 15.2mm 的低松弛高强度钢绞线，束筋锚固在梁端。

2. 桥面板及横向连接构造

（1）桥面板构造

装配式简支梁桥桥面板（翼缘板）一般采用变厚式，其厚度随主梁间距而定，翼缘根部（与梁肋衔接处）的厚度应不小于梁高的 1/10，边缘厚度不宜小于 10cm；当板间采用横向整体现浇连接时，悬臂端厚度不应小于 14cm。主梁间距小于 2.0m 的铰接梁桥，板边缘厚度可采用 12cm（桥面铺装不参与受力）或 10cm（桥面铺装通过预埋的连接钢筋与翼缘板共同受力）；主梁间距大于 2.0m 的刚接梁桥，桥面板的跨中厚度一般不小于 15cm，边缘板边厚度不小于 14cm。

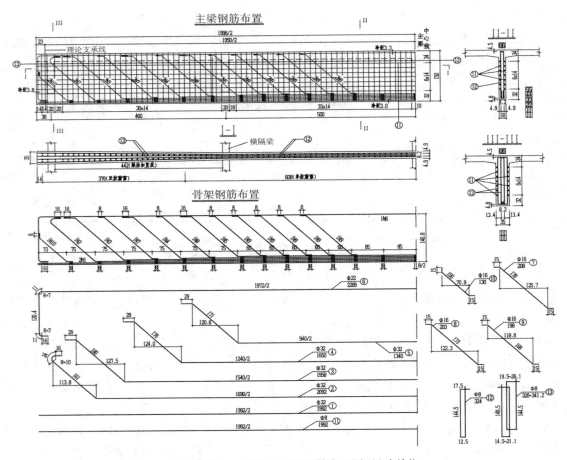

图 3.15 钢筋混凝土 T 形梁的主梁钢筋布置图(尺寸单位:cm)

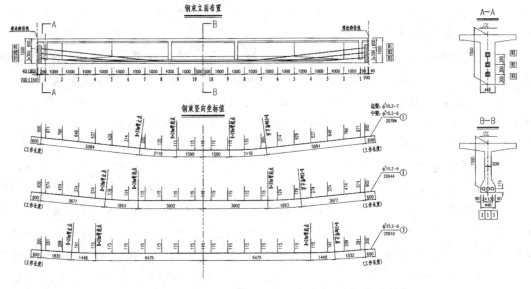

图 3.16 预应力混凝土 T 形梁的预应力钢束布置图(尺寸单位:mm)

图 3.17 是 T 形梁桥的桥面板钢筋布置横断面图。板上缘承受负弯矩，按《公路桥规》要求，受力钢筋直径不小于 10mm，间距不大于 20cm；在垂直于主筋方向布置分布钢筋，其直径不小于 6mm，间距不大于 20cm，且在单位板宽内分布钢筋的截面面积应不小于主筋截面面积的 15%，在有横隔板的部位，分布筋的截面面积应增至主筋截面面积 30%，以承受集中轮载作用下的局部负弯矩，所有增加的分布钢筋应从横隔板轴线伸出 $L/4$（L 为横隔板的间距）的长度。

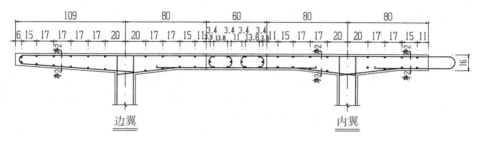

图 3.17 桥面板钢筋布置横断面图（单位：cm）

(2) 桥面板横向连接构造

预制 T 形主梁吊装就位后，当设有横隔梁时，必须借助横隔梁和翼缘板的接头将所有主梁连接成整体。对于少横隔梁的主梁，应在翼缘板上加设接头和加强桥面铺装，使横向连成整体。因此，接头应有足够的强度，以保证结构的整体性，并使在营运过程中安全承受荷载的反复作用和冲击作用，而不发生松动。

常用的桥面板（翼缘板）横向连接有刚性接头和铰接接头两种。

①刚性接头：既可承受弯矩，也可承受剪力，如图 3.18 所示。图 3.18(a) 为在铺装层内配置受力钢筋，并将翼缘板内预留的横向钢筋伸出和梁肋顶上增设 Π 形钢筋锚固于铺装层中；图 3.18(b) 为翼板用钢板连接，接缝处铺装混凝土内放置上下两层钢筋网。图 3.19 为翼缘板内伸出的扣环接头钢筋构造，也是图 3.17 所示装配式 T 形梁相应的接头构造。

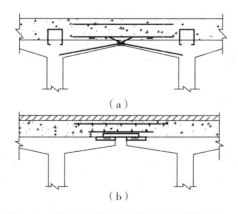

图 3.18 装配式桥面板刚性接头钢筋布置

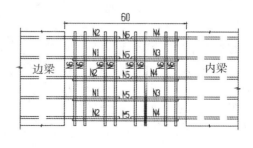

图 3.19 桥面板湿接缝钢筋布置（尺寸单位：cm）

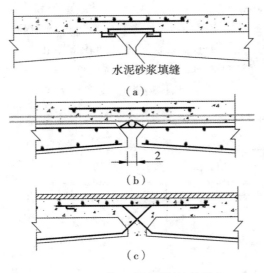

图 3.20 装配式桥面板铰接接头

②铰接接头：只能承受剪力，如图 3.20 所示。图 3.20(a)为钢板铰接接头；图 3.20(b)为企口式铰接接头；图 3.20(c)为企口式焊接接头。

3. 横隔梁及横向联接构造

（1）横隔梁构造

横隔梁刚度越大，梁的整体性越好，在荷载作用下，各主梁越能更好地共同受力。端横隔梁是必须设置的，跨内的横隔梁将随跨径的增大宜每隔 5.0~10.0m 设置一道。

从运输和安装的稳定性考虑，通常将端横隔梁做成与梁同高。横隔梁的高度一般为主梁梁肋高度的 0.7~0.9 倍，通常为 0.75 倍。预应力梁的横隔梁常与马蹄的斜坡下端齐平，其中部还可挖空，以减轻重量和利于施工，参见图 3.13(c)。横隔梁的宽度一般为 15~18cm，为便于施工脱膜，一般做成上宽下窄和内宽外窄的楔形。

（2）横隔梁横向联接构造

图 3.21 为主梁间横隔板钢筋布置图，在每一块横隔板的上缘布置两根受力钢筋（N1），下缘配置 4 根受力钢筋（N1），采用钢板连接成骨架，接头钢板设在横隔梁的两侧，同时在上下钢筋骨架中加焊锚固钢板的短钢筋（N2、N4），端横隔梁靠墩台一侧，因不好施焊，可不做钢板接头，钢板厚一般不小于 10mm，箍筋则承受剪力。

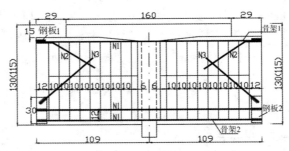

图 3.21 装配式 T 形梁桥内梁横隔板钢筋布置图（尺寸单位：cm，括号内为端横隔梁数据）

横隔梁常用横向连接有如下两种：

①钢板焊接连接：如图 3.22(a)所示，它也是图 3.20 所示结构中相应的横隔梁接头布置。

②扣环连接：如图 3.22(b)所示，先在横隔梁预制中预留钢筋扣环 A，安装时，在相邻构件的扣环两侧再安上接头环扣 B，在形成的圆环中插入短分布筋后，现浇混凝土封闭接缝。

3.3.3 组合梁桥

组合梁桥也是一种装配式的桥跨结构，即用纵向水平缝将桥梁的梁肋部分与桥面板（翼

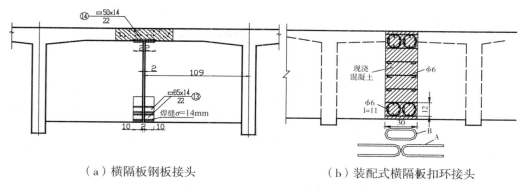

(a) 横隔板钢板接头　　　　　　(b) 装配式横隔板扣环接头

图 3.22　装配式横隔板扣环接头(尺寸单位：cm)

板)分隔开来,使单梁的整体截面变成板与肋的组合截面。施工时,先架设梁肋,再安装预制板(有时采用微弯板以节省钢筋),最后在接缝内或连同在板上现浇一部分混凝土使结构连成整体。目前,国内外采用的组合式梁桥有两种型式：I 形组合梁桥(图 3.23(a)(b))和箱形组合梁桥(图 3.23(c))。前者适用于混凝土简支梁桥,后者则只适用于预应力混凝土梁桥。其优点在于,可以显著减轻预制构件的重量,便于集中制造和运输吊装。

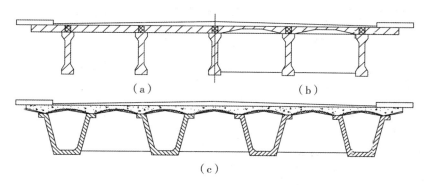

图 3.23　组合式梁桥横截面

在组合梁中,梁与现浇板的结合面处,应做成凹凸不小于 6mm 的粗糙面,板的厚度不应小于 150mm；当梁顶伸入板中时,梁顶以上板的厚度不应小于 100mm。

组合梁是分阶段受力的,在梁肋架设后,所有嗣后安装的预制板和现浇桥面混凝土(甚至现浇横隔梁)的重量,连同梁肋本身的自重,都要由尺寸较小的预制梁肋来承受。这与装配式 T 形梁由主梁全截面来承受全部恒载不同,因而组合梁梁肋的上下缘应力远大于 T 形梁上下缘的应力。图 3.24 示出了装配式 T 形梁与组合梁的跨中截面在恒载+活载工况下的截面应力图比较。

近年来,混凝土组合梁又发展了左右结构的组合形式,即多片预制主梁+混凝土桥面板湿接缝,例如从 20 世纪 80 年代开始广泛应用的先简支后连续的组合 T 梁和组合箱梁。自 20 世纪 90 年代以来,钢-混凝土组合梁桥也成功应用在桥梁建设领域,该部分内容不在本书中赘述。

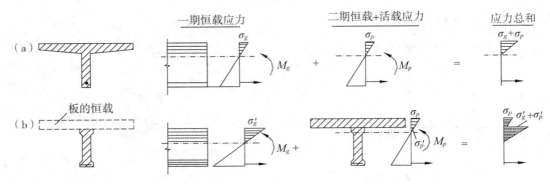

图 3.24 装配式 T 形梁与组合梁的应力图比较

图 3.25 为五片式预应力混凝土 I 形组合梁桥的实例。该桥跨径 20m，荷载等级为汽车-20 级，挂车-100 级，桥面宽为净-9+2×1.0m。先预制 C50 I 形梁和桥面底板，吊装就位后，再现浇 C30 横隔板和桥面板。

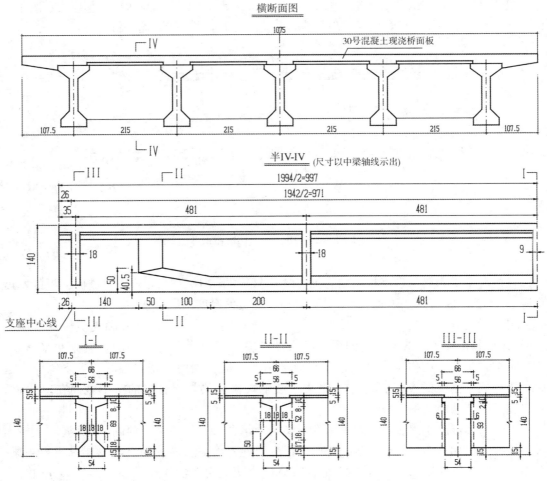

图 3.25 预应力混凝土 I 形组合梁构造图(尺寸单位：cm)

3.4 混凝土简支梁桥的计算

一座桥梁在拟定出初步尺寸后,应对其各主要部件进行计算,得出最不利内力后,进行应力、裂缝、强度、刚度和稳定性的验算,以便对结构做配筋设计,必要时做尺寸上的调整。

混凝土梁桥上部结构设计计算的项目一般有主梁、横隔梁和桥面板。本章以常用的钢筋混凝土简支 T 形梁桥为例,着重阐述主梁、横隔梁和桥面板的受力特点、最不利内力及其内力组合的手算计算方法。

3.4.1 主梁内力计算

对于跨径在 10m 以内的简支梁,通常只需计算跨中截面的最大弯矩和支点截面及跨中截面的剪力;跨中与支点之间各截面的剪力可以近似假定按直线规律变化,弯矩可假设按二次抛物线规律变化。对于较大跨径的简支梁,一般还应计算四分之一跨径截面的弯矩和剪力。如果主梁沿桥轴方向截面有变化,例如梁肋宽或梁高变化,则还应计算变化处截面的内力。有了截面内力,就可按钢筋混凝土和预应力混凝土结构的计算原理进行主梁各截面的配筋设计和验算。本节重点介绍如何计算主梁的最不利内力。

1. 恒载内力计算

混凝土公路桥梁的恒载,往往占全部设计荷载很大的比重(通常占 60%~90%),梁的跨径愈大,恒载所占的比重也愈大。

在计算恒载内力时,为了简化起见,往往将横梁、铺装层、人行道和栏杆等重量均匀分摊给各主梁承受。因此,对于等截面梁桥的主梁,其计算恒载是简单的均布荷载。为了更精确起见,也可根据施工安装的情况,分阶段,按后面所述的荷载横向分布的规律进行分配计算。

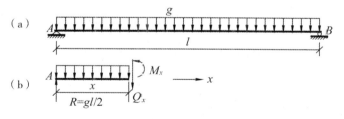

图 3.26 恒载内力计算图示

如图 3.26 所示,计算出恒载值 g 之后,则梁内各截面的弯矩 M 和剪力 Q 计算公式为

$$M_x = \frac{gl}{2} \cdot x - gx \cdot \frac{x}{2} = \frac{gx}{2}(l-x)$$

$$Q_x = \frac{gl}{2} - gx = \frac{g}{2}(l-2x)$$

(3-1)

式中:l 为简支梁的计算跨径;x 为计算截面到支点的距离。

【例 3.1】 一座五梁式装配式钢筋混凝土简支梁桥的设计如图 3.27 所示,计算跨径 $l = 19.50\text{m}$,结构重要性系数为 1.0,求边主梁的恒载内力。已知桥面铺装为 2cm 的沥青混凝土面层(容重为 23kN/m³)和平均 9cm 厚 C25 混凝土垫层(容重为 24kN/m³),T 形梁翼板的容重为 25kN/m³,每侧的栏杆及人行道构件重量的作用力为 5kN/m。

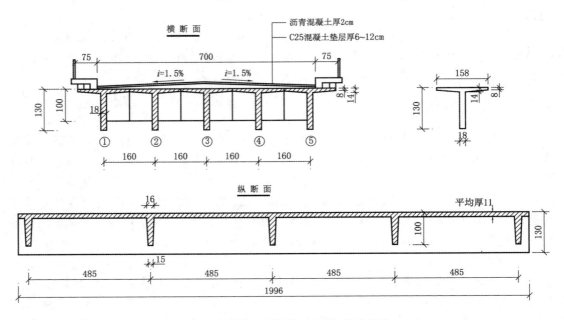

图 3.27 装配式简支 T 形梁构造简图(尺寸单位:cm)

【解】 ①计算恒载集度,见表 3.2。

表 3.2

主 梁		$g_1 = \left[0.18 \times 1.30 + \left(\dfrac{0.08+0.14}{2}\right)(1.60-0.18)\right] \times 25 = 9.76(\text{kN/m})$
横隔梁	对于边主梁	$g_2 = \left\{\left[1.00 - \left(\dfrac{0.08+0.14}{2}\right)\right] \times \left(\dfrac{1.60-0.18}{2}\right)\right\} \times \dfrac{0.15+0.16}{2} \times 5 \times 25/19.50 = 0.63(\text{kN/m})$
	对于中主梁	$g_2^1 = 2 \times 0.63 = 1.26(\text{kN/m})$
桥面铺装层		$g_3 = \left[0.02 \times 7.00 \times 23 + \dfrac{1}{2}(0.06+0.12) \times 7.00 \times 24\right]/5 = 3.67(\text{kN/m})$
栏杆和人行道		$g_4 = 5 \times 2/5 = 2.00(\text{kN/m})$
合计	对于边主梁	$g = \sum g_1 = 9.76 + 0.63 + 3.67 + 2.00 = 16.06 = (\text{kN/m})$
	对于中主梁	$g^1 = 9.76 + 1.26 + 3.67 + 2.00 = 16.69(\text{kN/m})$

②恒载内力计算，利用式(3-1)，见表3.3。

表3.3 边主梁恒载内力

截面位置 x	剪力 Q(kN)		弯矩 M(kN·m)	
$x=0$	$Q=\dfrac{16.06}{2}\times 19.5=156.6$	(162.7)	$M=0$	(0)
$x=\dfrac{1}{4}$	$Q=\dfrac{16.06}{2}\left(19.5-2\times\dfrac{19.5}{4}\right)=78.3$	(81.4)	$M=\dfrac{16.06}{2}\times\dfrac{19.5}{4}\left(19.5-\dfrac{19.5}{4}\right)=572.5$	(595.0)
$x=\dfrac{1}{2}$	$Q=0$	(0)	$M=\dfrac{1}{8}\times 16.06\times 19.5^2=763.4$	(793.3)

注："( )"内值为中主梁内力。

2. 活载内力计算

(1) 荷载横向分布的定义

对于一座由多片主梁和横隔梁组成的梁桥(图3.28(a))来说，当桥上有荷载 P 作用时，由于结构的横向联系必然会使所有主梁以不同程度地参与工作，并且随着荷载作用位置 (x,y) 的不同，某根主梁所承担的荷载也是变化着的。因此，设计者必须首先了解某根主梁所分担的最不利荷载，然后再沿桥纵向确定该梁某一截面的最不利内力，并以此得出整座桥梁中最不利主梁的最大内力值。

对于某根主梁某一截面的内力值 S 的确定，我们在桥梁纵、横向均引入"影响线"的概念，将空间问题简化成平面问题，即

$$S = P \cdot \eta(x,y) \approx P \cdot \eta_2(y) \cdot \eta_1(x) \tag{3-2}$$

式中：$\eta(x,y)$ 是空间计算中某梁的内力影响面；$\eta_1(x)$ 是单梁在 x 轴方向某一截面的内力影响线；$\eta_2(y)$ 是单位荷载沿桥面横向(y 轴方向)作用在不同位置时，某梁所分配的荷载比值变化曲线，也称作对于某梁的荷载横向分布影响线。

$P\cdot\eta_2(y)$ 就是当 P 作用于 $a(x,y)$ 点时沿横向分配给某梁的荷载(图3.28(b))，暂以 P' 表示，即 $P'=P\cdot\eta_2(y)$。按照最不利位置布载，就可求得其所受的最大荷载 $P'_{\max}$。

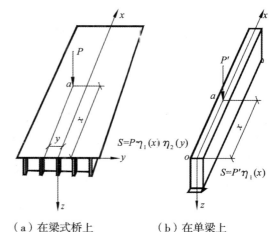

(a) 在梁式桥上　　(b) 在单梁上

图3.28 荷载作用下的内力计算

我们定义 $P'_{\max}=m\cdot P$，P 为轮轴重，则 m 就称为荷载横向分布系数，它表示某根主梁所承担的最大荷载是各个轴重的倍数(通常小于1)。

对于汽车、人群荷载的横向分布系数 m 的计算公式如下：

汽车：$$m_q = \frac{\sum \eta_q}{2}$$
人群：$$m_r = \eta_r$$ (3-3)

式中：η_q、η_r 为对应于汽车和人群荷载集度的荷载横向分布影响线竖标。

(2) 荷载横向分布的计算

根据各种梁式桥不同的宽度、横向连接构造和截面位置建立计算模型，有以下几种荷载横向分布影响线的计算方法：

①杠杆原理法：把横向结构（桥面板和横隔梁）视作在主梁上断开而简支在其上；
②偏心压力法：把横隔梁视作刚性极大；
③铰接板（梁）法：把相邻板（梁）之间视为铰接，只传递剪力；
④刚接梁法：把相邻主梁之间视为刚性连接，即传递剪力和弯矩；
⑤比拟正交异性板法：将主梁和横隔梁的刚度换算成正交两个方向刚度不同的比拟弹性平板来求解。

本节重点介绍较常用的杠杆原理法和偏心压力法，铰接板（梁）法和刚接梁法已有相应的电算方法，比拟正交异性板法因其需要查阅计算图表和进行插入换算，计算较繁，目前在设计中较少采用，故不作介绍。

1) 杠杆原理法

按杠杆原理法进行荷载横向分布计算的基本假定是忽略主梁之间横向结构的联系作用，即假设桥面板在主梁梁肋处断开，而当做沿横向支承在主梁上的简支梁或悬臂梁来考虑，如图 3.29(a)(b) 所示。利用上述假定作出主梁的荷载横向分布影响线，即当移动的单位荷载 $P=1$ 作用于计算梁上时，该梁承担的荷载为 1；当 P 作用于相邻或其他梁上时，该梁承担的荷载为零，该梁与相邻梁之间按线性变化，如图 3.29 所示。

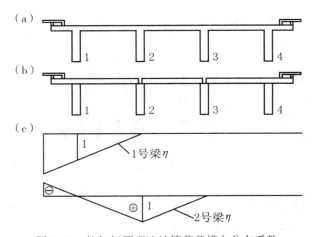

图 3.29 按杠杆原理法计算荷载横向分布系数

杠杆原理法适用于计算荷载位于靠近主梁支点时的荷载横向分布系数 m_0。此时，主梁的支承刚度远大于主梁间横向联系的刚度，受力特性与杠杆原理法接近。另外，该法也可用于双主梁桥，或横向联系很弱的无中间横隔梁的桥梁。

【例 3.2】 图 3.27 示出桥面净空为净-7+2×0.75m 人行道的五梁式钢筋混凝土 T 形梁桥。试求荷载位于支点处时 1 号梁和 2 号梁相应于公路-Ⅱ级和人群荷载的横向分布系数。

【解】 当荷载位于支点处时，应按杠杆原理法计算荷载横向分布系数。

首先，绘制 1 号梁和 2 号梁的荷载横向影响线，如图 3.30(b)(c)所示。

然后，根据《公路桥规》规定，在横向影响线上确定荷载沿横向最不利的布置位置。例如，对于汽车荷载，汽车横向轮距为 1.8m，两列汽车车轮的横向最小间距为 1.3m，车轮距离人行道缘石最少为 0.5m；对于挂车荷载，车轮横向距离为 0.9m，离人行道缘石最少为 1.0m。由此，求出相应于荷载位置的影响线竖标值后，按式(3-3)可得 1# 梁的荷载横向分布系数为

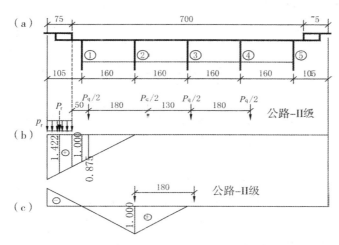

图 3.30 杠杆原理法计算横向分布系数(尺寸单位：cm)

公路-Ⅱ级： $$m_{0q} = \sum \frac{\eta_q}{2} = \frac{0.875}{2} = 0.438$$

人群荷载： $$m_{0r} = \eta_r = 1.422$$

同理，按图 3.30(c)的计算，可得 2 号梁的荷载横向分布系数 $m_{0q}=0.5$ 和 $m_{0r}=0$。这里，在人行道上没有布载，这是因为人行道荷载引起的负反力，在考虑荷载组合时反而会减小 2 号梁的受力。

2) 偏心压力法

偏心压力法计算荷载横向分布适用于桥上具有可靠的横向连接，且桥的宽跨比 B/l 小于或接近 0.5 的情况时(一般称为窄桥)的跨中截面荷载横向分布系数 m_c 计算。

偏心压力法的基本前提是：①车辆荷载作用下，中间横隔梁可近似地看作一根刚度为无穷大的刚性梁，横隔梁仅发生刚体位移；②忽略主梁的抗扭刚度，即不计入主梁扭矩抵抗活载的影响。如图 3.31(a)所示，ω_i 表示桥跨中央各主梁的竖向挠度。基于横隔梁无限刚性的假定，此法也称为"刚性横梁法"。

根据在弹性范围内，某根主梁所承受到的荷载 R_i 与该荷载所产生的跨中弹性挠度 ω_i

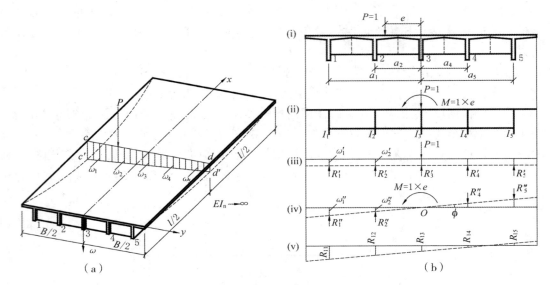

图3.31 偏心压力法计算图示

成正比例的原则,我们可以得出结论:在中间横隔梁刚度相当大的窄桥上,在沿横向偏心布置的活载作用下,总是靠近活载一侧的边主梁受载最大。下面,将介绍单位荷载 $P=1$ 作用在跨中任意位置(偏心距为 e)时,1号主梁所承担的力 R_1。

取跨中 $x=l/2$ 截面,如图3.31(b)所示。通常情况下,各主梁的惯性矩 I_i 相等。显然,对于具有近似刚性中间横隔梁的结构,偏心荷载 $P=1$ 可以用作用于桥轴线的中心荷载 $P=1$ 和偏心力矩 $M=1·e$ 来替代,分别求出这两种情况下1号主梁所承担的力,然后进行叠加,如图3.31(b)所示。

①中心荷载 $P=1$ 的作用,如图3.31(b)中(iii)所示。

由于中心荷载作用下,刚性中横梁整体向下平移,则各主梁的跨中挠度相等,即

$$\omega'_1 = \omega'_2 = \cdots = \omega'_m = \overline{\omega} \tag{3-4}$$

根据材料力学,作用于简支梁跨中的荷载(即主梁所分担的荷载)与挠度的关系为

$$\omega'_1 = \frac{R'_i l^3}{48EI_i} \tag{3-5}$$

式中:I_i——桥梁横截面内各主梁的抗弯惯性矩。

当各主梁截面相等时,即 $I_1 = I_2 = \cdots = I_n = I$,则由上二式得反力与挠度成正比的关系如下:

$$\frac{R'_1}{\omega'_1} = \frac{R'_2}{\omega'_2} = \cdots = \frac{R'_i}{\omega'_i} = \cdots = \frac{R'_n}{\omega'_n} = \frac{48EI}{l^3} = C(常数)$$

由此得:

$$R'_i = C\omega'_i = C\overline{\omega} \tag{3-6}$$

根据静力平衡条件,有

$$R'_1 + R'_2 + \cdots + R'_n = 1$$

将式(3-6)代入,便有

第 3 章 混凝土简支梁桥

$$C \cdot (\omega'_1 + \omega'_2 + \cdots + \omega'_n) = C \cdot n \cdot \overline{\omega} = 1$$

故
$$C \cdot \overline{\omega} = \frac{1}{n} \tag{3-7}$$

再代入式(3-6)后得

$$R'_i = \frac{1}{n} \tag{3-8}$$

② 偏心力矩 $M = 1 \cdot e$ 的作用，如图 3.31(b) 中(iv) 所示。

在偏心力矩 $M = 1 \cdot e$ 作用下，桥的横截面产生绕中心点 O 的转角 ϕ，因此各主梁的跨中挠度为

$$\omega''_i = a_i \tan\phi \tag{3-9}$$

式中：a_i—— 各片主梁梁轴到截面形心的距离。

根据力矩平衡条件，有

$$\sum_{i=1}^{n} R''_i \cdot a_i = 1 \cdot e \tag{3-10}$$

再根据反力与挠度成正比的关系，有

$$R''_i = C\omega''_i \tag{3-11}$$

或
$$R''_i = C \cdot a_i \tan\phi \tag{3-12}$$

将式(3-12) 代入式(3-10) 使得

$$C \cdot \tan\phi \cdot \sum_{i=1}^{n} a_i^2 = 1 \cdot e$$

或
$$C \cdot \tan\phi = \frac{e}{\sum_{i=1}^{n} a_i^2} \tag{3-13}$$

将代入式(3-12) 后，得

$$R''_i = \frac{a_i e}{\sum_{i=1}^{n} a_i^2} \tag{3-14}$$

③ 偏心距离为 e 的单位荷载 $P = 1$ 对 1 号主梁的总作用，如图 3.31(b) 中(v) 所示。

$$R_{1e} = \eta_{1e} = \frac{1}{n} \pm \frac{ea_1}{\sum_{i=1}^{n} a_i^2} \tag{3-15}$$

注意：当上式中的荷载位置 e 和梁位 a_i 位于形心轴同侧时，取正号；反之，取负号。这就是 1 号主梁的荷载横向影响线在各梁位处的竖标值。

当 $P = 1$ 位于第 k 号梁轴上($e = a_k$) 时，对 1 号主梁的总作用可写成：

$$\eta_{1k} = \frac{1}{n} \pm \frac{a_1 a_k}{\sum_{i=1}^{n} a_i^2} \tag{3-16}$$

④ 当 $P = 1$ 位于第 k 号梁轴上($e = a_k$) 时，对 i 号主梁的总作用为

$$\eta_{ik} = \frac{1}{n} \pm \frac{a_i a_k}{\sum_{i=1}^{n} a_i^2} \tag{3-17}$$

由此不难得到关系式：

$$\eta_{ik} = R_{1k} = \eta_{k1} \quad (3\text{-}18)$$

⑤ 当各主梁的惯性矩 I_i 不相等时，偏心荷载 $P = 1$ 对各主梁的总作用为

$$\eta_{ie} = \frac{I_i}{\sum_{i=1}^{n} I_i} \pm \frac{ea_i I_i}{\sum_{i=1}^{n} a_i^2 I_i} \quad (3\text{-}19)$$

当 $P = 1$ 位于第 k 号梁轴上（$e = a_k$）时，上式可写成：

$$\eta_{ik} = \frac{I_i}{\sum_{i=1}^{n} I_i} \pm \frac{a_i a_k I_i}{\sum_{i=1}^{n} a_i^2 I_i} \quad (3\text{-}20)$$

【例 3.3】 一座计算跨径 $l = 19.50\text{m}$ 的简支梁，其横截面如图 3.32(a)所示，纵断面布置见图 3.32(b)。试求荷载位于跨中时 1 号边梁的荷载横向分布系数 m_{cq}（汽车荷载）和 m_{cr}（人群荷载）。

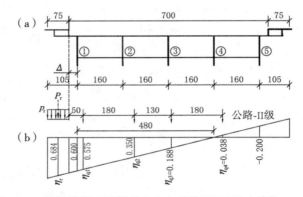

图 3.32 刚性横梁法计算横向分布系数图示（尺寸单位：cm）

【解】 从图 3.32 可知，此桥设有刚度强大的横隔梁，且承重结构的长宽比为

$$\frac{l}{B} = \frac{19.50}{5 \times 1.60} = 2.4 > 2$$

故可按偏心压力法来计算横向分布系数 m_c，其步骤如下：

① 求荷载横向分布影响线竖标。本桥各根主梁的横截面均相等，梁数 $n = 5$，梁间距为 1.60m，则：

$$\sum_{i=1}^{5} a_i^2 = a_1^2 + a_2^2 + a_3^2 + a_4^2 + a_5^2$$
$$= (2 \times 1.60)^2 + 1.60^2 + 0 + (-1.60)^2 + (-2 \times 1.60)^2$$
$$= 25.60(\text{m}^2)$$

由式(3-17)得，1 号梁在两个边主梁处的横向影响线的竖标值为

$$\eta_{11} = \frac{1}{n} + \frac{a_1^2}{\sum_{i=1}^{5} a_1^2} = \frac{1}{5} + \frac{(2 \times 1.60)^2}{25.60} = 0.20 + 0.40 = 0.60$$

$$\eta_{15} = \frac{1}{n} - \frac{a_1 a_5}{\sum_{i=1}^{n} a_i^2} = 0.20 - 0.40 = -0.20$$

②绘出荷载横向分布影响线，并按最不利位置布载，如图 3.32(b)所示，其中，人行道缘石至 1 号梁轴线的距离为

$$\Delta = 1.05 - 0.75 = 0.3(\text{m})$$

荷载横向分布影响线的零点至 1 号梁立的距离为 x，可按比例关系得

$$\frac{x}{0.60} = \frac{4 \times 1.60 - x}{0.2}$$

解得 $x = 4.80$ m，并据此计算出对应各荷载点的影响线竖标 η_{qi} 和 η_r。

③计算荷载横向分布系数 m_c。1 号梁的活载横向分布系数分别计算如下：

汽车荷载：

$$m_{cq} = \frac{1}{2} \sum \eta_q = \frac{1}{2} (\eta_{q1} + \eta_{q2} + \eta_{q3} + \eta_{q4})$$

$$= \frac{1}{2} \times \frac{0.60}{4.80} (4.60 + 2.80 + 1.50 - 0.30)$$

$$= 0.538$$

人群荷载：

$$m_{cr} = \eta_r = \frac{\eta_{11}}{x} \cdot x_r = \frac{0.60}{4.80} \times \left(4.80 + 0.30 + \frac{0.75}{2}\right) = 0.684$$

求得 1 号梁的各种荷载横向分布系数后，就可得到各类荷载分布至该梁的最大荷载值。

3）修正偏心压力法

偏心压力法忽略了主梁的抵抗扭矩，这导致边梁受力的计算结果偏大。为了弥补不足，国内外广泛采用考虑主梁抗扭刚度的修正偏心压力法。

修正偏心压力法计算荷载横向分布，只要对偏心力矩 $M = 1 \cdot e$ 的作用进行修正即可。如图 3.33 所示，根据力矩的平衡条件，式(3-10)应改写成

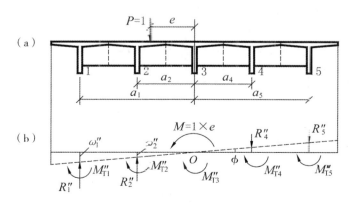

图 3.33 修正刚性横梁法计算图示

$$\sum_{i=1}^{n} R_i'' \cdot a_i + \sum_{i=1}^{n} M_{Ti} = 1 \cdot e \tag{3-21}$$

由材料力学知,简支梁跨中截面扭矩 M_T 与扭角 ϕ 以及竖向力与挠度之间的关系为

$$\phi = \frac{lM_{Ti}}{4GI_{Ti}}, \qquad \omega_i'' = \frac{R_i'' l^3}{48EI} \tag{3-22}$$

式中: G 为材料的剪切模量; I_{Ti} 为梁的抗扭惯矩。

由几何关系知:

$$\phi \approx \tan\phi = \frac{\omega_i''}{a_i} \tag{3-23}$$

代入式(3-22)得

$$\phi = \frac{R_i'' l^3}{48 a_i EI_i} \tag{3-24}$$

代入式(3-22)得

$$M_{Ti} = R_i'' \cdot \frac{l^2 GI_{Ti}}{12 a_i EI_i} \tag{3-25}$$

由几何和刚度的比例关系,可知 1 号主梁的荷载为

$$\frac{R_i''}{a_i I_i} = \frac{R_1''}{a_1 I_1} \Rightarrow R_i'' = R_1'' \frac{a_i I_i}{a_1 I_1} \tag{3-26}$$

代入式(3-21)得

$$\sum R_1'' \frac{a_i^2 I_i}{a_1 I_1} + \sum R_1'' \frac{a_i I_i}{a_1 I_1} \cdot \frac{l^2 GI_{Ti}}{12 a_i EI_i} = e$$

或

$$R_1'' \cdot \frac{1}{a_1 I_1} \left(\sum a_i^2 I_i + \frac{Gl^2}{12E} I_{Ti} \right) = e$$

则

$$R_1'' = \frac{e a_1 I_1}{\sum a_i^2 I_i + \frac{Gl^2}{12E} \sum I_{Ti}} = \frac{e a_1 I_1}{\sum a_i^2 I_i} \frac{1}{\left(1 + \frac{Gl^2 \sum I_{Ti}}{12E \sum a_i^2 I_i}\right)} = \beta \frac{e a_1 I_1}{\sum_{i=1}^{n} a_i^2 I_i} \tag{3-27}$$

即 1 号主梁所承担的总荷载为

$$R_{1e} = \eta_{1e} = \frac{I_1}{\sum_{i=1}^{n} I_i} \pm \beta \frac{e a_1 I_1}{\sum_{i=1}^{n} a_i^2 I_i} \tag{3-28}$$

式中:

$$\beta = \frac{1}{1 + \frac{Gl^2 \sum I_{Ti}}{12E \sum a_i^2 I_i}} < 1$$

任意主梁所承担的总荷载为

$$R_{ie} = \eta_{ie} = \frac{I_i}{\sum_{i=1}^{n} I_i} \pm \beta \frac{e a_i I_i}{\sum_{i=1}^{n} a_i^2 I_i} \tag{3-29}$$

修正偏心压力法比偏心压力法的计算精度高,更接近于真实值,但是当主梁的片数增多、桥宽增加、横梁与主梁相对弯曲刚度比值降低、横梁不能再看作是无限刚性时,用修正偏心压力法计算仍会产生较大的误差,此时应采用其他方法计算。

3. 荷载横向分布系数 m 沿桥跨的变化

用杠杆原理法确定出位于支点处的荷载横向分布系数,以 m_o 表示,用(修正)偏心压力法确定出位于跨中的荷载横向分布系数,以 m_c 表示,其他位置的荷载横向分布系数 m_x 便可用图3.34所示的近似处理方法来确定。

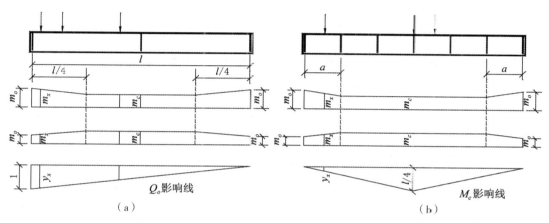

图 3.34 m 沿跨长变化图

对于无中间横隔梁或仅有一根中横隔梁的情况,跨中部分须用不变的 m_c,从离支点 $\frac{1}{4}$ 处起至支点的区段内 m_x 呈直线形过渡至 m_o(图3.34(a));对于有多根内横隔梁的情况,m_c 从第一根内横隔梁起向支点 m_o 直线形过渡(图3.34(b))。这样,主梁上的活载因其纵向位置不同,就应有不同的横向分布系数。

在实际应用中,当求简支梁跨内各截面的中最大弯矩时,为了简化起见,通常均可按不变化的 m_c 来计算。只有在计算主梁梁端截面的最大剪力时,才考虑荷载横向分布系数变化的影响(图3.34(a))。对于跨内其他截面的主梁剪力,也可视具体情况计及 m 沿桥跨变化的影响。

4. 汽车、人群作用效应计算

对于汽车荷载,计算跨中区域内力时,应将集中荷载直接布置在内力影响线数值最大的位置,其计算公式为

$$S_{汽} = (1+\mu)\xi(m_c q_k \Omega + m_i P_k y_i) \tag{3-30}$$

式中:$S_{汽}$——所示截面由汽车荷载产生的弯矩或剪力标准值;

$1+\mu$——汽车荷载的冲击系数;

ξ——汽车荷载横向折减系数,参见相关表格;

q_k——汽车车道荷载中,每延米均布荷载标准值;

Ω——弯矩、剪力影响线的面积;

P_k——汽车车道荷载中的集中荷载标准值;

m_i——沿桥跨纵向与集中荷载 P_k 位置对应的横向分布系数,参见图 3.34;

y_i——沿桥跨纵向与集中荷载位置对应的内力影响线坐标值。

同理,人群荷载:

$$S_人 = m_c q_人 \Omega \tag{3-31}$$

式中: $S_人$——所示截面由人群荷载产生的弯矩或剪力标准值;

$q_人$——纵向每延米人群荷载的标准值。

其余符号意义同前。

注意,利用式(3-30)和式(3-31)计算支点截面剪力或靠近支点截面的剪力时,应另外计及支点附近因荷载横向分布系数变化而引起的内力增(或减)值。

5. 内力组合

计算出恒载和活载内力后,作梁的承载能力验算时,按照现行《桥规》的规定,部分最大组合内力如表 3.4 所示。

表 3.4 主梁内力组合

承载能力极限状态的基本组合	结构重力对结构的承载能力不利时	$S_{ud} = 1.2G_{自重} + 1.4Q_{汽} + 0.75 \times 1.4Q_人$
	结构重力对结构的承载能力有利时	$S_{ud} = G_{自重} + 1.4Q_{汽} + 0.75 \times 1.4Q_人$
正常使用极限状态	频遇组合	$S_{fd} = G_{自重} + 0.7Q_{汽(不计冲击力)} + 1.0Q_人$
	偶然组合	$S_{qd} = G_{自重} + 0.4Q_{汽(不计冲击力)} + 0.4Q_人$

注: S_{ud}——承载能力极限状态下作用基本组合的效应组合设计值(弯矩或剪力);

$G_{自重}$——永久作用中结构重力效应的标准值(弯矩或剪力);

$Q_{汽}$——可变作用中汽车荷载效应(含汽车冲击力、离心力)标准值(弯矩或剪力);

$Q_人$——可变作用中人群荷载效应标准值(弯矩或剪力);

S_{fd}——正常使用极限状态下作用频遇组合设计值(弯矩或剪力);

S_{qd}——正常使用极限状态下作用偶然组合设计值(弯矩或剪力)。

【例 3.4】 仍以例 3.1 所述五梁式装配式钢筋混凝土简支梁桥为例,计算边主梁在公路-Ⅱ级和人群荷载 $p_r = 3.0 \text{kN/m}^2$ 作用下的跨中最大弯矩、最大剪力以及支点截面的最大剪力。对于已经计算过的数据,均汇总于表 3.5。

表 3.5 荷载横向分布系数汇总

梁 号	荷载位置	公路-Ⅱ级	人群荷载	备 注
边主梁	跨中 m_c	0.538	0.684	按"偏心压力法"计算,见例 3.3
	支点 m_o	0.438	1.422	按"杠杆法"计算,见例 3.2

【解】 (1)均布荷载和内力影响线面积计算,见表 3.6。

(2)公路-Ⅱ级中集中荷载 P_k 计算。

计算弯矩效应时: $P_k = 0.75 \times [2 \times (19.5+130)] = 0.75 \times 299 = 224.25(\text{kN})$

计算剪力效应时：$P_k = 1.2 \times 224.25 = 269.10(\text{kN})$

表3.6

类型 截面	公路-Ⅱ级 $q_k(\text{kN/m})$	人群 (kN/m)	影响线面积(m^2或m)	影响线图示
$M_{L/2}$	10.5×0.75 =7.875	3.0×0.75 =2.25	$\Omega = \frac{1}{8}l^2 = \frac{1}{8} \times 19.5^2 = 47.53\text{m}^2$	
$Q_{L/2}$	7.875	2.25	$\Omega = \frac{1}{2} \times \frac{1}{2} \times 19.5 \times 0.5 = 2.44\text{m}$	
Q_0	7.875	2.25	$\Omega = \frac{1}{2} \times 19.5 \times 1 = 9.75\text{m}$	

(3) 冲击系数μ计算。简支梁桥基频计算公式见式(1.1)，则单根主梁：

$$A = 0.3902\text{m}^2$$
$$I_c = 6614602\text{cm}^4 = 0.066146\text{m}^4$$
$$G = 0.3902 \times 25 = 9.76(\text{kN/m})$$
$$m_c = \frac{G}{g} = \frac{9.76 \times 10^3}{9.81} = 0.995 \times 10^3 (\text{NS}^2/\text{m}^2)$$

C30混凝土E取$3 \times 10^{10}\text{N/m}^2$，有

$$f = \frac{3.14}{2 \times 19.5^2} \times \sqrt{\frac{3 \times 10^{10} \times 0.066146}{0.995 \times 10^3}} = 5.831(\text{Hz})$$

$$\mu = 0.1767\ln f - 0.0157 = 0.296$$

$$1 - \mu = 1.296$$

(4) 跨中弯矩$M_{1/2}$、跨中剪力$Q_{1/2}$计算，见表3.7。

因双车道不折减，故$\xi = 1$。

表3.7

截面	荷载类型	q_k或q_r (kN/m)	P_k (kN)	$1+\mu$	m_c	Ω或y	$S(\text{kN}\cdot\text{m}$或kN)	
							S_i	S
$M_{1/2}$	公路-Ⅱ级	7.875	224.25	1.296	0.538	47.53	260.98	1023.22
						$y = \frac{l}{4} = 4.875$	762.24	
	人群	2.25	/	/	0.684	47.53	73.1	
$Q_{1/2}$	公路-Ⅱ级	7.875	269.10	1.296	0.538	2.438	13.39	107.20
						0.5	93.81	
	人群	2.25	/	/	0.684	2.438	3.75	

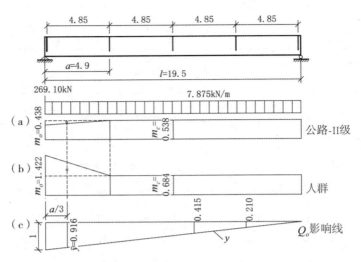

图 3.35 支点剪力计算图示(长度单位:m)

(5)计算支点截面汽车荷载最大剪力。绘制荷载横向分布系数沿桥纵向的变化图形和支点剪力影响线如图 3.35(a)(b)(c)所示。

横向分布系数变化区段的长度为

$$a = \frac{1}{2} \times 19.5 - 4.85 = 4.9(\text{m})$$

m 变化区荷载重心处的内力影响线坐标为

$$\bar{y} = 1 \times \left(19.5 - \frac{1}{3} \times 4.9\right)/19.5 = 0.916$$

利用式(3.30)计算,得

$$Q_{0均} = (1 + \mu) \cdot \xi q_k \left[m_c \Omega + \frac{a}{2}(m_o - m_c)\bar{y} \right]$$

$$= 1.296 \times 1 \times 7.875 \times \left[0.538 \times 9.75 + \frac{4.9}{2} \times (0.438 - 0.538) \times 0.916 \right]$$

$$= 51.25(\text{kN})$$

$$Q_{0集} = (1 + \mu) \cdot \xi \cdot m_i P_k y_i = 1.296 \times 1 \times 0.438 \times 269.10 \times 1.0$$

$$= 152.75(\text{kN})$$

公路 - Ⅱ 级作用下,1# 梁支点的最大剪力为

$$Q_0 = Q_{0均} + Q_{0集} = 51.25 + 152.75 = 204.00(\text{kN})$$

(6)计算支点截面人群荷载最大剪力。

m 变化区荷载重心处的剪力影响线坐标为

$$\bar{y} = 1 \times \left(19.5 - \frac{1}{3} \times 4.9\right)/19.5 = 0.916$$

人群荷载引起的支点剪力按公式(3.31)计算:

$$Q_{or} = m_c \cdot q_{or} \cdot \Omega + \frac{a}{2}(m_o - m_c) q_{or} \cdot \bar{y}$$

$$= 0.684 \times 2.25 \times 9.75 + \frac{1}{2} \times 4.9 \times (1.422 - 0.684) \times 2.25 \times 0.916$$

$$= 15.00 + 3.73 = 18.73 (\text{kN})$$

6. 主梁内力组合

钢筋混凝土及预应力混凝土梁式桥，当按承接能力极限状态设计时，荷载组合和荷载安全系数按表3.4规定采用。

【例3.5】 已知例3.4所示装配式钢筋混凝土简支梁中1号边梁的为力值最大，利用例3.4的计算结果，列表3.8确定控制设计的计算内力。

表3.8　　　　　　　　　　　控制设计的计算内力确定

序号	荷载类别	弯矩 M(kN·m)			剪力 Q(kN)	
		梁端	四分点	跨中	梁端	跨中
(1)	结构自重	0	572.5	763.4	156.6	0
(2)	汽车荷载	0	767.42	1023.22	204.00	107.20
(3)	人群荷载	0	54.9	73.1	18.7	3.8
(4)	1.2×(1)	0	687.0	916.1	187.9	0
(5)	1.4×(2)	0	1074.39	1432.51	285.6	150.08
(6)	0.75×1.4×(3)	0	57.65	76.76	19.64	3.99
(7)	S_{ud}=(4)+(5)+(6)	0	1819.04	2425.37	493.14	154.07

3.4.2 桥面板计算

1. 桥面板的力学模型

混凝土简支肋梁桥的桥面板是直接承受车辆轮压的混凝土板，它与主梁梁肋和横隔梁连接在一起，既保证了梁的整体作用，又将活载传递给主梁。

对于整体现浇的T形梁桥，梁肋和横（隔）梁之间的桥面板属于矩形的周边支承板，如图3.36(a)所示。通常其边长比或长宽比(l_a/l_b)等于和大于2，当有荷载作用于板上时，绝大部分力是由短跨方向(l_b)传递的，因此可近似地按仅由短跨承受荷载的单向受力板来设计，即仅在短跨方向配置受力主筋，而在长跨方向只要配置适当的构造钢筋即可。

同理，对于装配式T形梁桥，其桥面板也存在边长比或长宽比$l_a/l_b \geq 2$的关系，如果在两主梁的翼板之间采用钢板连接（图3.36(b)）时，则桥面板可简化为悬臂板；采用不承担弯矩的铰接缝连接（图3.36(c)）时，则可简化为铰接悬臂板。下面分别介绍它们的计算方法。

2. 桥面板的受力分析

(1) 车轮荷载在板上的分布

根据试验研究，作用在混凝土或沥青铺装面层上的车轮荷载可以偏安全地假定呈45°角扩散分布于混凝土板面上。

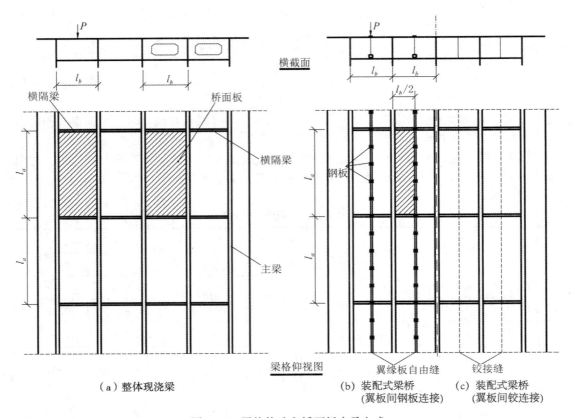

图 3.36 梁格构造和桥面板支承方式

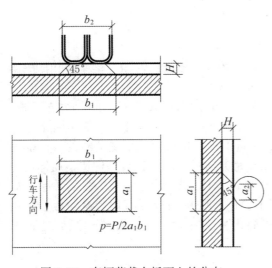

图 3.37 车辆荷载在板面上的分布

假定车轮与桥面的接触面是 $a_2 \times b_2$ 的矩形面，此处 a_2 是车轮（或履带）沿行车方向的着地长度，b_2 为车轮（或履带）的宽度，如图 3.37 所示，则最后作用于混凝土桥面板顶面的矩形荷载压力面的边长为

$$\left.\begin{aligned}沿行车方法：& \quad a_1 = a_2 + 2H \\ 沿横向：& \quad b_1 = b_2 + 2H\end{aligned}\right\} \quad (3\text{-}32)$$

式中，H 为铺装层的厚度；各级荷载的 a_2 和 b_2 值可从《公路桥规》中查得。

据此，当有一个车轮作用于桥面板上时，作用于板面上的局部分布荷载为

$$汽车： \quad P = \frac{P}{2a_1 b_1}$$

式中，P 为汽车的轴重。

(2) 板的有效工作宽度

当荷载以 $a_1 \times b_1$ 的分布面积作用在板上时，

板除了沿计算跨径 x 方向产生挠曲变形 ω_x 外，沿垂直于计算跨径的 y 方向也必然发生挠曲变形 ω_y，如图 3.38(a)所示。这说明荷载作用下不仅使直接承压的宽度为 a_1 的板条受力，而且其邻近的板也参与工作，共同承受车轮荷载所产生的弯矩。

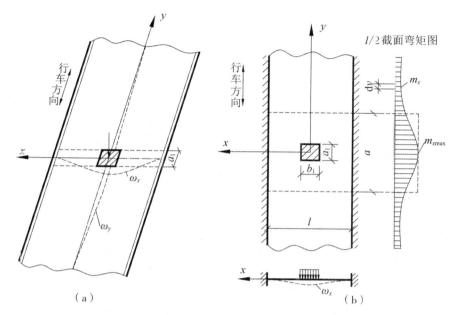

图 3.38　行车道板的受力状态

为了计算方便，设想以 a 宽板均匀承受车轮荷载产生的总弯矩(图 3.38(b))，即

$$a \times m_{x\max} = \int m_x \mathrm{d}y = M$$

则得弯矩图形的换算宽度为

$$a = \frac{M}{m_{x\max}} \tag{3-33}$$

式中，M 为车轮荷载产生的跨中总弯矩，可直接由结构力学方法计算得到；$m_{x\max}$ 为荷载中心处的最大单宽弯矩值，精确解需由板的空间计算才能得到。

式(3.33)中的 a 为板的有效工作宽度，或荷载有效分布宽度。

这样，当有一个车轮作用于桥面板上时，1m 宽板条上的荷载计算强度为

汽车：
$$p = \frac{P}{2ab_1} \tag{3-34}$$

式中，P 为汽车的轴重。

《公路桥规》基于大量的理论研究，对板的有效工作宽度有如下规定：

第一，单向板的荷载有效分布宽度规定如下：

① 荷载在跨径中间。对于单独一个荷载(图 3.39(a))：

$$a = a_1 + \frac{1}{3} = a_2 + 2H + \frac{l}{3}, \qquad 但不小于 \frac{2}{3}l$$

式中，l 为两梁肋之间板的计算跨径。

《公路桥规》规定,计算弯矩时,$l = l_0 + t$,但不大于 $l_0 + b$;计算剪力时,$l = l_0$。其中,l_0 为板的净跨径,t 为板的跨中厚度,b 为梁肋宽度。

对于几个靠近的相同荷载,如按上式计算所得各相邻荷载的有效分布宽度发生重叠时(图 3.39(b)),则

$$a = a_1 + d + \frac{l}{3} = a_2 + 2H + d + \frac{l}{3}, \quad 但不小于 \frac{2}{3}l + d$$

式中,d 为最外两个荷载的中心距离。

② 荷载在板的支承处: $\quad a' = a_1 + t = a_2 + 2H + t, \quad 但不小于 \dfrac{l}{3}$

式中,t 为板的厚度。

③ 荷载靠近板的支承处: $\quad a_x = a' + 2x$

式中,x 为荷载离支承边缘的距离。

根据以上所述,对于不同荷载位置时单向板的有效分布宽度图形如图 3.39(c)所示。

第二,悬臂板的荷载有效分布宽度规定,如图 3.40 所示:

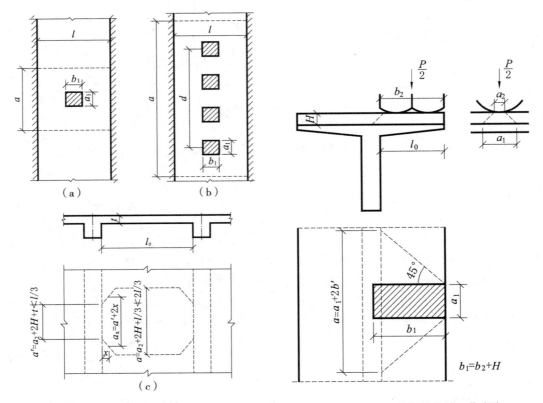

图 3.39　单向板的荷载有效分布宽度图　　　图 3.40　悬臂板的有效工作宽度

$$a = a_2 + 2H + 2b' = a_1 + 2b'$$

式中:b' 为承重板上荷载压力面外侧边缘至悬臂根部的距离。

对于分布荷载靠近板边的最不利情况,b' 就等于悬臂板的净跨径 l_0,于是有

$$a = a_1 + 2l_0$$

3. 行车道板的内力计算

(1) 多跨连续单向板的内力

对于一次浇筑的多跨连续单向板的内力计算,有如下规定:

1) 跨中最大弯矩计算

当 $t/h < 1/4$ 时(即主梁抗扭能力大者):

$$\left.\begin{array}{l}跨中弯矩 \quad M_{中} = + 0.5M_0 \\ 支点弯矩 \quad M_{支} = - 0.7M_0\end{array}\right\} \tag{3-35}$$

当 $t/h \geq 1/4$ 时(即主梁抗扭能力小者):

$$\left.\begin{array}{l}跨中弯矩 \quad M_{中} = + 0.7M_0 \\ 支点弯矩 \quad M_{支} = - 0.7M_0\end{array}\right\} \tag{3-36}$$

式中,h 为肋高;M_0 为把板当作简支板时,由使用荷载引起的 1m 宽板的跨中最大设计弯矩 M_0,它是 M_{op} 和 M_{og} 两部分的内力组合,见表 3.9。

M_{op} 为 1m 宽简支板条的跨中活载弯矩(图 3.41(a))。对于汽车荷载:

$$M_{op} = (1 + \mu) \cdot \frac{P}{8a}\left(l - \frac{b_1}{2}\right) \tag{3-37}$$

式中,P 为轴重,对于汽车荷载应取用加重车后轴的轴重计算;

a 为板的有效工作宽度;

l 为板的计算跨径;

μ 为冲击系数,对于桥面板通常为 0.3。

M_{og} 为跨中恒载弯矩,可由下式计算:

$$M_{og} = \frac{1}{8}gl^2 \tag{3-38}$$

式中,g 为 1m 宽板条每延米的恒载重量。

2) 支点剪力计算

对于跨径内只有一个汽车车轮荷载的情况,考虑了相应的有效工作宽度后,每米板宽承受的分布荷载如图 3.41(b) 所示。汽车引起的支点剪力为

$$Q_{支P} = (1 + \mu)(A_1 \cdot y_1 + A_2 \cdot y_2) \tag{3-39}$$

式中,矩形部分荷载的合力

$\left(以\ p = \dfrac{P}{2ab_1}\ 代入\right)$ 为:

$$A_1 = p \cdot b_1 = \frac{P}{2a}$$

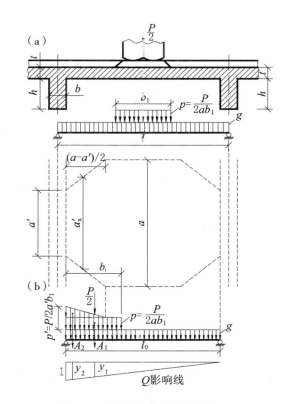

图 3.41 单向板内力计算图示

三角形部分荷载的合力$\left(\text{以 } p' = \dfrac{P}{2a'b_1} \text{ 代入}\right)$为：

$$A_2 = \frac{1}{2}(p' - p) \cdot \frac{1}{2}(a - a') = \frac{P}{8aa'b_1}(a - a')^2$$

式中，p 和 p' 分别为对应于有效工作宽度 a 和 a' 处的荷载强度；

y_1 和 y_2 分别为对应于荷载合力 A_1 和 A_2 的支点剪力影响线量值。

如跨径内不止一个车轮进入时，尚应计及其他车轮的影响。

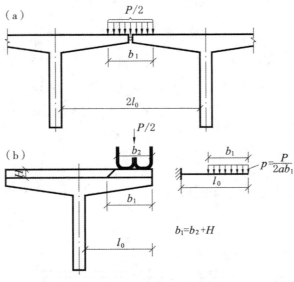

图 3.42　铰接悬臂板和悬臂板计算图示

(2) 铰接悬臂板的内力

用铰接方式连接的 T 形梁翼缘板其最大弯矩在悬臂根部。计算活载弯矩 $M_{\min,p}$ 时，近似地把车轮荷载对中布置在铰接处作为最不利的荷载位置，这时铰内的剪力为零，两相邻悬臂板各个承受半个车轮荷载，即 $P/4$，如图 3.42(a) 所示。因此，每米宽悬臂板的活载弯矩 $M_{\min}$ 为

$$M_{\min,p} = -(1 + \mu)\frac{P}{4a}\left(l_0 - \frac{b_1}{4}\right)$$
（3-40）

每米板宽的恒载弯矩为

$$M_{\min,g} = -\frac{1}{2}gl_0^2 \quad (3\text{-}41)$$

注意，此处 l_0 为铰接双悬臂板的净跨径。

悬臂根部 1m 板宽的总弯矩是 $M_{\min,p}$ 和 $M_{\min,g}$ 两部分的内力组合，见表 3.9。

表 3.9　　　　　　　　　　1m 宽板内力组合

承载能力极限状态的基本组合	结构重力对结构的承载能力不利时	$S_{ud} = 1.2G_{自重} + 1.8Q_{汽}$
	结构重力对结构的承载能力有利时	$S_{ud} = G_{自重} + 1.8Q_{汽}$
正常使用极限状态	频遇组合	$S_{fd} = G_{自重} + 0.7Q_{汽(不计冲击力)}$
	偶然组合	$S_{qd} = G_{自重} + 0.4Q_{汽(不计冲击力)}$

注：符号意义同前。

悬臂根部的剪力可以偏安全地按一般悬臂板的图式来计算，此处从略。

(3) 悬臂板的内力

计算根部最大弯矩时，应将车轮荷载靠板的边缘布置，此时 $b_1 = b_2 + H$，如图 3.42(b) 所示。则恒载和活载弯矩值可由一般公式求得。

活载弯矩：

$$M_{min,p} = -(1+\mu) \cdot \frac{1}{2}pl_0^2 = -(1+\mu) \cdot \frac{P}{4ab_1} \cdot l_0^2 \quad (b_1 \geq l_c \text{ 时}) \tag{3-42}$$

或

$$M_{min,p} = -(1+\mu) \cdot pb_1\left(l_0 - \frac{b_1}{2}\right) = -(1+\mu) \cdot \frac{P}{2a}\left(l_0 - \frac{b_1}{2}\right) \quad (b_1 < l_0 \text{ 时}) \tag{3-43}$$

式中，$p = \frac{P}{2ab_1}$ 为汽车荷载作用在每米宽板条上的每延米荷载强度；l_c 为悬臂板的长度。

恒载弯矩（近似值）：

$$M_{min,g} = -\frac{1}{2}gl_0^2 \tag{3-44}$$

必须注意，以上所有活载内力的计算公式都是对于轮重为 $P/2$ 的汽车荷载推得的。

4. 内力组合

计算出结构自重和汽车荷载内力后，按照现行《公路桥规》的规定，1m 宽板条的最大组合内力见表 3.9。

【例 3.6】 以例 3.1 所述五梁式装配式钢筋混凝土简支梁桥为例，计算图 3.43 所示 T 形梁翼板所构成铰接悬臂板的设计内力。桥面铺装为 2cm 的沥青混凝土面层（容重为 23kN/m³）和平均 9cm 厚混凝土垫层（容重为 24kN/m³），T 形梁翼板的容重为 25kN/m³。

【解】 ①计算恒载及其内力（按纵向 1m 宽的板条计算）。

每延米板上的恒载 g 见表 3.10。

表 3.10

沥青混凝土面层 g_1	$0.02 \times 1.0 \times 23 = 0.46(kN/m)$
C25 混凝土垫层 g_2	$0.09 \times 1.0 \times 24 = 2.16(kN/m)$
T 形梁翼板自重 g_3	$\frac{0.08 + 0.14}{2} \times 1.0 \times 25 = 2.75(kN/m)$
合　　计	$g = \sum g_i = 5.37(kN/m)$

每米宽板条的恒载内力为

$$M_{min,g} = -\frac{1}{2}gl_0^2 = -\frac{1}{2} \times 5.37 \times 0.71^2 = -1.35(kN \cdot m)$$

$$Q_{Ag} = g \cdot l_0 = 5.37 \times 0.71 = 3.81(kN)$$

②计算车辆荷载产生的内力。将车辆荷载后轮作用于铰缝轴线上（参见图 3.43），后轴作用力为 $P = 140kN$，轮压分布宽度如图 3.44 所示。车辆荷载后轮着地长度为 $a_2 = 0.20m$，宽度为 $b_2 = 0.60m$，则

$$a_1 = a_2 + 2H = 0.20 + 2 \times 0.11 = 0.42(m)$$
$$b_1 = b_2 + 2H = 0.60 + 2 \times 0.11 = 0.82(m)$$

荷载对于悬臂根部的有效分布宽度为

$$a = a_1 + d + 2l_0 = 0.42 + 1.4 + 2 \times 0.71 = 3.24(m)$$

由于 $2l_0 = 1.42m < 5m$，所以冲击系数 $1 + \mu = 1.3$。

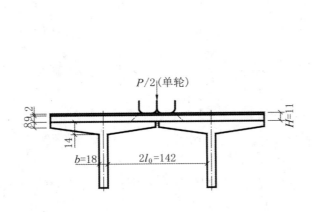
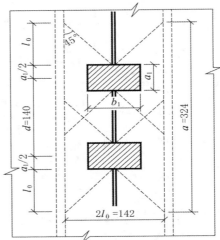

图 3.43　T 形梁横截面图(尺寸单位：cm)　　图 3.44　车辆荷载的计算简图(尺寸单位：cm)

作用于每米宽板条上的弯矩为

$$M_{\min,p} = -(1+\mu)\frac{P}{4a}\left(l_0 - \frac{b_1}{4}\right) = -1.3 \times \frac{140 \times 2}{4 \times 3.24}\left(0.71 - \frac{0.82}{4}\right)$$
$$= -14.18(\text{kN} \cdot \text{m})$$

作用于每米宽板条上的剪力为

$$Q_{AP} = (1+\mu)\frac{P}{4a} = 1.3 \times \frac{140 \times 2}{4 \times 3.24} = 28.09(\text{kN})$$

③ 计算内力组合。

承载能力极限状态内力组合，即基本组合：

$$M_{ud} = 1.2M_{Ag} + 1.8M_{\min,p} = 1.2 \times (-1.35) + 1.8 \times (-14.18) = -27.14(\text{kN} \cdot \text{m})$$
$$Q_{ud} = 1.2Q_{Ag} + 1.8Q_{Ap} = 1.2 \times 3.81 + 1.8 \times 28.09 = 55.13(\text{kN})$$

所以，行车道板的设计内力为

$$M_{ud} = -27.14 \text{kN} \cdot \text{m}, \quad Q_{ud} = 55.13 \text{kN}$$

正常使用极限状态内力组合，即频遇组合：

$$M_{fd} = M_{Ag} + 0.7M_{Ac} = (-1.35) + 0.7 \times (-14.18) \div 1.3 = -8.99(\text{kN} \cdot \text{m})$$
$$Q_{fd} = Q_{Ag} + 0.7Q_{Ac} = 3.81 + 0.7 \times 28.09 \div 1.3 = 18.94(\text{kN})$$

对于不同的内力组合，应力和裂缝验算的规定限值是不同的，具体可参阅《公路桥规》。

3.4.3　横隔梁内力计算

为了保证各主梁共同受力和加强结构的整体性，横隔梁本身或其装配式接头应具有足够的强度。对于具有多根内横隔梁的桥梁，通常就只要计算受力最大的跨中横隔梁的内力，其他横隔梁可偏安全地仿此设计。

下面介绍按偏心压力法原理来计算横隔梁内力的实用方法。

1. 作用在横梁上的计算荷载

对于跨中一根横隔梁来说，除了直接作用在其上的轮重外，前后的轮重对它也有影响。在计算中，可假设荷载在相邻横隔梁之间按杠杆原理法传布，如图 3.45 所示。因此，纵向一列汽车轮重分布给该横隔梁的计算荷载为

$$P_{oq} = \frac{1}{2}(P_K y_1 + q_k \Omega) = \frac{1}{2}(P_K y_1 + q_k l_a) \tag{3-45}$$

同理，人群：$\quad p_{or} = p_{or} \cdot \Omega_r = p_{or} l_a$（影响线上布满荷载）

式中：Ω 为按杠杆原理计算的纵向荷载影响线面积；l_a 为横隔梁的间距；y_1 为 P_K 布置在中横隔梁上时，所对应的按杠杆原理计算的纵向荷载影响线竖坐标值，为 1；其余符号意义同前。

2. 横隔梁的内力影响线

将桥梁的中横隔梁近似地视为竖向支承在多根弹性主梁上的多跨弹性支承连续梁，如图 3.46 所示。当桥梁在跨中有单位荷载 $P = 1$ 作用时，各主梁所受的荷载为 R_1，R_2，R_3，…，R_n，这也就是横隔梁的弹性支承反力。因此，取 r 截面左侧

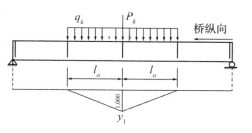

图 3.45 横隔梁上计算荷载的计算图示

为隔离体，如图 3.46(c) 所示，由力的平衡条件就可写出横隔梁任意截面 r 的内力计算公式。

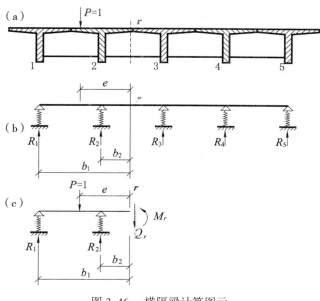

图 3.46 横隔梁计算图示

① 荷载 $P = 1$ 位于截面 r 的左侧时：

$$\left. \begin{array}{l} M_r = R_1 \cdot b_1 + R_2 \cdot b_2 - 1 \cdot e = \sum^{左} R_i b_i - e \\ Q_r = R_1 + R_2 - 1 = \sum^{左} R_i - 1 \end{array} \right\} \tag{3-46}$$

② 荷载 $P = 1$ 位于截面 r 的右侧时：

$$\left.\begin{aligned}M_r &= R_1 \cdot b_1 + R_2 \cdot b_2 = \sum^{左} R_i b_i \\ Q_r &= R_1 + R_2 = \sum^{左} R_i\end{aligned}\right\} \quad (3\text{-}47)$$

式中，M_r 和 Q_r 分别为横隔梁任意截面 r 的弯矩和剪力；e 为荷载 $P=1$ 至所求截面的距离；b_i 为支承反力 R_i 至所求截面的距离；$\sum^{左} R_i$ 为表示涉及所求截面以左的全部支承反力 R_i 的总和。

由此可以直接利用前述偏心压力法求得的 R_i 来绘制横隔梁上某个截面的内力影响线。

3. 横隔梁内力计算

用上述的计算荷载在横隔梁某截面的内力影响线上按最不利位置加载，就可求得横隔梁在该截面上的最大（或最小）内力值：

$$S = (1+\mu) \cdot \xi \cdot P_{0q} \sum \eta \quad (3\text{-}48)$$

式中，η 为横隔梁内力影响线竖标；$1+\mu$ 和 ξ 通常可近似地取用主梁的冲击系数 $1+\mu$ 和 ξ 值。

【例 3.7】 计算例 3.1 中所示装配式钢筋混凝土简支梁桥跨中横梁在 2 号和 3 号主梁之间 r-r 截面上的弯矩 M_r 和靠近 1 号主梁处截面的剪力 $Q_1^{右}$，荷载等级为公路 - Ⅱ 级。

【解】 ① 确定作用在中横隔梁上的计算荷载。对于跨中横隔梁的最不利荷载布置，如图 3.47 所示。

纵向一列车轮对于中横隔梁的计算荷载为

计算弯矩时：$P_{oq} = q_k \Omega + P_k y = 7.875 \times \dfrac{1}{2} \times 4.85 \times 2 \times 1.0 + 224.25 \times 1.0$
$= 262.44 (\text{kN})$

计算剪力时：$P_{oq} = 7.875 \times \dfrac{1}{2} \times 4.85 \times 2 \times 1.0 + 1.2 \times 224.25 \times 1.0 = 307.30 (\text{kN})$

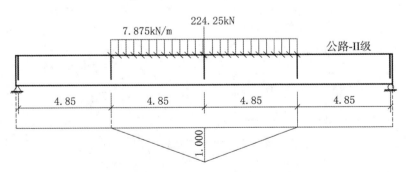

图 3.47 跨中横隔梁的受载图示（尺寸单位：m）

② 绘制中横隔梁的内力影响线。

按例 3.3 可算得 1、2、3 号梁的荷载横向分布影响线竖坐标值，则 M_r 的影响线竖标可计算如下：

$P=1$ 作用在 1 号梁轴上时（$\eta_{11} = 0.60, \eta_{15} = -0.20$）：

$$\eta_{r1}^M = \eta_{11} \times 1.5d + \eta_{21} \times 0.5d - 1 \times 1.5d$$
$$= 0.6 \times 1.5 \times 1.6 + 0.4 \times 0.5 \times 1.6 - 1.5 \times 1.6 = -0.64$$

$P=1$ 作用在 5 号梁轴上时：
$$\eta_{r5}^M = \eta_{15} \times 1.5d + \eta_{25} \times 0.5d$$
$$= (-0.20) \times 1.5 \times 1.6 + 0 \times 0.5 \times 1.6 = -0.48$$

$P=1$ 作用在 3 号梁轴上时（$\eta_{13} = \eta_{23} = \eta_{33} = 0.20$）：
$$\eta_{r3}^M = \eta_{13} \times 1.5d + \eta_{23} \times 0.5d$$
$$= 0.20 \times 1.5 \times 1.6 + 0.20 \times 0.5 \times 1.6 = 0.64$$

由影响线的知识可知，M_r 影响线必在 r—r 截面处有突变，根据 η_{r5}^M 和 η_{r3}^M 连线延伸至 r—r 截面，即为 η_{rr}^M 值（0.92），由此即可绘出 M_r 影响线，如图 3.48(b) 所示。

③绘制剪力影响线。对于 1 号主梁处截面的 $Q_1^右$ 影响线可计算如下：

$P=1$ 作用在计算截面以右时：$Q_1^右 = R_1$，即 $\eta_{1i}^右 = \eta_{1i}$

$P=1$ 作用在计算截面以左时：$Q_1^右 = R_1 - 1$，即 $\eta_{1i}^右 = \eta_{1i} - 1$

绘成 $Q_1^右$ 影响线如图 3.48(c) 所示。

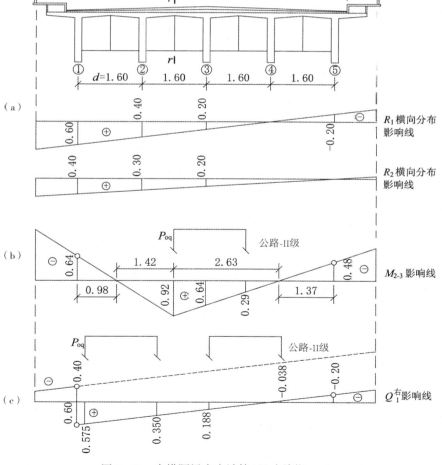

图 3.48 中横隔梁内力计算（尺寸单位：m）

④ 截面内力计算。将求得的计算荷载 P_{oq} 在相应的影响线上按最不利荷载位置加载，对于汽车荷载并计入冲击影响线 $1+\mu$，截面内力计算见表 3.12。

表 3.12

公路-Ⅱ级	弯矩 M_{2-3}	$M_{2-3} = \frac{1}{2}(1+\mu)\xi P_{oq}\sum\eta = 1.296 \times 1 \times 131.22 \times (0.92 + 0.29)$ $= 205.77(\text{kN} \cdot \text{m})$
	剪力 $Q_1^{右}$	$Q_1^{右} = \frac{1}{2}(1+\mu)\xi P_{oq}\sum\eta = 1.296 \times 1 \times 153.65 \times (0.575 + 0.350 + 0.188 - 0.038)$ $= 214.06(\text{kN})$

⑤ 内力组合（鉴于横隔梁的恒载内力甚小，计算中可略去不计；组合系数取用与主梁相同）。

承载能力极限状态内力组合见表 3.13。

表 3.13

基本组合	$M_{\max,r} = 0 + 1.4 \times 205.77 = 288.1(\text{kN} \cdot \text{m})$
	$Q_{\max,1}^{右} = 0 + 1.4 \times 214.06 = 299.7(\text{kN})$

正常使用极限状态内力组合见表 3.14。

表 3.14

频遇组合	$M_{\max,r} = 0 + 0.7 \times 205.77/1.296 = 111.1(\text{kN} \cdot \text{m})$
	$Q_{\max,1}^{右} = 0 + 0.7 \times 214.06/1.296 = 115.6(\text{kN})$

3.4.4 挠度、预拱度的计算

一座桥梁如果发生过大的变形，首先会给人一种不安全的感观；其次不但会导致行车困难，而且容易使桥面铺装层和结构的辅助设备遭致损坏，严重者甚至危及桥梁的安全。因此，必须计算梁的变形（通常指竖向挠度），以确保结构具有足够的刚度。

桥梁挠度产生的原因有永久作用挠度和可变荷载挠度。永久作用（包括长期预应力、混凝土徐变和收缩作用）是恒久存在的，其产生挠度与持续时间相关，可分为短期挠度和长期挠度。永久作用挠度可以通过施工时预设的反向挠度（又称预拱度）来加以抵消，使竣工后的桥梁达到理想的线型。

桥梁的预拱度通常采用结构自重和 1/2 可变荷载频遇值计算的长期挠度值二者之和，

这就意味着，在使用阶段常遇荷载情况下桥面基本上接近设计标高。对于一般小跨径的钢筋混凝土梁桥，当由结构自重和汽车荷载所计算的长期挠度不超过 $l/1600$ 时，可以不设预拱度。对于位于竖曲线上的桥梁，应视竖曲线的凸起(或凹下)情况，适当增(或减)预拱度值，使竣工后的线形与竖曲线接近一致。

可变荷载挠度虽然是临时出现的，但是随着可变荷载的移动，挠度大小逐渐变化，在最不利的荷载位置下，挠度达到最大值，一旦汽车驶离桥梁，挠度恒消失。因此，在桥梁设计中，需要验算可变荷载挠度来体现结构的刚度特性。

《公路桥规》规定，对于钢筋混凝土及预应力混凝土梁式桥，用可变荷载频遇值计算的上部结构长期的跨中最大竖向挠度，不应超过 $\dfrac{l}{600}$（l 为计算跨径）；对于悬臂体系，悬臂端点的挠度不应超过 $\dfrac{l'}{300}$（l' 为悬臂长度）。

钢筋混凝土和预应力混凝土简支梁长期挠度值 f_c 可按下式计算：

$$f_c = \eta_\theta f \tag{3-38}$$

式中：f_c——长期挠度值；

η_θ——挠度长期增长系数，当采用 C40 以下混凝土时，取 1.60；当采用 C40～C80 混凝土时，取 1.45～1.35，中间强度等级可按直线内插取用。计算预应力混凝土简支梁预加力反拱值时，取 2.0；

f——按荷载短期效应组合计算的短期挠度值。

对于钢筋混凝土简支梁，按荷载短期效应作用下的跨中截面挠度 f 按下式近似计算：

$$f = \dfrac{5}{48} \cdot \dfrac{M_s l^2}{B} \tag{3-39}$$

$$B = \dfrac{B_0}{\left(\dfrac{M_{cr}}{M_s}\right)^2 + \left[1 - \left(\dfrac{M_{cr}}{M_s}\right)^2\right]\dfrac{B_0}{B_{cr}}} \tag{3-40}$$

式中：M_s——由作用的频遇组合计算的弯矩值；

l——计算跨径；

B——开裂构件等效截面的抗弯刚度；

B_0——全截面的抗弯刚度，$B_0 = 0.95 E_c I_0$；

B_{cr}——开裂截面的抗弯刚度，$B_{cr} = E_c I_{cr}$；

M_{cr}——开裂弯矩；

I_0——全截面换算截面惯性矩；

I_{cr}——开裂截面换算截面惯性矩。

对于预应力混凝土受弯构件，当计算短期弹性挠度时，对于不开裂的全预应力和 A 类部分预应力构件，截面刚度采用 B_0，即 $0.95E_c I_0$。对于开裂的 B 类预应力构件，M_{cr} 作用时，截面刚度采用 B_0；$M_s - M_{cr}$ 作用时，截面刚度采用 B_{cr}，即 $E_c I_{cr}$，且 $M_{cr} = (\sigma_{pc} + \gamma f_{tk}) W_0$。其中，$\sigma_{pc}$ 表示扣除全部预应力损失预应力钢筋和普通钢筋合力在构件抗裂边缘产生的混凝土预压应力，其他符号含义同前。

【例 3.8】 验算例 3.1 所示装配式钢筋混凝土简支梁桥的主梁变形，已知该主梁开裂构件等效截面的抗弯刚度 $B = 1.750 \times 10^9 \text{N} \cdot \text{m}^2$。

【解】 根据例3.1可知跨中截面主梁恒载产生的最大弯矩为763.4kN·m，汽车产生的最大弯矩(不计冲击力)为789.50kN·m，人群产生的最大弯矩为73.1kN·m。

① 判断是否设置预拱度。根据《公路桥规》要求，当由荷载短期效应组合并考虑荷载长期效应影响产生的长期挠度超过计算跨径的1/1600时，应设置预拱度。

$$f_c = 1.6 \times \frac{5(M_s - M_{GK})l^2}{48B} = 1.6 \times \frac{5 \times (0.7 \times 789.50 + 73.1) \times 10^3 \times 19.5^2}{48 \times 1.750 \times 10^9}$$

$$= 0.0227(\text{m}) = 2.27(\text{cm}) < \frac{l}{600} = \frac{1950}{600} = 3.25(\text{cm})$$

符合规定。

② 判断是否设置预拱度。根据《公路桥规》要求，当由荷载短期效应组合并考虑荷载长期效应影响产生的长期挠度超过计算跨径的1/1600时，应设置预拱度。

$$f_c = 1.6 \times \frac{5M_s l^2}{48B} = 1.6 \times \frac{5 \times (763.4 + 0.7 \times 789.50 + 73.1) \times 10^3 \times 19.5^2}{48 \times 1.750 \times 10^9}$$

$$= 0.0503(\text{m}) = 5.03(\text{cm}) > \frac{l}{1600} = \frac{1950}{1600} = 1.22(\text{cm})$$

② 计算预拱度最大值。根据《公路桥规》要求，预拱度值等于结构自重和1/2可变荷载频遇值所产生的长期挠度。

$$f = 1.6 \times \frac{5\left(M_{GK} + \frac{1}{2}M_{可变频遇}\right)l^2}{48B}$$

$$= 1.6 \times \frac{5 \times [763.4 + (0.7 \times 789.50 + 73.1)/2] \times 10^3 \times 19.5^2}{48 \times 1.750 \times 10^9}$$

$$= 0.0390\text{m} = 3.90\text{cm}$$

应做成平顺曲线。

本 章 小 结

1. 简支体系的混凝土梁式桥，按主体结构截面形式分，主要有板桥和肋梁桥；按其施工方法，可分为整体现浇式梁桥和预制装配式梁桥。

2. 整体式简支板桥一般做成实心截面形式，其外廓形有矩形、矮肋形和鱼腹形等几种。

3. 装配式简支板桥单块板件一般做成空心截面，达到节约材料和减轻起吊重量的目的。

4. 为了使装配式板桥的各块板件达到共同受力的目的，必须在板与板之间做好连接构造。常用的连接方式有企口混凝土铰连接和钢板焊接连接两种。

5. 斜交角小于15°的斜板桥可近似按正交板桥设计，大于15°的斜板桥，则按斜板受力性能设计。

6. 整体式斜板桥钝角处的底面加强钢筋与钝角平分线平行，顶面加强钢筋方向则与钝角平分线垂直。

7. 简支梁桥的上部构造由主梁、横隔梁、桥面板和桥面系等部分组成。

8. 装配式简支梁桥的桥面横向连接有刚性接头和铰接接头两种；横隔梁的横向连接由钢板焊接连接和扣环连接两种。

9. 为了减轻预制构件的起吊重量，可以把梁肋与桥面板分割来预制，然后在桥孔处进行吊装和连接成整体，这就是所谓的组合梁桥，组合梁桥的截面形式常用的有 T 形和箱形截面两种。

10. 组合截面梁的截面配筋应按各受力阶段的截面应力叠加结果，而不能按截面内力叠加结果进行设计。

11. 混凝土桥梁的桥面系由桥面铺装、防水和排水设备、伸缩装置、人行道（或安全带）、缘石、栏杆和灯柱等部分组成。

12. 为了克服桥面伸缩缝装置易于损坏和行车不稳的现象，常采用简支-连续的结构构造。

13. 混凝土梁桥上部结构设计计算的项目一般有主梁、横隔板和桥面板三部分计算。

14. 在主梁内力计算中，应先根据荷载横向分布系数 m 确定欲求主梁所承担的最大荷载值，再从桥梁的纵向按结构力学的方法计算最不利内力值。

15. 杠杆原理法主要适用于计算支点处的荷载横向分布系数 m_{0c}。

16. 偏心压力法主要适用于具有可靠横向连接的窄桥，计算其跨中的荷载横向分布系数 m_c。

17. 根据结构构造的不同，桥面板计算的力学模式有单向板、铰接悬臂板、悬臂板三种。

18. 桥面板计算中，为了计算的方便，引入了板的有效分布宽度 a 的概念，即按照 a 宽的板算得的平均弯矩等于板中将出现的最大弯矩。

19. 中横隔梁所受的内力最大。计算时，先从桥梁纵向按杠杆原理计算中横隔梁所承担的最大荷载，再从桥梁的横向计算中横梁某截面的最不利内力值。

20. 桥梁挠度产生的原因有永久作用挠度和可变作用挠度。永久作用挠度可以通过设置预拱度加以抵消；但可变作用挠度体现出结构的刚度特性，其最大挠度值应限制在《公路桥规》的限制范围以内。

思考题及习题

1. 简答题

(1) 混凝土梁式桥如何分类？
(2) 整体式简支板桥的受力、配筋特点是什么？
(3) 装配式板桥横向连接方式有哪些？
(4) 什么叫斜交桥？简支斜板桥的主要受力特点及配筋特点是什么？
(5) 简支梁桥的上部构造有哪些部件构成？各有什么作用？
(6) 为什么钢筋混凝土简支梁桥不宜采用箱形截面？
(7) 装配式梁式桥横向连结有哪些方法？

(8) 组合式梁桥与装配式 T 形梁桥的受力特点有什么不同？
(9) 桥面系包括那些部分？
(10) 桥梁铺装的功能是什么？可分成哪些类型？
(11) 提高桥面铺装抗裂性的措施有哪些？
(12) 桥面泄水管和排水管设置的原则是什么？
(13) 桥面横坡的设置方式有哪些？
(14) 为什么要设置桥面伸缩装置？
(15) 桥梁栏杆布置中应注意哪些问题？
(16) 名词解释：单向板；板的有效分布宽度；荷载横向分布影响线；荷载横向分布系数；预拱度。
(17) 简述主梁内力计算的步骤。
(18) 杠杆法计算荷载横向分布系数的基本假定是什么？
(19) 偏心压力法计算荷载横向分布系数的基本假定是什么？
(20) 杠杆法和偏心压力法的适用范围各是什么？
(21) 荷载横向分布系数沿梁跨是如何分布的？
(22) T 形梁行车道板结构形式有哪几种？各按什么力学模式计算？
(23) 如何确定行车道板中板的有效分布宽度？
(24) 简述横隔梁内力计算的步骤。

2. 计算题

(1) 计算习题图 3.1 所示行车道板的最不利内力。

材料：C25 混凝土。

钢筋：HRB400 钢筋。

结构计算按习题图 3.1 所拟尺寸进行。

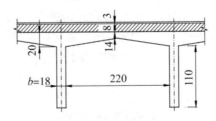

习题图 3.1　T 形梁横断面图(单位：cm)

(2) 如习题图 3.2 所示，装配式钢筋混凝土简支 T 形梁计算。

设计荷载：公路-Ⅱ级，人群荷载 $3kN/m^2$。

桥面净宽：净-7+2×1.50。

标准跨径：$L_b = 20m$。

计算跨径：$l_b = 19.7m$。

材料：①混凝土：C30；
　　　②钢筋：主钢筋、弯起钢筋和架立钢筋采用 HRB400，其他为 HPB300 级。

梁的纵、横断面建议按习题图 3.1 所拟尺寸进行。

要求：计算活载影响下的 1#、2#、3# 梁的最不利内力及其内力组合；截面配筋计算；验算主梁跨中挠度。

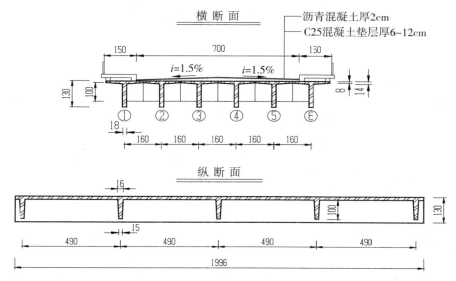

习题图 3.2　简支 T 形梁结构图(尺寸单位：cm)

第4章 梁式桥支座

本章提要及学习结果

本章介绍了几种常见桥梁支座的类型和构造、使用范围。梁式桥的支座一般分成固定支座和活动支座。固定支座和活动支座的布置，应以有利于墩台传递纵向水平力为原则。此外，对于特别宽的梁桥，尚应设置沿纵向和横向均能移动的活动支座。支座在桥梁横向布置的数量一般根据桥梁宽度及结构类型和保证桥梁的稳定来确定。桥梁支座的安放非常重要，它直接影响桥梁的使用效果。通过本章的学习，学生应该能够：

1. 描述常用支座的类型和构造；
2. 解释支座的布置方法，阐述板式橡胶支座的验算；
3. 记住橡胶支座的选用。

按照梁式桥受力的要求，在桥跨结构和墩台之间常需设置支座，其主要作用是将上部结构的支承反力（包括结构自重和可变作用引起的竖向力和水平力）传递到桥梁墩台，同时保证结构在汽车荷载、温度变化、混凝土收缩和徐变等因素作用下能自由变形，以使上、下部结构的实际受力情况符合结构的静力图式(图 4.1)。

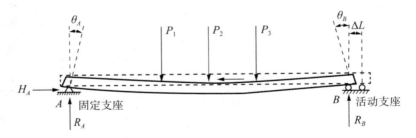

图 4.1 简支梁的静力图式

按支座变形的可能性，梁式桥的支座一般分成固定支座和活动支座两种。固定支座既要固定主梁在墩台上的位置并传递竖向压力，又要保证主梁发生挠曲时在支承处能自由转动，如图 4.1 左端所示。活动支座只传递竖向压力，但要保证主梁在支承处既能自由转动，又能水平移动，如图 4.1 右端所示。

4.1 常用支座的类型和构造

目前，公路与城市桥梁上常用的支座有小跨径桥涵上采用的简易支座和一般桥梁上采用的橡胶支座。下面介绍桥梁常用的几种支座类型和构造。

简易垫层支座是用几层油毛毡、石棉或铅板等做成的垫层,对于标准跨径小于 10m 的简支板或简支梁桥,为简单起见,可不设专门的支座,而直接使板或梁的端部支承在简易垫层上面。实践经验指出,这种简易垫层的变形性能较差。为了防止墩、台顶部前缘被压裂,并避免上部结构端部和墩、台顶部撞裂,宜将墩、台顶部的前缘削成斜角(图4.2),并最好在板或梁端底部以及墩、台顶部内增设 1~2 层钢筋网予以加强。

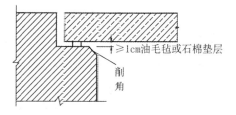

图 4.2 简易垫层支座

4.1.1 橡胶支座

橡胶支座具有构造简单、加工方便、造价低、结构高度小、安装方便和使用性能良好的优点。此外,它能方便地适用任意方向的变形,故特别适用于宽桥、曲线桥和斜交桥。橡胶的弹性还能削减上、下部结构所受的动力作用,对于抗震十分有利。当前,橡胶支座已经得到越来越广泛的使用。

橡胶支座一般可分为板式橡胶支座、四氟滑板式橡胶支座、球冠圆板式橡胶支座和盆式橡胶支座四类。

1. 板式橡胶支座

板式橡胶支座从外形上看就是一块放置在上下部结构之间的矩形黑色橡胶板(由几层橡胶和薄钢板叠合而成),如图 4.3 所示。它的活动机理是:利用橡胶的不均匀弹性压缩实现转角 θ,利用其剪切变形实现水平位移 Δ,如图 4.3(b)所示。由此可见,板式橡胶支座一般无固定支座与活动支座之区别,所有纵向水平力和位移由各个支座均匀分配。必要时,可采用高度不同的橡胶板来调节各支座传递的水平力和水平位移。

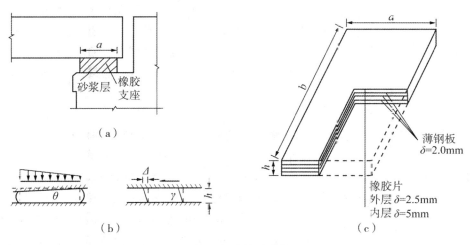

图 4.3 板式橡胶支座

我国桥规规定支座成品的物理力学性能应满足表 4.1 中的要求。

表 4.1 支座成品的物理力学性能应满足的要求

项 目	指 标	项 目	指 标
极限抗压强度(MPa)	≥70	橡胶片容许剪切正切值	不计制动力≤0.5 计制动力≤0.7
抗压弹性模量 E_e(MPa)	$5.4G_e S^2$	支座与混凝土表面摩擦系数 μ	≥0.3
常温下剪变模量 G_e(MPa)	1.0	支座与钢板摩擦系数 μ	≥0.2

注：表中形状系数 $S = \dfrac{a \cdot b}{2(a+b)\delta_1}$，其中 δ_1 为中间层橡胶片厚度，a 为支座短边尺寸(顺桥向)，b 为支座长边尺寸(横桥向)。

目前，我国生产的板式橡胶支座的竖向支承反力为 100~10000kN，可选择氯丁胶、天然胶、三元乙丙胶三种胶种，最高适宜温度为 60℃，最低达-45℃(三元乙丙胶)。

矩形板式橡胶支座的平面尺寸，目前常用的有 0.12m×0.14m、0.14m×0.18m、0.15m×0.20m 等。橡胶片的厚度为 5mm，薄钢板厚为 2mm，支座厚度可根据橡胶支座的剪切位移而采用不同层数组合而成，一般从 14mm(两层钢板)开始，以 7mm 为一个台阶递增。

对于斜桥或圆形柱墩的桥梁，可采用圆形板式橡胶支座。

安装橡胶支座时，支座中心尽可能对准上部构造的计算支点。为防止支座受力不均匀，应使上部结构底面及墩台顶面不仅保持表面清洁和粗糙，而且都能与支座接触面保持水平和紧密贴合以增加接触面的摩阻力，从而避免相对滑动，必要时，可先铺一薄层水灰比不大于 0.5 的 1：3 水泥砂浆垫层。

2. 聚四氟乙烯滑板式橡胶支座

聚四氟乙烯滑板式橡胶支座是按照支座平面尺寸大小，在普通板式橡胶支座上黏附一层聚四氟乙烯板(厚 2~4mm)而成。它除具有普通板式橡胶支座的优点外，还能利用聚四氟乙烯板与梁底不锈钢板之间的低摩擦系数($\mu \leq 0.04$)，使得桥梁上部构造的水平位移不受限制。

聚四氟乙烯滑板式橡胶支座适用于较大跨度的简支梁桥、桥面连续的桥梁和连续桥梁；此外，还可用作连续梁顶推施工的滑块。

3. 球冠圆板式橡胶支座

球冠圆板式橡胶支座是一种改进后的圆形板式支座，其中间层橡胶和钢板布置与圆形板式橡胶支座完全相同，而在支座顶面用纯橡胶制成球型表面，球面中心橡胶最大厚度为 4~10mm，如图 4.4 所示。

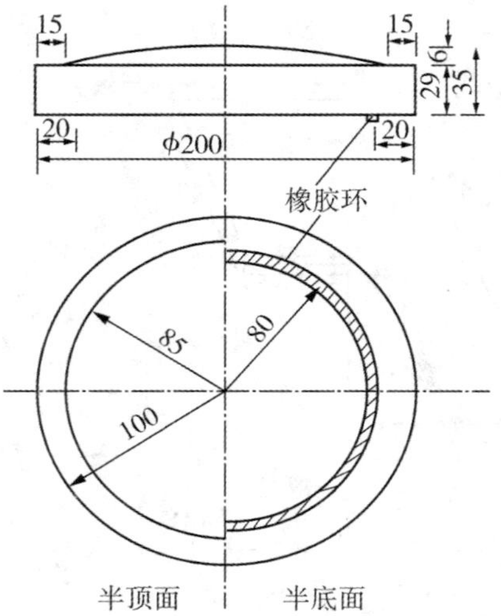

球冠圆板橡胶支座具有传力均匀，可明显改善或

图 4.4 球冠圆板式橡胶支座
(尺寸单位：mm)

避免支座底面产生偏压、脱空等不良现象的特点,特别适用于纵横坡度较大(3%~5%)的立交桥及高架桥。

4. 盆式橡胶支座

一般的板式橡胶支座处于无侧限受压状态,故其抗压强度不高,加之其位移量取决于橡胶的容许剪切变形和支座高度,要求的位移量越大,支座就要做得越厚,所以板式橡胶支座的承载力和位移量受到一定的限制。

盆式橡胶支座具有承载能力大、活动位移量大的特点,已经广泛地在我国大、中跨径桥梁中获得使用。目前,国内生产盆式橡胶支座的最大承载能力可达50000kN。

常用的盆式橡胶支座的构造如图4.5所示。它是由不锈钢滑板、聚四氟乙烯板、钢盆环、氯丁橡胶块、钢密封圈、钢盆塞、橡胶弹性防水圈等组装而成。密封在钢盆内的橡胶,转动十分灵活,同时橡胶密封在钢盆内与大气及紫外线隔绝,其耐老化性能有较大的提高。

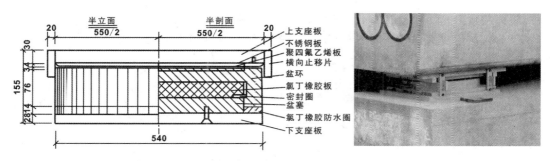

图4.5 盆式橡胶支座(尺寸单位:cm)

近年来,经研制成功并已在实践中多次使用的盆式橡胶支座,为在大、中跨桥梁上应用橡胶支座开辟了新的途径。盆式橡胶支座的主要构造特点有:将纯氯丁橡胶块放置在钢制的凹形金属盆内,由于橡胶处于有侧限受压状态,大大提高了支座的承载能力(橡胶块的容许压应力可达25MPa);利用嵌放在金属盆顶面的填充聚四氟乙烯板与不锈钢板相对摩擦系数小的特性,保证了活动支座能满足梁的水平移动的要求。梁的转动也通过盆内橡胶块的不均匀压缩来实现。

盆式橡胶支座按其工作特征,可以分为固定支座、多向活动支座和单向活动支座三种。

4.1.2 特殊功能的支座

1. 球形钢支座

为了适应多向转动且转动量较大的情况,还可选择使用球形钢支座,如图4.6所示。球形钢支座具有受力均匀、转动量大(设计转角可达0.05rad以上)且各向转动性能一致等优点,特别适用于曲线桥和宽桥。由于球形支座不再使用橡胶承压,不存在橡胶变硬或老化等不良影响,因此特别适用于低温地区。

球形支座分为固定支座、单向活动支座和多向活动支座。活动支座主要由下支座凹板、中间球形钢衬板、上支座滑板、不锈钢位移板、聚四氟乙烯滑板(平面和球面各一

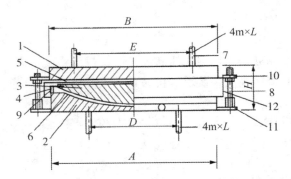

1—支座板；2—下支座板；3—钢衬板；4—钢挡圈；5—平面聚四氯乙烯板；6—球面聚四氟乙烯板；
7—锚固螺栓；8—连接螺栓；9—橡胶防尘条；10—上支座连接板；11—下支座连接板；12—防尘板

图 4.6 球形钢支座构造示意

块，简称四氟板）及橡胶密封圈和防尘罩等部件组成。

目前，球形支座已在国内独柱支承连续弯板结构、独柱支承的连续弯箱梁结构、双柱支承的连续 T 构及大跨度斜拉桥中获得广泛应用。

2. 拉力支座

在连续梁桥、悬臂梁桥、斜桥、宽悬臂翼缘箱梁桥以及小半径曲线桥上，在某些会出现拉力的支点处，必须设置拉力支座，以便抗拉且承受相应的转动和水平位移。

球形支座、盆式和板式橡胶支座都能变更功能作为拉力支座。板式橡胶拉压支座（图 4.7）适用于拉力较小的桥梁，对于反力较大的桥梁，则用球形抗拉钢支座或盆式拉力支座更适合。

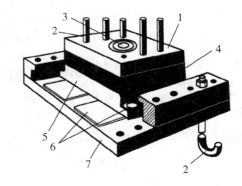

1—上支座板；2—锚筋；3—受拉螺栓；4—承压橡胶块；
5—滑板；6—奥氏体钢；7—下支座板

图 4.7 板式橡胶拉压支座

3. 抗震支座

地震地区的桥梁应使用具有抗震和减震功能的支座。减隔震支座的作用是尽可能地将结构或部件与可能引起破坏的地震地面运动分离开来，以大大减小传递到上部结构的地震力和能量。目前，我国主要的减隔震支座、抗震支座的类型有抗震型球形钢支座（图

4.8)、铅芯橡胶支座(图 4.9)和高阻尼橡胶支座等。

除采用支座进行减隔震外,在桥梁上还可以采用钢阻尼器、油阻尼器等装置来减少地震对桥梁结构的作用。

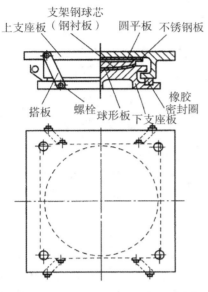

图 4.8　KQGZ 抗震型球形钢支座结构

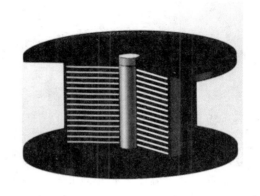

图 4.9　铅芯橡胶支座

4.2　支座的布置

支座的布置,应以有利于墩台传递纵向水平力、有利于梁体的自由变形为原则。根据梁桥的结构体系以及桥宽,支座在纵、横桥向的布置方式主要有以下几种:

①对于坡桥,宜将固定支座布置在高程低的墩台上。同时,为了避免整个桥跨下滑,影响车辆的行驶,当纵坡大于 1% 或横坡大于 2% 时,应使支座保持水平,通常在设置支座的梁底面,增设局部的楔形构造,如图 4.10 所示。

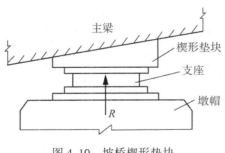

图 4.10　坡桥楔形垫块

②对于简支梁桥,每跨宜布置一个固定支座、一个活动支座;对于多跨简支梁。一般把固定支座布置在桥台上,每个桥墩上布置一个(组)活动支座与一个(组)固定支座。若

个别墩较高,也可在高墩上布置两个(组)活动支座。

图 4.11(a)所示为地震区单跨简支梁常用布置,也称为"浮动"支座布置;图 4.11(b)所示为整体简支板桥或箱梁桥常用支座布置。

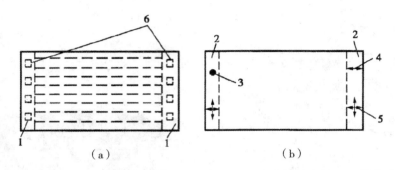

1、2—桥台;3—固定支座;4—单向活动支座;5—多向活动支座;6—橡胶支座

图 4.11 单跨简支梁桥支座布置

③对于连续梁桥及桥面连续的简支梁桥,一般在每一联设置一个固定支座,并宜将固定支座设置在靠近温度中心,以使全梁的纵向变形分散在梁的两端,其余墩台上均设置活动支座。在设置固定支座的桥墩(台)上,一般采用一个固定支座,其余为横桥向的单向活动支座;在设置活动支座的所有桥墩(台)上,一般沿设置固定支座的一侧,均布置顺桥向的单向活动支座,其余均为双向活动支座。图 4.12 为连续结构支座布置示意图。

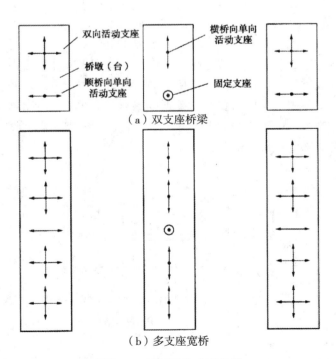

图 4.12 连续结构支座布置

④对于悬臂梁桥,锚固孔一侧布置固定支座,另一侧布置活动支座;挂孔支座布置与简支梁相同。

⑤对于连续斜箱梁桥,两端桥台上,一般布置具有抗扭功能的双支座,但在中间桥墩顶面上,支座布置形式却是多种多样的,归纳起来,主要有以下几种:A 型——全桥各个墩(台)上均布置双支座,见图 4.13(a)。这种布置方式对于抵抗上部结构的偏载扭矩十分有利,也是在高速公路上常采用的方式。其缺点是:采用的支座数量相对较多;一般采用斜置的双柱式桥墩,这将有损于城市立交桥的美观,若采用独柱式墩,则要求桥墩具有较强的斜向抗弯刚度。

B 型——两端为抗扭双支座,中墩均为单点铰支座,见图 4.13(b)。这种布置方式的优点是可以将中间桥墩设计成独柱式的,可以增强城市立交桥的美观;若修建于河中,则可以减小阻水面积。但其主要缺点是抵抗上部结构的扭矩不利,因此,它一般用在跨数不多(3~4 跨)、全桥不太长和桥不太宽的场合。

混合型——部分中墩为单点铰支座,其余均为抗扭双支座。这种布置方式实际上是综合了 A 型和 B 型中的优点,典型的桥例如图 4.13(c)所示,它是跨越沪宁高速公路上的一座互通式立交桥,单箱双室截面,桥宽 16m,跨径为 20m+2×30m+20m,斜角为 25°,仅中墩为独栏式支承。

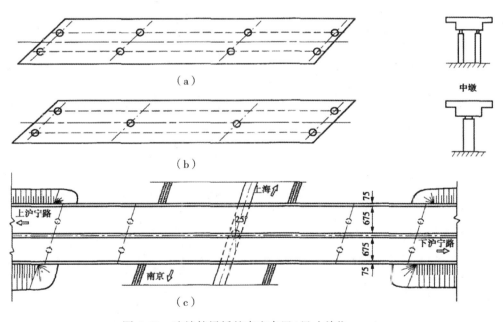

图 4.13 连续箱梁桥的支座布置(尺寸单位:cm)

此外,工程设计中还会结合桥位处的实际条件,采用其他的布置方式,虽然如此,但基本上仍是上面三种基本类型的变化。

⑥对于弯梁桥尤其是连续弯梁桥而言,支座布置是一个较复杂的问题。支座布置是否合理,不但会影响结构的受力,而且还会影响车辆的正常行驶。我国近年来在一些城市内所设计的连续弯梁桥中,常因支座的布置不当而出现故障,参考国内外的理论研究和设计

经验,建议在布置连续曲梁桥的支座时参考以下几点意见:

a. 一般宜在两端的桥台上设置能使桥面结构作切线方向位移的抗扭支座,正中桥墩上的抗扭支座应是固定的,一方面是为了满足因温度、收缩和预应力张拉等因素产生的变位,另一方面可以保证伸缩缝免遭破坏。

b. 抗扭支座可以每间隔 3~4 跨布置一个,除了固定支座以外,所有其余抗扭支座均能作切向位移,并且还要将它们固定在具有足够横向(径向)抗弯刚度的桥墩上(双柱式墩或薄壁墩),对于其余各支点,则可以采用在独柱式墩上布置单点铰支座,如图 4.14(a)所示。

c. 也可以将桥跨中间的一个支点设计成墩梁固结的形式。其余支点仍为单点铰支座,但此时两端桥台上的抗扭支座都应具有作切向位移的功能,如图 4.14(b)所示。

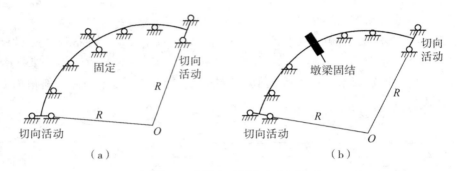

图 4.14 连续弯梁桥支座布置方式

d. 为了达到人为地调整梁内扭矩分布的目的,对于中间各个单点铰支座,可以分别给予一定的预偏心,如图 4.15 所示。

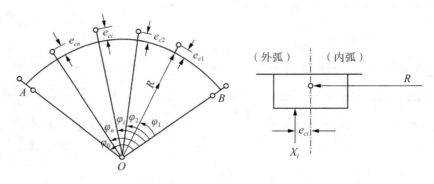

图 4.15 单点铰支座预偏心布置

e. 采用 4.14(a)所示的支座布置方式,固然可以限制连续弯梁桥只能作切向位移,但当温度升高时,势必对每个抗扭支座产生径向压力和水平面内的弯矩,从而使梁内产生水平面内的内力。因此,在这种情况下,上部结构的桥面不宜太宽,以降低横向抗弯刚度来适应平面内的弯曲。当桥面宽度较大时,宜设计成分离而并列的两座窄桥,同时还应对这些支座的水平方向受力情况做必要的验算。

4.3 支座的计算

在进行桥梁支座尺寸的选定和稳定性验算时，必须先求得每个支座上所承受的竖向力和水平力。

支座上的竖向力有结构自重的反力、汽车荷载的支点反力及其影响力。在计算汽车荷载的支点反力时，应按照最不利的状态布置荷载计算，对于汽车荷载的作用，应计入冲击影响力；在可能出现拉拔力的支点，应分别计算支座的最大竖向力和最大上拔力；对于上部结构可能被风力掀离的桥梁，还应计算其支座锚栓及有关部件的支承力。

正交直线桥梁的支座，一般仅需计算纵向水平力。对斜桥和弯桥，还需要计算由于汽车荷载的离心力或风力所产生的横向水平力。

支座上的纵向水平力，包括由于汽车荷载的制动力、风力、支座摩阻力或温度变化、支座变形所引起的水平力，以及桥梁纵坡等产生的水平力。制动力按照《公路桥规》的要求确定，制动力在各个支座上的分配应按支座对力传递的性质确定。

对位于地震区的桥梁支座的设计计算，应根据设计的地震烈度，按相应铁路、公路及城市桥梁抗震设计规范的规定进行。

板式橡胶支座的设计计算，包括确定支座的平面尺寸及厚度，验算当梁端发生转动后支座不至于与梁底脱空形成局部受压情况，验算支座的抗滑性能。桥梁支座是工厂的定型产品，一般的桥梁设计人员只进行支座选型和必要的验算，有关支座结构本身一般不做计算。

4.3.1 确定支座的几何尺寸

橡胶支座的平面尺寸 $a \times b$ 要全面考虑橡胶板本身的抗压强度，梁部、墩台顶混凝土的局部承压强度三方面因素后确定。在一般情况下，尺寸 $a \cdot b$ 多由橡胶支座的强度，即式(4-1)来控制。

对于橡胶板：
$$\sigma = \frac{R_{ck}}{A} = \frac{R_{ck}}{a \cdot b} \leqslant [\sigma_c] \tag{4-1}$$

式中，R_{ck} ——支座压力标准值，汽车荷载应计入冲击系数；

$[\sigma_c]$ ——橡胶支座使用阶段的平均压应力限值，$[\sigma_c] = 10\text{MPa}$。

板式橡胶支座的重要特点是：梁的水平位移要通过全部橡胶片的剪切变形来实现。如图4.16所示。显然，橡胶片的总厚度 t_e 与梁体水平位移 Δ 之间应满足下列关系：

$$\tan\gamma = \frac{\Delta}{t_e} \leqslant [\tan\gamma] \tag{4-2}$$

式中：t_e ——橡胶片的总厚度；

$[\tan\gamma]$ ——橡胶片的容许剪切角正切值，当不计汽车荷载制动力时，取0.5；当计及汽车荷载制动力时，取0.7。

式(4-2)可写成：
$$t_e \geqslant 2\Delta_l \tag{4-3}$$

以及
$$t_e \geqslant 1.43\Delta_l \tag{4-4}$$

式中：t_e ——支座橡胶层总厚度；Δ_l ——由上部结构温度变化、混凝土收缩和徐变等作用

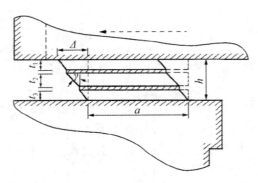

图 4.16 支座厚度的计算图式

标准值引起的支座剪切变形和,纵向力标准值(计入制动力标准值)产生的支座剪切变形,以及支座直接设置于不大于1%纵坡的梁底面下、在支座顶面由支座反力设计值顺纵坡方向分力产生的剪切变形之和,$\Delta_l = \Delta_g + \Delta_p$,其中,$\Delta_g$ 为上部结构在结构自重作用下由温度变化等因素引起作用于一个支座上的水平位移;Δ_p 为由汽车荷载制动力引起于一个支座上的水平位移,$\Delta_p = \dfrac{F_{bk} t_e}{G_e ab}$,$F_{bk}$ 为作用于一个支座上的汽车荷载制动力,G_e 为橡胶的剪切模量。

同时,考虑到橡胶支座工作的稳定性,《公路桥规》还规定 t_e 不应大于支座顺桥向边长的 0.2 倍。

确定了橡胶片的总厚度 t_e,再加上金属加劲薄钢板的总厚,即是所需的橡胶支座的总厚度 h。

4.3.2 验算支座偏转情况

主梁受荷载作用发生挠曲变形时,梁端将引起转角 θ,如图 4.17 所示。这时支座表面也将产生不均匀的压缩变形,一端为 δ_1,另一端为 δ_2,为了确保支座偏转时橡胶与梁底不发生脱空而出现局部承压的现象,必须满足条件:

$$\delta_1 \geqslant 0 \quad (4\text{-}5)$$

即

$$\delta_{c,m} = \dfrac{R_{ck} t_e}{ab E_e} + \dfrac{R_{ck} t_e}{ab E_b} \geqslant \dfrac{a\theta}{2} \quad (4\text{-}6)$$

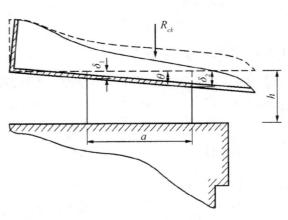

图 4.17 支座偏转图式

式中:$\delta_{c,m}$——平均压缩变形(忽略薄钢板的变形);

E_e——橡胶支座的抗压弹性模量;

E_b——橡胶弹性体体积模量。

此外,桥规还规定,橡胶支座的竖向平均压缩变形 $\delta_{c,m}$ 不应大于支座橡胶总厚 t_e 的 0.07 倍。

4.3.3 验算支座的抗滑性能

橡胶支座一般是直接搁置在墩台与梁底之间,在它受到梁体传来的水平力后,应保证支座不致滑动,亦即支座与混凝土之间要有足够大的摩阻力来抵抗水平力,故应满足下式：

不计汽车制动力时： $\mu R_{Gk} \geq 1.4 G_e A_g \dfrac{\Delta_l}{t_e}$ (4.7)

计入汽车制动力时： $\mu R_{ck} \geq 1.4 G_e A_g \dfrac{\Delta_l}{t_e} + F_{bk}$ (4.8)

式中：R_{Gk}——由结构自重引起的支座反力标准值；

R_{ck}——由结构自重标准值和 0.5 倍汽车荷载标准值（计入冲击系数）引起的支座反力；

μ——支座与接触面的摩擦系数；

A_g——支座平面毛面积。

4.3.4 橡胶支座的选用

成品的板式橡胶支座已形成系列产品，故在一般情况下，没有必要自行设计支座，只需根据标准成品支座的目录选择合适的产品。同时，选择的产品需满足最小设计容许承载力、最小支座高度（满足汽车产生的制动力控制要求）、支座偏转、支座抗滑性能等要求。

盆式橡胶支座应按《公路桥梁盆式支座》（JT/T 391—2019）选用，盆式橡胶支座的设计验算内容有：聚四氟乙烯板和氯丁橡胶板尺寸的确定；钢盆环直径的确定；盆塞的计算（包括底面积尺寸、盆塞厚度、盆塞的抗滑验算等）；钢密封环的设计；橡胶密封圈的设计；盆环顶偏转的控制；钢盆环与顶板之间的焊缝应力验算等。而在实际工程中，设计人员主要是根据支座反力和变形直接在成品目录上选配适合的支座，同时考虑温度和地震两个因素，以确定适配常温型和耐寒型支座和采用何种抗震型支座或抗震措施。

我国成品盆式橡胶支座系列主要有中交公路规划设计院设计的 GPZ 系列，以及原铁道部科学研究院设计的 TPZ-1 系列等，支座竖向承载力一般为 1000～50000kN，最多分为近 40 个级，并有 DX（单向）、SX（双向活动）及 GD（固定）之分，有效水平位移量从 ±40mm 至 ±250mm，支座的容许转角为 40′，GDZ 则为抗震型固定支座的代号。

合适的支座不仅应满足结构变形的需要，而且其最大支撑反力一般不超过支座容许承载能力的 5%，最小反力不低于容许承载力的 80%，以确保支座具有良好的滑移性能。例如，计算得到一个支座的最大反力为 4100kN，最小反力为 3700kN，则宜选择承载力为 4000kN 的盆式支座，而不宜选用承载力为 5000kN 的支座。这是因为 4000kN 的支座允许反力变化范围是 3200～4200kN，而 5000kN 的支座允许反力变化范围是 4000～5200kN。

本 章 小 结

1. 梁式桥设置支座的目的在于将作用于上部结构的荷载传递到桥梁的下部结构，并能适应上部结构的自由变形。

2. 梁式桥支座一般分为固定支座和活动支座两种，其布置以有利于墩台传递纵向水平力为原则。

3. 我国目前使用最广泛的是橡胶支座，它一般分为板式橡胶支座和盆式橡胶支座两类。板式橡胶支座利用橡胶的不均匀弹性压缩实现转角 θ，利用剪切变形实现水平位移 Δ；盆式橡胶支座是用设置在钢盆中的橡胶板承压和转动，用聚四氟乙烯板和不锈钢板之间的平面滑动来适应桥梁的位移要求。盆式橡胶支座特别适宜在大跨度桥梁上使用。

4. 板式橡胶支座的设计与计算包括确定支座尺寸、验算支座受压偏转情况以及验算支座的抗滑稳定性等内容。

5. 连续弯梁桥和斜桥在支座布置上与正桥有很大的不同。

思考题及习题

1. 桥梁支座的功能是什么？
2. 桥梁支座基本的布置原则是什么？
3. 按支座变形可能性分类，桥梁支座一般可分成哪两种？如何区别？
4. 橡胶支座一般分为哪两类？各适应于那些情况？你见过哪几种类型的支座？
5. 板式橡胶支座的构造及工作机理是什么？
6. 盆式橡胶支座的构造及工作机理是什么？
7. 针对弯梁桥中经常发生的支座脱空，你认为弯梁桥在设计上应采取哪些措施？

第5章 混凝土连续体系梁桥

本章提要及学习结果

本章对连续梁桥和连续刚构桥的构造及力学特点作了较详细的叙述。通过本章的学习,学生应该能够:

1. 阐述预应力混凝土连续体系梁桥的优点及其分类;
2. 阐述预应力混凝土连续梁桥的受力特点及其适用范围;
3. 阐述连续刚构桥梁的受力特点及其适用范围;
4. 解释预应力混凝土连续体系梁桥的构造特点及配筋特点;
5. 陈述预应力混凝土连续梁桥的计算要点。

随着交通运输特别是高等级公路的迅速发展,多伸缩缝的悬臂梁桥和T型刚构桥不能较好满足行车平顺舒适的要求,超静定结构连续梁桥以其结构刚度大、变形小、伸缩缝少和行车平稳舒适等突出优点,得到了迅速的发展。采用普通钢筋混凝土连续梁桥的适用跨径在15~30m之间,当跨径进一步增大时,结构自重产生的弯矩迅速增大,难以避免混凝土开裂,导致材料无法充分利用,于是广泛采用预应力混凝土连续梁桥。这是因为预应力结构通过高强钢筋对混凝土预压,不仅充分发挥了高强材料的特性,而且提高了混凝土的抗裂性,促使结构轻型化,因而预应力混凝土结构具有比钢筋混凝土结构大得多的跨越能力。

5.1 预应力混凝土连续梁桥

5.1.1 等截面连续梁桥

1. 跨径布置

等截面连续梁桥可选用等跨和不等跨两种布置方式,如图5.1所示。

长桥、选用顶推法施工或者简支-连续施工的桥梁多采用等跨布置,使结构简单,统一模式。等跨布置的跨径大小主要取决于经济分孔和施工的设备条件。当标准跨径不能满足通航或桥下交通要求而需要加大个别跨的跨径时,常常不需改变高度,而是采用增加钢束和调整截面尺寸的方式予以解决,使桥梁外观仍保持等截面布置。这样做既使桥梁的立面协调一致,又能减少构件及模板的规格。

当标准跨径较大时,有时为减少边跨正弯矩,将边跨跨径取小于中跨的结构布置,一般边跨与中跨跨长之比为0.6~0.8。

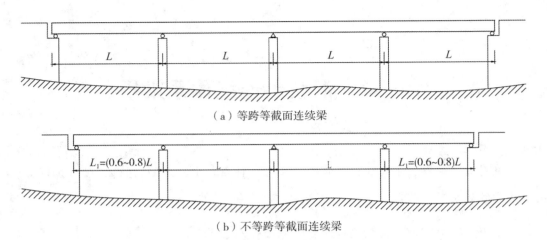

图 5.1 等截面连续梁桥的立面布置

2. 力学特点及构造特点

超静定结构的连续梁在恒载和活载作用下,支点截面设计负弯矩一般比跨中截面设计正弯矩大,但在跨径不大时,这个差值不是很大,可以考虑采用等截面形式,并采取一定的构造措施予以调节,从而简化了主梁的构造。

边跨与中跨之比应不小于 0.6,高跨比一般为 1/15~1/25;在顶推施工的等截面连续梁桥中,梁高(H)与顶推跨径 L_0 之比一般为 1/12~1/17。

3. 适用范围

等截面连续梁一般适用于以下情况:

①桥梁一般采用中等跨径,以 40~60m 为宜(国外也有达到 80m 跨径者)。这样可以使主梁构造简单,施工快捷。

②立面布置以等跨径为宜,也可以采用不等跨布置。

③适用于有支架施工、逐孔架设施工、移动模架施工及顶推法施工。

当连续梁的跨径较大时,宜采用悬臂法施工,这样主梁支点截面的负弯矩将比跨中截面的正弯矩大得多,若主梁仍采用等截面布置时,从受力上讲就显得不太合理,且不经济,这时采用变截面连续梁桥更为有利。

5.1.2 变截面连续梁桥

1. 跨径布置

主梁采用变截面形式的大跨径预应力混凝土梁桥,立面一般采用不等跨布置。但多于三跨的连续梁桥,除边跨外,其中间各跨一般采用等跨布置。当采用多于两跨的连续梁桥,其边跨一般为中跨的 0.6~0.8 倍。三跨连续梁用得最为广泛,其边跨与中间跨的跨径比值常为 0.7:1.0;当采用箱形截面的三跨连续梁时,边孔跨径甚至可减少至中孔的 0.5~0.7 倍,见图 5.2(a)。有时为了满足城市桥梁或跨线桥的交通要求而需增大中跨跨径时,可将边跨跨径设计成仅为中跨的 0.5 倍或更小,在此情况下,端支点上将出现较大的负反力,故必须在该位置设置能抵抗拉力的支座或压重以消除负反力,如图 5.2(b)

所示。

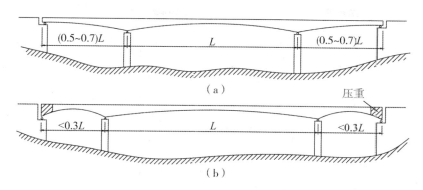

图 5.2 变截面连续梁桥的立面布置

连续梁桥连续超过五跨时的内力情况虽然与五跨的相差不大,但会增大温度变化的附加影响,造成梁端伸缩量很大,需设置大位移量的伸缩缝,因此连续孔数一般不超过五跨。当需要在宽阔的河流或旱谷上修建很多孔连续梁时,通常可按 3~5 孔为一联分联布置,联与联的衔接处,像简支梁桥一样,通过两排支座支承在一个桥墩上。为了使边跨与中跨的梁高和配筋接近协调一致,连续梁桥各孔跨径的划分通常按照边跨与中跨跨中最大弯矩趋近于相等的原则来确定,因此也要布置成对称于中央孔的不等跨径。

2. 力学特点及构造特点

主跨跨径接近或大于 70m 的大跨径预应力混凝土梁桥一般采用变截面形式,这是因为大跨度桥梁在恒载和活载作用下,支点截面设计负弯矩一般比跨中截面的设计正弯矩大,因此主梁采用变截面形式才符合受力要求,高度变化基本上与内力变化相适应。分析图 5.3 可以得知:当加大靠近支点附近的梁高(即加大了截面惯矩)做成变截面梁时,还能进一步降低跨中的设计弯矩。从图中可见,在满布均布荷载 $g=10\text{kN/m}$ 的作用下,三种不同的支点梁高(1.50m、2.50m 和 3.50m)所对应的跨中弯矩分别为 800kN·m、460kN·m 和 330kN·m,也就是说,将支点梁高局部地从 1.50m 加大至 3.50m 时,跨中最大弯矩比等高梁降低一半多。一般地说,加大支点附近梁高是合理的,因为这样做既对恒载引起的截面内力影响不大,也与桥下通航的净空要求无甚妨害,还能适应抵抗支点处很大剪力的要求。这也是连续体系梁桥比简支梁桥,甚至比悬臂梁,能跨越更大跨度的原因。

梁底立面曲线可采用折线、圆弧线和抛物线等,用得较多的是二次抛物线,因为二次抛物线的变化规律与连续梁的弯矩变化规律基本接近。采用折线形截面变化布置可使桥梁的构造简单、施工方便。在大跨度预应力混凝土连续梁桥中,除截面高度变化外,还可将截面的底板、顶板和腹板做成变厚度,以满足主梁内各截面的不同受力要求。

变截面连续梁中,支点截面梁高与最大跨径之比一般为 1/16~1/18。跨中截面梁高通常为支点截面梁高的 1/1.5~1/2.5 倍。

3. 优缺点及适用范围

① 当连续梁的主跨跨径达到 70m 及其以上时,从结构受力和经济的角度出发,主梁

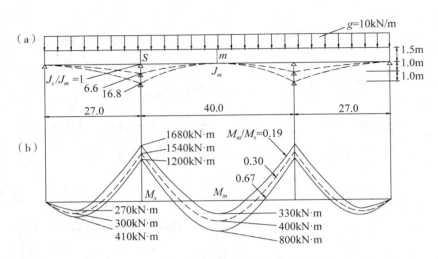

图 5.3 三跨连续梁惯矩变化影响的举例

采用变截面布置符合梁的内力变化规律。

② 采用变截面布置适合悬臂法施工(悬臂浇注和悬臂拼装两种),施工阶段的主梁内力与运营阶段的主梁内力基本一致。

③ 采用变截面结构外形美观,可节省材料,并增大桥下净空高度。

大跨度预应力混凝土连续梁桥采用悬臂法施工时,存在墩梁临时固结和体系转换的工序,结构稳定性应予以重视,施工较为复杂;此外,主墩需要布置大型橡胶支座,存在养护上甚至更换上的麻烦。

5.1.3 连续梁桥横截面形式和尺寸

预应力混凝土连续梁桥的截面形式很多,一般应根据桥梁的总体布置、跨径、宽度、梁高、支承形式和施工方法等方面综合确定。合理地选择主梁的截面形式,对减轻桥梁自重、节约材料、简化施工和改善截面受力性能是十分重要的。

目前,预应力连续梁桥横截面形式主要有板式、肋梁式和箱形截面。其中,板式、肋梁式截面构造简单、施工方便;箱形截面具有良好的抗弯和抗扭性能,是预应力混凝土连续梁桥的主要截面形式。

1. 板式和肋梁式截面

板式截面分为实体截面(图 5.4(a)(b))和空心截面(5.4(c)(d))。矩形实体截面使用较少,曲线形整体截面近年相对使用较多。实体截面多用于中小跨径,且多配以有支架现浇施工,此时跨中板厚为 $(1/22 \sim 1/28)L$,支点板厚为跨中的 1.2~1.5 倍。空心截面常用于跨径 15~30m 的连续梁桥,板厚一般为 0.8~1.5m,亦用于有支架现浇为主的梁桥。

肋梁式截面预制方便(图 5.4(e)),常用于预制架设施工,并在梁段安装后经体系转换为连续梁桥。常用于跨径为 25~50m 的梁桥,梁高取 1.3~2.6m。

2. 箱形截面

当连续梁桥的跨径超过 30~60m 或更大时,主梁多采用箱形截面,其构造布置灵

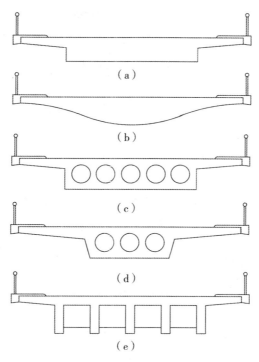

图 5.4 板式、肋梁式截面形式

活,适用于有支架现浇施工、逐孔施工、悬臂施工等多种施工方式。常用的箱形截面有单箱单室、单箱双室和分离式双箱单室等,以单箱单室截面应用得较多。单箱单室截面的顶板宽度一般小于 20m;单箱双室的约为 25m;双箱单室的可达 40m 左右。如图 5.5 所示。一般地,等高度箱梁可采用直腹板或斜腹板,变高度箱梁宜采用直腹板。单箱单室截面 $b:a:b$ 之比为 $1:(2.5\sim3.0):1$ 时横向受力状态较好。纵向负弯矩区受压底板的厚度对改善全桥受力状态、减小徐变下挠十分重要,因而大跨度连续体系梁桥中,应确保承受负弯矩的内支点区域的箱梁底板有足够的厚度,一般底板厚度与主跨之比宜为 $1/130\sim1/160$。跨中区域底板厚度则可按构造要求设计,一般为 $0.22\sim0.28m$,箱梁其余尺寸的拟定可参考其他文献。

5.1.4 预应力筋布置

连续梁主梁的内力主要有三个:纵向受弯、受剪以及横向受弯。通常所说的三向预应力就是为了抵抗上述三个内力。纵向预应力抵抗纵向受弯和部分受剪,竖向预应力抵抗受剪,横向预应力则抵抗横向受弯。预应力筋数量和布筋位置都需要根据结构在使用阶段的受力状态予以确定,同时也要满足施工各阶段的受力需要。施工方法不同,施工阶段的受力状态差别很大,因此,结构配筋必须结合施工方法考虑。

1. 纵向预应力筋

沿桥跨方向的纵向预应力筋又称为主筋,是用以保证桥梁在恒载、活载作用下纵向跨

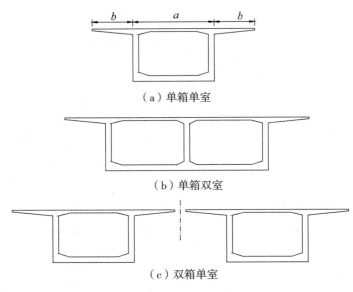

图 5.5　箱形截面形式

越能力的主要受力钢筋,可布置在顶板、底板和腹板中。

预应力混凝土连续梁桥中纵向预应力筋的布置方式多种多样,与所采用的施工方法以及预应力筋的种类等有密切的关系。

图 5.6(a)所示为采用顶推法施工的直线形预应力筋布置方式。上、下的通束使截面接近轴心受压,以抵抗顶推过程中各截面承受的正负弯矩的交替变化。待顶推完成后,再在跨中的底部和支点的顶部增加局部预应力筋,用来满足运营荷载下相应的内力要求。有时,按设计,还在跨中的顶部和支点附近的底部设置局部的施工临时束,待顶推完成后即予卸除。

图 5.6(b)所示为采用先简支后连续施工方法的预应力筋布置方式。待墩上接缝混凝土达到强度后,用设置在接缝顶部的局部预应力筋来建立结构的连续性。

图 5.6(c)(d)所示为采用悬臂施工方法的预应力筋布置方式。梁中除了正弯矩区和负弯矩区各需布置顶部和底部预应力筋外,在有正、负弯矩的区段内,顶、底板中均需设置预应力筋。图 5.6(c)所示为直线布束方式,即顶板预应力筋沿水平布置并锚固在梗肋处,此种布束方式可减少预应力筋的摩阻损失,并且穿束方便,也改善了腹板的混凝土浇注条件。水平预应力筋的设计和构造仅由弯曲应力决定,而抗剪强度则由竖向预应力筋来提供。图 5.5(d)所示为顶板预应力筋在腹板内弯曲并下弯锚固在腹板上,以减小外荷载所产生的剪力,此时腹板应具有足够的厚度以承受集中的锚固力。

图 5.6(e)所示为整根曲线形通束锚固于梁端的布置方式,在此情况下,由于预应力筋既长且弯曲次数又多,显著加大了预应力筋的摩阻损失。此种方式目前应用较少。

预应力筋的布置要考虑到张拉操作的方便。当需要在梁内、梁顶或梁底锚固预应力筋时,应根据预应力筋锚固区的受力特点给予局部加强,以防开裂损坏。

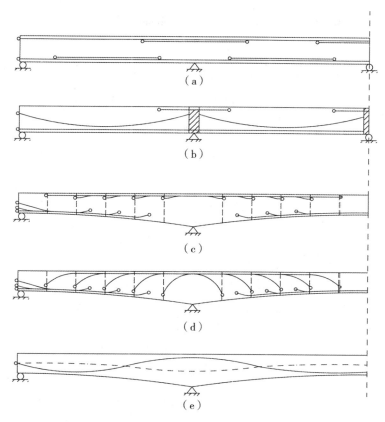

图 5.6 预应力混凝土连续梁配筋方式

2. 横向预应力筋

这是用以保证桥梁的横向整体性、桥面板及横隔板横向抗弯能力的主要受力钢筋，一般布置在横隔板或截面的顶板中。图 5.7 所示为对箱梁截面的顶板施加横向预应力的力筋构造。由于目前大跨度梁式桥主梁大都采用箱形截面，顶板厚度一般为 25～35cm，在保证大量纵向预应力筋穿过的前提下，所剩的空间位置有限，此时横向预应力筋趋向于采用扁锚体系，以减少布筋所需空间。

3. 竖向预应力筋

竖向预应力筋布置在腹板中，主要作用是提高截面的抗剪能力。图 5.7 所示为对箱梁截面的腹板施加竖向预应力的力筋构造。竖向预应力筋在梁体腹板内沿纵向的布置间距可根据竖向剪力的分布而进行调整，靠支点截面位置较密，靠跨中位置较疏。竖向预应力筋比较短，故一般采用高强粗钢筋，以减少力筋张拉锚固时的回缩损失，同时在预留孔道内可按后张法工艺施工。

预应力张拉后，应及时对管道作压浆处理并封锚，压浆应密实饱满；否则，预应力筋锈蚀断裂可能造成灾难性的后果。

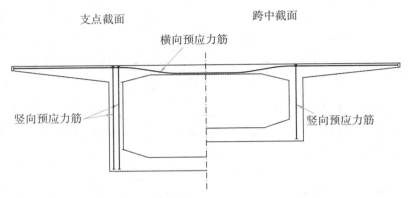

图 5.7　箱梁横向及竖向配筋布置方式

5.1.5　连续梁桥设计计算要点

下面将以预应力混凝土连续梁桥为例,介绍关于恒载和汽车荷载内力的计算方法。预应力混凝土连续梁桥恒载内力的计算与所采用的施工方法有着直接的联系,例如满堂支架法施工的恒载内力和悬臂法施工的恒载内力完全不同。为了正确计算连续梁桥的恒载内力,应该将预应力混凝土梁恒载内力计算和所采用的施工方法联系在一起进行考虑,也就是作施工模拟计算。主桥结构的设计计算一般采用桥梁结构专用计算程序进行。

1. 恒活载内力计算

(1)纵向内力计算

对连续梁桥的施工阶段进行分解,建立相应的计算模型,用有限元计算时作结点和单元划分,其计算荷载应包括恒载(含混凝土收缩、徐变和预应力作用等次内力)、活载、支座强迫位移、温变效应(含整体温度变化和局部温度变化)、汽车制动力、支座摩阻力、风力等,并对结构的内力、位移、应力进行计算分析和验算。

下面分别以应用较多的满堂支架法施工和悬臂法施工的连续梁桥为例,介绍其恒载内力计算方法。

①满堂支架现浇连续梁桥的恒载内力计算。连续梁桥在满堂支架上现场整体浇筑建造,在穿束张拉并锚固压浆后,拆除支架,因为连续梁桥在建造过程中并无体系转换,而是一次整体浇注完成,故恒载内力可直接按结构力学中的连续梁进行计算。

②悬臂施工连续梁桥的恒载内力计算。某五跨连续梁桥跨径为 30m+3×45m+30m,采用悬臂拼装施工,如图 5.8 所示,合拢次序为由边孔对称向中孔依次进行。该桥的施工程序及相应的内力计算如下:

悬拼完毕,吊机拆除。首先在所有桥墩内预埋铁件,安装扇形支架,浇筑墩顶节段。永久支座为盆式橡胶支座,临时支座为混凝土块,设在永久支座两侧,用直径 32mm 钢筋将墩顶节段临时锚固在桥墩上,以保证从墩顶向墩两侧对称悬臂拼装的稳定性。悬拼完毕时的恒载内力如图 5.8(a)所示。

现浇边跨部分。因为边跨长度大于悬臂拼装长度,所以需在边跨内另立支架,现浇部分节段与边跨的悬臂拼装段相接。达到强度后拆除 2 号墩、5 号墩上的临时支座,并拆除

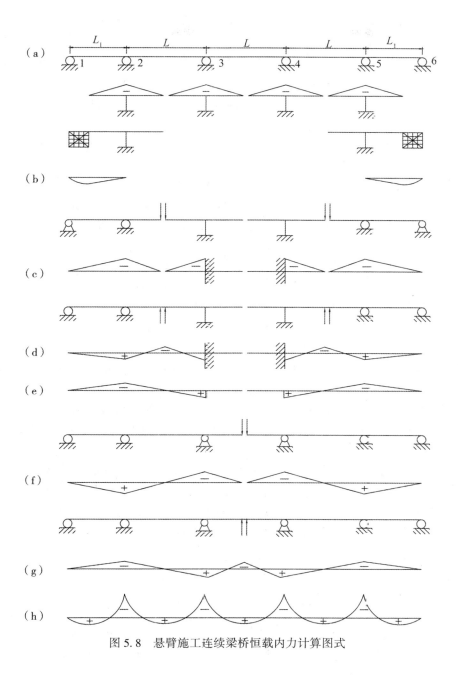

图 5.8 悬臂施工连续梁桥恒载内力计算图式

边跨的支架,此时为一单悬臂的梁式结构,在现浇段自重作用下的恒载内力如图 5.8(b)所示。

次边跨合拢。将边跨的单悬臂梁与 3 号墩(4 号墩)的 T 构通过现浇合拢段合拢。计算单悬臂梁和 T 构在支架、模板重力及合拢段自重作用下的内力,如图 5.8(c)所示。

合拢段支架模板拆除后,考虑合拢段的上述施工重力从相反方向加在已合拢的结构体系上产生的内力,如图 5.8(d)所示。

拆除3号墩(4号墩)的临时支座,计算因拆除临时支座所产生的内力,如图5.8(f)所示。

中跨合拢。把左半跨与右半跨合拢成五跨连续梁。计算合拢段两侧悬臂端在支架、模板重力、合拢段自重作用下的内力,如图5.8(f)所示。

合拢段支架模板拆除后,考虑上述施工机具重力以相反的方向加在连续梁上产生的内力,如图5.8(g)所示。

连续梁最终的恒载内力,如图5.8(h)所示。

(2)活载纵向内力计算

活载内力为基本可变荷载(包括汽车及人群等)在桥梁使用阶段所产生的结构内力。很显然,不管采用何种施工方法,这时结构已成为最终体系——连续梁桥,因此力学计算图式已十分明确,可直接按平面杆系结构进行活载内力计算。

①T形或工字形截面主梁。

计算各主梁(肋)的荷载横向分布系数,确定出具有最大荷载横向分布系数的主梁(肋),然后按平面杆系结构计算和绘制该主梁(肋)的纵桥向内力影响线。

将标准荷载乘以该梁的最不利横向分布系数以后,再沿桥梁纵向将它按最不利位置分别在影响线正(负)效应区加载,即可求得绝对值最大的正负活载内力。

②箱形截面主梁。

闭口箱形薄壁截面梁的受力特点与一般T形梁不同,其精确计算必须采用薄壁杆件结构理论的方法进行求解。当桥面上作用偏心荷载时,整体箱形梁的受力可分为两种情况进行分析:对称荷载作用下的平面弯曲问题和偏载作用下的扭转问题。对于平面弯曲问题,采用一般的材料力学公式就可计算出横截面上的弯曲正应力和弯曲剪应力;对于扭转问题,计算内容较多,也较复杂。

但设计经验表明,普通钢筋混凝土和预应力钢筋混凝土箱形截面的抗扭刚度很大,由扭转引起的应力一般比平面弯曲引起的应力小得多。从简化计算的目的出发,可偏保守地采用偏心压力法求解活载内力增大系数来计算结构活载内力值大小。例如图5.9所示的单箱三室截面,可以近似地把它视作用刚性横梁联结的四榀工字梁,偏载时边梁受力最大,其荷载横向分布系数为

$$\eta_{max} = \frac{1}{n} + \frac{e_{max}a_1}{\sum_{i=1}^{n}a_i^2} \tag{5-1}$$

考虑到箱形截面梁一般是按全截面来分析其内力,本例截面共有4根主梁组成($n=4$),若每根主梁都承担同样大小的荷载,则应将η_{max}乘以n,便得到所谓的活载内力增大系数ζ,即:

$$\zeta = n\eta_{max}$$

式中,n为箱梁腹板个数,e_{max}为活载的合力偏心距。

③连续梁桥。

连续梁桥为超静定结构,活载内力计算以影响线为基础,直接在内力影响线上加载时,其内力计算的一般公式为:

工字梁(按单根梁计算):　　　$S_P = (1 + \mu)\xi_{纵}\xi_{横}\sum mP_iy_i$ 　　　(5-2)

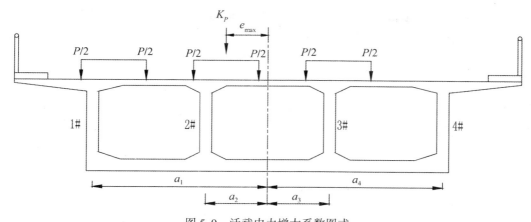

图 5.9 活载内力增大系数图式

箱形梁(按全截面计算)：
$$S_P = (1+\mu)\xi_纵 \xi_横 K\zeta \sum P_i y_i \tag{5-3}$$

式中：S_P——主梁最大活载内力；

$1+\mu$——汽车荷载冲击系数；

$\xi_纵$——汽车荷载纵桥向折减系数；

$\xi_横$——汽车荷载横桥向折减系数；

ζ——箱形梁的活载内力增大系数；

m——T 形或工字形截面主梁的荷载横向分布系数；

K——车队数，对于图 5.9 的布载情况，$K=3$；

P_i——车辆荷载的轴重；

y_i——沿桥跨纵向与荷载位置对应的主梁内力影响线坐标值。

(3) 横向内力计算

对于 T 形或工字形截面主梁中的横隔梁内力，可以参考本章关于简支梁的横隔梁内力计算方法进行计算。

对于箱形截面梁横向内力计算，一般采用弹性支承平面框架进行计算。首先按规范要求计算沿桥梁纵向的荷载有效分布长度，然后换算成作用于每延米框架上的集中荷载作用。此外，计算中还应考虑温度影响力和横向预应力的作用。

2. 二次内力计算

超静定结构由于存在多余约束，在各种内外部因素的影响下，结构受到强迫变形后将在多余约束处产生约束反力，从而引起结构附加内力，这部分附加内力一般统称为结构次内力(或称为二次力)。外部因素有预应力、墩台基础沉降、温度变化等，内部因素有混凝土材料的徐变与收缩特性、结构构造与配筋形式等。通常需要计算的次内力的内容有预应力、温度变化、徐变与收缩、墩台基础沉降等产生的次内力。这里，仅以第一个因素的影响力为例。

当在超静定结构上施加预应力时，如假想梁在中间赘余支点上无约束，则预应力将促使梁发生翘离中支点的变形，如图 5.10(b)所示。但实际上梁总是固定在中间支点位置上的,这样在其上必然产生一个方向与梁变形相反的二次力 R,如图 5.10(c)所示。这个二次力 R 就使梁内产生了附加的二次弯矩。这就是预应力混凝土连续梁与普通钢筋混凝土连续梁不同的重要力学特点,因此在设计中必须加以考虑。

对于其余因素所引起的二次内力在此不一一叙述。

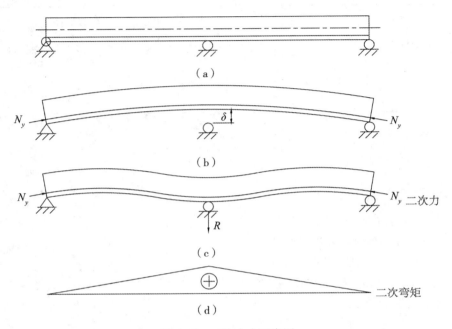

图 5.10 二次内力示意图

5.1.6 连续梁桥结构实例:湖南白沙大桥

我国修建了大量的大中跨度的预应力混凝土连续梁桥,表 5.1 中列出了部分已建成的预应力混凝土连续梁桥实例。

表 5.1 我国大跨预应力混凝土连续梁桥实例

序号	桥名	跨径布置(m)	桥宽(m)	截面	梁高(m)		高跨比	
					根部	跨中	根部	跨中
1	南京长江二桥北汊桥	90+3×165+90	2×15.42	两单室箱	8.8	3.2	1/18.8	1/55.6
2	广湛高速九江大桥	50+100+2×160+100+50	2×11.9	两单室箱	9	3	1/17.8	1/53.3
3	云南六库大桥	85+154+85	13.5	单室箱	8.53	2.83	1/18.1	1/54.4
4	荆沙三八洲桥	100+6×150+100	2×12.5	两单室箱	8	3	1/18.8	1/50
5	湖南白沙大桥	50+90+150+90	13.0	单室箱	8.5	3.5	1/17.65	1/42.86

2002年施工完成的湖南白沙大桥，桥梁全长1584.0m，主桥为四跨一联的预应力混凝土连续梁桥（50m+90m+150m+90m），如图5.11所示。大桥桥面布置为0.5m+12m+0.5m，按汽-20，挂-100进行设计。

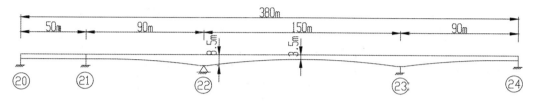

图5.11 白沙大桥立面布置(尺寸单位：m)

白沙大桥横截面布置采用双悬臂矩形单箱单室的变高度箱形截面，箱梁顶宽13.0m，底板宽7.0m，支点处梁高8.5m，跨中梁高3.5m，梁底立面按二次抛物线变化。箱梁顶板厚度采用28cm，腹板厚度则采用70cm、55cm、40cm三种。根据施工和运营阶段受力需要，箱梁底板厚度从跨中处的28cm逐渐加厚至支点处的100cm(图5.12)。中跨箱梁在支点$L/4$、跨中各设一道横隔板，以抗畸变变形。

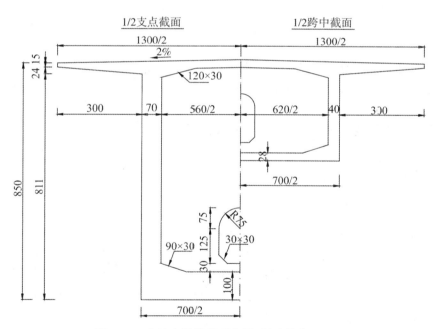

图5.12 白沙大桥横截面布置(尺寸单位：cm)

5.2 预应力混凝土连续刚构桥

预应力混凝土连续刚构桥是连续梁桥与T形刚构桥的组合体系，也称墩梁固结的连续梁桥，如图5.13所示。连续刚构桥常用于大跨、高墩的结构中，桥墩纵向刚度较小，在竖向荷载作用下，基本上属于一种无推力的结构，而上部结构具有连续梁施工的一般特点，具有较好的技术经济性。

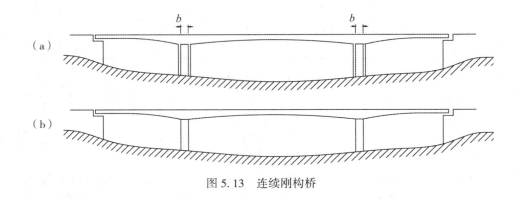

图 5.13 连续刚构桥

5.2.1 跨径布置

连续刚构桥的主梁在纵桥向大多采用不等跨变截面的结构布置形式，以适应主梁内力的变化。主梁底部的线形基本上与变截面连续梁桥相类似，可以是曲线形、折线形、曲线加直线形等，具体应根据主梁内力的分布情况，按等载强比原则选定。

1. 分孔比例问题

国内外已建成的连续刚构桥，边跨和主跨的跨径比值在 0.5~0.692 之间，大部分比值在 0.55~0.58 之间，这说明变截面连续刚构桥的边跨比值比变截面连续梁桥的比值范围 0.6~0.8 要小。

理论分析研究证明，由于墩梁固结，边跨的长短对中跨恒载弯矩调整的影响很小，而边、主跨跨径之比在 0.54~0.56 时，不仅可以使中墩内基本没有恒载偏心弯矩，而且可以在边跨悬臂端用导梁支承于边墩上，进行边跨合拢，从而取消落地支架，施工也十分方便。

2. 主梁截面高度

大跨连续刚构桥主梁一般采用箱形截面，箱梁根部截面的高跨比一般为 1/15~1/20，其中大部分为 1/18 左右，也有少数桥梁达到或低于 1/20。跨中截面梁高通常为支点截面梁高的 1/2.5~1/3.5，略小于连续梁的跨中梁高，这是由于连续刚构桥墩梁固结，活载作用于中跨时，与相同跨径的连续梁相比，连续刚构跨中正弯矩较小的缘故。

3. 墩身尺寸

连续刚构桥为墩梁固结，对温度变化、预应力、混凝土的收缩徐变等因素产生的次内力相当敏感。如果墩的相对刚度大，则以上因素引起的次内力相当大，同时使基础墩身纵向两侧受力极不平衡，因此墩身尺寸的拟定主要应考虑墩身与主梁之间的刚度比，以减少次内力。墩身高度主要由桥面标高、桥梁建筑高度、桥下净空高度、主梁端高度等因素决定。而墩柱纵向厚度一般采用高度的 1/8~1/15。墩柱较高时用较小的比值，墩柱较矮时则用较大的比值。

5.2.2 连续刚构桥的力学特点及构造特点

与其他桥梁相比，大跨度连续刚构桥结构的特点主要为：墩、梁、基础三者固结联为一体共同受力，其墩身形式、高度等都对结构受力有影响。

1. 主梁

预应力混凝土连续刚构桥主要适用于高桥墩的情况，主梁与桥墩固结，跨中不设铰。此时，桥墩采用柔性薄壁型，其作用如同摆柱，以适应预应力、混凝土收缩徐变和温度变化等引起的纵向位移。连续刚构桥主梁的受弯性能基本上与连续梁相似，但连续刚构桥以墩梁固结，中跨梁体受主墩约束而区别于连续梁。当主墩纵向较柔、对主梁的嵌固作用较小时，则两者具有相似的结构行为。当主墩刚度较大时，多跨荷载产生的内力大多限于本跨内，对相邻跨内力影响较小，因此在连续刚构桥中，边跨与中跨跨径之比较连续梁可以小些。

2. 桥墩

大跨度连续刚构桥的桥墩不仅应满足施工、运营等各阶段支承上部结构重量和稳定性等方面的要求，而且桥墩的柔度应适应由于温度变化、混凝土收缩、徐变以及制动力等因素引起的水平位移，以尽量减小这些因素对结构产生的次内力。

连续刚构桥的桥墩与主梁固结在一起，共同承受内力，且结构内力是按桥墩与主梁的刚度比来分配的。桥墩的刚度大，则其分得的内力也大，而且纵桥向允许的变位小，但不能减小由于温度、收缩及徐变因素所产生的附加内力。可见，连续刚构桥桥墩的纵桥向刚度宜在满足桥梁施工、运行稳定性要求的前提下，尽量地小；相反地，大跨连续刚构桥在横桥向的约束很弱，桥梁在横向不平衡荷载或风载作用下，易产生扭曲、变位，为了增大其横向稳定性，桥墩在横向的刚度应设计得大一些。

①竖直双肢薄壁墩：它是在墩位上用两个相互平行的薄壁与主梁固结的桥墩，如图5.14所示。竖直双肢薄壁墩可增加桥墩纵桥向刚度，同时其水平抗推能力小，在桥梁纵向允许的变位大，这不仅可以减小上述主梁附加内力，而且由于主梁的负弯矩峰值出现在两肢墩的墩顶，且较单壁墩小一些，故可减小主梁在墩顶截面处的尺寸，充分发挥材料的受力性能，增加桥梁美感。因此，在大跨度预应力混凝土连续刚构桥中，它是理想的柔性墩。但是双肢薄壁墩占据的宽度较大，防撞设施需保护的范围也较大，这部分增加的费用可能较多。

图 5.14 竖直双肢薄壁墩

②竖直单薄壁墩。连续刚构桥中也经常采用竖直单薄壁墩，如图 5.15 所示。它在外观上呈"一"字形，其截面形式可以是矩形截面的实心桥墩或箱梁截面的空心桥墩。

一般说来，单薄壁墩特别是箱形截面单薄壁墩的抗扭性能好，抗推能力强，能增大通航孔的有效跨径，但其柔性不如双肢薄壁墩大，随着墩身高度的不断增加，单薄壁墩的柔性逐渐增加，允许的纵向变位增大。因此，对于墩身很高的大跨度连续刚构或中等跨径的连续刚构来说，箱形单薄壁墩也是理想的墩身形式之一。

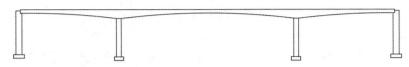

图 5.15 竖直单薄壁墩

5.2.3 连续刚构桥的特点及适用范围

连续刚构桥的特点是主梁保持连续，梁墩固结，上、下部结构共同承受荷载，减小了墩顶负弯矩。这样既保持了连续梁无伸缩缝、行车平顺的优点，又保持了 T 构不需设大吨位支座的优点，同时避免了连续梁（存在临时固结和体系转换）和 T 构（伸缩缝）两者的缺点，养护工作量小。此外，连续刚构施工稳固性好，减少或避免边跨梁端搭架灌注。

由于预应力技术在近年来发展迅速，连续刚构这种结构近年来得到了较快的发展，可以说，连续刚构桥是大跨度桥梁选型中具有竞争能力的桥型之一。我国跨径在 180m 以上的梁桥均采用连续刚构桥。

但连续刚构桥对地基承载力的要求更高，若地基发生过大的不均匀沉降，连续梁可通过调整墩顶支座的标高，抵消下沉来补救，而连续刚构则做不到。对于大跨度连续刚构，当其主墩刚度过大时，中跨梁体因而产生过大的温降拉力而对结构受力不利。此外，梁墩联结处应力复杂也是连续刚构的一个缺点。

5.2.4 连续刚构桥实例：挪威 Stolma 桥

1998 年 11 月，挪威建成两座特大跨径混凝土连续刚构桥：跨径布置 94m+301m+72m 的 Stolma 桥（图 5.16）和 86m+202m+298m+125m 的 Raft Sundet 桥，前者首次将混凝土梁式桥的跨径突破 300m，居世界首位。这两座桥共同的特点是：①主跨中部采用轻质高强混凝土，容重仅为 19.5kN/m³；②截面为单室箱，底板、腹板厚度较小；③边跨配重。这两座桥的跨径布置都由地质条件所决定，Stolma 桥边跨很小，边、主跨之比仅为 0.239 和 0.312，为解决边主跨重量的不平衡，在 94m 边跨的 37m 和 72m 边跨的 53m 范围内，箱梁填以砾卵石。

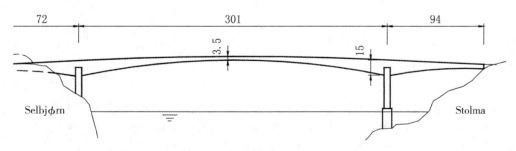

图 5.16 挪威 Stolma 桥立面布置（尺寸单位：m）

Stolma 桥是连接挪威西岸 Stolma 岛和 Selbjφrn 岛的工程上的一座重要桥梁。基于经济、景观、审美、历史和实际地质情况的考虑,方案最终采用301m 的大跨径,两边跨均很小,且跨径不同,立面布置如图 5.17 所示。桥梁纵坡设计经过特殊的考虑,两个岛屿的不同高度导致不对称的桥梁曲线。

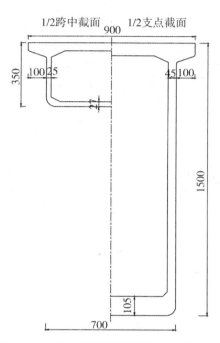

图 5.17 Stolma 桥主梁横截面布置(尺寸单位:cm)

主梁在墩柱处高 15m,跨中高 3.5m,跨高比在主跨墩柱处为 20,在跨中为 86,按抛物线变化。主梁顶板宽 9m,底板宽 7m。底板厚度从墩柱处的 105cm 变至跨中的 27cm。顶板的厚度则根据预应力索的数量来进行调整,其边跨为 70cm,主跨为 44cm。主跨的腹板厚从墩柱处的 45cm 变至跨中的 25cm。梁所有截面的边角都做成圆形,其半径顶板为 12.5cm,底板为 50cm。这样视觉上较柔和,并减少了风载效应。在这种情况下,两浇筑节段间的几何不完善也不显著。

墩柱处剪力的 90% 是由悬臂梁的自重产生的。因此优化自重是非常重要的,跨中的 182m 用轻质高强混凝土(LC60),而桥梁的其他部分采用 C65 混凝土。由于永久荷载很大,以及裂缝限制的需要,故含筋量很高。

墩柱 Selbjφrn 岸侧的墩柱为空心横截面,外形尺寸为 5m×8.2m,纵、横向壁厚分别为 70cm 和 105cm,墩柱刚度较大。Stolma 侧的墩柱为了提供所需沿桥轴向的柔度,以适应温度、徐变和收缩引起的主跨轴向变位,也采用空心截面,纵、横向壁厚分别为 30cm 和 70cm。为了审美,两岸墩柱的外形尺寸相同。

Stolma 岸的边跨梁和 Selbjφrn 岸边跨梁在岸边采用传统的地面支架施工 37m。砾卵石控制桥梁的总体稳定。而其他主梁部位的施工则采用挂篮进行悬臂浇注。完成一个节段的时间从 3 天至两个星期不等。由于徐变、收缩和温度的原因,Stolma 岸墩柱向主跨长期有约 150mm 的水平变位。因而桥梁的该侧在主跨连接以前，利用墩柱的柔度，对该墩顶动 75mm，这减少了 Stolma 岸墩柱朝主跨方向的变位，消除了部分二次力的影响。

本 章 小 结

1. 在连续体系梁桥中，由于支点负弯矩的存在，减小了跨中截面的正弯矩值，故连续体系梁桥的跨越能力都比简支梁桥要大。

2. 预应力混凝土连续体系梁桥具有结构刚度大、变形小、伸缩缝少、行车平稳舒适等优点，得到迅速的发展，它又可分为等截面连续梁桥、变截面连续梁桥和连续刚构桥等。

3. 当连续梁桥的跨径较大时，主梁支点截面的负弯矩将比跨中截面的正弯矩大很多，此时加大支点截面的梁高，以抵抗较大的负弯矩和剪力，因此主梁采用变截面连续梁桥比等截面连续梁桥更为有利。

4. 预应力连续梁桥横截面形式主要有板式、肋梁式和箱形截面。其中，板式、肋梁式截面构造简单、施工方便，适用于中小跨径桥梁；箱形截面具有良好的抗弯和抗扭性能，是大中跨径预应力混凝土连续梁桥的主要截面形式。

5. 纵向预应力筋沿桥跨方向布置，是用以保证桥梁在恒载、活载作用下具有纵向跨越能力的主要受力钢筋，可布置在腹板和顶板、底板中。横向预应力筋是用以保证桥梁的横向整体性、桥面板及横隔板横向抗弯能力的主要受力钢筋，一般布置在横隔板或截面的顶板中。竖向预应力筋主要作用是提高截面的抗剪能力，可布置在腹板中。

6. 预应力混凝土连续刚构桥的特点是主梁保持连续，梁墩固结，上、下部结构共同承受荷载，减小了主梁截面在墩顶处的负弯矩。这样既保持了连续梁无伸缩缝、行车平顺的优点，又保持了 T 型刚构不需设大吨位支座的优点，同时避免了连续梁(存在临时固结和体系转换)和 T 型刚构(伸缩缝多)两者的缺点，养护工作量小。

7. 预应力混凝土连续刚构桥主要适用于高桥墩、大跨径的情况，桥墩应具有足够的柔性，其作用如同摆柱，以适应预应力、混凝土收缩徐变和温度变化引起的纵向位移。

思考题及习题

1. 简要阐述连续体系梁桥跨越能力比简支梁桥大的主要原因。
2. 叙述连续梁桥和连续刚构桥两种结构的主要优缺点及其比较。
3. 主跨跨径接近或大于 70m 的大跨径预应力混凝土梁桥为什么适合采用变截面形式？
4. 预应力、混凝土收缩徐变等为什么会对连续梁桥产生二次力的影响？

第6章 混凝土梁桥的施工

本章提要及学习结果

本章结合工程实例,简要介绍钢筋混凝土简支梁桥、连续体系梁桥常用的几种施工方法,并对其中带共性的内容——基本施工工艺流程做简单的叙述。通过本章的学习,学生应该能够:

1. 阐述混凝土桥梁的主要施工方法,讨论并表述简支梁桥装配式施工方法(构件制作、运输、安装等);

2. 讨论并表述连续体系梁桥常见三种施工方法的各自特点;

3. 能够在实践项目(认识实习)中选择合适的分析对象,提炼问题,把握总体目标,制定解决方案;

4. 分析与判断方案:课堂讨论,案例教学,实践项目(认识实习)中对问题和资料进行分析判断,找出矛盾和有效之处,为问题的解决提供方案。

当桥墩及其基础施工完毕后,为了将梁体结构落在设计位置,通常采用两种主要的施工方法:就地浇筑法(cast-in-site method)和预制安装法(precast and erection method)。

一般说来,预制安装法施工的优点是:桥梁的上、下部结构可以平行施工,使工期大大缩短;无需在高空进行构件制作,质量容易控制,可以集中在一处成批生产,从而降低工程成本。缺点是:需要大型的起吊运输设备,费用较高。由于在构件与构件之间存在拼接纵缝,例如简支T形梁之间的横隔板接头,施工时需搭设吊架才能操作,故比较麻烦。显然,拼接构件的整体工作性能不如就地浇筑法,它适用于桥梁跨数较多、桥墩较高、河水较深且有通航要求的情况。

就地浇筑法施工无需预制场地,并且不需要大型吊运设备,梁体结构中横桥向的主筋不用中断,故其结构的整体性能好。但需要搭设支架,工期长,施工质量不如预制容易控制,而且对于预应力混凝土梁由于收缩和徐变引起的应力损失也较大,这些都是此法的不足之处。这种方法适用于两岸桥墩不太高的引桥和城市高架桥,或靠岸边水不太深且无通航要求的中小跨径桥梁。

装配式桥的造价与整体浇筑桥造价相比孰高孰低,不能一概而论,要对具体桥位进行具体分析。

近年来,随着吊运设备能力的不断提高以及预应力工艺的日趋完善,预制安装的施工方法已在国内外得到迅速发展。据统计,在美国、俄罗斯和西欧各国,桥梁上部构造采用预制装配施工的已占 80%~90%。我国建设公路、铁路、城市高架桥时,已将中、小跨径桥梁编制成定型化、标准化设计,使装配式施工得以广泛采用。

无论采用哪一种施工方法进行施工,对于混凝土简支梁结构本身来说,都必须经过如

图 6.1 所示的基本施工工艺流程才能成型。

图 6.1 混凝土构件基本施工工艺流程

以下简要介绍每一种施工方法的具体过程。

6.1 混凝土简支梁桥的制造工艺

6.1.1 预制钢筋混凝土简支梁施工工艺

1. 支立模板

常见的构件模板材料有木模和钢模两种。前者多用于就地浇筑或者非等跨结构的场合；后者多用于预先制作的装配式标准构件。

图 6.2 是目前常用于空心板的木制模板构造。除了构成截面形状的外模（侧模和底模）和内模壳板外，还要沿构件的纵向每隔一定间距设置竖肋衬挡和螺栓等来固定外模板，而固定内模的则用骨架、活动撑板、拉杆和铁铰链等。脱模时，只要抽动拉杆，将撑板从顶部拉脱，并借助铁铰链，便可拆除内模板。现在，工程上更多采用充气橡胶管来代替木制内模，因为它更容易被拆除，不过，在充气时，所施气压的大小要根据橡胶管管径、新筑混凝土压力以及气温等因素计算确定；在浇灌混凝土之前，要事先用定位钢筋或压块将橡胶管的位置加以固定，防止上浮和偏位；何时泄气抽出橡胶管，要根据试验来确定，因为混凝土的强度与气温有关。在国外，还采用混凝土管、纸管等做成不抽拔的芯模。

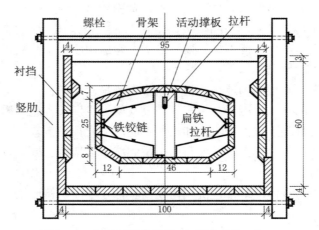

图 6.2 空心板梁芯模构造（尺寸单位：cm）

图 6.3 是用于制造 T 形梁的装拆式钢模板构造，它同样是除了用于截面成型的钢壳板以外，还要用角钢做成水平肋、竖向肋、斜撑、直撑、固定侧模用的顶部和底部拉杆等部件来固定模板位置。不论采用何种模板，均需在浇筑混凝土之前，在模板的内表面涂以隔

离剂,如石灰乳浆、肥皂水或废机油等,以防止壳板与混凝土粘连。

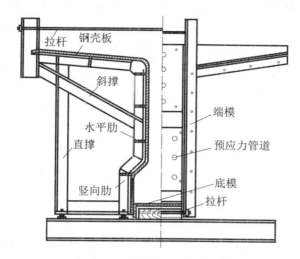

图 6.3　T 形梁钢模板的组成

2. 钢筋骨架成型

混凝土内的钢筋骨架由纵向钢筋(主筋)、架立筋、箍筋、弯起钢筋(斜筋)、分布钢筋以及附加钢件构成,关于这些钢筋的作用及截面的计算详见《结构设计原理》。

钢筋骨架都要通过钢筋整直→切断→除锈→弯曲→焊接或者绑扎等工序以后才能成型。除绑扎工序外,每个工序都可应用相应的机械设备来完成。对于就地现浇的结构,焊接或者绑扎的工序多放在现场支架上来完成,其余均可在工地附近的钢筋加工车间来完成。下面着重讲述最后一道工序所应遵循的技术要求。

①钢筋接头宜采用焊接接头和钢筋机械连接接头(套筒挤压接头、敦粗直螺纹接头),当施工或构造条件有困难时,可以采用搭接绑扎的方法,但受拉钢筋之间的搭接长度不应小于表 6.1 所列规定。受压钢筋绑扎接头的搭接长度应取受拉钢筋绑扎接头长度的 0.7 倍。

表 6.1　　　　　　　　　　　受拉钢筋绑扎接头搭接长度

钢 筋 种 类	HPB300		HPB400、HPBF400、RRB400	HRB500
混凝土强度等级	C25	≥C30	≥C30	≥C30
搭接长度(mm)	40d	35d	45d	50d

注:1. 当带肋钢筋直径 $d \geq 25$mm 时,其受拉钢筋的搭接长度应按表值增加 5d 采用;当带肋钢筋直径 $d < 25$mm 时,搭接长度可按表值减少 5d 采用。

2. 当混凝土在凝固过程中受力钢筋易扰动时,其搭接长度应增加 5d。

3. 在任何情况下,受拉钢筋的搭接长度不应小于 300mm;受压钢筋的搭接长度不应小于 200mm。

4. 环氧树脂涂层钢筋的绑扎接头搭接长度,受拉钢筋按表值的 1.5 倍采用。

5. 受拉区段内,HPB300 钢筋绑扎接头的末端应做成弯钩,HRB400、HRB500、HRBF400 和 RRB400 钢筋的末端可不做成弯钩。

②受力钢筋接头应设置在内力较小处,并应错开布置。在任一搭接长度的区段内,有接头的受力钢筋截面面积占总截面面积的百分率不应超过表 6.2 所列规定。

表 6.2　　　　搭接长度区段内受力钢筋接头面积的最大百分率

接头形式	接头面积的最大百分率(%)	
	受拉区	受压区
主钢筋绑扎接头	25	50
主钢筋焊接接头	50	不限制
预应力钢筋对焊接头	25	不限制

注:1. 在同一根钢筋上应尽量少设接头。
　　2. 装配式构件连接处的受力钢筋焊接接头和预应力混凝土构件的螺丝端杆接头,可不受本表限制。

③轴心受拉、小偏心受拉构件中的钢筋宜采用焊接。当采用搭叠式电弧焊接时,钢筋端部应预先折向一侧,使两接合钢筋轴线一致。搭接时,双面焊缝的长度不得小于 $5d$,单面焊缝的长度不得小于 $10d$(d 为钢筋直径),如图 6.4(a)所示。

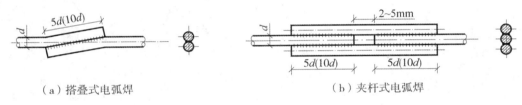

(a)搭叠式电弧焊　　　　　　(b)夹杆式电弧焊

图 6.4　钢筋接头焊缝型式(括号内数字为单面焊缝)

④当采用夹杆式电弧焊接时,夹杆的总截面面积不得小于被焊钢筋的截面面积。夹杆长度,如用双面焊缝,不小于 $5d$;如用单面焊,则不应小于 $10d$,如图 6.4(b)所示。

⑤由于钢筋的混凝土保护层厚度对钢筋防腐和结构耐久性有重大影响,施工时必须满足规范强制性规定。

图 6.5 所示为一已绑扎好的 T 形梁钢筋骨架图。

3. 浇筑及振捣混凝土

该施工过程包括混凝土搅拌→混凝土运输→浇筑混凝土→振捣密实四个工序。混凝土的砂石比及水灰比均应通过设计和试验室的试验来确定,一般采用搅拌机拌制。混凝土的振捣一般采用插入式振捣器、附着式振捣器、平板式振捣器或振动台等设备,需依据不同构件和不同部位的需要来选用,目的是达到模板内的软体混凝土密实,不能使混凝土内存在大的空洞、蜂窝和麻面。下

图 6.5　T 形梁钢筋骨架

面着重介绍混凝土运输和浇筑的技术要求。

(1) 混凝土的运输

①混凝土的运输能力应适应混凝土凝结速度和浇筑速度的需要,务使混凝土在运到浇筑地点时仍保持均匀性和规定的坍落度。无论采用汽车运输还是搅拌车运输,其运输时间不宜超过表 6.3 中所列规定。

表 6.3　　　　　　　　　混凝土拌合物运输时间限制

气温(℃)	一般汽车运输(min)	搅拌车运输(min)
20~30	30	60
10~19	45	75
5~9	60	90

注:表列时间是指从加水搅拌至入模时间。

②采用泵送混凝土应符合下列规定:

a. 混凝土的供应必须保证输送混凝土泵能连续工作。

b. 输送管线宜直,转弯宜缓,接头应严密,如管道向下倾斜,应防止混入空气,产生阻塞。

c. 泵送前,应先用水泥浆润滑输送管道内壁。混凝土出现离析现象时,应立即用压力水或其他方法冲洗管内混凝土,泵送间歇时间不宜超过 15min。

d. 在泵送过程中,受料斗内应具有足够的混凝土,以防止吸入空气产生阻塞。

(2) 混凝土的浇筑

浇筑混凝土前,一定要仔细检查模板和钢筋的尺寸、预埋件的位置等是否正确,以及混凝土保护层垫块是否放置完好,并要查看模板的清洁、润滑和紧密程度。

跨径不大的简支梁桥,可在钢筋全部扎好以后,将梁与桥面板沿一跨全部长度用水平分层法浇筑,或者用斜层法从梁的两端对称地向跨中浇筑,在跨中合龙。

较大跨径的梁桥,可用水平分层法或用斜层法先浇筑纵横梁,如图 6.6 所示,然后沿桥的全宽浇筑桥面板混凝土。此时,桥面板与纵横梁之间应设置工作缝,如图 6.6(b)中的虚线所示。采用斜层浇筑时,混凝土的适宜倾斜角与混凝土的稠度有关,一般可为 20°~25°。

当桥面较宽且混凝土数量较大时,可分成若干条纵向单元分别浇筑,每个单元的纵横梁也应沿其全长采用水平分层法或斜层法浇筑。当分成纵向单元浇筑时,应在纵梁之间的横梁处按照单元的划分留置工作缝,待各纵向单元浇筑完成后,再填塞缝混凝土。最后,对于桥面板按全面积一次浇筑完成,不设工作缝。

当采用水平分层法浇筑和插入式振捣器振捣时,其分层厚度不宜超过 0.3m,且必须在前一层混凝土开始凝结之前,将后一层混凝土浇筑完毕。当气温在 30℃以上时,前后两层浇筑时间相隔不宜超过 1h;当气温在 30℃以下时,不宜相隔 1.5h,或由试验资料来确定相隔时间。当无法满足上述规定的间隔时间时,就必须预先确定施工缝预留的位置。一般将它选择在受剪力和弯矩较小且便于施工的部位,并应按下列要求进行处理:

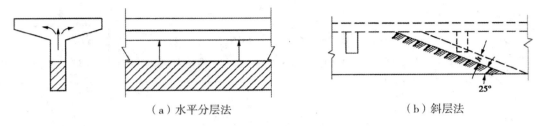

(a) 水平分层法　　　　　　　　(b) 斜层法

图 6.6　混凝土的浇筑方法

① 在浇筑接缝混凝土之前，先凿除老混凝土表层的水泥浆和较弱层；

② 经凿毛的混凝土表面，应用水洗干净，在浇筑次层混凝土之前，对垂直施工缝宜刷一层净水泥浆，对于水平缝宜铺一层厚为 10～20mm 的 1∶2 的水泥砂浆；

③ 对于斜面施工缝，应凿成台阶状再进行浇筑；

④ 接缝位置处在重要部位或者结构物处在地震区时，则在灌筑之前应增设锚固钢筋，以防开裂。

4. 养护及拆除模板

混凝土中水泥的水化作用过程，就是混凝土凝固、硬化和强度发育的过程，它与周围环境的温度、湿度有着密切的关系。当温度低于 15℃ 时，混凝土的硬化速度减慢，而当温度降至 -2℃ 以下时，硬化基本上停止。在干燥的气候下，混凝土中的水分迅速蒸发，一方面，使混凝土表面剧烈收缩而导致裂缝；另一方面，当游离水分全部蒸发后，水泥水化作用也就停止，混凝土即停止硬化。因此，混凝土浇筑后即需进行适当的养护，以保持混凝土硬化发育所需要的温度和湿度。

目前在桥梁施工中采用最多的是在自然气温条件下(5℃以上)的自然养护方法。此法是在混凝土终凝后，在构件上覆盖草袋、麻袋、稻草或砂子，经常洒水，以保持构件经常处于湿润状态。洒水持续时间随水泥品种的不同及是否掺用塑化剂而异，对于用硅酸盐水泥拌制的混凝土构件不少于 7 昼夜，对于用矿渣水泥、火山灰水泥或在施工中掺用塑化剂的混凝土构件，不少于 14 昼夜。自然养护法比较经济，但混凝土强度增长较慢，模板占用时间也长，特别在低温下(5℃以下)不能采用。

为了加快模板周转和施工进度，可采用蒸汽法养护混凝土。混凝土构件经过养护后，达到了设计强度的 25%～50% 时，即可拆除侧模；达到了设计吊装强度并不低于设计强度等级的 70% 时，就可起吊主梁。

6.1.2　就地浇筑法施工工艺

就地浇筑法施工工艺就是把图 6.1 中的基本施工工艺流程搬到工程现场的桥位处来完成，也就是说，在桥孔下面先搭设好支架，立模浇筑混凝土构件且达到设计强度后，便可拆除支架，即：搭设施工支架→完成基本施工工艺流程→拆除或转移施工支架。

支架按其构造分为立柱式支架、梁式支架和梁-柱式支架；按材料可分为木支架、钢支架、钢木混合结构和万能杆件拼装的支架等。图 6.7 所示为按构造分类的几种支架构造图。立柱式支架，可用于旱桥、不通航河道以及桥墩不高的小桥施工；梁式支架，钢板梁适用于跨径小于 20m，钢桁梁适用于大于 20m 的情况；梁-柱式支架，适用于桥墩较高、跨径较大，且支架下需要排洪的情况。

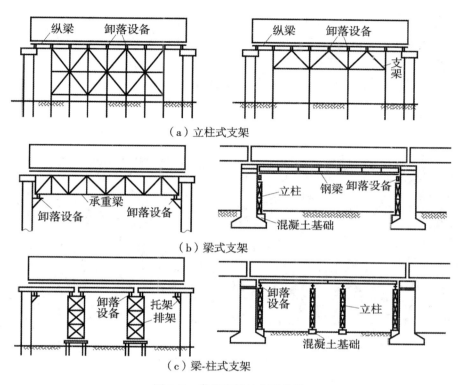

图 6.7 常用支架的主要构造

支架属于施工中的临时承重结构，除承受桥梁上部结构的大部分恒重外，还要承受施工设备及振动荷载、风力、施工人员的重力以及支架本身的自重，因此需要进行设计计算，以保证支架具有足够的强度、刚度、支架基础的牢固可靠、构件的结合紧密，并要求具有足够的纵、横、斜三个方向的连接杆件，使支架形成整体。对于支立在河中的支架，要充分考虑洪水和漂浮物的影响，支架必须设置预拱度。预拱度的设置需考虑施工中支架本身的沉降以及梁的设计预拱度两方面，以保证竣工后的结构外形符合设计要求。支架还要设置落架设备，以保证落架时对称、均匀，不应使简支梁局部受力过大。

6.1.3 后张法预应力混凝土简支梁的制造工艺特点

普通钢筋混凝土简支梁构件的预制较为简单，就是在地面专门的场地上，按照图 6.1 所示的基本施工工艺流程来完成构件的制作，然后堆放在场地的一侧，等待运到桥孔处进行安装。

后张法预应力混凝土简支梁构件的预制过程有两点不同：第一，在绑扎钢筋成型这个施工过程的同时，要按照设计图中的位置布设制孔器，即在混凝土构件中预留孔道，供以后预应力筋的穿入；第二，当完成混凝土养护和拆除模板后，按照设计图中所规定的混凝土龄期强度，将制备好的预应力筋穿入孔道中，完成张拉过程。由于它是在完成混凝土构件的制作之后再施加预应力,故把这种构件称作后张法预应力混凝土预制构件。

1. 预应力筋孔道的成型

在梁体内预留预应力筋孔道所用的制孔器主要有两种:金属波纹管(图6.8)和橡胶管(图6.9)。前者按预应力筋设计位置和形状固定在钢筋骨架中,本身便是孔道。后者也按设计位置固定在钢筋骨架中,待混凝土抗压强度达到4~8MPa时,再将制孔器抽拔出,以形成孔道。为了增加橡胶管的刚度和控制位置的准确,需在橡胶管内设置圆钢筋(又称芯棒),以便在先抽出芯棒之后,橡胶管易于从梁体内拔出。对于曲线束筋的孔道,则用两段胶管在跨中对接,对接接头处套一段长为0.3~0.5m的铁皮管,如图6.10所示。抽拔时,该段铁皮管留在梁内,橡胶管则从梁的两端抽拔出来。

图6.8 镀锌金属波纹管

图6.9 橡胶管

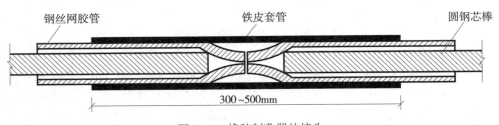

图6.10 橡胶制孔器的接头

2. 预应力筋的张拉

这一施工过程包括孔道检查与清洗→穿预应力筋→张拉预应力筋→孔道压浆→封锚固端混凝土等几道工序。到此才能算完成了装配式构件的制作。孔道压浆的目的是保护预应力筋不受锈蚀,并使力筋与梁体的混凝土粘结成整体,共同受力,从而也减轻了锚具的受力。孔道压浆用专门的压浆泵(活塞式砂浆泵或挤压式砂浆泵)进行,压浆时,要求密实、饱满,并在预应力筋张拉后尽早完成。压浆前,用压力水冲洗孔道,排除孔内杂物,并吹去孔内积水。

对于封埋于梁体内的锚具,应在其周围设置构造钢筋与梁体相连,浇筑混凝土封固锚头。封锚除了达到防止锈蚀的目的外,还可以保持锚塞或者夹片不因在汽车运营中松动,造成滑丝危险。封锚混凝土的强度应不低于梁体强度。在绑扎端部钢筋网和安装封端模板时,要妥善固定,以免在灌筑混凝土时因模板走动而影响梁长。

3. 张拉程序

不同预应力筋的构件所采用的张拉程序见表6.4。

表6.4 后张法预应力筋张拉程序

预应力筋		张拉程序
钢筋、钢筋束		$0 \rightarrow$ 初应力 $\rightarrow 1.05\sigma_{con}$（持荷2min）$\rightarrow \sigma_{con}$（锚固）
钢绞线束	对于夹片式等具有自锚性能的锚具	普通松弛力筋：$0 \rightarrow$ 初应力 $\rightarrow 1.03\sigma_{con}$（锚固） 低松弛力筋：$0 \rightarrow$ 初应力 $\rightarrow \sigma_{con}$（持荷2min 锚固）
	其他锚具	$0 \rightarrow$ 初应力 $\rightarrow 1.05\sigma_{con}$（持荷2min）$\rightarrow \sigma_{con}$（锚固）
钢丝束	对于夹片式等具有自锚性能的锚具	普通松弛力筋：$0 \rightarrow$ 初应力 $\rightarrow 1.03\sigma_{con}$（锚固） 低松弛力筋：$0 \rightarrow$ 初应力 $\rightarrow \sigma_{con}$（持荷2min 锚固）
	其他锚具	$0 \rightarrow$ 初应力 $\rightarrow 1.05\sigma_{con}$（持荷2min）$\rightarrow 0 \rightarrow \sigma_{con}$（锚固）
精扎螺纹钢筋	直线配筋时	$0 \rightarrow$ 初应力 $\rightarrow \sigma_{con}$（持荷2min 锚固）
	曲线配筋时	$C \rightarrow \sigma_{con}$（持荷2min）$\rightarrow 0$（上述程序可反复几次）$\rightarrow$ 初应力 $\rightarrow \sigma_{con}$（持荷2min 锚固）

注：σ_{con} 为张拉时的锚下控制应力，包括预应力损失值。

【工程实例1】 后张T梁制造工艺流程。如图6.11~图6.18所示。

图6.11 钢筋的制备

图6.12 形成T形骨架

图6.13 清理模板

图6.14 钢筋骨架就位

图 6.15　蒸汽养护

图 6.16　张拉力筋

图 6.17　存梁

图 6.18　出厂检验

【工程实例 2】 后张箱梁制造工艺流程。如图 6.19～图 6.32 所示。

图 6.19　箱梁底模

图 6.20　箱梁底模及侧模

图 6.21　液压式内模

图 6.22　拼装式内模

图 6.23 箱梁底腹板钢筋吊装

图 6.24 箱梁顶板钢筋吊装

图 6.25 灌注混凝土

图 6.26 篷布遮盖蒸汽养护

图 6.27 拆内模和外模

图 6.28 穿预应力筋

图 6.29 张拉预应力筋

图 6.30 移梁至存梁台座

图 6.31 压浆

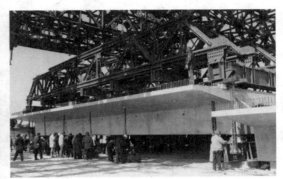
图 6.32 出厂试验

6.1.4 先张法预应力混凝土简支梁的制造工艺特点

先张法预制板梁的制作工艺是在浇筑混凝土之前先进行预应力筋的张拉，并将其临时固定在张拉台座上，然后完成图 6.1 中的基本施工工艺流程，待混凝土达到规定强度（但不得低于设计强度的 70%）时，逐渐将预应力筋松弛，利用力筋回缩和与混凝土之间的粘结作用，使构件获得预应力。下面仅介绍与后张法制造工艺的不同之处。

1. 台座

（1）墩式台座

墩式台座靠自重和土压力来平衡张拉力所产生的倾覆力矩，并靠土壤的反力和摩擦力来抵抗水平位移。台座由台面、承力架、横梁和定位钢板等组成，如图 6.33 所示。台面有整体式混凝土台面和装配式台面两种，它是制梁的底模。承力架承受全部的张拉力，横梁是将预应力筋张拉力传给承力架的构件，它们都须进行专门的设计计算。定位钢板是用来固定预应力筋的位置，其厚度必须保证承受张拉力后具有足够的刚度。定位板上的圆孔位置则按构件中预应力筋的设计位置确定。

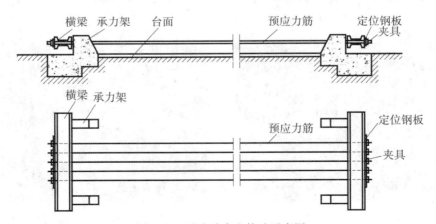

图 6.33 重力式台座构造示意图

(2)槽式台座

当现场地质条件较差,台座又不很长时,可以采用由台面、传力柱、横梁、横系梁等构件组成的槽式台座,如图 6.34 所示。传力柱和横系梁一般用钢筋混凝土做成,其他部分与墩式台座相同。

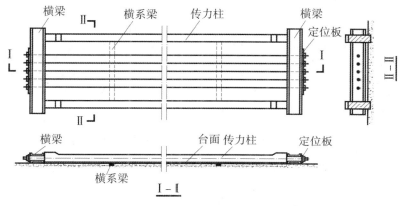

图 6.34 槽式台座构造示意图

2. 预应力筋的放松

当混凝土达到了预期的强度以后,就要从台座上将预应力筋的张拉力放松,逐渐将此力传递到混凝土构件上。放松的方法有多种,下面仅介绍常用的两种方法:

千斤顶放松:首先要在台座上重新安装千斤顶,将力筋稍张拉至能够逐步扭松端部固定螺帽的程度,然后逐渐放松千斤顶,让钢筋慢慢回缩完毕为止(图 6.35)。

砂筒放松:在张拉预应力之前,在承力架和横梁之间各放一个灌满被烘干过的细砂子砂筒(图 6.36)。张拉时,筒内砂子被压实。当需要放松预应力筋时,可将出砂口打开,使砂子慢慢流出,活塞徐徐顶入,直至张拉力被全部放松为止。本法易于控制放松速度,故应用较广。

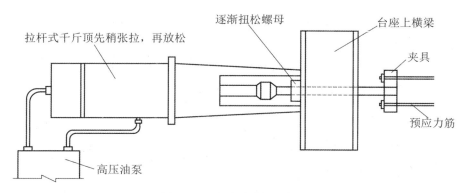

图 6.35 千斤顶放松示意图

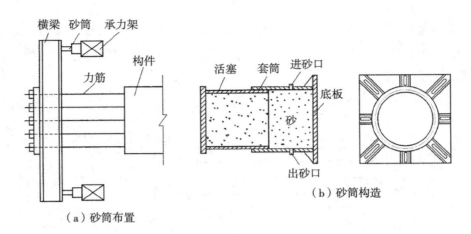

图 6.36　砂筒放松示意图

3. 张拉程序

先张法预应力筋的张拉应符合设计要求,若设计无规定时,其张拉程序可按表 6.5 所列规定进行。

为了避免台座承受过大的偏心力,应先张拉靠近台座截面重心处的预应力筋。

表 6.5　　　　　　　　　　先张法预应力筋张拉程序

预应力筋种类	张拉程序
钢筋	0→初应力→$1.05\sigma_{con}$(持荷 2min)→$0.9\sigma_{con}$→σ_{con}(锚固)0
钢丝、钢绞线 (夹片锚)	普通松弛力筋:0→初应力→$1.03\sigma_{con}$(锚固) 低松弛力筋:0→初应力→σ_{con}(持荷 2min 锚固)

注:σ_{con}为张拉时的控制应力,包括预应力损失值。

6.2　装配式简支梁的运输和安装

为了把在预制构件厂或桥梁施工现场预制的简支梁或板安放到设计位置,还需要完成两个重要的施工过程,即构件的水平运输和构件的垂直向安装。

6.2.1　预制构件的运输

为了把在预制构件厂或桥梁施工现场预制的简支梁或板安放到设计位置,还需要完成两个重要的施工过程,即构件的水平运输和构件的垂直安装。

从工地预制场至桥头处的运输,称为场内运输,通常需要铺设钢轨便道,由预制场地用龙门吊机(图 6.37)或木扒杆将预制构件装上平车后,再用绞车牵引运抵桥头。当采用水上浮吊架梁时,还需要在河岸适当位置修建临时栈桥(码头),再将钢轨便道延伸到这里,以便将预制构件运上驳船,再开往桥孔下面进行架设。

从预制构件厂至施工现场的运输称场外运输,通常用大型平板车(图6.38)、驳船或火车等运输工具。不论哪类运输方式,都要求在运输过程中,构件的放置符合受力方向,并在构件的两侧采用斜撑和木楔加以临时固定,防止构件发生倾倒、滑动或跳动而造成构件的损坏。

图6.37 龙门吊机　　　　　图6.38 杭州湾跨海大桥运梁车

当运输道路坑洼不平、颠簸比较厉害时,可采用如图6.39所示的措施,防止构件产生负弯矩而断裂。构件装上平板拖车的垫木上后,在构件的中部设一立柱,用钢丝绳穿过两端吊环,中间搁在立柱上,并以花篮螺丝将钢绳拉紧,只有这样,构件在运输途中才不致发生负弯矩。

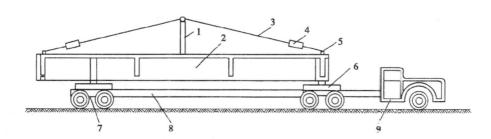

1—立柱;2—构件;3—钢丝绳;4—花篮螺丝;5—吊环;
6、7—转盘装置;8—连接杆(可伸缩);9—主车
图6.39 防止构件发生负弯矩的措施

6.2.2 预制构件的安装

预制梁的安装是装配式桥梁施工中的关键性工作。应结合施工现场条件、桥梁跨径大小、设备能力等具体情况,从节省造价、加快施工速度和充分保证施工安全等方面来合理选择架梁的方法。

简支式梁、板构件的架设,不外乎起吊、纵移、横移、落梁等工序。从架梁的工艺类别来分,有陆地架设、浮吊架设和利用安装导梁或塔架、缆索的高空架设等,每一类架设工艺中,按起重、吊装等机具的不同,又可分成各种独具特色的架设方法。现仅就几种常见的架梁方法略加说明。

1. 自行式吊车架梁

当桥梁跨径不大、重量较轻时,可以采用自行式吊车(汽车吊车或履带吊车)架梁。当岸上的引桥或者桥墩不高时,可以视吊装重量的不同,用一台或两台吊车直接在桥下进行吊装,如图 6.40(a)所示;如果桥下是河道或桥墩较高时则将吊车直接开到桥上,利用吊机的伸臂边架梁,边前进,如图 6.40(b)所示。不过,此时对于已经架好了的桥孔主梁,当横向尚未连成整体时,必须核算主梁是否能够承受吊车、被吊构件、机具以及施工人员的重力。

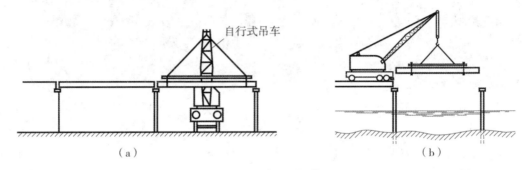

图 6.40 小跨径梁的架设

2. 浮吊船架梁

浮吊船实际是吊车与驳船的联合体,它可在通航河道上的桥孔下面架桥,而装有成批预制构件的装梁船,则停靠在浮吊船的一旁,随时供浮吊船起吊,如图 6.41 所示。浮吊船宜逆流而上,先远后近地安装。吊装前,应先下锚定位,航道要临时封锁。我国在修建杭州湾大桥时,用 25000kN 的浮吊来架设跨长 70m 整孔预制的引桥预制梁。

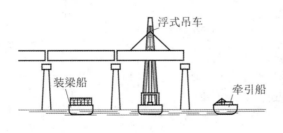 

图 6.41 浮吊架设法

3. 跨墩龙门式吊车架梁

当桥不太高、架桥孔数多,且沿桥墩两侧铺设轨道不困难时,可以采用跨墩的龙门式吊车梁,如图 6.42 所示。此时,尚应在龙门式吊车的内侧铺设运梁轨道,或者设便道用拖车运梁。在水深不超过 5m、水流平缓、不通航的中小河流上,也可以搭设便桥并铺轨后用门式吊车架梁。

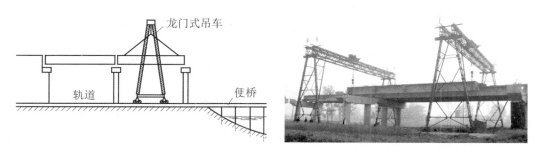

图 6.42　跨墩龙门吊机架梁法

4. 宽穿巷式架桥机架梁

图 6.43 所示是用宽穿巷式架桥机架梁的步骤图。其中的安装梁可用贝雷钢架或万能杆件拼组而成。其架梁操作步骤是：

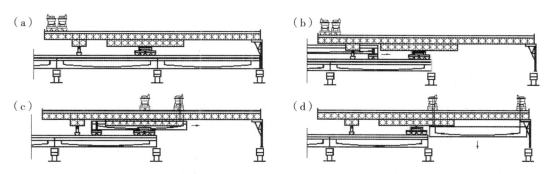

图 6.43　宽穿巷式架桥机架梁步骤图

①一孔架设完后，吊机的前后横梁移至尾部作平衡重，如图 6.43(a)所示。
②吊机向前移动一孔位置，并使前支腿支撑在墩顶上，如图 6.43(b)所示。
③吊机前横梁吊起 T 形梁，梁的后端仍放在运梁平板车上，继续前移，如图 6.43(c)所示。
④吊机后横梁也吊起 T 形梁，缓缓前移，对准纵向梁位后，先固定前后横梁，再用横梁上的吊梁小车横移落梁就位，如图 6.43(d)所示。

由于这种架桥机的自重很大，所以当它沿桥面纵向移动时，一定要保持慢速，并须注意前支点下的挠度，以保证安全。

5. 轮胎运架一体式架桥机

轮胎运架一体式架桥机由运架梁机和导梁两大部分组成。运架梁机的两组轮胎可以纵横向移动，解决了在预制场内将箱梁从存梁场(或直接从制梁台座)吊出横行的问题。如图 6.44 所示。其

图 6.44　轮胎运架一体式架桥机

架梁具体过程如下：运架梁机运梁至导梁→固定导梁，运架梁机携梁沿导梁前行就位→稳固运架梁机，导梁前行至下一墩位→安装桥梁支座，落梁就位→导梁后移一段距离→运架梁机前轮组驶下导梁，运架梁机退出→进行下一个循环。

6.3 连续体系梁桥的施工

连续体系梁桥的最大特点是，桥跨结构上除了有承受正弯矩的截面以外，还有能承受负弯矩的支点截面，这也是它们与简支梁体系的最大差别。因此，它们的施工方式与简支梁大不相同。目前所用的施工方法大致可分为以下三类：

①逐孔施工法，又可分为落地支架施工和移动模架施工两种。

②节段施工法，将每一跨结构划分成若干个节段，采用悬臂浇筑或者悬臂拼装（预制节段）两种方法逐段地接长，然后进行体系转换。

③顶推施工法，在桥的一岸或两岸开辟预制场地，分节段地预制梁身，并用纵向预应力筋将各节段连成整体，然后应用水平液压千斤顶施力，将梁段向对岸推边。顶推施力的方法又可分为单点顶推和多点顶推两类。

6.3.1 逐孔施工法

1. 落地支架施工法

落地支架施工法与第一节中关于简支梁桥的就地浇筑法施工基本上是相同的。所不同的是，悬臂梁桥和连续桥在中墩处的截面是连续的，而且承担较大的负弯矩，需要混凝土截面连续通过。因此，必须充分重视以下两方面的影响：

①不均匀沉降的影响。桥墩的刚度比临时支架的刚度大得多，加之支架一般垫基在未经精心处理的土基上，因此，难以预见的不均匀沉陷往往导致主梁在支点截面处开裂。

②混凝土收缩的影响。由于每次浇筑的梁段较长，混凝土的收缩又受到桥墩、支座摩阻力和先浇部分混凝土的阻碍，也是容易引起主梁开裂。

鉴于上述原因，一般采用留工作缝或者分段浇筑的方法。图6.45(a)所示的连续梁，仅在几个支点处设置工作缝，宽为0.8~1.0m，待沉降和收缩完成以后，再对接缝截面进行凿毛和清洗，然后浇灌接缝混凝土。当梁的跨径较大时，临时支架也会因受力不均，产生挠曲线，例如图6.45(b)所示悬臂梁中跨的临时桥下过道处，将有明显的折曲，故在这些部位也预留工作缝。有时为了避免设置工作缝的麻烦而采用如图6.45(c)所示的分段浇筑方法，图中的4、5段须待1、2、3段达到足够强度后才能浇筑。

分段浇筑的顺序，应使支架沉降较均匀地发展。对于支承处加高的梁，通常应从支承处向两边浇筑，这样还可避免砂浆由高处流向低处。

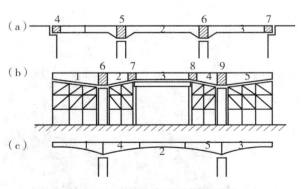

图6.45 浇筑次序和工作缝设置
（图中序号表示浇筑顺序）

梁的落架程序应从梁挠度最大处的支架节点开始，逐步卸落相邻两侧的节点，并要求对称、均匀、有顺序地进行；各节点应分多次进行卸落，以使梁的沉落曲线逐步加大。通常，连续梁可从跨中向两端进行。预应力混凝土连续梁桥在预应力筋张拉后，恒载自重已能由梁本身承担时再落架。

图 6.46 所示为简支-连续施工方法。预制构件按简支梁配筋，安装时，支承在墩顶两侧的临时支座上，待浇筑接头混凝土并达到规定强度后，张拉承受墩顶负弯矩的预应力筋并锚固好，最后卸除临时支座，安上永久支座，使结构转换成连续体系。对于跨径稍大的连续梁，可以借助少量的临时支架，采用先悬臂后连续的施工方法，图 6.47 所示为单悬臂-连续施工方法。用这种体系转换方式施工，最后从单悬臂梁转换成连续梁施工与使用阶段受力方向接近一致，从而能充分发挥连续梁的特点，有效地利用材料。

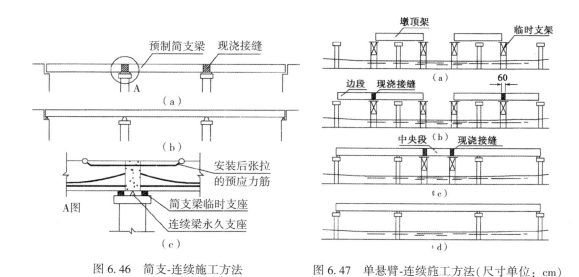

图 6.46　简支-连续施工方法　　　　图 6.47　单悬臂-连续施工方法(尺寸单位：cm)

2. 移动模架施工法

移动模架施工法就是利用机械化的支架和模板逐跨移动并进行现浇混凝土施工的方法。采用移动模架施工法就像构建了一座沿桥梁跨径方向封闭的"桥梁预制工厂"，随着施工进程不断移动连续灌注施工。自 1950 年在德国首次实施这种施工方法以来，已经得到广泛应用。图 6.48 所示移动式模架逐孔施工法，上承式移动模架构造由承重梁、导梁、台车、桥墩托架和模架等构件组成。在箱形梁两侧各设置一根承重梁，用来支承模架和承受施工重力。承重梁的长度要大于桥梁跨径，浇筑混凝土时，承重梁支承在桥墩托架上。导梁主要用于运送承重梁和活动模架，因此，需要有大于两倍桥梁跨径的长度。当一孔梁的施工完成后，便进行脱模卸架，由前方台车和后方台车在导梁和已完成的桥梁上面，将承重梁和活动模架运送至下一桥孔。承重梁就位后，再将导梁向前移动。

当采用移动模架施工时，连续梁分段时的接头部位应放在弯矩最小的部位，若无详细计算，可以取离桥墩 $l/5$ 处。

此法适用于跨径达 20~50m 的等跨和等高度连续梁桥施工。当然，这种施工方法需要

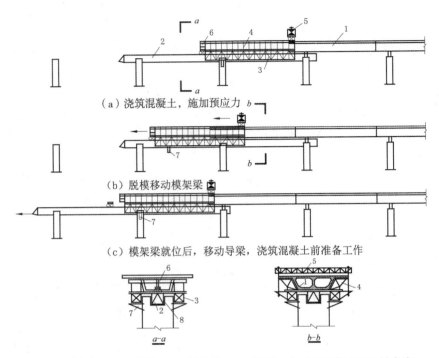

1—已完成的梁；2—导梁；3—承重梁；4—模架；5—后端横梁和悬吊台车；
6—前端横梁和支承台车；7—桥墩支承托架；8—墩台留槽

图 6.48　移动式模架逐孔施工法

一整套设备及配件，除耗用大量钢材外，还需要一整套机械动力设备和自动装置，一次性投资相当巨大。

6.3.2　节段施工法

1. 悬臂施工法的程序

悬臂施工法的基本程序，一是形成 T 构(指墩梁临时固结组成的结构立面形状)，二是各 T 构及边跨端部梁段之间合龙。不过，由于跨数不同，各 T 构及边跨端部梁段之间的合龙次序不同，悬臂施工的程序也不尽相同。

下面以最简单的三跨连续梁为例，来说明悬臂施工的一般程序和相关事项。图 6.49 所示的三跨连续梁在完成桥梁墩台工作、悬臂施工开始前，还需要在 2 号、3 号墩顶上先施工一合适长度的梁段，这一梁段包括 0 号块甚至 0 号块附近的梁段，其长度能基本满足在梁顶布设挂篮或吊机的要求。通常，需在墩顶两侧设置托架来辅助该梁段的施工。对连续梁，还需要采用锚杆、楔块等手段，把墩梁临时固结起来，以保证后续悬臂施工时的结构稳定性(对连续刚构体系，则无须设置及拆除临时固结)。

然后，以 T 构形式，从 2 号、3 号墩开始进行对称悬臂(拼装或浇筑)施工至边跨现浇段。接着，边跨端部梁段与 T 构合龙，释放 2 号、3 号墩顶的临时固结，形成两个单悬臂梁。最后中跨合龙，形成三跨连续梁结构。

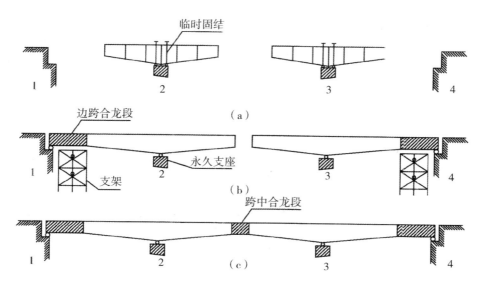

图 6.49 悬臂施工程序

在地形条件允许时,边跨端部梁段通常采用有支架法现浇施工;若地形条件不允许,则只有采取在中跨合龙后继续向桥两端悬臂施工的方法。

上述施工步骤中,2 号、3 号墩同时施工,需要两套悬臂施工设备,如挂篮或吊机。若设备不足(只有一套),则 2 号、3 号应分阶段施工(即两 T 构先后施工),工期则会延长。

2. 悬臂浇筑法

悬臂浇筑法一般采用移动式挂篮作为主要施工设备,以桥墩为中心,对称地向两岸利用挂篮浇筑梁节段的混凝土(图 6.50),待混凝土达到要求强度后,便张拉预应力束,然后移动挂篮,进行下一节段的施工。悬臂浇筑的节段长度要根据主梁的截面变化情况和挂篮设备的承载能力来确定,一般可取 2~8m。每个节段可以全截面一次性浇筑,也可以先浇筑梁底板和腹板,再安装顶板钢筋及预应力管道,最后浇筑顶板混凝土,但需注意由混凝土龄期差而产生收缩、徐变的次内力。悬臂浇筑施工和周期一般为 6~10 天,依节段混凝土的数量和结构复杂的程度而定。合龙段是悬臂施工的关键部位。为了控制合龙段的准确位置,除了需要预先设计好预拱度和进行严密的施工监控外,还要在合龙段中设置劲性钢筋定位,采用超早强水泥,选择最合适的梁的合龙温度(宜在低温)及合龙时间(夏季宜在晚上),以提高施工质量。

挂篮的形式较多,构造各异,图 6.51 所示是几种常用的挂篮形式,挂篮自身所用的材料重量与其所能承受的荷载重量之比,是衡量挂篮设计的主要技术指标。

用挂篮浇筑墩侧第一对梁段时,由于墩顶位置受限,往往需要将两侧挂篮的承重结构连在一起,如图 6.52(a)所示。待浇筑到一定长度后,再将两侧承重结构分开。如果墩顶位置过小,开始用挂篮浇筑发生困难时,可以设立局部支架来浇筑墩侧的前几对梁段,如图 6.52(b)所示,然后再安装挂篮。

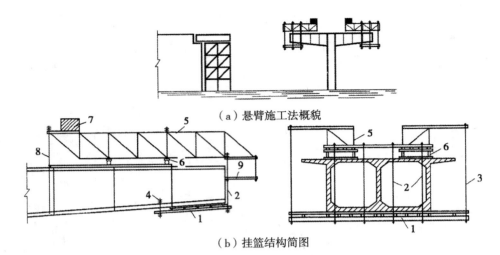

(a)悬臂施工法概貌

(b)挂篮结构简图

1—底模架；2、3、4—悬吊系统；5—承重结构；6—行走系统；
7—平衡重；8—锚固系统；9—工作平台

图 6.50 悬臂浇筑法施工

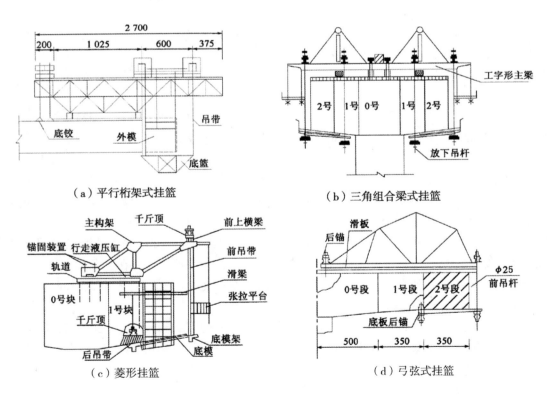

(a)平行桁架式挂篮　　　　　　　(b)三角组合梁式挂篮

(c)菱形挂篮　　　　　　　　　　(d)弓弦式挂篮

图 6.51 几种常用的挂篮形式(尺寸单位：cm)

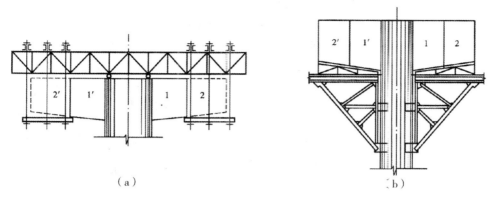

图 6.52 墩侧头几对梁段的浇筑

3. 悬臂拼装法

悬臂拼装法包含梁的节段预制和悬臂拼装施工两方面的内容。

节段预制指把梁沿纵向(按起吊能力)分成节段,在工厂或桥位附近进行预制。常用的预制方法有长线法和短线法。长线法是在按梁部底缘曲线(通常取桥跨的一半)制作的固定底模上分段浇筑。此法需要较长的预制场地,通常在施工现场进行,适用于梁底曲线相同的多跨桥(可提高设备的使用效率)。短线法是在配有可调整模板的台车上进行,每次预制新的节段前,按前一节段来确定其相对位置并调整模板,以保证节段在安装时的相互吻合。该法适合于工厂生产,设备可周转使用。无论采用长线法或短线法,节段的拼装面需做成企口缝,以控制和调整节段的高程和水平位置,并提高梁的抗剪能力。

悬臂拼装法是将预制好的梁段,用驳船运到桥墩的两侧,然后通过悬臂梁上(先建好的梁段)的一对起吊机械,对称吊装梁段,待就位后,再施加预应力,如此下去,逐渐接长,如图 6.53 所示。用作悬臂拼装的机具很多,有移动式吊车、桁架式吊车、缆式起重机、汽车吊和浮吊等。菱形挂篮吊机由菱形主体构架,支承与锚固装置、起吊系统、自行走系统和工作平台等部分组成,如图 6.53(b)所示。桁架式悬臂吊机由纵向主桁架、横向起重桁架、锚固装置、平衡重、起重系统、行走系统和工作吊篮等部分组成。这种吊机结构最简单,故使用最普遍,如图 6.53(c)所示。与桁架式吊机的最大不同点是,它具有自行前移的动能,可以加快施工速度。

预制节段之间的接缝可采用湿接缝和胶接缝。湿接缝宽度为 0.1~0.2m,拼装时,下面设临时托架,梁段位置调准以后,便用高标号砂浆或小石子混凝土填实,待接缝混凝土达到设计强度后,再施加预应力。胶接缝是用环氧树脂加水泥在节段接缝面上涂上约厚 0.8mm 的薄层,它在施工中可使接缝易于密贴,完工后可提高结构的抗剪能力、整体刚度和不透水性,故应用较普遍。但胶接缝要求梁段接缝有很高的制造精度。

4. 悬臂施工法中的梁墩临时固结

对于 T 形刚构桥和连续刚构桥梁,因墩梁本身就是固接着的,所以不存在梁墩临时固接的问题。但对于连续梁桥来说,采用悬臂施工法时,就必须在 0 号块节段将梁体与桥

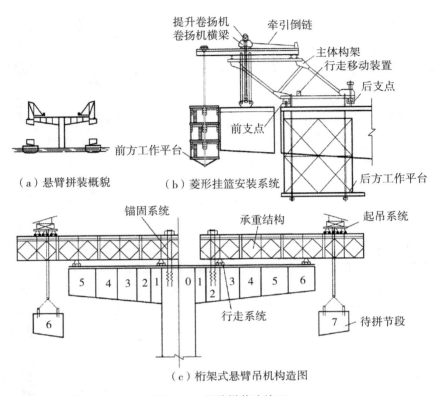

图 6.53 悬臂拼装法施工

墩临时固结或支承。图 6.54 是 0 号块体与桥墩临时固结构造示意图,只要切断预应力筋后,便解除了临时固结,完成了结构体系的转换。

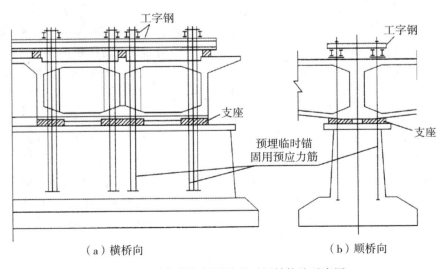

图 6.54 0 号块件与桥墩的临时固结构造示意图

6.3.3 顶推施工法

顶推法的施工原理是，沿桥纵轴方向的台后开辟预制场地，分节段浇筑或拼装混凝土梁身，并用纵向预应力筋连成整体，然后通过水平液压千斤顶施力，借助不锈钢板与四氟乙烯模压板特制的滑动装置，将梁逐段向对岸顶进，就位后落梁，更换正式支座，完成桥梁施工。顶推法主要适用于等截面连续梁，图6.55～图6.58为用顶推法施工的一些桥梁。

图6.55　AICH山谷桥

图6.56　科马提河桥

图6.57　钱江二桥引桥

图6.58　内卡桥

1. 单点顶推

单点顶推又可分为单向单点顶推和双向单点顶推两种方式。只在一岸桥台处设置制作场地和顶推设备的方法称单向单点顶推，如图6.59(a)所示；为了加快施工进度，也可在河两岸的桥台处设置制作场地和顶推设备，从两岸向河中顶推，这样的方法称为双向单点顶推，如图6.59(c)所示。

在顶推的过程中，为了减少悬臂梁的负弯矩，一般要在梁的前端安装长度为顶推跨径0.6~0.7倍的钢导梁，导梁应自重轻而刚度大。顶推装置由水平千斤顶和竖直千斤顶组合而成，可以联合作用，其工序是：顶升梁→向前推移→落下竖直千斤顶→收回水平千斤顶，如图6.60所示。

在顶推的过程中，各个桥墩墩顶均需布设滑道装置，它由混凝土滑台、不锈钢板和滑板组成。滑板则由上层氯丁橡胶和下层聚四氟乙烯板镶制而成，橡胶板与梁体接触，使摩

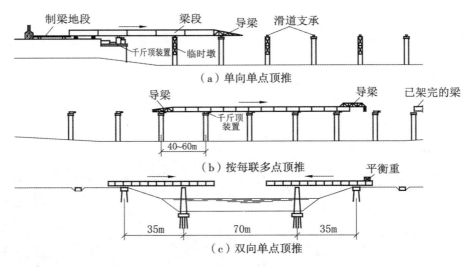

图 6.59 连续梁顶推法施工示意图

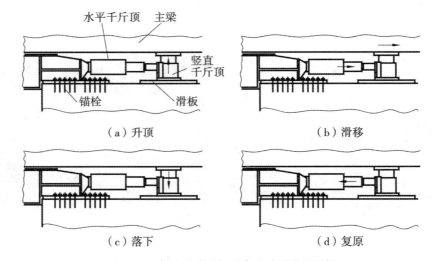

图 6.60 水平千斤顶与垂直千斤顶联用顶推

擦力增大,而四氟板与不锈钢板接触,使摩擦力减至最小,借此就可使梁前进。图 6.61 所示是滑板从后一侧滑移到前一侧,落下后再转运到后侧供继续喂入的示意图。

每个节段的顶推周期为 6~8 天,全梁顶推完毕后,便可解除临时预应力筋,调整、张拉和锚固后期预应力筋,再进行灌浆、封端,安装永久性支座,至此主体结构即告完成。

2. 多点顶推

在每个墩台上设置一对小吨位的水平千斤顶,将集中的顶推力分散到各墩上,如图 6.59(b)所示。由于利用水平千斤顶传给墩台的反力来平衡梁体滑移时在桥墩上产生的摩阻力,从而使桥墩在顶推过程中只承受较小的水平力,因此,可以在柔性墩上采用多点顶

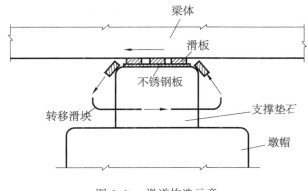

图 6.61 滑道构造示意

推施工。

必须注意，在顶推过程中，要严格控制梁体两侧的千斤顶同步运行。为了防止梁体在平面内发生偏移，通常在墩顶上梁体的旁边设置横向导向装置，如图 6.62 所示。

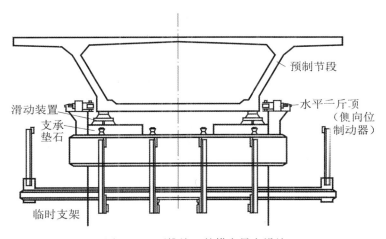

图 6.62 顶推施工的横向导向设施

顶推施工法适宜于建造跨度为 40~60m 的多跨等高度连续梁桥。当跨度更大时，就需要在桥跨间设置临时支承墩，国外已用顶推法修建成跨度达 168m 的桥梁。多点顶推与单点顶推相比，可以免用大规模的顶推设备，并能有效地控制顶推梁的偏心。当顶推曲梁桥时，由于各墩均匀施加顶推力，能顺利施工，因此，目前此法被广泛采用。多点顶推法也可以同时从两岸向跨中方向顶推，但需增加更多的设备，使工程造价提高，因此较少采用。

采用顶推法施工的不足之处是：一般采用等高度连续梁，会增多结构耗用材料的数量；梁高较大，会增加桥头引道土方量，且不利于美观；此外，顶推法施工的连续梁跨度也受到一定的限制。

本 章 小 结

1. 混凝土梁桥的基本施工工艺流程是：支立模板→钢筋骨架的绑扎或焊接→混凝土的浇筑与振捣→混凝土的养护和拆除模板等，无论对于简支梁桥还是连续梁桥来说，都是相同的。

2. 混凝土梁桥最主要的施工方法有两种：一是就地浇筑法，它是把基本施工工艺流程的内容放到桥孔位置去做，需要在桥孔处搭设脚手架或者采用移动式支架，完工以后，再将它们拆除；二是预制安装法，需要配置运输和吊装机械设备，将场内或工厂预制好的构件安放到桥孔处的设计位置。

3. 后张法预应力混凝土简支梁属于预制构件，应采用预制安装法施工，在制作过程中，除了完成基本施工工艺流程的内容外，尚须事先在混凝土梁体内制造穿力筋的孔道，当混凝土达到所要求的强度后，便张拉预应力筋，随即锚固，向孔道内压浆和在梁的端部将锚头用混凝土封固。

4. 先张法预应力混凝土简支板也属于预制构件，它与后张法预应力构件不同的是，需要在预制场地上建造专门的张拉台座，在每条生产线上可以同时制造若干块简支板构件，在浇筑混凝土之前，应预先张拉力筋，并临时锚固在张拉台座上，待混凝土达到了预定的强度后，再从台座上放松预应力筋，使每个构件得到预压力，然后从每个构件的两端割断外露的力筋。

5. 连续梁桥的施工方法依其结构受力特点主要有三大类：①逐孔施工法；②节段施工法；③顶推施工法。

6. 逐孔施工法实质上也是就地施工法，当采用落地支架时，必须在梁的若干个截面预留工作缝，等待一定时间后，再对工作缝进行处理和浇筑混凝土，以防止支架发生不均匀沉降和混凝土收缩而使构件产生裂缝。

7. 当采用移动模架进行逐孔施工时，连续梁分段时的接缝位置宜放在弯矩最小的截面，或者离桥墩 $l/5$ 的截面处。

8. 连续梁桥采用悬臂施工法时，必须先在 0 号块处将墩梁作临时固结或者设置临时支承，以利于悬臂施工；全桥完工以后，还要拆除临时固结或临时支承，完成体系转换。

9. 采用悬臂浇筑法施工时，宜在低温下合龙，如遇夏季期间，则宜晚间合龙，并采用其他降温措施。新浇的混凝土表面应用草袋覆盖和加强养护，使混凝土在早期结硬过程中处于升温受压状态。

10. 采用悬臂拼装法施工时，节段间的接缝有湿接缝和胶接缝等方法。胶接缝易于密贴，提高结构的抗剪能力、整体刚度和不透水性，但要求梁的制作精度较高。

11. 顶推施工法有单点顶推和多点顶推两种具体方法，多点顶推虽具有免用大规模顶推设备、能有效地控制顶推梁的偏移、对桥墩的推力小、适用于具有柔性墩梁桥和弯梁桥的顶推等优点，但所需设备较多，操作时需要同步进行，技术要求高。

思考题及习题

1. 悬臂浇筑法中的合龙梁段除了选择低温时间或采取有效降温措施进行合龙施工的办法外,还有什么方法可以减少混凝土收缩的影响?

2. 混凝土连续梁桥的边孔跨长为中孔跨长的 0.5~0.8 倍,当采用悬臂施工方法时,在大多数情况下,难以在边墩上实现平衡对称悬臂施工,此时,可以采取哪些办法来处理这个不对称的问题?

3. 混凝土浇筑中的施工缝、逐孔施工法中的工作缝和梁体分段接缝各应设置在什么位置?为什么?

4. 采用悬臂施工法时,如何划分节段?

5. 从施工条件和现场条件分析悬臂浇筑法施工和悬臂拼装法施工二者的适用条件和优缺点,并加以综合比较。

6. 试述有支架就地浇筑施工的一般程序。

7. 如果应用顶推法拆除一座需要更换的旧连续梁桥,那么顶推设备中的导梁应放在旧桥的哪一端?为什么?

8. 如何理解连续梁桥施工过程中的体系转换?

第7章 拱　　桥

本章提要及学习结果

本章主要介绍上承式拱桥的基本特点、构造、设计和计算等各方面的内容。对钢管混凝土拱桥和其他类型的拱桥只作简要介绍。通过本章的学习，学生应该能够：

1. 正确阐述拱桥的基本受力特点，列举拱桥的优点和缺点；
2. 正确阐述拱桥结构的基本组成、主要类型以及相关技术术语；
3. 正确描述拱桥的各部分构造组成及特点；
4. 说明拱桥的总体布置原则，特别是对不等跨拱桥的处理方法；
5. 应用"五点重合法"的计算原理，并具体计算拱桥的拱轴系数；
6. 陈述钢管混凝土拱桥的受力特点。

7.1 概述

7.1.1 拱桥的基本特点

拱桥是我国公路上使用较广泛的一种桥型。拱桥与梁桥的区别不仅在于外形不同，而且两者受力性能有较大差别。由力学知，梁式结构在竖向荷载作用下，支承处仅产生竖向支承反力，而拱式结构在竖向荷载作用下，两端支承除了有竖向反力外，还将产生水平推力。正是这个水平推力，使拱内产生轴向压力，从而大大减小了拱圈的截面弯矩，使之成为偏心受压构件，截面上的应力分布与受弯梁的应力相比，较为均匀，如图7.1所示。因此，可以充分利用主拱截面材料强度，使跨越能力增大。

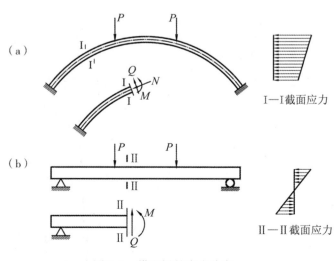

图7.1　拱和梁的应力分布

拱桥的主要优点是：跨越能力较大；能充分就地取材，与钢桥和钢筋混凝土梁式桥相比，可以节省大量的钢材和水泥；耐久性能好，维修、养护费用少；外型美观；构造较简单。

拱桥的主要缺点是：自重较大，相应的水平推力也较大，增加了下部结构的工程量，当采用无铰拱时，对地基条件要求高；拱桥(尤其是圬工拱桥)一般都采用有支架施工的方法修建，随着跨径和桥高的增大，支架或其他辅助设备的费用也大大增加，从而增加了拱桥的总造价；由于拱桥水平推力较大，在连续多孔的大、中桥梁中，为防止因孔破坏而影响全桥的安全，需要采用较复杂的措施，例如设置单向推力墩，也会增加造价；与梁式桥相比，上承式拱桥的建筑高度较高，当用于城市立交及平原地区的桥梁时，因桥面标高提高，而使两岸接线长度增长，或者使桥面纵坡增大，既增大了造价，又对行车不利，因此也使拱桥的使用范围受到一定的限制。

7.1.2 拱桥的基本组成

拱桥的上部结构和下部结构各主要组成部分的名称如图7.2所示。拱桥上部结构由主拱圈和拱上建筑组成。主拱圈是拱桥的主要承重结构。由于拱圈是曲线形，一般情况下，车辆都无法直接在弧面上行驶，所以在桥面与主拱圈之间需要有传递压力的构件或填充物，以使车辆能在平顺的桥道上行驶。桥面系和这些传力构件或填充物统称为拱上结构或拱上建筑。

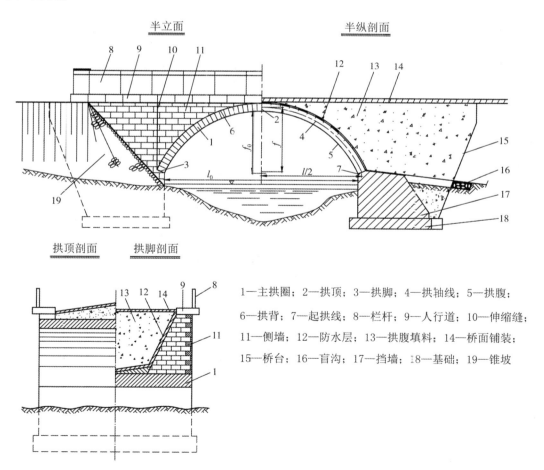

图7.2 拱桥的主要组成部分

拱桥的下部结构由桥墩、桥台及基础等组成，用以支承桥跨结构，将桥跨结构的荷载传至地基。桥台还起到与两岸路堤相连接的作用，使路桥形成一个协调的整体。

拱圈最高处的横向截面称为拱顶，拱圈和墩台连接处的横向截面称为拱脚（或起拱面）。拱圈各横向截面（或换算截面）的形心连线称为拱轴线。拱圈的上曲面称为拱背，下曲面称为拱腹。起拱面与拱腹相交的直线称为起拱线。

下面介绍拱桥的几个主要技术名称：

净跨径（l_0）——每孔拱跨两个拱脚截面最低点之间的水平距离。

计算跨径（l）——两相邻拱脚截面形心点之间的水平距离。因为拱圈（或拱肋）各截面形心点的连线称为拱轴线，故也就是拱轴线两端点之间的水平距离。

净矢高（f_0）——从拱顶截面下缘至相邻两拱脚截面下缘最低点之连线的垂直距离。

计算矢高（f）——从拱顶截面形心至相邻两拱脚截面形心之连线的垂直距离。

矢跨比（D 或 D_0）——拱桥中拱圈（或拱肋）的净矢高与净跨径之比，或计算矢高与计算跨径之比，即 $D_0 = f_0/l_0$ 或 $D = f/l$。

一般将矢跨比大于或等于 1/5 的拱称为陡拱；将矢跨比小于 1/5 的拱称为坦拱。

7.1.3 拱桥的主要类型

拱桥按照主拱圈所使用的建筑材料可以分为圬工拱桥、钢筋混凝土拱桥、钢拱桥和钢-混凝土组合拱桥等；按照拱上建筑的型式可以分为：实腹式拱桥和空腹式拱桥；按照主拱圈线型可分为：圆弧线拱桥、抛物线拱桥和悬链线拱桥；按照桥面的位置可分为：上承式拱桥、下承式拱桥和中承式拱桥（图7.3）；按照有无水平推力可分为：有推力拱桥和无推力拱桥。

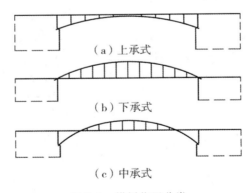

图 7.3 拱桥位置分类

下面按另外两种不同的分类方式对圬工拱桥和钢筋混凝土拱桥的主要类型作出一些介绍。

1. 按照结构受力图式分类

按照主拱圈与行车系之间相互作用的性质和影响程度，可以把拱桥分为三种类型。

（1）简单体系的拱桥

简单体系的拱桥，均为有推力拱，可以做成上承式、下承式（无系杆拱）或中承式。

在简单体系的拱桥中,上承式拱桥的拱上结构或中、下承式拱桥的拱下悬吊结构(统称为行车道系结构),一般都不考虑它与主拱的联合作用来共同承受桥面荷载,主拱将以裸拱的形式成为主要承重结构,拱的水平推力直接由墩台或基础承受。

按照主拱的静力体系,简单体系的拱桥又可以分成如下三种:

①三铰拱,如图7.4(a)所示,属外部静定结构。温度变化、混凝土收缩、支座沉陷等因素引起的变形不会对它产生附加内力,计算时无需考虑体系弹性变形对内力的影响。故它适合于在地基条件很差的地区修建,但由于铰的存在,使其构造复杂、施工困难、维护费用增高,而且减小了结构的整体刚度,降低了抗震能力。又由于拱的挠度曲线在顶铰处有转折,对行车不利,因此,三铰拱一般较少采用。

②两铰拱,如图7.4(b)所示,属外部一次超静定结构。由于取消了拱顶铰,使结构整体刚度较三铰拱的大。基础位移、温度变化、混凝土收缩和徐变等引起的附加内力比无铰拱的影响要小,故可在地基条件较差时或坦拱中采用。

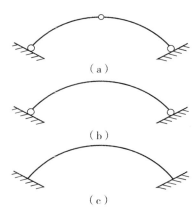

图7.4 简单体系的拱桥

③无铰拱,如图7.4(c)所示,属外部三次超静定结构。在自重及外荷载作用下,拱内的弯矩分布比两铰拱均匀,材料用量省。由于没有设铰,结构的整体刚度大、构造简单、施工方便、维护费用少,因此在实际中使用最广泛。但由于无铰拱的超静定次数高,温度变化、材料收缩、结构变形、墩台位移会在拱内产生较大的附加内力,所以无铰拱一般修建在地基良好的条件下,这使它的使用范围受到一定限制。

(2)组合体系拱桥

组合体系拱桥一般由拱肋、系杆、吊杆(或立柱)、行车道梁(板)及桥面系等组成。

组合体系拱桥将梁和拱两种基本结构组合起来,共同承受桥面荷载和水平推力,充分发挥梁受弯、拱受压的结构特性及其组合作用,达到节省材料的目的。组合体系拱桥一般可分为有推力的和无推力两种类型。

①无推力的组合体系拱桥,也称系杆拱桥,是外部静定结构,兼有拱桥的较大跨越能力和简支梁桥对地基适应能力强的两大特点。拱的推力由系杆承受,系杆就是一个将两拱脚相互联系在一起的水平构件,因而墩台不承受水平推力。根据拱肋和系杆(梁)相对刚度的大小及吊杆的布置型式,可以分为:具有竖直吊杆的柔性系杆刚性拱,称系杆拱,如图7.5(a)所示;具有竖直吊杆的刚性系杆柔性拱,称蓝格尔拱,如图7.5(b)所示;具有竖直吊杆的刚性系杆刚性拱,称洛泽拱,如图7.5(c)所示。

柔性系杆刚性拱组合体系中,系杆的刚度远小于拱肋的刚度,即$(EI)_{拱}/(EI)_{系} > 80$。系杆和吊杆均为柔性杆件,可以忽略系杆承受的弯矩,系杆平衡拱的推力,只受拉,从而能发挥材料的特性,节省材料,减轻墩台负担,使这种体系能应用于软土地基上。这类桥梁适用跨径为20~90m。

刚性系杆柔性拱,拱肋的刚度与系杆的刚度比相对小得多,即$(EI)_{拱}/(EI)_{系} < 1/80$,可以忽略拱肋中的弯矩,认为刚性系杆不仅承受拱的推力,还要承受弯矩,为拉弯组合的

梁式构件,而拱肋只承受轴向力,故称为柔性拱。刚性系杆柔性拱的适用跨径可达 100m。

刚性系杆刚性拱介于柔性系杆刚性拱和刚性系杆柔性拱之间,即 $(EI)_{拱}/(EI)_{系}$ 在 1/80~80 之间,拱肋和系杆都有一定的抗弯刚度,荷载引起的弯矩在拱肋和系杆之间按刚度分配,它们共同承受纵向力和弯矩,适合于设计荷载较大的拱桥采用。

以上三种拱,当用斜吊杆来代替竖直吊杆时,称为尼尔森拱,图 7.5(d)(e)(f)所示。

②有推力的组合体系拱,此种组合体系拱没有系杆,由单独的梁和拱共同受力,拱的推力仍由墩台承受。图 7.5(g)是刚性梁柔性拱(倒蓝格尔拱);图 7.5(h)是刚性梁刚性拱(倒洛泽拱)。

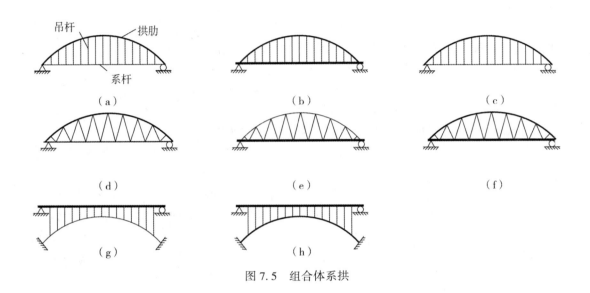

图 7.5 组合体系拱

(3)拱片桥

上边缘与桥面纵向平行,下边缘是拱形的有推力结构,称为拱片,如图 7.6 所示。在拱片中,行车道系与拱肋刚性连成一整体,共同承受荷载,故它仅能用于上承式拱桥。拱

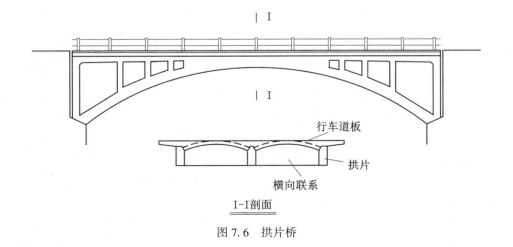

图 7.6 拱片桥

片的立面一般被挖空做成桁架的形式。根据桥梁宽度的不同，拱片桥可由两片以上的拱片组成，并用横向联结系将各拱片联成整体，行车道板支承在拱片上。拱片桥可以做成无铰、两铰或三铰结构，它的推力均由墩台承受。

2. 按主拱圈截面形式分类

拱桥的主拱圈沿拱轴线可以做成等截面或变截面的形式。等截面拱，如图7.7(a)所示，在沿桥跨方向主拱圈的横截面尺寸是相同的；而变截面拱，如图7.7(b)所示，主拱圈横截面从拱顶到拱脚是逐渐变化的。变截面拱圈的做法通常有两种，一种是拱圈宽度方向不变而只变厚度（图7.7(c)），另一种是厚度不变而改变拱圈宽度（图7.7(d)）。由于等截面拱的构造简单、施工方便，因此它是目前采用最普遍的形式。

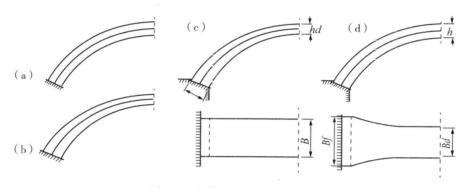

图7.7 主拱圈立面和平面形状

(1) 板拱桥

主拱圈采用矩形实体截面的拱桥，称为板拱桥。它的构造简单、施工方便，但在相同截面积的条件下，实体矩形截面比其他形式截面的抵抗矩小。如果为了获得较大的截面抵抗矩，则必须增大截面尺寸，这就相应地增加了材料用量和结构自重，从而加重了下部结构的负担，这是不经济的。因此，通常只在地基条件较好的中、小跨径圬工拱桥中才采用这种形式。如图7.8(a)所示。

(2) 板肋拱桥

板肋拱桥是拱圈截面由板和肋组成的拱桥。如图7.8(b)所示，它是在较薄的拱板上增加几条纵向肋，以提高拱圈的抗弯刚度。若根据主拱圈弯矩的分布情况，在跨径中部，肋宜布置在下面，而在拱脚区段，肋布置在上面较为合理。但实际应用时，为了简化模板和钢筋工作，往往沿整个拱跨将肋布置在主拱圈截面的上面或下面。

(3) 肋拱桥

肋拱桥是在板拱桥的基础上发展形成的，它是将板拱划分成两条或多条分离的、高度较大的拱肋，肋与肋间用横系梁相联，如图7.8(c)所示。这样就可以用较小的截面面积获得较大的截面抵抗矩，从而节省材料，减轻拱桥的自重，因此多用于大、中跨径的拱桥。

(4) 双曲拱桥

双曲拱桥主拱圈横截面由一个或数个横向小拱组成，由于主拱蜀的纵向及横向均呈曲线形,故称为双曲拱桥。如图7.8(d)所示。这种截面抵抗矩较相同材料用量的板拱大,故可节省材料。施工中可采用预制拼装,比板拱有较大的优越性,但存在着施工工序多、组合截面整体性较差和易开裂等缺点,一般用于中、小跨径拱桥。

(5)箱形拱桥

这类拱桥外形与板拱相似,由于截面挖空,使箱形拱的截面抵抗矩较相同材料用量的板拱大很多,所以能节省材料、减轻自重,相应地也减少下部结构材料用量,对于大跨径拱桥则效果更为显著。如图7.8(e)所示。又因它是闭口箱形截面,截面抗扭刚度大,横向整体性和结构稳定性均较双曲拱好,故特别适用于无支架施工。但箱形截面施工制作较复杂,因此大跨径拱桥采用箱形截面才是合适的。

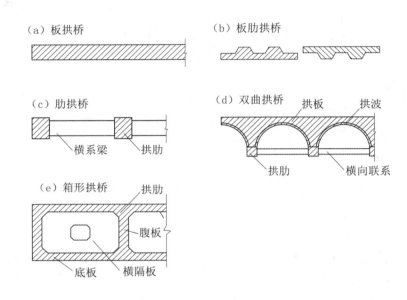

图7.8 主拱圈横截面形式

7.2 拱桥的构造

7.2.1 主拱圈的构造

1. 板拱

按建筑材料划分,板拱又可分为石板拱、混凝土板拱和钢筋混凝土板拱等。下面重点介绍石板拱。

砌筑石板拱主拱圈的石料主要有料石、块石和砖石等。用粗料石砌筑拱圈时,拱石需要随拱轴线和截面形式不同分别进行编号,以便加工,等截面圆弧拱(图7.9(a))的拱石规格少,编号简单;变截面圆弧拱圈(图7.9(b))的拱石类型较多,编号较复杂、施工不便。有的石拱桥也采用等截面或变截面的悬链线作为拱轴线,这时,拱石的编号更为复杂(图7.10)。因此,目前大多采用等截面拱桥。

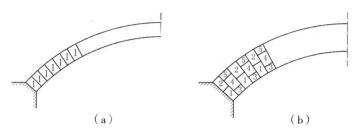

图 7.9 等截面圆弧拱的拱石编号

用于拱圈砌筑的石料应要求石质均匀,不易风化和无裂纹。石料标号不得低于 C30,砌筑拱石用的砂浆,对大、中跨径拱桥不得低于 C7.5,对于小跨径拱桥不得低于 C5。必要时,也可用小石子混凝土进行砌筑,小石子粒径一般不得大于 2cm。采用小石子混凝土砌筑的片石板拱,其砌体强度比用同标号的水泥砂浆的砌体强度要高,而且可以节约水泥 1/4~1/3。

根据拱圈的受力(主要承受压力,其次是弯矩)特点和需要,拱圈砌筑应满足下列构造要求:

(1)错缝

对料石拱,拱石受压面的砌缝应与拱轴线垂直,可以不错缝;当拱圈厚度不大时,可采用单层砌筑(图 7.9(a)),但其横向砌缝必须错开且不小于 10cm;当拱圈厚度较大时,采用多层砌筑(图 7.9(b)、图 7.10),但其垂直于受压面的顺桥向砌缝(图 7.11(a)),拱圈横截面内拱石竖向砌缝(图 7.11(b)(c))以及各层横向砌缝必须错开且不小于 10cm,以免因存在通缝而降低砌体的抗剪强度和削弱其整体性。对块石拱,应选择较大平面与拱轴线垂直,拱石大头在上、小头在下,砌缝错开不小于 8cm。对片石拱,拱石较大面与拱轴线垂直,大头在上,砌缝交错。

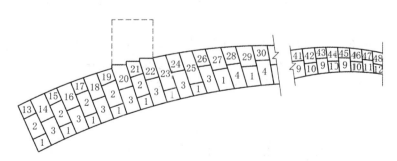

图 7.10 变截面拱圈的拱石编号

(2)限制砌缝宽度

拱石砌缝宽度不能太大,因砂浆强度比拱石低得多,如缝太宽,必将影响砌体强度和整体性。通常,对料石拱不大于 2cm,对块石拱不大于 3cm,对片石拱不大于 4cm,采用小石子混凝土砌筑时,块石砌缝宽不大于 5cm,片石砌缝宽为 4~7cm。

(3)设五角石

拱圈与墩台以及拱圈与空腹式拱上建筑的腹孔墩连接处,应采用特别的五角石(图 7.12(a)),以改善该处的受力状况。为避免施工时损坏或被压碎,五角石不得带有锐角,为了简化施工,目前常用现浇混凝土拱座及腹孔墩底梁(图 7.12(b))代替石质五角石。

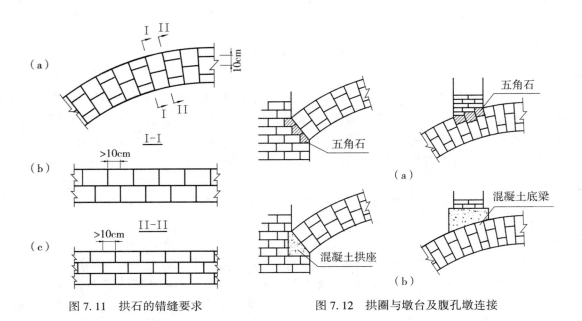

图 7.11 拱石的错缝要求　　图 7.12 拱圈与墩台及腹孔墩连接

2. 肋拱

肋拱桥由两条或多条拱肋、横系梁、立柱和由横梁支承的行车道部分组成,如图 7.13 所示。拱肋是主要承重结构,通常由混凝土或钢筋混凝土做成。拱肋的数目和间距以及截面形式主要根据桥梁宽度、肋型、材料性能、荷载等级、施工条件、拱上结构等各方面综合考虑决定。为了简化构造,一般在吊装能力满足要求的情况下,宜采用少肋形式。通常,桥宽在 20m 以内时均可考虑采用双肋式,当桥宽在 20m 以上时,宜采用分离的双幅双肋拱,以避免由于肋中距增大而使肋间横系梁、拱上结构横向跨度与尺寸增大太多。上下游拱肋最外缘的间距一般不宜小于跨径的 1/20,以保证肋拱的横向整体稳定性。

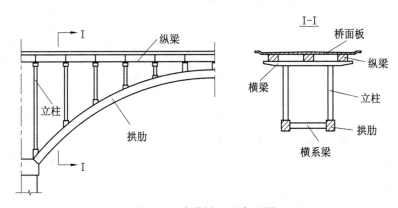

图 7.13 肋拱桥立面布置图

拱肋的截面形式分为实体矩形、工字形、箱形、管形等，如图7.14所示。矩形截面构造简单、施工方便，一般仅用于中小跨径的肋拱。肋高可取跨径的1/40～1/60，肋宽可为肋高的0.5～2.0倍。工字形截面常用于大、中跨径的肋拱桥。肋高一般为跨径的1/25～1/35，肋宽为肋高的0.4～0.5倍，腹板厚度常为30～50cm。管形肋拱是指采用钢管混凝土结构作为拱肋的拱桥，其肋高与跨径之比常在1/45～1/65之间。当肋拱桥的跨径大、桥面宽时，拱肋还可采用箱形截面，这样可减少更多的圬工体积，箱肋高一般为跨径的1/40～1/55。

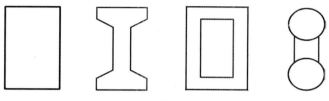

图7.14 肋拱拱肋截面形式

3. 箱形拱

主拱圈截面由多室箱构成的拱称为箱形拱，如图7.15所示。箱形拱的主要特点是：①截面挖空率大，挖空率可达全截面的50%～60%，与板拱相比，可节省大量圬工体积，减轻重量；②箱形截面的中性轴大致居中，对于抵抗正负弯矩具有几乎相等的能力，能较好地适应主拱圈各截面正负弯矩变化的需要；③由于是闭合空心截面，抗弯和抗扭刚度大，拱圈的整体性好，应力分布较均匀；④单条箱肋刚度较大，稳定性较好，能单箱肋成拱，便于无支架吊装；⑤制作要求较高，吊装设备较多，主要用于大跨径拱桥。

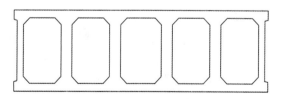

图7.15 箱形拱拱圈断面示意

箱形拱的拱圈，可以由一个闭合箱（单室箱）或由几个闭合箱（多室箱）组成，每一个闭合箱又由箱壁（侧板）、顶板（盖板）、底板及横隔板组成，如图7.16所示。

箱形拱截面形式有以下几种：①由多条U形肋组成的多室箱形截面（图7.17(a)）；②由多条工字形肋组成的多室箱形截面（图7.17(b)）；③由多条闭合箱肋组成的多室箱形截面（图7.17(c)）；④单箱多室截面（图7.17(d)）。

待拟定箱形拱截面尺寸主要包括拱圈的高度、宽度、箱肋的宽度以及顶底板及腹板尺寸。

拱圈的高度主要取决于拱的跨度，还与拱圈所用混凝土强度有很大关系。初拟拱圈的高度时，拱圈高度可取跨径的1/55～1/75，或者按如下经验公式估算：

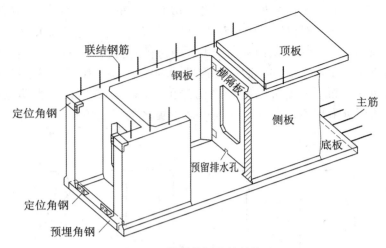

图 7.16 箱形拱闭合箱的构造

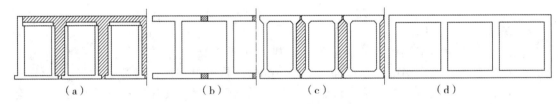

图 7.17 箱形拱截面形式

$$h = \frac{l_0}{100} + \Delta$$

式中：h 为拱圈高度(m)；l_0 为净跨径(m)；Δ 取 0.6~0.8。

提高混凝土的强度，可以减少截面尺寸，从而减轻拱体本身的自重力或加大跨径。目前常用 C30~C40 混凝土，对特大跨径拱桥，应尽量采用更高标号的混凝土。

拟定拱圈的宽度时，可考虑采用悬挑桥面，减小拱圈宽度，即采用窄拱圈形式。拱圈宽度一般可为桥宽的 1.0~0.6 倍，桥面悬挑可达到 4.0m，但为保证其横向稳定性，一般希望拱宽不小于跨径的 1/20，但特大跨径桥的拱圈宽度常难以满足该条件，只要横向稳定性能得到保证即可。

箱肋是组成预制吊装施工的箱形拱桥的基本构件。拱圈宽度确定后，根据(缆索)吊装能力，在横向划分为几个箱肋，即可确定箱肋的宽度。

对常用的由多条闭口箱肋组成的箱形拱(图 7.18)，其顶底板及腹板各部分尺寸采用何值，与跨径及荷载大小有关。顶、底板厚度 t_d 一般为 15~22cm，两外箱肋外腹板厚 t_{wf} 一般为 12~15cm，内箱肋腹板厚 t_{Nf} 常取 5~7cm，以尽量减轻吊装重量，

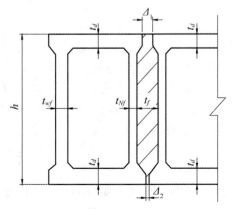

图 7.18 常用的箱形拱截面形式

但需注意的是,拱圈顶、底及腹板太薄,可能出现压溃,其原因除构造尺寸太小外,就是应力允许值用得太大(国际上对压板应力值限制很严),故应对其作必要的局部应力验算。填缝宽度 t_f 根据受力大小确定(主要考虑轴力大小),一般采用 20~35cm。为保证填缝混凝土浇筑质量,Δ_1 不宜小于 20cm,Δ_2 为安装缝,通常为 4cm。

箱形拱的构造与施工方法有密切的联系。修建箱形拱,可以采用预制拱箱无支架吊装或有支架现场浇筑等施工方法。若采用无支架施工时,拱箱可分段预制。当吊装能力很大时,可以采用封闭式拱箱,这样可以增加拱箱在施工过程中的整体稳定性,减少施工步骤,其具体过程为:在横向将拱截面划分为多条箱形肋,在纵向将箱形肋分段,先预制各箱肋段,然后安装各箱肋段成拱,最后现浇各箱肋间的填缝混凝土形成箱形拱。

4. 双曲拱桥

双曲拱桥主拱圈通常由拱肋、拱波、拱板和横向联系等几部分组成,如图 7.19 所示。

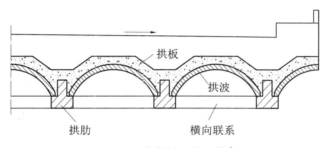

图 7.19 双曲拱桥主拱圈横断面

双曲拱桥的主要特点是将主拱圈以"化整为零"的方法按先后顺序进行施工,再以"集零为整"的组合式整体结构承重。施工时,先将拱圈划分成拱肋、拱波、拱板及横向联系四部分,并预制拱肋、拱波和横向联系,即"化整为零";然后吊装钢筋混凝土拱肋成拱并与横向联系构件组成拱形框架,在拱肋间安装拱波,随后浇筑拱板混凝土,形成主拱圈,即"集零为整"。双曲拱桥是我国于 20 世纪 70 年代提出的,当时的主要目的是减轻吊装重量。

双曲拱桥主拱圈截面,根据桥梁的跨径、宽度、设计荷载的大小、材料类型和施工工艺等各种情况,可以采用不同的形式(图 7.20)。目前采用最多的是多肋多波的截面形式,如图 7.20(a)(b)(c)所示。一般说来,肋间距不宜过小,以免限制了拱波的矢高,减小拱圈的截面刚度;但同时,肋间距受吊装机械控制又不宜过大,

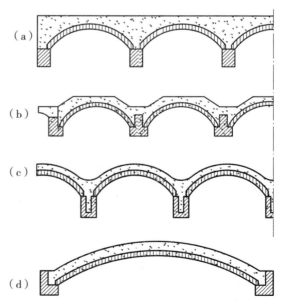

图 7.20 双曲拱桥主拱圈截面形式

以免拱肋数量少而过分加大拱肋截面尺寸,增加吊装重量,给施工带来不便。在小跨径的双曲拱桥中,还可采用单波的形式,如图7.20(d)所示。

拱肋是双曲拱桥主拱圈的骨架,它不仅参与拱圈共同承受全部恒载和活载,对主拱圈质量有重大影响,而且在施工过程中,又要起砌筑拱波和浇筑拱板的支架作用,当拱波、拱板完成后,拱肋成为主拱圈的重要组成部分。因此,拱肋的设计,必须保证具有足够的强度和刚度。特别是采用无支架施工的双曲拱,除应满足吊装阶段的强度和纵横向稳定性以外,还需满足截面在组合过程中各阶段荷载作用下的强度要求。

常用的拱肋截面形式有矩形、倒T形(凸形)、槽形和工字形等,如图7.21所示。一般根据跨径大小、受力性能、施工难易等条件综合选择合理的截面形式,要求所选拱肋截面有利于增强主拱圈的整体性,制作简单,且能保证施工安全。

图7.21 拱肋截面形式

拱肋一般为钢筋混凝土构件,常采用预制安装的方法施工。预制的拱肋如果长度太大,不便于预制、运输和吊装,故常常分成几段,分段数目和长度应根据桥梁跨径大小、运输设备和吊装能力等条件来考虑。由于拱顶往往是受力最不利的截面,因此拱肋分段时,接头不宜布置在拱顶,宜设置在拱肋自重作用下弯矩最小的地方,一般在跨径的0.29~0.32倍附近。这样,拱肋一般均可分为3段,如图7.22所示。当跨径超过80m时,可以分为5段。

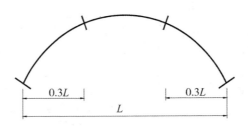

图7.22 拱肋分段的接头位置

拱波一般都用混凝土预制,常做成圆弧形,矢跨比一般为1/3~1/5,单波的矢跨比为1/3~1/6。拱波跨度由拱肋间距,净跨以1.3~2.0m为宜,单波截面以3~5m为宜。拱波厚一般为6~8cm,拱波的宽度为0.3~0.5m。拱波不仅是参与主拱圈共同承受荷载的组成部分,而且在浇筑拱板混凝土时,它又起模板的作用。

拱板在拱圈截面占有最大比重,而且现浇混凝土拱板又将拱肋、拱波连成整体,使拱圈能实现"集零为整"。因此,拱板在加强拱圈整体性方面起着重要的作用。

双曲拱桥主拱圈截面高度一般为跨径的1/40~1/55,跨径大者取小值。

为使拱肋的变形在横桥方向均匀,避免拱波顶可能出现的纵向裂缝,需在拱肋间设置横向联系。常用的型式有横系梁和横隔板,通常布置在拱顶、腹孔墩下面、分段吊装的拱肋接头处等,间距一般为3~5m,拱顶部分可适当加密。

7.2.1 拱上建筑构造

拱上建筑是拱桥的一部分,按照拱上建筑采用的不同构造方式,可将拱桥分为实腹式和空腹式两种。

1. 实腹式拱上建筑

实腹式拱上建筑构造简单,施工方便,填料数量较多,恒载较重,一般用于小跨径的拱桥。实腹式拱上建筑由拱腹填料、侧墙、护拱、变形缝、防水层、泄水管以及桥面系组成,如图7.23所示。

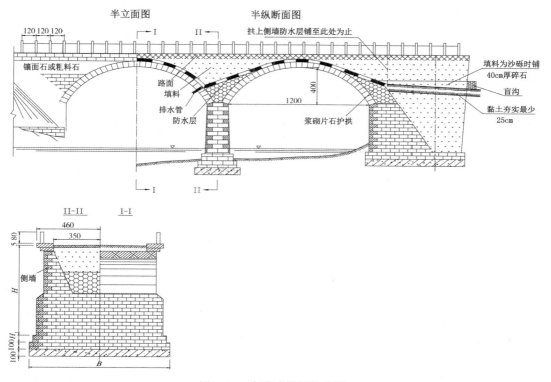

图7.23 实腹式拱桥构造图

拱腹填料分为填充式和砌筑式两种。填充式拱腹填料应尽量做到就地取材,通常采用透水性好、土侧压力小的砾石、碎石、粗砂或卵石类黏土等材料,分层夯实,还可采用其他轻质材料,如炉渣与黏土的混合物、陶粒混凝土等,以减轻拱上建筑重量,使其适用于地质条件较差地区。砌筑式拱腹填料就是在散粒料不易取得时才采用的一种干砌圬工方式。侧墙是围护拱腹上的散粒填料,设置在拱圈两侧,通常采用浆砌块、片石,若有特殊的美观要求,还可用料石镶面。对混凝土或钢筋混凝土板拱,也可用钢筋混凝土护壁式侧墙。这种侧墙可以与主拱浇筑为一体。侧墙一般要求承受填料土侧压力和车辆作用下的土侧压力,故按挡土墙进行设计。对浆砌圬工侧墙,顶面厚度一般为50~70cm,向下逐渐增厚,墙脚厚度取用该处墙高的 0.4 倍。护拱设于拱脚段,以便加强拱脚段的拱圈,同时,便于在多孔拱桥上设置防水层和泄水管,通常采用浆砌块、片石结构。

2. 空腹式拱上建筑

大、中跨径的拱桥,特别是当矢高较大时,应以空腹式拱上建筑为宜。空腹式拱上建筑除具有实腹式拱上建筑相同的构造外,还具有腹孔和腹孔墩。

(1)腹孔

根据腹孔构造,可分为拱式拱上建筑和梁式拱上建筑两种。

① 拱式拱上建筑,构造简单、外形美观,但重量较大,一般用于圬工拱桥。腹孔的形式和跨径的选择,要既能减轻拱上建筑的重量,又不致因荷载过分集中于腹孔墩处,给主拱圈受力状况造成不利影响,同时还要使拱桥外型协调美观。

腹孔一般对称布置在靠拱脚侧的一定区段内,其长度为跨径的 1/3~1/4(图 7.24(a)),此时,跨中存在一实腹段。对于中小跨径拱桥,腹孔跨数以 3~6 孔为宜。目前也有采用全空腹形式(图 7.24(b)),一般以奇数孔为宜。腹孔跨径,对中小跨径拱桥一般选用 2.5~5.5m,对大跨径拱桥则控制在主拱跨径的 1/8~1/15 之间。腹孔构造宜统一,以便于施工和有利于腹孔墩的受力。

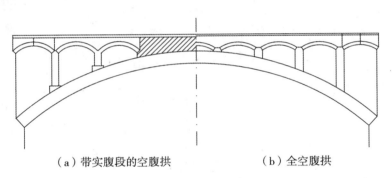

(a)带实腹段的空腹拱　　　　(b)全空腹拱

图 7.24　拱式拱上建筑

腹拱圈一般采用矢跨比为 1/2~1/5 的圆弧线板式结构,或矢跨比为 1/10~1/12 的微弯板或扁壳结构。腹拱圈的厚度与它的构造形式有关,当跨径小于 4m 时,石板拱为 30cm,混凝土板拱为 15cm,微弯板为 14cm(其中预制 6cm,现浇 8cm);当跨径大于 4m 时,腹拱圈厚度则可按板拱厚度经验公式拟定或参考已成桥的资料确定。腹拱拱腹填料与实腹拱相同。

紧靠桥墩(台)的第一个腹拱,目前较多的有两种做法:一种是将腹拱的拱脚直接支承在墩(台)上(图 7.25(a)(b));另一种是跨越桥墩,使桥墩两侧的腹拱圈相连(图 7.25(c)),由于拱圈受力后变形较大,而墩台变形较小,容易造成第一个腹拱因拱脚变位而开裂,因而靠近墩台的第一个腹拱应做成三铰拱。

②梁式拱上建筑,可减轻拱上重量,降低拱轴系数(使拱上建筑的恒载分布接近于均布荷载),改善拱圈在施工过程中的受力状况,获得更好的经济效果。腹孔的布置与上述的腹拱要求基本相同。

梁式腹孔结构有简支、连续和框架式等多种形式。

简支腹孔(纵铺桥道板梁),如图 7.26(a)(b)所示。

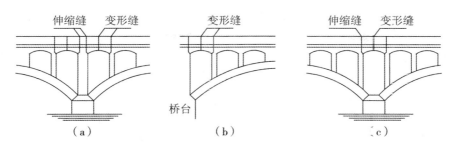

图 7.25 桥墩(台)上腹拱的布置方式

简支腹孔由底梁(座)、立柱、盖梁和纵向简支桥道板(梁)组成。这种结构体系简单,基本上不存在拱与拱上结构的联合作用,受力明确,是大跨径拱桥拱上建筑主要采用的形式。

腹孔布置的范围及实腹段的构造与拱式腹拱相同,如图 7.26(a)所示。由于拱顶段上面全被覆盖,空腹、实腹段拱上荷载差异较大。目前,大跨径拱桥的梁式拱上建筑一般都取消拱顶实腹段,而采用全空腹式拱上建筑,如图 7.26(b)所示。

全空腹式腹孔数宜采用奇数,避免拱顶设有立柱,使拱顶受力不利。通常先确定两拱脚的立柱位置,然后将其间距除以某个奇数后,即可确定各立柱位置和腹孔跨径,若得出的腹孔跨径不恰当,可调整孔数以满足受力需要。

连续腹孔(横铺桥道板梁),如图 7.26(c)所示。

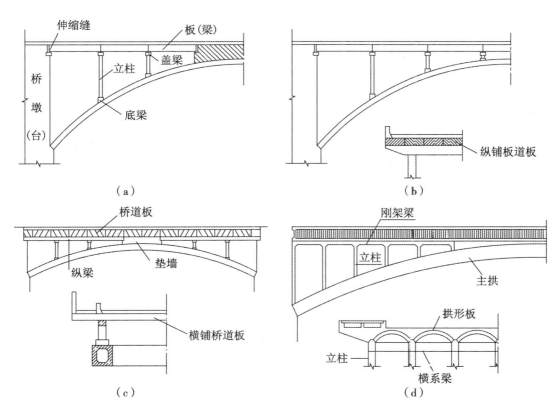

图 7.26 梁式空腹式拱上建筑

连续腹孔由立柱、纵梁、实腹段垫墙及桥道板组成。先在拱上立柱上设置连续纵梁，然后再在纵梁上和拱顶段垫墙上铺设横向桥道板，形成拱上传载结构，这种型式主要用于肋拱桥。其特点是桥面板横置，拱顶上只有一个板厚（含垫墙）及桥面铺装厚，建筑高度很小，适合于建筑高度受限制的拱桥。

框架腹孔，如图7.26(d)所示。

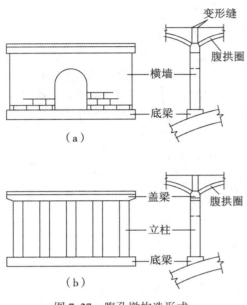

图 7.27 腹孔墩构造形式

框架腹孔在横桥向根据需要设置多片，每片通过系梁形成整体。

（2）腹孔墩

腹孔墩可分为横墙式或排架式两种。

① 横墙式腹孔墩（7.27(a)）采用横墙式墩身，一般用圬工材料砌筑或现浇混凝土形成，施工简便。为了便于维修、减轻重量，可在横向挖一个或几个孔。横墙式腹孔墩自重较大，但节省钢材，多用于砖、石拱桥中。用浆砌片、块石时，腹孔墩的厚度不宜小于0.60m；用混凝土砌筑时，一般应大于腹拱圈厚度的1倍。底梁能使横墙传下来的压力较均匀地分布到主拱圈全宽上，其每边尺寸较横墙宽5cm，其高度则以使较矮一侧为5~10cm为原则来确定。底梁常采用素混凝土结构。墩帽宽度宜大于墙宽5cm，也采用素混凝土。

② 排架式腹孔墩（7.27(b)）是由立柱和盖梁组成的钢筋混凝土排架结构。为了使立柱传递给主拱圈的压力不致过分集中，通常在立柱下面设置底梁。立柱和盖梁常采用矩形截面。截面尺寸及钢筋配置除了满足结构受力需要外，还应考虑和拱桥的外形及构造相协调。腹孔墩的侧面一般做成竖直的，以方便施工。

7.2.2 其他细部构造

1. 拱上填料、桥面及人行道

拱上建筑中的填料，可以扩大车辆荷载作用的面积，同时还可以减小车辆荷载对拱圈的冲击，但也增加了拱桥的恒载重量。无论是实腹拱，还是空腹拱（除无拱上填料的轻型拱桥），在拱顶截面上缘以上都做了拱腹填充处理。填充后，通常还需设置一层填料，即拱顶填料，在该填料以上才是桥面铺装（图7.28）。主拱圈及腹拱圈的拱顶处，填料厚度（包括路面厚度）均不宜小于30cm，根据《公路桥规》的规定，当拱上填料厚度（包括桥面铺装厚度）等于或大于50cm时，设计计算中不计汽车荷载的冲击力。

在地基条件很差的情况下，为了进一步减轻拱上建筑质

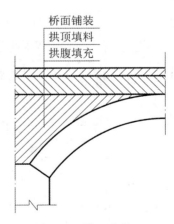

图 7.28 拱上建筑

量,可减薄拱上填料厚度,甚至可以不要拱上填料,直接在拱顶截面上缘以上铺筑混凝土桥面,此时应计入汽车荷载的冲击力。

拱桥桥面铺装应根据桥梁所在的公路等级、使用要求、交通量大小以及桥型等条件综合考虑确定。除低等级公路上的中、小跨径实腹拱或拱式空腹拱桥可采用泥结碎(砾)石桥面外,其他大跨径拱桥以及高等级公路上的拱桥均采用沥青混凝土或没有钢筋网的混凝土桥面。桥面应根据需要设1.5%~3.0%的横坡(单幅桥为双向,双幅桥为单向),以便排水。

2. 伸缩缝与变形缝

由于拱上建筑与主拱圈的共同作用,一方面,拱上建筑能够提高主拱圈的承载能力;但另一方面,它对主拱圈的变形又起约束作用,在主拱圈和拱上建筑内均产生附加内力,使结构受力复杂。

为了使结构的计算图式尽量与实际的受力情况相符合,避免拱上建筑的不规则开裂,以保证结构的安全使用和耐久性,除在设计计算上应充分考虑外,还需在构造上采取必要的措施。通常是在相对变形(位移或转角)较大的位置设置伸缩缝,而在相对变形较小处设置变形缝。

对小跨径实腹拱,伸缩缝设在两拱脚的上方(图7.29(a)),并在横桥方向贯通全宽和侧墙的全高及至人行道。伸缩缝多做成直线形,以使构造简单、施工方便。对拱式空腹拱桥(图7.29(b)),通常将紧靠墩(台)的第一个腹拱做成三铰拱,并在紧靠墩(台)的拱铰上方设置伸缩缝,且应贯通全桥宽,而其余两拱铰上方设置变形缝。在大跨径拱桥中,还应将靠拱顶的腹拱做成两铰或三铰拱,并在拱铰上方也设置变形缝,以使拱上建筑更好地适应主拱的变形。对梁式腹孔,通常是在桥台和墩顶立柱处设置标准伸缩缝,而在其余立柱处采用桥面连续。

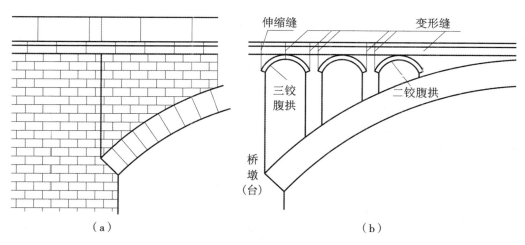

图 7.29 拱桥伸缩缝及变形缝的布置

伸缩缝宽2~3cm,其缝内填料可用锯末屑与沥青按1∶1的比例制成预制板,在施工时嵌入,并在上缘设置能活动而不透水的覆盖层,另外,也可采用沥青砂等其他材料填塞伸缩缝。变形缝不留缝宽,其缝可干砌、用油毛毡隔开或用低标号砂浆砌筑。

3. 排水与防水层

对于拱桥，不仅要求将桥面雨水及时排除，而且要求将透过桥面铺装渗入到拱腹的雨水及时排除。桥面雨水的排除，除桥梁设置纵坡和桥面设置横坡外，一般还沿桥面两侧缘石边缘设置泄水管（图7.30）。通过桥面铺装渗入到拱腹内的雨水，应由防水层汇集于预埋在拱腹内的泄水管排出，防水层和泄水管的设置方式，与上部结构的型式有关。

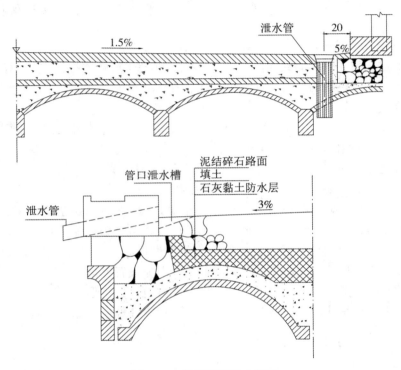

图 7.30 拱桥桥面排水装置

实腹式拱桥防水层应沿拱背护拱、侧墙铺设。如果是单孔，可以不设拱腹泄水管，积水沿防水层流至两个桥台后面的盲沟，然后沿盲沟排出路堤（图7.30）。如果是多孔拱桥，可在跨径1/4处设泄水管（图7.31(a)）。对于空腹拱桥，防水层应沿腹拱上方与主拱圈跨中实腹段的拱背设置，泄水管也宜布置在1/4跨径处（图7.31(b)）。对跨线桥、城市桥或其他特殊桥梁，需设置全封闭式排水系统。

泄水管可以采用铸铁管、混凝土管或陶瓷（瓦）管以及塑料管。泄水管的内径一般为6~10cm，在严寒地区需适当加大（但宜小于15cm）。泄水管应伸出结构表面5~10cm，以免雨水顺着结构物的表面流下，为了便于泄水，泄水管尽可能采用直管，并减少管节的长度。

防水层在全桥范围内不宜断开，在通过伸缩缝或变形缩处应妥善处理，使其既能防水，又可以适应变形。

4. 拱桥中铰的设置

拱桥中需要设置铰的情况有四种：按两铰拱或三铰拱设计的主拱圈；按构造要求需要采用两铰拱或三铰拱的腹拱圈；需设置铰的矮小腹孔墩，即将铰设置在墩上端与顶梁和下端与底梁的连接处；在施工过程中，为消除或减小主拱圈的部分附加内力，以及对主拱圈

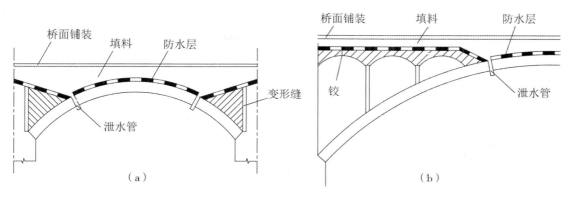

图 7.31 防水层与拱腹泄水管的布置

内力做适当调整时,需要在拱脚或拱顶处设置临时铰。前面三种情况属于永久性拱铰,必须满足设计要求,并能保证长期正常使用,故对其要求较高,构造较复杂,需经常养护,费用较高。最后一种是临时性拱铰,一般待施工结束时,就将其封固,故构造较简单,但必须可靠。常用的拱铰有如下几种:

(1)弧形铰(图 7.32)

弧形铰由两个具有不同半径弧形表面的块件组成,一个为凹面(半径为 R_2),一个为凸面(半径为 R_1)。R_2 与 R_1 的比值常在 1.2~1.5 范围内。铰的宽度应等于构件的宽度,沿拱轴线的长度取为拱厚的 1.15~1.20 倍。铰的接触面应精加工,以保证紧密结合。由于构造复杂,加工铰面既费工,又难以保证质量,故主要用于主拱圈的拱铰。弧形铰一般用钢筋混凝土、混凝土或石料等做成。

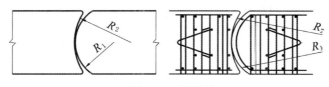

图 7.32 弧形铰

(2)铅垫铰(图 7.33)

主要用于中小跨径的板拱或肋拱,此外,铅垫铰也可用作临时铰。铅垫铰一般由厚度

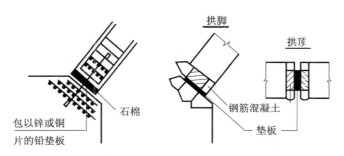

图 7.33 铅垫铰

1.5~2.0cm 的铅垫板外包以锌、铜薄片(1.0~2.0cm)构成。垫板宽度为拱圈厚度的1/4~3/4,在主拱圈的全部宽度上分段设置。铅垫板铰是利用铅的塑性变形达到支承面的自由转动,从而实现铰的功能。

(3)平铰(图7.34)

平铰就是构件两端面(平面)直接抵承,其接缝可铺一层低标号砂浆,也可垫衬油毛毡或直接干砌,一般用在空腹式的腹拱圈上。

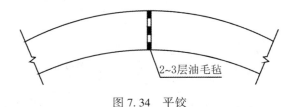

图 7.34 平铰

(4)不完全铰(图7.35)

不完全铰多用在小跨径或轻型的拱圈以及空腹式拱桥的腹孔墩柱上,其构造是将拱截面突然减小(一般为全截面的1/3~2/5),以保证该截面的转动功能。在施工时拱圈不断开,使用时又能起铰的作用。由于截面突然变小而使其应力很大,容易开裂,故必须配以斜钢筋。

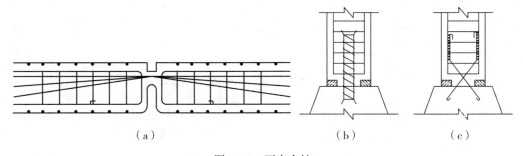

图 7.35 不完全铰

(5)钢铰(图7.36)

钢铰通常做成理想铰。钢铰除用于少数有铰钢拱桥的永久性铰结构外,更多用于施工需要的临时铰。

图 7.36 钢铰

7.3 拱桥的设计

7.3.1 拱桥的总体布置

拱桥总体布置的主要内容应包括:拟定结构体系及结构型式;拟定桥梁的长度、跨径、孔数、拱的主要几何尺寸、桥梁的高度、墩台及其基础型式和埋置深度、桥上及桥头引道的纵坡等。

1. 确定桥梁长度及分孔

当通过各方面的比较,确定了两岸桥台之间的总长度之后,在纵、平、横三个方向综合考虑桥梁与两头路线的衔接,就可以确定桥台的位置和长度,从而确定桥梁的全长。

在桥梁全长决定后,再根据桥址处的地形、地质等情况,并结合选用的结构体系、结构型式和施工条件,进一步地确定选择单孔还是多孔。如果采用多孔拱桥,则总体布置中一个比较重要的问题是如何进行分孔。分孔原则详见本教材第1章1.4节。

2. 确定桥梁的设计标高和矢跨比

拱桥的标高主要有四个,即桥面标高、拱顶底面标高、起拱线标高和基础底面标高(图7.37)。这几项标高的合理确定,是拱桥总体布置中的另一个重要问题。

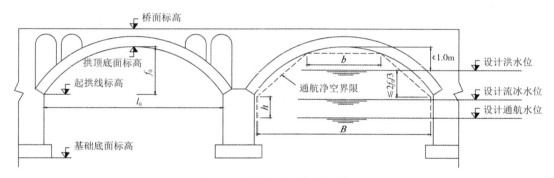

图 7.37 拱桥的主要标高示意图

桥面标高一般由两岸线路的纵断面设计所控制。对跨越平原区河流的拱桥,其桥面最小高度一般由桥下净空所控制,并且还需满足排泄设计洪水流量或不同航道等级所规定的桥下净空界限的要求。

当桥面标高确定之后,由桥面标高减去拱顶处的建筑高度(拱顶填料厚度和主拱圈厚度),就可得到拱顶底面的标高。

起拱线标高主要依据矢跨比的要求确定。

基础底面的标高,应根据冲刷深度、地基承载能力等因素确定。

主拱圈矢跨比是拱桥的主要设计参数之一。矢跨比不但影响主拱圈内力,还影响拱桥的构造型式和施工方法的选择,应从上、下部结构受力以及通航、泄洪等综合因素考虑确定。

计算表明,恒载的水平推力 H_g 与垂直反力 V_g 之比值随矢跨比的减小而增大。当矢跨比减小时,拱的推力增大,反之则推力减小。众所周知,推力大,相应地在拱圈内产生的轴向力也大,对拱圈自身的受力状况是有利的,但对墩台基础不利。同时,当拱圈受力后因其弹性压缩,或因温度变化、混凝土收缩,或因墩台位移等原因,都会在无铰拱的拱圈内产生附加的内力,因而拱越平坦(即矢跨比越小),附加内力越大。当拱的矢跨比过大时,拱脚区段过陡,给拱圈的砌筑或混凝土浇筑带来困难。另外,拱桥的外形是否美观,与周围景物能否协调等,也与矢跨比有很大关系,因此在设计时,矢跨比的大小应经过综合比较后进行选定。

通常,对于砖、石、混凝土板拱桥及双曲拱桥,矢跨比一般为1/4~1/6,不宜超过

1/8;箱形拱桥的矢跨比一般为 1/6~1/8,上述圬工拱桥的矢跨比一般都不宜小于 1/10。钢筋混凝土拱桥的矢跨比宜采用 1/4.5~1/8。悬链线拱的拱轴系数宜采用 2.814~1.167。

3. 不等跨连续拱桥的处理方法

多孔连续拱桥最好选用等跨或分组等跨的分孔方案。但在受地形、地质、通航等条件的限制,或引桥很长,考虑与桥面纵坡协调一致时,或对桥梁的美观有特殊要求时,可以考虑采用不等跨的分孔(图 7.38)。

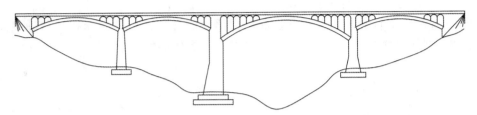

图 7.38 不等跨分孔的拱桥桥型图

不等跨拱桥,由于相邻孔的恒载推力不相等,使桥墩和基础增加了恒载的不平衡推力。在采用柔性墩的多孔连续拱桥中,还需考虑恒载不平衡推力产生的连拱作用,使计算和构造复杂。为了减小这个不平衡推力,改善桥墩、基础的受力状况,节省材料和造价,可采用以下措施:

①采用不同的矢跨比。利用矢跨比与推力大小成反比的关系,在相邻两孔中,大跨径用较陡的拱(矢跨比较大),小跨径用较坦的拱(矢跨比较小),使两相邻孔在恒载作用下的不平衡推力尽量减小。

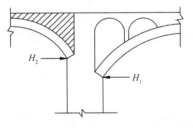

图 7.39 大跨与小跨的拱桥标高

②采用不同的拱脚标高。由于采用了不同的矢跨比,致使两相邻孔的拱脚标高不在同一水平线上(图 7.39)。因大跨径孔的矢跨比大,拱脚降低,减小了拱脚水平推力对基底的力臂,这样可使大跨与小跨的恒载水平推力对基底产生的弯矩得到平衡。

③调整拱上建筑的恒载重量。当必须使相邻孔的拱脚放置在相同(或相接近)的标高上时,也可用调整拱上建筑的重量来减小相邻孔间的不平衡推力。大跨径可用轻质的拱上填料或采用空腹式拱上建筑,小跨径用重质的拱上填料或采用实腹式拱上建筑,用增加小跨径拱的恒载重力来增大恒载的水平推力。

④采用不同类型的拱跨结构。常常是小跨径用板拱结构,大跨径用分离式肋拱结构,以减轻大跨径的恒载重量来减小恒载的水平推力。有时,为了进一步减小大跨径拱的恒载水平推力,可以加大大跨径拱肋的矢高,而做成中承式肋拱。

在具体设计时,也可以同时采用以上几种措施。如果仍不能达到完全平衡推力的目的,则需设计成体型不对称的或加大尺寸的桥墩和基础来加以解决。

7.3.2 拱轴线的选择和拱上建筑的布置

选择拱轴线的原则,就是要尽可能降低由于荷载产生的拱圈内弯矩数值。最理想的拱轴线是与拱上各种荷载作用下的压力线相吻合,这时拱圈截面只受轴向压力,而无弯矩作用,从而能充分利用圬工材料的抗压性能。但事实上是不可能获得这样的拱轴线的,这是因为除恒载外,拱圈还要受到活载、温度变化和材料收缩等因素的作用。当恒载压力线与拱轴线吻合时,在活载作用下就不再吻合。然而,公路拱桥的恒载占全部荷载的比重较大。如一座 30m 跨径的双车道公路拱桥,活载大约只是恒载的 20%,随着跨径的增大,恒载所占的比重还将增大。因此,以恒载压力线作为设计拱轴线,可以认为基本上是适宜的。但是,即使仅在恒载作用下,拱圈本身的轴线还将因材料的弹性压缩而变形,致使拱圈的实际压力线与原来设计所采用的拱轴线,仍会发生偏离。因此在拱桥设计时,要选择一条能够使恒载作用下的截面弯矩都为零的拱轴线,也是不可能的。

一般来说,拱桥设计中所选择的拱轴线应满足以下几方面的要求尽量减小拱圈截面的弯矩,使主拱圈在计入弹性压缩、均匀温降、混凝土收缩等影响下各主要截面的应力相差不大,且最大限度减小截面拉应力,最好是不出现拉应力;对于无叉架施工的拱桥,应能满足各施工阶段的要求,并尽可能少用或不用临时性施工措施;线型美观,便于施工。

目前,拱桥常用的拱轴线型有以下几种:

1. 圆弧线

在均布径向荷载作用下(如水压力),拱的合理拱轴线为一圆弧线(图 7.40(a))。这类拱桥,线型简单,施工方便。但在一般情况下,圆弧形拱轴线与恒载压力线偏离较大,使拱圈各截面受力不够均匀。因此圆弧线常用于 20m 以下的小跨径拱桥。对于较大跨径的预制装配式钢筋混凝土拱桥,有时为了简化施工,也可采用圆弧形拱轴线。

2. 悬链线

实腹式拱桥的恒载集度(单位长度上的重量),从拱顶向拱脚是均匀增加的,这种荷载分布图式的拱圈的压力线是一条悬链线(图 7.40(b))。因此,实腹式拱桥采用悬链线作拱轴线。在恒载作用下,当不计拱圈由恒载弹性压缩产生的影响时,拱圈截面将只承受轴力而无弯矩。

3. 抛物线

由结构力学可知,在竖向均布荷载作用下,拱的合理拱轴线是二次抛物线(图 7.40(c))。对于恒载集度比较接近均布的拱桥,往往可以采用二次抛物线作为拱轴线。钢筋混凝土桁架拱和刚架拱等轻型拱桥,由于恒载分布较均匀,往往采用二次抛物线作为拱轴线。

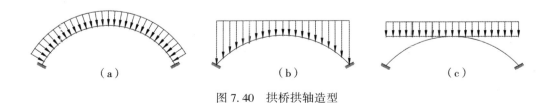

图 7.40 拱桥拱轴造型

在某些大跨径拱桥中,由于拱上建筑布置的特殊性,为了使拱轴线尽可能与恒载压力线相吻合,也可采用高次抛物线(如四次或六次抛物线)作为拱轴线。

综上所述,拱上建筑的型式及其布置,对于合理选择拱轴线型是有密切联系的。在一一般情况下，小跨径拱桥可采用实腹式圆弧拱或实腹式悬链线拱；大、中跨径拱桥可采用空腹式悬链线拱；轻型拱桥或矢跨比较小的大跨径拱桥可以采用抛物线拱。

7.4 拱桥的计算

本节主要讲述简单体系的上承式无铰拱桥的内力计算，对于其他类型拱桥的计算，可参考相关文献。

拱桥为多次超静定的空间结构。实际上存在"拱上建筑与主拱的联合作用"，但为了简化分析，一般偏安全地不去考虑它。在横桥方向，不论活载是否作用在桥面的中心，在桥梁的横断面上都会出现应力的不均匀分布，这种现象，称为活载的横向分布。但目前我国在设计石拱桥、箱形拱桥及拱上建筑为立墙的双曲拱桥时，一般不考虑这个影响。

7.4.1 拱轴方程的建立

1. 实腹式悬链线拱

实腹式悬链线拱是采用恒载压力线（不计弹性压缩）作为拱轴线。实腹式拱的恒载包括拱圈、拱上填料和桥面的自重（图7.41(a)），它的分布规律如图7.41(b)所示。实腹式悬链线拱的拱轴方程就是在图7.41(b)所示的恒载作用下，根据拱轴线与压力线完全吻合的条件推导出来的。

取图7.41所示的坐标系，设拱轴线即为恒载压力线，故在恒载作用下，拱顶截面的弯矩 $M_d = 0$，由于对称性，剪力 $Q_d = 0$，于是，拱顶截面仅有恒载推力 H_g。对拱脚截面取矩，则有

$$H_g = \frac{\sum M_j}{f} \tag{7-1}$$

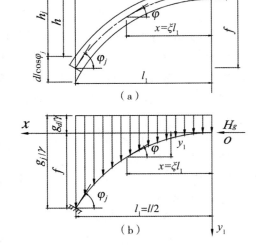

图 7.41 悬链线拱轴计算图式

式中：$\sum M_j$——半拱恒载对拱脚截面的弯矩；

H_g——拱的恒载水平推力（不考虑弹性压缩）；

f——拱的计算矢高。

对任意截面取矩，可得

$$y_1 = \frac{M_x}{H_g} \tag{7-2}$$

式中：M_x——任意截面以右的全部恒载对该截面的弯矩值；

y_1——以拱顶为坐标原点，拱轴上任意点的坐标。

式(7-2)即为求算恒载压力线的基本方程。将上式两边对 x 求二阶导数得：

$$\frac{d^2 y_1}{dx^2} = \frac{1}{H_g} \cdot \frac{d^2 M_x}{dx^2} = \frac{g_x}{H_g} \tag{7-3}$$

式(7-3)即为求算恒载压力线的基本微分方程式。为了得到拱轴线（即恒载压力线）的

一般方程，必须知道恒载的分布规律。由图7.41(b)，任意点的恒载集度 g_x 可以下式表示：

$$g_x = g_d + \gamma y_1 \tag{7-4}$$

式中：g_d——拱顶处恒载集度；
γ——拱上材料单位体积重量。

令：

$$m = \frac{g_j}{g_d} \tag{7-5}$$

由式(7-4)、(7-5)得：

$$g_j = g_d + \gamma f = m g_d \tag{7-6}$$

式中：m——拱轴系数(或称拱轴曲线系数)；
g_j——拱脚处恒载集度。

由式(7-6)得：

$$\gamma = (m-1)\frac{g_d}{f} \tag{7-7}$$

将式(7-7)代入(7-4)可得：

$$g_x = g_d + (m-1)\frac{g_d}{f} y_1 = g_d \left[1 + (m-1)\frac{y_1}{f}\right] \tag{7-8}$$

再将上式代入基本微分方程(7-3)，引入参数：

$$x = \xi l_1$$

则

$$\mathrm{d}x = l_1 \mathrm{d}\xi$$

可得：

$$\frac{\mathrm{d}^2 y_1}{\mathrm{d}\xi^2} = \frac{l_1^2}{H_g} g_d \left[1 + (m-1)\frac{y_1}{f}\right]$$

令

$$k^2 = \frac{l_1^2 g_d}{H_g f}(m-1) \tag{7-9}$$

则：

$$\frac{\mathrm{d}^2 y_1}{\mathrm{d}\xi^2} = \frac{l_1^2 g_d}{H_g} + k^2 y_1 \tag{7-10}$$

上式为二阶非齐次常系数线性微分方程。解此方程，则得拱轴线方程为

$$y_1 = \frac{f}{m-1}(\mathrm{ch} k\xi - 1) \tag{7-11}$$

上式一般称为悬链线方程。

对于拱脚截面：$\xi = 1$，$y_1 = f$，代入式(7-11)得

$$\mathrm{ch} k = m$$

通常，m 为已知值，则 k 值可由下式求得

$$k = \mathrm{arcch} m = \ln(m + \sqrt{m^2 - 1}) \tag{7-12}$$

当 $m=1$ 时，则 $g_x = g_d$，表示恒载是均布荷载。

将 $m=1$ 代入式(7-9)，解式(7-10)微分方程后可知，在均布荷载作用下的压力线为二次抛物线，其方程为：

$$y_1 = f\xi^2$$

由悬链线方程(7-11)可以看出，当拱的矢跨比确定后，拱轴线各点的纵坐标将取决于拱轴系数 m，而 m 则取决于拱脚与拱顶的恒载集度比。各种 m 值的拱轴线坐标 y_1 值可直接由《公路桥涵设计手册——拱桥》附录(Ⅲ)表(Ⅲ)-1 查出。

下面介绍实腹式悬链线拱拱轴系数的确定：

因为 $m = g_j/g_d$，由图 7.40 知，拱顶处恒载集度为

$$g_d = h_d\gamma_1 + \gamma d \tag{7-13}$$

在拱脚处 $h_j = h_d + h$，则其恒载集度为

$$g_j = h_d\gamma_1 + h\gamma_2 + \frac{d}{\cos\varphi_j}\gamma \tag{7-14}$$

式中：h_d——拱顶填料厚度，一般为 0.30～0.50m；

d——拱圈厚度；

γ——拱圈材料容重；

γ_1——拱顶填料及路面的平均容重；

γ_2——拱腹填料平均容重；

φ_j——拱脚处拱轴线的水平倾角。

$$h = f + \frac{d}{2} - \frac{d}{2\cos\varphi_j} \tag{7-15}$$

从式(7-13)和式(7-14)可以看出，这两式中除了 φ_j 为未知数外，其余均为已知数。由于 φ_j 为未知，故不能直接算出 m 值，需用逐次逼近法确定：即先根据跨径和矢高假定 m 值，由《公路桥涵设计手册——拱桥》表(Ⅲ)-20 查得拱脚处的 $\cos\varphi_j$ 值，代入式(7-14)求得 g_j 后，再连同 g_d 一起代入式(7-5)算得 m 值。然后与假定的 m 值相比较，如算得的 m 值与假定的 m 值相符，则假定的 m 值即为真实值；如两者不符，则应以算得的 m 值作为假定值（为了计算的方便，m 值应按表 7.1 所列数值假定），重新进行计算，直至两者接近为止。

当拱的跨径和矢高确定之后，悬链线的形状取决于拱轴系数 m，其线型特征可用 $l/4$ 点纵坐标 $y_{l/4}$ 的大小表示（图 7.42）。

拱跨 $l/4$ 点的纵坐标 $y_{l/4}$ 与 m 有下述关系：

当 $\xi = 1/2$ 时，$y_1 = y_{l/4}$

代入式(7-11)得：

$$\frac{y_{l/4}}{f} = \frac{1}{m-1}\left(\text{ch}\frac{k}{2} - 1\right)$$

$$\text{ch}\frac{k}{2} = \sqrt{\frac{\text{ch}k + 1}{2}} = \sqrt{\frac{m+1}{2}}$$

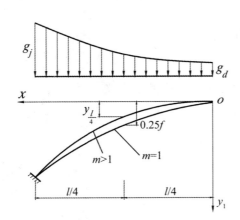

图 7.42　拱跨 $l/4$ 点纵坐标与 m 的关系

故
$$\frac{y_{l/4}}{f} = \frac{\sqrt{\frac{m+1}{2}} - 1}{m - 1} = \frac{1}{\sqrt{2(m+1)} + 2} \tag{7-16}$$

由上式可见,$y_{l/4}$ 随 m 的增大而减小,随 m 的减小而增大。当 m 增大时,拱轴线抬高;反之,当 m 减小时,拱轴线降低(图 7.42)。在一般的悬链线拱桥中,恒载从拱顶向拱脚增加,当 $g_j > g_d$,因而 $m > 1$。只有在均布荷载作用下,当 $g_j = g_d$ 时,方能出现 $m = 1$ 的情况。由公式(7-16)可得,在这种情况下 $y_{l/4} = 0.25f$(图 7.42)。

g_j,g_d,m 与拱轴线(压力线)坐标的关系如图 7.43 所示。

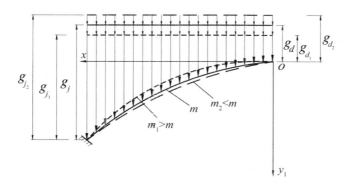

图 7.43　g_j、g_d、m 与拱轴线坐标的关系

在《公路桥涵设计手册——拱桥》附录的计算用表中,除了可以根据拱轴系数 m 查得所需的表值之外,亦可借助相应的 $y_{l/4}/f$ 查得同样的表值。$y_{l/4}/f$ 与 m 的对应关系见表 7.1。

表 7.1　　　　　　　　　　　拱轴系数 m 与 $y_{l/4}/f$ 的关系表

m	1.000	1.167	1.347	1.543	1.756	1.988	2.240	2.514	2.814	3.142	3.500	⋯	5.321
$y_{l/4}/f$	0.250	0.245	0.240	0.235	0.230	0.225	0.220	0.215	0.210	0.205	0.200	⋯	0.180

2. 空腹式悬链线拱

空腹式拱桥中,桥跨结构的恒载可视为由两部分组成:主拱圈与实腹段自重的分布力,以及空腹部分通过腹孔墩传下的集中力,如图 7.44(a)所示。由于集中力的存在,拱的恒载压力线是一条在集中力下有转折的曲线,它不是悬链线,甚至不是一条光滑的曲线。在设计空腹式拱桥时,由于悬链线拱的受力情况较好,又有完整的计算表格可供利用,亦多用悬链线作为拱轴线。为使悬链线拱轴线与其恒载压力线接近,一般采用"五点重合法"确定悬链线拱轴线的 m 值,即要求拱轴线在全拱有五点(拱顶、两 $l/4$ 点和两拱脚)与其相应三铰拱恒载压力线重合,如图 7.44(b)所示。

由此,可以根据上述五点弯矩为零的条件确定 m 值。

由拱顶弯矩为零及恒载的对称条件知,拱顶仅有通过截面重心的恒载推力 H_g,相应

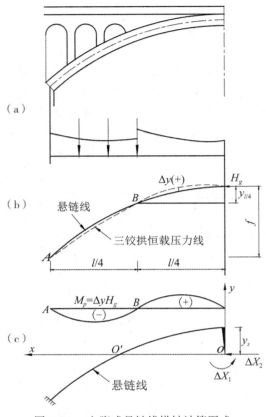

图 7.44 空腹式悬链线拱轴计算图式

弯矩 $M_d = 0$,剪力 $Q_d = 0$。

在图 7.44(a)(b) 中,由 $\sum M_A = 0$,得

$$H_g = \frac{\sum M_j}{f} \qquad (7\text{-}17)$$

由 $\sum M_B = 0$,得

$$H_g y_{l/4} - \sum M_{l/4} = 0$$

$$H_g = \frac{\sum M_{l/4}}{y_{l/4}}$$

将式(7-17)代入上式,可得:

$$\frac{y_{l/4}}{f} = \frac{\sum M_{l/4}}{\sum M_j} \qquad (7\text{-}18)$$

式中:$\sum M_{l/4}$——拱顶至拱跨 $l/4$ 点区域的恒载对 $l/4$ 截面的弯矩。

等截面悬链线拱主拱圈恒载对 $l/4$ 及拱脚截面的弯矩 $M_{l/4}$、M_j 可由《公路桥涵设计手册——拱桥》表(Ⅲ)-19 查得。求得 $y_{l/4}/f$ 之后,可由式(7-16)反求 m,即:

$$m = \frac{1}{2}\left(\frac{f}{y_{l/4}} - 2\right)^2 - 1 \qquad (7\text{-}19)$$

空腹式拱桥的 m 值仍按逐次逼近法确定,即先假定一个 m 值,定出拱轴线,作图布置拱上建筑,然后计算拱圈和拱上建筑的恒载对 $l/4$ 和拱脚截面的力矩 $\sum M_{l/4}$ 和 $\sum M_j$,根据式(7-18)求出 $y_{l/4}/f$,然后利用式(7-19)算出 m 值,如与假定的 m 值不符,则应以求得的 m 值作为新假定值,重新计算,直至两者接近为止。

应当注意,用上述方法确定空腹拱的拱轴线,仅与其三铰拱恒载压力线保持五点重合,其他截面,拱轴线与三铰拱恒载压力线都有不同程度的偏离。计算证明,从拱顶到 $l/4$ 点,一般压力线在拱轴线之上;而从 $l/4$ 点到拱脚,压力线则大多在拱轴线之下。拱轴线与相应三铰拱恒载压力线的偏离类似于一个正弦波,如图 7.44(b) 所示。

由力学知识得到,压力线与拱轴线的偏离会在拱中产生附加内力。对于静定三铰拱,各截面的偏离弯矩值 M_p 可以三铰拱压力线与拱轴线在该截面的偏离值 Δy 表示($M_p = H_g \cdot \Delta y$);对于无铰拱,偏离弯矩的大小,不能以三铰拱压力线与拱轴线的偏离值表示,而应以该偏离值 M_p 作为荷载,算出无铰拱的偏离弯矩值。

由结构力学知,荷载作用在基本结构上引起弹性中心的赘余力为

$$\Delta X_1 = -\frac{\Delta_{1p}}{\delta_{11}} = -\frac{\int_s \frac{\overline{M}_1 M_p}{EI}\mathrm{d}s}{\int_s \frac{M_1^2 \mathrm{d}s}{EI}} = -\frac{\int_s \frac{M_p}{I}\mathrm{d}s}{\int_s \frac{\mathrm{d}s}{I}} = -H_g \frac{\int_s \frac{\Delta y}{I}\mathrm{d}s}{\int_s \frac{\mathrm{d}s}{I}} \qquad (7\text{-}20)$$

$$\Delta X_2 = -\frac{\Delta_{2p}}{\delta_{22}} = -\frac{\int_s \frac{\overline{M}_2 M_p}{EI} ds}{\int_s \frac{\overline{M}_2^2 ds}{EI}} = H_g \frac{\int_s \frac{y \Delta y}{I} ds}{\int_s \frac{y^2 ds}{I}} \tag{7-21}$$

式中：M_p——三铰拱恒载压力线偏离拱轴线所产生的弯矩，$M_p = H_g \cdot \Delta y$，Δy 为三铰拱恒载压力线与拱轴线的偏离值（图 7.44(b)）。

$$\overline{M}_1 = 1, \quad \overline{M}_2 = -y$$

由图 7.44(b) 可见，Δy 有正有负，沿全拱积分 $\int_s \frac{\Delta y ds}{I}$ 的数值不大，由式(7-20) 知，ΔX_1 数值较小。若 $\int_s \frac{\Delta y ds}{I} = 0$，则 $\Delta X_1 = 0$。

由计算得知，由式(7-21) 决定的 ΔX_2 恒为正值（压力）。

任意截面之偏离弯矩（图 7.44(c)）为

$$\Delta M = \Delta X_1 - \Delta X_2 \cdot y + M_p \tag{7-22}$$

式中：y——以弹性中心为原点（向上为正）的拱轴纵坐标。

对于拱顶、拱脚截面，$M_p = 0$，偏离弯矩为

$$\left.\begin{array}{l}\Delta M_d = \Delta X_1 - \Delta X_2 \cdot y_s < 0 \\ \Delta M_j = \Delta X_1 + \Delta X_2 (f - y_s) > 0\end{array}\right\} \tag{7-23}$$

式中：y_s——弹性中心至拱顶之距离。

空腹式无铰拱桥采用"五点重合法"确定的拱轴线，与相应三铰拱的恒载压力线在拱顶、两 $l/4$ 点和两拱脚五点重合，而与无铰拱的恒载压力线（简称恒载压力线）实际上并不存在五点重合的关系。由式(7-23) 可见，由于拱轴线与恒载压力线有偏离，在拱顶、拱脚都产生了偏离弯矩。研究证明，拱顶的偏离弯矩 ΔM_d 为负，而拱脚的偏离弯矩 ΔM_j 为正，恰好与这两截面控制弯矩的符号相反。这一事实说明，在空腹式拱桥中，用"五点重合法"确定的悬链线拱轴，偏离弯矩对拱顶、拱脚都是有利的。因而，空腹式无铰拱的拱轴线，用悬链线比用恒载压力线更加合理。

3. 拱轴线的水平倾角 φ

将式(7-11) 对 ξ 取导数得：

$$\frac{dy_1}{d\xi} = \frac{fk}{m-1} \text{sh} k\xi \tag{7-24}$$

$$\tan\varphi = \frac{dy_1}{dx} = \frac{dy_1}{l_1 d\xi} = \frac{2 dy_1}{l d\xi}$$

从而

$$\tan\varphi = \frac{2fk \cdot \text{sh} k\xi}{l(m-1)} = \eta \text{sh} k\xi \tag{7-25}$$

式中：

$$\eta = \frac{2kf}{l(m-1)}$$

由上式可见，拱轴水平倾角与拱轴系数 m 有关。拱轴线上各点的水平倾角 $\tan\varphi$ 值，

可直接由《公路桥涵设计手册 —— 拱桥》表(Ⅲ)-2查出。

4. 悬链线无铰拱的弹性中心

在计算无铰拱的内力(恒载、活载、温度变化、混凝土收缩和拱脚变位等)时,为了简化计算工作,常利用拱的弹性中心的概念,目的是将求解3个赘余力的联立方程的问题解耦,从而变为解3个独立的一元一次方程的问题。

如图7.45所示,在荷载作用下,以半拱悬臂为基本结构,在拱顶处会产生3个赘余力X_1、X_2、X_3,典型方程为

$$\left.\begin{array}{l}\delta_{11}X_1 + \delta_{12}X_2 + \delta_{13}X_3 + \Delta_{1P} = 0 \\ \delta_{21}X_1 + \delta_{22}X_2 + \delta_{23}X_3 + \Delta_{2P} = 0 \\ \delta_{31}X_1 + \delta_{32}X_2 + \delta_{33}X_3 + \Delta_{3P} = 0\end{array}\right\} \quad (7\text{-}26)$$

赘余力中弯矩X_1和轴力X_2是正对称的,剪力X_3是反对称的,故知副系数

$$\left.\begin{array}{l}\delta_{13} = \delta_{31} = 0 \\ \delta_{23} = \delta_{32} = 0\end{array}\right\}$$

但仍有$\delta_{12} = \delta_{21} \neq 0$。

如果能设法使$\delta_{12} = \delta_{21}$也等于0,则典型方程中的全部副系数都为零,则求解联立方程的问题变为解3个独立的一元一次方程的问题,从而简化计算。

我们讨论的是对称拱,弹性中心在对称轴上。基本结构的取法有两种:图7.46(a)为以悬臂曲梁为基本结构,图7.46(b)为以简支曲梁为基本结构。

以悬臂曲梁为基本结构(图7.46(b)),由计算得知,作用于弹性中心的3个赘余力以单位力分别作用时引起的内力为

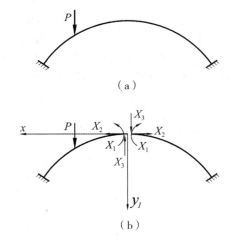

图7.45 拱顶处赘余力

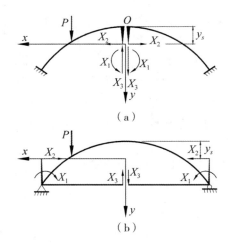

图7.46 拱的弹性中心

$$\left.\begin{array}{l}\overline{M}_1 = 1, \quad \overline{Q}_1 = 0, \quad \overline{N}_1 = 0 \\ \overline{M}_2 = y, \quad \overline{Q}_2 = -\sin\varphi, \quad \overline{N}_2 = \cos\varphi \\ \overline{M}_3 = x, \quad \overline{Q}_3 = \cos\varphi, \quad \overline{N}_3 = \sin\varphi\end{array}\right\} \quad (7\text{-}27)$$

x 轴向左为正，y 轴向下为正，弯矩以使拱下缘受拉为正，剪力以绕隔离体逆时针方向为正，轴力以压力为正，上式中 φ 在右半拱取正，左半拱取负。

因此，

$$\delta_{12} = \delta_{21} = \int \frac{\bar{M}_1 \cdot \bar{M}_2 \mathrm{d}s}{EI} + \int \frac{\bar{N}_1 \cdot \bar{N}_2 \mathrm{d}s}{EA} + \int k \frac{\bar{Q}_1 \cdot \bar{Q}_2 \mathrm{d}s}{GA}$$

$$= \int \frac{\bar{M}_1 \cdot \bar{M}_2 \mathrm{d}s}{EI} + 0 + 0$$

$$= \int y \frac{\mathrm{d}s}{EI} = \int (y_1 - y_s) \frac{\mathrm{d}s}{EI} = \int y_1 \frac{\mathrm{d}s}{EI} - \int y_s \frac{\mathrm{d}s}{EI}$$

令 $\delta_{12} = \delta_{21} = 0$，便可得到弹性中心距拱顶之距离为

$$y_s = \int_s \frac{y_1 \mathrm{d}s}{EI} \bigg/ \int_s \frac{\mathrm{d}s}{EI} \tag{7-28}$$

式中：

$$y_1 = \frac{f}{m-1}(\mathrm{ch}k\xi - 1)$$

$$\mathrm{d}s = \frac{\mathrm{d}x}{\cos\varphi} = \frac{l}{2} \cdot \frac{1}{\cos\varphi} \mathrm{d}\xi$$

其中：

$$\cos\varphi = \frac{1}{\sqrt{1 + \tan^2\varphi}} = \frac{1}{\sqrt{1 + \eta^2 \mathrm{sh}^2 k\xi}}$$

则

$$\mathrm{d}s = \frac{l}{2}\sqrt{1 + \eta^2 \mathrm{sh}^2 k\xi}\, \mathrm{d}\xi \tag{7-29}$$

将 y_1 及 $\mathrm{d}s$ 代入式(7-28)，并注意到等截面拱中 I 为常数，则

$$y_s = \frac{\int_s y_1 \mathrm{d}s}{\int_s \mathrm{d}s} = \frac{f}{m-1} \cdot \frac{\int_0^1 (\mathrm{ch}k\xi - 1)\sqrt{1 + \eta^2 \mathrm{sh}^2 k\xi}\, \mathrm{d}\xi}{\int_0^1 \sqrt{1 + \eta^2 \mathrm{sh}^2 k\xi}\, \mathrm{d}\xi} = \alpha_1 \cdot f \tag{7-30}$$

式中：系数 α_1 可由《公路桥涵设计手册——拱桥》表(Ⅲ)-3 查得。

【例 7.1】 某无铰拱桥，计算跨径 $l = 80\mathrm{m}$，主拱圈及拱上建筑恒载简化为图中所示的荷载作用(图 7.47)，主拱圈截面面积 $A = 5.0\mathrm{m}^2$，容重为 $\gamma = 25\mathrm{kN/m}^3$，试应用"五点重合法"确定拱桥拱轴系数 m，并计算拱脚竖向力 V_g、水平推力 H_g 以及恒载轴力 N_g。

解： 取悬臂曲梁为基本结构，如图 7.48 所示。

因结构正对称，荷载也是正对称的，故在弹性中心的赘余力 $x_3 = 0$，仅有正对称的赘余力 x_1，x_2。

由式(7-16)、式(7-18)联立解得

$$\frac{1}{\sqrt{2(m+1)} + 2} = \frac{y_{l/4}}{f} = \frac{\sum M_{l/4}}{\sum M_j}$$

由图 7.48 可以得到，半拱悬臂集中力荷载对拱跨 $l/4$ 截面和拱脚截面的弯矩为

$$M_{l/4} = 500 \times 10 + 250 \times 20 = 10000(\mathrm{kN} \cdot \mathrm{m})$$

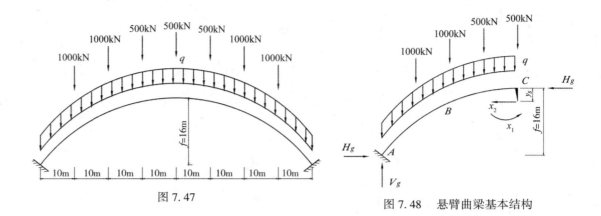

图 7.47　　　　　　　　　图 7.48　悬臂曲梁基本结构

$M_j = 1000 \times 10 + 1000 \times 20 + 500 \times 30 + 250 \times 40 = 55000(\text{kN} \cdot \text{m})$

① 假定拱轴系数 $m = 2.514$。

因 $f/l = 16/80 = 1/5$，由《公路桥涵设计手册——拱桥》表(Ⅲ)-19 查得半拱悬臂自重对 $l/4$ 截面和拱脚截面的弯矩为

$$M_K = (A\gamma l^2/4) \times [表值]$$

故　　　　$M_{l/4} = (5.0 \times 25 \times 80^2/4) \times 0.12619 = 25238(\text{kN} \cdot \text{m})$

$M_j = (5.0 \times 25 \times 80^2/4) \times 0.52328 = 104656(\text{kN} \cdot \text{m})$

所有半拱悬臂荷载对 $l/4$ 截面和拱脚截面的弯矩为

$$\sum M_{l/4} = 10000 + 25238 = 35238(\text{kN} \cdot \text{m})$$

$$\sum M_j = 55000 + 104656 = 159656(\text{kN} \cdot \text{m})$$

所以　　　$$\frac{1}{\sqrt{2(m'+1)} + 2} = \frac{35238}{159656} = \frac{1}{4.531}$$

得 $m' = 2.202$，m 与 m' 不符，需重新计算。

② 假定拱轴系数 $m = 2.24$。由《公路桥涵设计手册——拱桥》表(Ⅲ)-19 查得半拱悬臂自重对 $l/4$ 截面和拱脚截面的弯矩为

故　　　　$M_{l/4} = (5.0 \times 25 \times 80^2/4) \times 0.12625 = 25250(\text{kN} \cdot \text{m})$

$M_j = (5.0 \times 25 \times 80^2/4) \times 0.52354 = 104708(\text{kN} \cdot \text{m})$

所有半拱悬臂荷载对 $l/4$ 截面和拱脚截面的弯矩为

$$\sum M_{l/4} = 10000 + 25250 = 35250(\text{kN} \cdot \text{m})$$

$$\sum M_j = 55000 + 104708 = 159708(\text{kN} \cdot \text{m})$$

所以　　　$$\frac{1}{\sqrt{2(m'+1)} + 2} = \frac{35250}{159708} = \frac{1}{4.531}$$

得 $m' = 2.202$，$m - m' = 0.038$，m 与 m' 之差小于半级，因此取拱轴系数 $m = 2.24$。

③ 由《公路桥涵设计手册——拱桥》表(Ⅲ)-19 查得半拱悬臂自重对拱脚截面的竖向剪力为

$$P_j = A\gamma l \times [表值] = 5.0 \times 25 \times 80 \times 0.55184 = 5518.4(\text{kN})$$

半拱悬臂集中力对拱脚截面的竖向剪力为

$$P_j = 1000 + 1000 + 500 + 250 = 2750(\text{kN})$$

半拱悬臂荷载对拱脚截面的竖向总剪力为

$$\sum P_j = 5518.4 + 2750 = 8268.4(\text{kN})$$

由前式可得

$$\frac{1}{\sqrt{2(m+1)} + 2} = \frac{y_{l/4}}{f} = \frac{1}{4.531}$$

$$y_{l/4} = \frac{1}{4.531} \cdot f = 3.531(\text{m})$$

故

$$H_g = \sum M_j/f = 159708/16 = 9981.8(\text{kN})$$

$$V_g = \sum P = 5518.4 + 2750 = 8268.4(\text{kN})$$

拱脚截面恒载轴力为

$$N_g = \sqrt{H_g^2 + V_g^2} = \sqrt{9981.8^2 + 8268.4^2} = 12961.6(\text{kN})$$

7.4.2 结构自重作用下拱的内力计算

当采用恒载压力线作拱轴线而不考虑拱圈变形的影响时，拱圈各截面的恒载内力均只有轴向压力，即拱圈处于纯压状态。实际上，拱圈在恒载作用下会产生弹性压缩，使拱轴长度缩短。由于无铰拱是超静定结构，它将会在拱中产生附加内力。但是，在设计中，为了计算的方便，往往将恒载内力分为两部分，即不考虑弹性压缩影响的内力与仅因弹性压缩引起的内力。然后将两者相加，便得到恒载作用下的总内力。

1. 不考虑弹性压缩的恒载内力

(1) 实腹拱

如前所述，实腹式悬链线拱的拱轴线与恒载压力线完全吻合，所以，在恒载作用下，拱圈任何截面上都只存在轴向压力。此时，拱中的内力，可按纯压拱的公式计算。

由公式(7-9)得

$$k^2 = \frac{l_1^2 g_d}{H_g \cdot f}(m-1)$$

可得恒载水平推力为

$$H_g = \frac{m-1}{4k^2} \times \frac{g_d l^2}{f} = k_g \frac{g_d l^2}{f} \tag{7-31}$$

式中：$k_g = \frac{m-1}{4k^2}$。

在恒载作用下，拱脚的竖向反力为$\frac{1}{2}$拱的恒载重量，即

$$V_g = \int_0^{l_1} g_x \mathrm{d}x = \int_0^1 g_x l_1 \mathrm{d}\xi$$

将式(7-8)、式(7-11)代入，得

$$V_g = \frac{\sqrt{m^2-1}}{2[\ln(m+\sqrt{m^2-1})]} g_d l = k_g' g_d l \tag{7-32}$$

式中：$k'_g = \dfrac{\sqrt{m^2-1}}{2[\ln(m+\sqrt{m^2-1})]}$。

系数 k_g、k'_g 可自《公路桥涵设计手册——拱桥》表（Ⅲ）-4 查得。

因为恒载弯矩和剪力均为零，拱圈各截面的轴向力 N 按下式计算：

$$N = \frac{H_g}{\cos\varphi} \tag{7-33}$$

（2）空腹拱

空腹式悬链线无铰拱，由于拱轴线与恒载压力线有偏离，拱顶、拱脚和 $l/4$ 点都有恒载弯矩。在设计中，为了计算的方便，空腹式无铰拱桥的恒载内力又可分为两部分，即先不考虑偏离的影响，将拱轴线视为与恒载压力线完全吻合，然后再考虑偏离的影响，计算由偏离引起的恒载内力。两者叠加，即得空腹式无铰拱不考虑弹性压缩时的恒载内力。

不考虑偏离的影响时，空腹拱的恒载内力亦按纯压拱计算。此时，拱的恒载推力 H_g 和拱脚竖向反力 V_g，可直接由静力平衡条件写出：

$$H_g = \frac{\sum M_j}{f}$$

$$V_g = \sum P (\text{半拱恒载重})$$

因为此时拱中的弯矩和剪力均为零，所以轴力可由下式计算：

$$N = \frac{H_g}{\cos\varphi}$$

在设计中、小跨径的空腹式拱桥时，可偏安全地不考虑偏离弯矩的影响。大跨径空腹式拱桥，恒载压力线与拱轴线的偏离一般比中、小跨径大，恒载偏离弯矩是一种可供利用的有利因素。此时，应当计入偏离弯矩的影响。

2. 弹性压缩引起的内力

在恒载轴力作用下，拱圈的弹性压缩表现为拱轴长度的缩短。拱圈的这种变形，会在拱中产生相应的内力。取悬臂曲梁为基本结构，弹性压缩会使拱轴在跨径方向缩短 Δl。由于实际结构中，拱顶并没有相对水平变位，则在弹性中心必有一个水平拉力 S（图 7.49(a)），使拱顶的相对水平变位变为零。

弹性压缩产生的赘余力 S，可由拱顶的变形协调条件求得，即

$$S\delta'_{22} - \Delta l = 0$$

故

$$S = \frac{\Delta l}{\delta'_{22}} \tag{7-34}$$

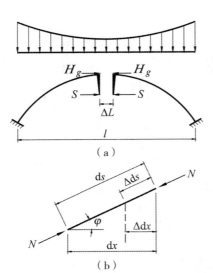

图 7.49 拱圈弹性压缩

从拱中取出一微段 ds（图 7.49(b)），则 $dx = ds \cdot \cos\varphi$，在轴向力 N 作用下缩短 Δds，其水平分量为 $\Delta dx = \Delta ds \cdot \cos\varphi$，则整个拱轴缩短的水平分量为

$$\Delta l = \int_0^l \Delta \mathrm{d}x = \int_s \Delta \mathrm{d}s \cdot \cos\varphi = \int_s \frac{N\mathrm{d}s}{EA}\cos\varphi \tag{7-35}$$

将式(7-33)代入,得

$$\Delta l = \int_0^l \frac{H_g \mathrm{d}x}{EA \cdot \cos\varphi} = H_g \int_0^l \frac{\mathrm{d}x}{EA \cdot \cos\varphi} \tag{7-36}$$

由单位水平力作用在弹性中心产生的水平位移(考虑轴向力影响)为

$$\delta'_{22} = \int_s \frac{\overline{M}_2^2 \mathrm{d}s}{EI} + \int_s \frac{\overline{N}_2^2 \mathrm{d}s}{EA} = \int_s \frac{y^2 \mathrm{d}s}{EI} + \int_s \frac{\cos^2\varphi \mathrm{d}s}{EA} = (1+\mu)\int_s \frac{y^2 \mathrm{d}s}{EI} \tag{7-37}$$

式中:

$$\mu = \frac{\int_s \dfrac{\cos^2\varphi \mathrm{d}s}{EA}}{\int_s \dfrac{y^2 \mathrm{d}s}{EI}} \tag{7-38}$$

将式(7-36)、式(7-37)代入式(7-34),得

$$S = H_g \frac{1}{1+\mu} \cdot \frac{\int_0^l \dfrac{\mathrm{d}x}{EA\cos\varphi}}{\int_s \dfrac{y^2 \mathrm{d}s}{EI}} = H_g \cdot \frac{\mu_1}{1+\mu} \tag{7-39}$$

式中:

$$\mu_1 = \int_0^l \frac{\mathrm{d}x}{EA\cos\varphi} \bigg/ \int_s \frac{y^2 \mathrm{d}s}{EI} \tag{7-40}$$

为了便于制表计算,对于等截面拱,可将式(7-38)、式(7-40)的分子项改写为

$$\int_s \frac{\cos^2\varphi \mathrm{d}s}{EA} = \frac{l}{EA}\int_0^l \cos\varphi \frac{\mathrm{d}x}{l} = \frac{l}{EA}\int_0^1 \frac{\mathrm{d}\xi}{\sqrt{1+\eta^2 \mathrm{sh}^2 k\xi}} = \frac{l}{E\nu A} \tag{7-41a}$$

$$\int_s \frac{\mathrm{d}x}{EA\cos\varphi} = \frac{l}{EA}\int_0^l \frac{1}{\cos\varphi} \cdot \frac{\mathrm{d}x}{l} = \frac{l}{EA}\int_0^1 \sqrt{1+\eta^2 \mathrm{sh}^2 k\xi}\,\mathrm{d}\xi = \frac{l}{E\nu_1 A} \tag{7-41b}$$

于是,

$$\mu = \frac{1}{E\nu A \int_s \dfrac{y^2 \mathrm{d}s}{EI}} \tag{7-41c}$$

$$\mu_1 = \frac{1}{E\nu_1 A \int_s \dfrac{y^2 \mathrm{d}s}{EI}} \tag{7-41d}$$

以上诸式中,$\int_s \dfrac{y^2 \mathrm{d}s}{EI}$ 可自《公路桥涵设计手册——拱桥》附录(Ⅲ)表(Ⅲ)-5查得,ν_1、ν 可自表(Ⅲ)-8、表(Ⅲ)-10查得。等截面拱的 μ_1 和 μ,也可直接由表(Ⅲ)-9、(Ⅲ)-11查出。

《公路桥规》规定,对于砖石及混凝土的拱圈结构,在下列情况下,设计时可不计弹性压缩的影响:$l \leq 30\mathrm{m}$,$f/l \geq 1/3$;$l \leq 20\mathrm{m}$,$f/l \geq 1/4$;$l \leq 10\mathrm{m}$,$f/l \geq 1/5$。

3. 结构自重作用下拱圈各截面的总内力

在拱桥计算中,拱中内力的符号,采用下述规定:拱中弯矩以使拱圈下缘受拉为正,

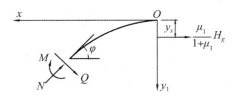

图 7.50 弹性压缩产生的内力

拱中剪力以绕脱离体逆时针转为正,轴向力则使拱圈受压为正。图 7.50 中所示 M,N,Q 均为正。

当不考虑空腹拱恒载压力线偏离拱轴线的影响时,拱圈各截面的恒载内力为:不考虑弹性压缩的恒载内力(仅有按式(7-33)计算的轴向力 N)加上弹性压缩产生的内力,如图 7.50 所示。

$$轴向力:N = \frac{H_g}{\cos\varphi} - \frac{\mu_1}{1+\mu}H_g\cos\varphi \tag{7-42}$$

$$弯矩: M = \frac{\mu_1}{1+\mu}H_g(y_s - y_1) \tag{7-43}$$

$$剪力: Q = \mp\frac{\mu_1}{1+\mu}H_g\sin\varphi \tag{7-44}$$

式中:上边符号适用于左半拱,下边符号适用于右半拱。

从以上各式可见,考虑了恒载弹性压缩之后,拱中便有恒载弯矩和剪力,这就说明,不论是空腹式拱还是实腹式拱,考虑弹性压缩后的恒载压力线,将无法与拱轴线重合。

按式(7-20) ~ 式(7-22) 计入偏离的影响之后,各截面的恒载总内力为

$$\left.\begin{aligned} N &= \frac{H_g}{\cos\varphi} + \Delta X_2\cos\varphi - \frac{\mu_1}{1+\mu}(H_g + \Delta X_2)\cos\varphi \\ M &= \frac{\mu_1}{1+\mu}(H_g + \Delta X_2)(y_s - y_1) + \Delta M \\ Q &= \mp\frac{\mu_1}{1+\mu}(H_g + \Delta X_2)\sin\varphi \pm \Delta X_2\sin\varphi \end{aligned}\right\} \tag{7-45}$$

式中:ΔX_2、ΔM 按式(7-21)、式(7-22) 计算。

【例 7.2】 续例 7.1,截面抗弯惯矩 $I = 1.0\text{m}^4$,计算考虑弹性压缩影响后,拱脚竖向力 V_g、水平推力 H_g 以及恒载轴力 N_g,以及弹性压缩引起的拱脚截面弯矩。

解: 参考例 7.1 可知,拱轴系数 $m = 2.24$。

① 不考虑弹性压缩时的 V_g,H_g 和 N_g。由例题 7.1 可知:

$$H_g = \frac{\sum M_j}{f} = 159708/16 = 9981.2(\text{kN})$$

$$V_g = \sum P = 5518.4 + 2750 = 8268.4(\text{kN})$$

$$N_g = \sqrt{H_g^2 + V_g^2} = 12961.6(\text{kN})$$

② 由弹性压缩引起的 V_g,H_g 和 N_g。拱圈在恒载轴力作用下产生弹性压缩,会使拱轴缩短,在弹性中心必有一个水平拉力 S,如图 7.51 所示。

由式(7-30) 可知:$y_s = \alpha_1 \cdot f$。由《公路桥涵设计手册 —— 拱桥》表(Ⅲ)-3 查得,$\alpha_1 = 0.339193$,

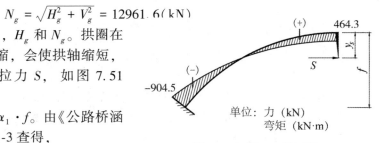

图 7.51 例 7.2 弯矩图

故 $$y_s = 0.339193 \times 16 = 5.427(\mathrm{m})$$

由式(7-39)可知：
$$S = H_g \cdot \frac{\mu_1}{1+\mu}$$

由《公路桥涵设计手册——拱桥》表(Ⅲ)-9 和(Ⅲ)-11 查得

$$\mu_1 = [\text{表值}] \times \left(\frac{r}{f}\right)^2$$

$$\mu = [\text{表值}] \times \left(\frac{r}{f}\right)^2$$

因为 $$r = \sqrt{\frac{I}{A}} = \sqrt{\frac{1}{5}} = 0.4472(\mathrm{m})$$

故
$$\mu_1 = 11.0501 \times \left(\frac{0.4472}{16}\right)^2 = 0.008632$$

$$\mu = 9.14719 \times \left(\frac{0.4472}{16}\right)^2 = 0.007146$$

所以
$$S = 9981.8 \times \frac{0.008632}{1 + 0.007146} = 85.55(\mathrm{kN})$$

$$H_g = -S = -85.55(\mathrm{kN})$$
$$V_g = 0$$
$$N_g = -\sqrt{H_g^2 + V_g^2} = -85.55(\mathrm{kN})$$
$$M_j = -S \times (f - y_s) = -85.55 \times (16 - 5.427) = -904.5(\mathrm{kN \cdot m})$$
$$M_d = S \times y_s = 85.55 \times 5.427 = 464.3(\mathrm{kN \cdot m})$$

弯矩图如图 7.51 所示。

③ 考虑弹性压缩后的 H_g、V_g 和 N_g。考虑弹性压缩后的值为不考虑弹性压缩的内力值与弹性压缩引起的内力值的总和。

$$H_g = 9981.8 - 85.55 = 9896.25(\mathrm{kN})$$
$$V_g = 8268.4(\mathrm{kN})$$
$$N_g = \sqrt{H_g^2 + V_g^2} = \sqrt{9896.25^2 + 8268.4^2} = 12895.8(\mathrm{kN})$$

7.4.3 汽车和人群荷载作用下拱的内力计算

拱的活载内力计算(手算法)利用了《公路桥涵设计手册——拱桥》中的等代荷载表以简化计算工作。汽车和人群荷载内力计算仍分两步进行：先计算不考虑弹性压缩影响的内力，然后再计入弹性压缩对内力的影响。

1. 不考虑弹性压缩影响的内力

这里简要介绍等代荷载表的编制步骤和原理。超静定无铰拱桥编制等代荷载的办法是：先计算赘余力影响线，然后用叠加的办法计算内力影响线，最后，根据内力影响线按最不利情况布载、求得最不利内力值后，编制相应的等代荷载表。

(1) 绘制赘余力影响线

① 以简支曲梁为基本结构，如图7.52(a)所示。为了便于编制影响线表，在求拱中内力影响线时，常采用简支曲梁为基本结构。根据结构力学知识和弹性中心的特性可求出单

位荷载 $P=1$ 在图示位置时结构的赘余力 X_1，X_2，X_3。

② 计算赘余力影响线。一般将拱圈沿跨径方向分成48(或24)等份。相邻两分点的水平距离为 $\Delta l = l/48$(或 $l/24$)，当 $P=1$ 从图7.52(a)中的左拱脚向右拱脚以 Δl 步长移动时，即可利用结构力学知识计算出 P 在各个分点上 X_1，X_2，X_3 的影响线竖标。3个赘余力影响线之图形见图7.52(b)(c)(d)。

(2) 内力影响线

有了赘余力的影响线之后，拱中任何截面的内力影响线，均可利用静力平衡条件建立计算公式并借助叠加的办法求得。

① 任意截面的弯矩影响线。由图7.53可得任意截面 i 的弯矩为

$$M = M_0 - H_1 y \pm X_3 x + X_1 \tag{7-46}$$

式中：M_0——相应简支梁弯矩。

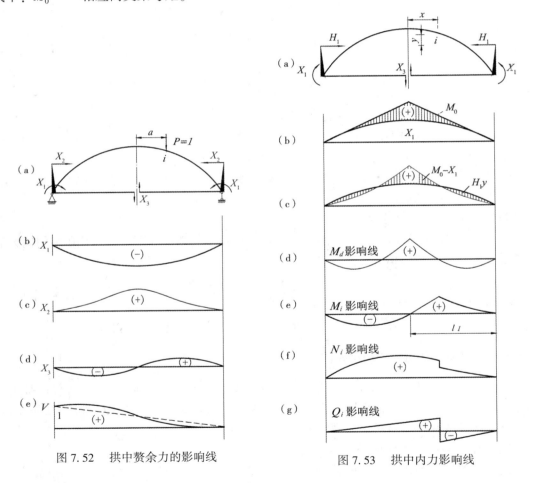

图 7.52 拱中赘余力的影响线　　图 7.53 拱中内力影响线

现以拱顶弯矩 M_d 影响线为例，说明利用已知影响线相叠加求解未知影响线的方法。因拱顶截面 $x=0$，故 $X_3 x = 0$。拱顶截面之弯矩 M_d 为

$$M_d = M_0 - H_1 y + X_1$$

由 $\sum X = 0$ 知，拱中任意截面的水平推力 $H_1 = X_2$，因此，H_1 的影响线与赘余力 X_2 的

影响线是完全一致的。H_1 影响线的图形见图 7.52(c)，各点的影响线竖标可由《公路桥涵设计手册——拱桥》附录(Ⅲ) 表(Ⅲ)-12 查得。

先绘出简支梁影响线 M_0，减去 X_1 影响线，得 $M_0 - X_1$ 影响线(见图 7.53(b) 阴影部分)。在图 7.53(c) 中，以水平线为基线绘出 $M_0 - X_1$ 影响线，在此图上再与 $H_1 y$ 影响线相叠加，图中阴影部分即为拱顶弯矩影响线。再以水平线为基线，即得 M_d 影响线如图 7.53(d) 所示。

同理可得，拱中任意截面 i 的弯矩影响线 M_i，如图 7.53(e) 所示。拱中各截面不考虑弹性压缩的弯矩影响线坐标中由《公路桥涵设计手册——拱桥》附录(Ⅲ) 表(Ⅲ)-13 查得。

② 任意截面的轴向力 N 和剪力 Q 影响线。截面 i 的轴向力 N_i 及剪力 Q_i 的影响线在截面 i 处均有突变，如图 7.53(f)(g) 所示。故当集中荷载作用在 i 截面的左、右两边时，轴向力 N 及剪力 Q 均有较大的差异，不便于编制等代荷载，一般也不利用 N、Q 的影响线计算其内力。通常，先算出该截面的水平力 H_1 和拱脚的竖向反力 V，再按下式计算轴力 N 和剪力 Q：

轴向力：
$$\begin{cases} 拱顶: N = H_1 \\ 拱脚: N = H_1 \cos\varphi_j + V\sin\varphi_j \\ 其他截面: N \approx \dfrac{H_1}{\cos\varphi} \end{cases} \quad (7\text{-}47)$$

剪力：
$$\begin{cases} 拱顶: 数值很小，一般不计算 \\ 拱脚: Q = H_1 \sin\varphi_j - V\cos\varphi_j \\ 其他截面: 数值很小，一般不计算 \end{cases} \quad (7\text{-}48)$$

拱脚竖向反力 V 的影响线：将 X_3 移至两支点后，由 $\sum Y = 0$ 得
$$V = V_0 \mp X_3 \quad (7\text{-}49)$$

式中：V_0——简支梁的反力影响线。

由 V_0 与 X_3 两条影响线叠加而成的竖向反力影响线 V，具有图 7.52(e) 的形式，图中为左拱脚的竖向反力影响线，显而易见，拱脚竖向反力 V 影响线之总面积 $\omega = l/2$。

现以拱脚截面为例，说明利用等代荷载计算拱中最大活载内力的方法。

【例 7.3】 等截面悬链线无铰拱，$l = 50\text{m}$，$f = 10\text{m}$，$m = 2.240$，计算荷载为公路-Ⅱ级，求左拱脚 A 最大正弯矩及相应的轴向力。

解：图 7.54 为左拱脚 A 的弯矩 M_j 影响线、水平力 H_1 影响线和竖向反力 V 影响线。求拱脚的最大正弯矩时，应将荷载满布在弯矩影响线的正面积部分(见图 7.54)。

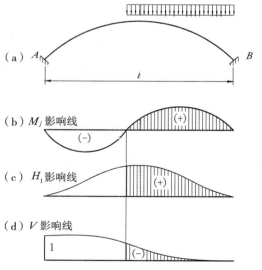

图 7.54 求拱脚 $M_{\max}$ 及相应 N 的布载图示

① 根据 $m = 2.240$，$f/l = 1/5$，由《公路桥涵设计手册——拱桥》附录（Ⅲ）表（Ⅲ）-20(6)得拱脚处水平倾角的正弦及余弦为

$$\sin\varphi_j = 0.68284, \quad \cos\varphi_j = 0.73057$$

② 根据现行《桥规》，公路-Ⅱ级的均布荷载为 7.875kN/m，集中荷载为 270kN。

③ 根据 $m = 2.240$，$f/l = 1/5$，由《公路桥涵设计手册——拱桥》附录（Ⅲ）表（Ⅲ）-20(49)查得 M_{max} 的影响线面积为

$$\omega_M = 0.01905l^2, \quad \omega_H = 0.09067l^2/f, \quad \omega_V = 0.16622l$$

④ 求拱脚 M_{max} 及其相应的轴向力 N。

$$M_{max} = 7.875 \times 0.01905 \times 50^2 + 270 \times 0.05227 \times 50 = 1081.88(\text{kN} \cdot \text{m})$$

相应的 $V = 7.875 \times 0.16622 \times 50 + 0.29307 \times 270 = 144.79(\text{kN})$

由式(7-46)得：

$$N = H_1\cos\varphi_j + V\sin\varphi_j = 445.98 \times 0.73057 + 144.79 \times 0.68284 = 424.69(\text{kN})$$

本题求解过程一并得到拱脚相应的支反力，若只求内力，则可由《公路桥涵设计手册——拱桥》表（Ⅲ）-21(30)查得 M_j 影响线最大取值位置相应 N 影响线的取值为 0.92232；由表（Ⅲ）-14(43)查得 $\omega_N = 0.44469l$；则拱脚最大弯矩相应的轴力为：$N = 7.9 \times 0.44469 \times 50 + 270 \times 0.92232 = 424.68(\text{kN})$。

由以上求解过程可以看出，利用相关计算用表来计算拱桥可变作用内力还是相当方便的。人群荷载是一种均布荷载，它的内力的计算步骤与汽车荷载相同。

2. 弹性压缩引起的内力

活载弹性压缩与恒载弹性压缩相似，它是考虑由活载产生的轴向力对变位的影响，亦在弹性中心产生赘余水平力 ΔH（拉力）。由典型方程得：

$$\Delta H = \frac{\Delta l}{\delta'_{22}} = \frac{\int_s \frac{Nds}{EA}\cos\varphi}{\delta'_{22}} \tag{7-50}$$

取脱离体如图7.55所示，拱脚作用有3个已知力：弯矩 M、竖向反力 V 和通过弹性中心的水平力 H_1。将各力投影到水平方向上得：

$$N = \frac{H_1 - Q\sin\varphi}{\cos\varphi} = \frac{H_1}{\cos\varphi}\left(1 - \frac{Q}{H_1}\sin\varphi\right) \tag{7-51}$$

式中，第二项的数值常比第一项小很多，近似地略去一项，则得

$$N = \frac{H_1}{\cos\varphi}$$

于是 $\Delta l = \int_s \frac{Nds}{EA}\cos\varphi = H_1 \int_l \frac{dx}{EA\cos\varphi}$

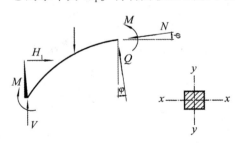

图7.55 弹性压缩引起的内力

代入式(7-50)，得

$$\Delta H = -\frac{H_1 \int_l \frac{dx}{EA\cos\varphi}}{\delta'_{22}} = -\frac{H_1 \int_l \frac{dx}{EA\cos\varphi}}{(1+\mu)\int_s \frac{y^2 ds}{EI}} = -H_1 \frac{\mu_1}{1+\mu} \tag{7-52}$$

考虑弹性压缩后的活载推力(总推力)为

$$H = H_1 + \Delta H = H_1 - H_1 \frac{\mu_1}{1+\mu} = H_1 \frac{1+\mu-\mu_1}{1+\mu} \tag{7-53a}$$

考虑到 $\Delta \mu = \mu_1 - \mu$ 远比 μ_1 为小,实际应用时尚可将上式进一步简化为

$$H = H_1 \frac{1+\mu-\mu_1}{1+\mu} = H_1 \frac{1-\Delta_\mu}{1+\mu_1-\Delta_\mu} \approx \frac{H_1}{1+\mu_1} \tag{7-53b}$$

活载弹性压缩引起的内力为

弯矩: $\Delta M = -\Delta H \cdot y = \dfrac{\mu_1}{1+\mu} H_1 \cdot y$

轴向力: $\Delta N = -\Delta H \cos\varphi = -\dfrac{\mu_1}{1+\mu} H_1 \cos\varphi$ $\qquad$ (7-54)

剪力: $\Delta Q = \pm \Delta H \sin\varphi = \mp \dfrac{\mu_1}{1+\mu} H_1 \sin\varphi$

将不考虑弹性压缩的活载与活载弹性压缩产生的内力叠加起来,即得汽车(或人群)荷载作用下的总内力。

7.4.4 裸拱内力计算

采用早脱架施工(拱圈合龙达到一定强度后就卸落拱架)及无支架施工的拱桥,需计算裸拱自重产生的内力,以便进行裸拱强度和稳定性的验算。

取悬臂曲梁为基本结构(图 7.56)。对于等截面拱,任意截面 i 的恒载集度 g_i 为

$$g_i = \frac{g_d}{\cos\varphi_i} \tag{7-55}$$

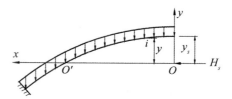

图 7.56　拱圈自重作用下内力计算图示

由于结构和荷载均为正对称,故在弹性中心仅有两个正对称的赘余力:弯矩 M_s 和水平力 H_s。由典型方程得

$$M_s = -\frac{\Delta_{1p}}{\delta'_{11}} = -\frac{\int_s \dfrac{\overline{M}_1 M_p \mathrm{d}s}{EI}}{\int_s \dfrac{\overline{M}_1^2 \mathrm{d}s}{EI}} = -\frac{\int_s \dfrac{M_p \mathrm{d}s}{EI}}{\int_s \dfrac{\mathrm{d}s}{EI}}$$

$$H_s = -\frac{\Delta_{2p}}{\delta'_{22}} = -\frac{\int_s \dfrac{\overline{M}_2 M_p}{EI}\mathrm{d}s}{\int_s \dfrac{\overline{M}_2^2 \mathrm{d}s}{EI} + \int_s \dfrac{\overline{N}^2 \mathrm{d}s}{EA}} = \frac{\int_s \dfrac{M_p y}{EI}\mathrm{d}s}{(1+\mu)\int_s \dfrac{y^2 \mathrm{d}s}{EI}}$$

积分后可得

$$\left.\begin{array}{l}M_s = \dfrac{A\gamma l^2}{4}V_1 \\ H_s = \dfrac{A\gamma l^2}{4(1+\mu)f}V_2\end{array}\right\} \quad (7\text{-}56)$$

式中：γ——拱圈材料单位容重；
　　　A——拱圈截面积（净面积或实际面积）；
　　　V_1、V_2——系数，可自《公路桥涵设计手册——拱桥》表（Ⅲ）-15、（Ⅲ）-16 查得。

由静力平衡条件得任意截面 i 的弯矩和轴向力为

$$\left.\begin{array}{l}M_i = M_s - H_s y - \sum\limits_{n}^{i} M \\ N_i = H_S \cos\varphi_i + \sum\limits_{n}^{i} P \cdot \sin\varphi_i\end{array}\right\} \quad (7\text{-}57)$$

式中：$\sum\limits_{n}^{i} M$——拱顶至 i 截面间裸拱自重对该截面的弯矩；

　　　$\sum\limits_{n}^{i} P$——拱顶至 i 截面间裸拱自重的总和。

　　　$\sum\limits_{n}^{i} M$，$\sum\limits_{n}^{i} P$——均可由《公路桥涵设计手册——拱桥》表（Ⅲ）-19 查得。

　　　n——拱顶截面的编号，在设计中 n 常采用 12 或 24。

当拱的矢跨比为 1/5～1/10 时，裸拱恒载压力线的拱轴系数 $m_0 = 1.305～1.079$，通常比拱轴线采用的 m 值小。计算表明，在裸拱的自重作用下，拱顶、拱脚一般都产生正弯矩。拱轴线的 m 与裸拱的 m_0 差得越多，拱顶、拱脚的正弯矩就越大。因而，采用无支架施工或早脱架施工的拱桥，宜适当降低拱轴系数。

7.4.5　温度变化和拱脚变位的内力计算

在超静定拱中，温度变化、混凝土收缩和拱脚变位都会产生附加内力。特别是就地浇筑的混凝土在结硬过程中的收缩变形，会产生较大的附加内力，可使拱桥开裂。在软土地基上建造圬工拱桥，墩台发生变位，尤其是水平变位，对拱桥产生较大的影响，引起较大的附加内力。

1. 温度变化产生的附加内力计算

根据热胀冷缩的道理，当大气温度比成拱时的温度（即主拱圈施工合龙时温度，称为合龙温度）高时，称为温度上升，引起拱体膨胀；反之，当大气温度比合龙温度低时，称为温度下降，引起拱体收缩。不论是拱体膨胀（拱轴伸长）还是拱体收缩（拱轴缩短），都会在拱中产生内力。

在图 7.57（a）中，设温度变化引起拱轴在水平方向的变位为 Δl_t，与弹性压缩同样道理，必然在弹性中心产生一对水平力 H_t。由典型方程得

$$H_t = \dfrac{\Delta l_t}{\delta_{22}}$$

$$\Delta l_t = a \cdot l \cdot \Delta t$$

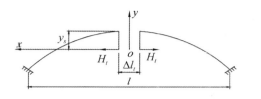
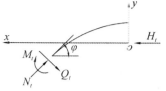

(a) 温度变化引起赘余力计算图示　　(b) 温度变化引起拱中的内力

图 7.57　温度变化引起的附加内力计算

式中：Δt——温度变化值，即最高（或最低）温度与合龙温度之差。温度上升时，Δt 和 H_t 均为正；温度下降时，Δt 及 H_t 均为负；

a——材料的线膨胀系数；混凝土或钢筋混凝土结构 $a = 1 \times 10^{-5}$；混凝土预制块砌体 $a = 0.9 \times 10^{-5}$；石砌体 $a = 0.8 \times 10^{-5}$。

由温度变化引起拱中任意截面的附加内力为（图 7.57(b)）：

$$\left. \begin{array}{l} 弯矩：M_t = -H_t y = -H_t(y_s - y_1) \\ 轴向力：N_t = H_t \cos\varphi \\ 剪力：Q_t = \pm H_t \sin\varphi \end{array} \right\} \quad (7\text{-}58)$$

【例 7.4】 如图 7.58(a) 所示的等截面悬链线无铰拱，拱轴系数 $m = 2.24$，施工时的合拢温度为 15℃，主拱圈线膨胀系数 $\alpha = 1.0 \times 10^{-5}$，弹性模量 $E = 3.0 \times 10^4$ MPa，主拱圈截面抗弯惯矩为 $I = 2m^4$，试求大气温度为 -5℃时，拱顶和拱脚截面由温度变化引起的弯矩，并绘出弯矩图。

解：取悬臂曲梁为基本结构，如图 7.58(b) 所示。

由《公路桥涵设计手册——拱桥》表Ⅲ-3 查得，$y_s = 0.332068 \cdot f$。

由《公路桥涵设计手册——拱桥》表Ⅲ-5 查得，$\delta_{22} = \int_s y^2 \mathrm{d}s/EI = 0.095818 \cdot Lf^2/EI$

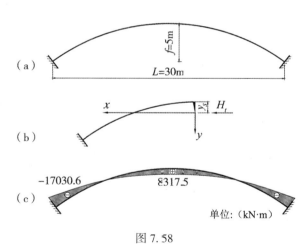

图 7.58

由于温度下降，会在弹性中心产生一对水平赘余力 H_t，由典型方程可以得到

$$H_t = \Delta l_t/\delta_{22}, \quad \Delta l_t = a \cdot L \cdot \Delta t$$

故　　$H_t = \Delta l_t/\delta_{22} = \alpha L \Delta t/\delta_{22}$

$\qquad = 10^{-5} \times 30 \times (-20)/(0.095818 \cdot 30 \cdot 5^2/3 \times 10^7 \times 2)$

$\qquad = -5009.5 (\mathrm{kN})$

H_t 为负值，说明温度降低时，在弹性中心产生一定拉力。

温度变化在各截面产生的弯矩如下：
拱顶截面产生的弯矩：
$$M_d = -H_t \cdot y_s = -(-5009.5) \times 0.332068 \times 5 = 8317.5(kN \cdot m)$$
拱脚截面产生的弯矩：
$$M_j = H_t \cdot (f - y_s) = (-5099.5) \times (f - 0.332068f) = -17030.6(kN \cdot m)$$
绘制温度变化产生的弯矩图如图7.58(c)所示。

2. 拱脚变位引起的内力计算

在软土地基上修建的拱桥以及桥墩较柔的多孔拱桥，拱脚变位是难以避免的。拱脚的变位包括拱脚的水平位移、垂直位移(沉降)和转动(角变)，每一种变位都会在拱中产生内力。

(1) 拱脚相对水平位移引起的内力

在图7.59中，两拱脚发生相对水平位移为
$$\Delta_h = \Delta_{hB} - \Delta_{hA}$$
式中：Δ_{hA}、Δ_{hB}——左、右拱脚的水平位移，自原位置右移为正、左移为负。

由于两拱脚发生相对水平位移Δ_h，在弹性中心产生的赘余力为：

$$X_2 = -\frac{\Delta_h}{\delta_{22}} = -\frac{\Delta_h}{\int_s \frac{y^2 ds}{EI}} \tag{7-59}$$

如两拱脚相对靠拢(Δ_h为负)，X_2为正；反之则相反。

(2) 拱脚相对垂直位移引起的内力

在图7.60中，拱脚相对垂直位移为
$$\Delta_V = \Delta_{VB} - \Delta_{VA}$$
式中：Δ_{VA}、V_{VB}——左、右拱脚的垂直位移，均以自原位置下移为正，向上移为负。

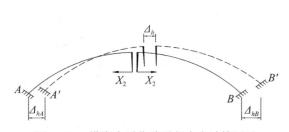

图7.59 拱脚水平位移引起内力计算图示

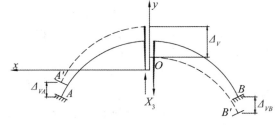

图7.60 拱脚竖向位移引起内力计算图示

由两拱脚相对垂直位移引起弹性中心的赘余力为

$$X_3 = -\frac{\Delta_V}{\delta_{33}} = -\frac{\Delta_V}{\int_s \frac{x^2 ds}{EI}} \tag{7-60}$$

等截面悬链线拱的$\int_s \frac{x^2 ds}{EI}$可由《公路桥涵设计手册——拱桥》表(Ⅲ)-6查得。

(3) 拱脚相对角变引起的内力

在图 7.61(a) 中，拱脚 B 发生转角 θ_B (θ_B 顺时针为正) 之后，在弹性中心除产生相同的转角 θ_B 之外，还引起相对水平位移 Δ_h 和垂直位移 Δ_V。因此，在弹性中心会产生 3 个赘余力 X_1、X_2、X_3。由典型方程得

$$\left.\begin{array}{r}X_1\delta_{11} + \theta_B = 0 \\ X_2\delta_{22} + \Delta_h = 0 \\ X_3\delta_{33} - \Delta_V = 0\end{array}\right\} \quad (7\text{-}61)$$

式中 θ_B 为已知，Δ_h、Δ_V 不难根据图 7.61(b) 的几何关系求出：

$$\Delta_h = \theta_B(f - y_s)$$
$$\Delta_V = \theta_B \cdot l/2$$

将 Δ_h 及 Δ_V 代入式(7-61) 得

$$\left.\begin{array}{r}X_1 = -\dfrac{\theta_B}{\delta_{11}} \\[2mm] X_2 = -\dfrac{\theta_B(f - y_s)}{\displaystyle\int_s \dfrac{y^2 \mathrm{d}s}{EI}} \\[4mm] X_3 = \dfrac{\theta_B \cdot l}{2\displaystyle\int_s \dfrac{x^2 \mathrm{d}s}{EI}}\end{array}\right\} \quad (7\text{-}62)$$

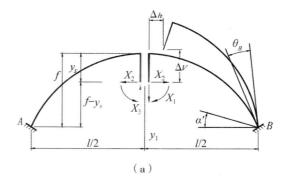

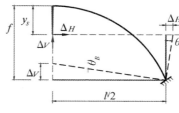

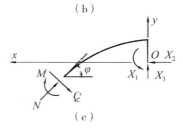

图 7.61 拱脚相对角变位引起的赘余力及各截面的内力图

式中：$\delta_{11} = \displaystyle\int_s \dfrac{\overline{M}_1^2 \mathrm{d}s}{EI} = \int_s \dfrac{\mathrm{d}s}{EI} = \dfrac{l}{EI}\int_0^1 \dfrac{\mathrm{d}\xi}{\cos\varphi} = \dfrac{l}{EI} \times \dfrac{1}{v_1}$

$\dfrac{1}{v_1}$ 可自《公路桥涵设计手册——拱桥》表(Ⅲ)-8 查得。

拱脚相对角变位引起各截面的内力为(图 7.61(c))：

$$\left.\begin{array}{r}M = X_1 - X_2 y \pm X_3 x \\ N = \mp X_3\sin\varphi + X_2\cos\varphi \\ Q = X_3\cos\varphi \pm X_2\sin\varphi\end{array}\right\} \quad (7\text{-}63)$$

7.4.6 主拱验算

求出了各种荷载作用下的内力后，即可进行最不利情况下的荷载组合，进而验算控制截面的强度及拱的稳定性。

作用效应组合按照第 1 章的相关叙述采用，在前述基础上，当 $l \leqslant 60\mathrm{m}$，在车道荷载引起的拱圈正弯矩参与组合时，应适当折减，拱顶、拱跨 $l/4$ 折减系数 0.7，拱脚应乘以 0.9，中间各个截面的正弯矩折减系数可用直线插入法确定。依此规定，例 7.3 中直接求得车道荷载作用下的拱脚最大正弯矩 $M_{\max}$ 为 1081.88kN·m，在与其他作用效应组合以控

制设计时,应当折减为 973.69 kN·m。

一般无铰拱桥,拱脚和拱顶是主要控制截面。大跨度拱桥应验算拱顶、拱跨 $3l/8$、拱跨 $l/4$ 和拱脚 4 个截面,对于中、小跨径拱桥,拱跨 $l/4$ 截面可不验算,特大跨径拱桥除以上 4 个截面外,需视截面配筋情况,另行选择截面进行验算。如拱上建筑布置特殊,则视具体情况增加验算截面。

1. 拱圈强度和应力验算

对于圬工拱桥和钢筋混凝土拱桥,拱圈均按分项安全系数的极限状态法设计,按两者具体的设计验算内容不同,分别遵循《公路桥规》和《公路桥涵钢筋混凝土及预应力混凝土设计规范》(JTG3362—2018)。对于钢拱桥,钢拱圈按容许应力法设计,需遵循《桥规》。

圬工拱桥拱圈是不容许开裂的,因而仅对拱圈强度作验算,为确保全截面受压,规范对纵向力偏心距 e_0 作了限制,当实际偏心距 e_0 大于容许值 $[e_0]$ 时,因截面出现了拉应力,拱圈强度验算公式相应发生了变化,但任何时候,拱圈均不容许开裂。

对于钢筋混凝土拱圈,验算内容包括强度、混凝土的拉压应力和裂缝宽度,如果不能满足要求,可通过增加配筋量、提高混凝土标号、甚至加大拱圈的方法予以解决。

对于钢拱圈,主要是作钢材的应力、局部稳定性以及连接构造的验算。另外,对于拱圈承受拉力的部位,尚应验算其疲劳强度。

各种材料拱圈验算的具体方法和规定可参照相应规范。

2. 拱圈的稳定性验算

拱圈或拱肋的纵向稳定性验算分为纵向稳定与横向稳定。实腹式拱桥,跨径不大时,可不验算纵、横向稳定性;在拱上建筑完成后再卸落拱架的大、中跨径拱桥,由于拱上建筑与主拱圈的共同作用,不致产生纵向失稳,此时,无需验算拱的纵向稳定性。采用无支架施工或在拱上建筑完成前就脱架的拱桥,应验算拱的纵向稳定。当拱圈宽度小于跨径的 1/20 时,应验算拱的横向稳定。

(1) 纵向稳定性验算

目前验算拱的稳定性时,是将拱圈(肋)换算为相当长度的压杆,按平均轴向力计算。

对于砖石及混凝土拱桥,拱圈正截面稳定性的验算公式为:

$$N_j \leqslant \varphi a A R_a^j / r_m \tag{7-64}$$

式中:各符号的意义及其取值可参考《公路桥规》相关章节。

对于钢筋混凝土拱桥,其稳定性验算可采用《公路桥规》中轴心受压构件计算公式计算,即:

$$\gamma_0 N_d \leqslant 0.9 \varphi (f_{cd} A + f'_{sd} A'_s) \tag{7-65}$$

$$N_d = \frac{H_d}{\cos \varphi_m} \tag{7-66}$$

式中:N_d—— 轴向力设计值;

H_d—— 拱的水平推力设计值;

φ_m—— 拱脚至拱顶连线与水平线的夹角,$\cos \varphi_m = \dfrac{1}{\sqrt{1 + 4(f/l)^2}}$;

φ—— 轴压构件的稳定系数;

f_{cd}，f'_{sd}——混凝土抗压强度设计值和纵向钢筋抗压强度设计值；

A——构件截面面积，对于变截面拱，若拱截面变化不大，则直接取 $l/4$ 处拱的横截面面积，当纵向配筋率大于 3% 时，A 改用 A_h（$A_h = A - A'_s$）；

A'_s——全部纵向钢筋截面面积。

式中各符号的意义及其取值，可参考《公路桥规》相关章节。

拱圈纵向稳定时的计算长度取值规定是三铰拱取用 $0.58L_a$，双铰拱取用 $0.54L_a$，无铰拱取用 $0.36L_a$，其中 L_a 为拱圈的拱轴线长度。

(2) 横向稳定性验算

拱的横向稳定性验算，目前尚无成熟的计算办法，工程上常用与纵向稳定相拟的公式来验算拱的横向稳定性，即：

$$N_j \leqslant \frac{N_L}{r_m} \tag{7-67}$$

式中：N_j——按承载能力极限状态组合计算的平均轴向力；

N_L——拱丧失横向稳定时的临界轴向力；

r_m——横向稳定安全系数。一般为 4~5。

① 对于拱圈或采用单肋合拢时的拱肋，丧失横向稳定时的临界轴向力，常用竖向均布荷载作用下，等截面抛物线双铰拱的横向稳定公式计算：

$$N_L = \frac{H_L}{\cos\varphi_m} \tag{7-68}$$

式中：φ_m——半拱的弦与水平线的夹角：

$$\cos\varphi_m = \frac{1}{\sqrt{1 + 4(f/l)^2}} \tag{7-69}$$

H_L——临界推力：

$$H_L = K_2 EI_y / 8fL \tag{7-70}$$

其中：K_2——临界荷载系数，与矢跨比、拱端固定方式等有关，在设计中，为了简化计算工作，K_2 值可偏安全地按表 7.2 确定；

I_y——单根拱肋对自身竖轴的惯性矩。

表 7.2

f/l	0.1	0.2	0.3
K_2	28.0	40.0	36.5

理论与实践证明，无铰拱的临界荷载比有铰拱大得多。悬链线无铰拱的横向稳定，精确的方法是作空间有限元电算分析，手算时，可偏安全地采用两铰拱的计算公式，或者近似采用圆弧无铰拱的公式计算临界轴向力。

② 对于肋拱或无支架施工时采用双肋合拢的拱肋，在验算横向稳定性时，可视为组合压杆（图 7.62），组合压杆的长度等于拱轴长度 S，临界轴向力可按下式计算：

$$N_L = \frac{\pi^2 E_a I_y}{l_0^2} \quad (7\text{-}71)$$

式中：I_y——两拱肋对桥纵轴（y-y轴）的惯性矩；

E_a——拱肋材料的弹性模量；

l_0——组合压杆计算长度，$l_0 = \rho \cdot a \cdot S$；

a——与支承条件相关的系数，无铰拱为0.5，两铰拱为1.0；

S——拱轴线长度；

ρ——考虑剪力对稳定的影响系数：

$$\rho = \sqrt{1 + \frac{\pi^2 E_a I_y}{L_j^2} \left(\frac{ab}{12 E_b I_b} + \frac{a^2}{24 E_a I_a} \cdot \frac{1}{1-\beta} + \frac{na}{b A_b G} \right)}$$

式中：$L_j = \alpha S$

$$\beta = \frac{N_L a^2}{2\pi^2 E_a I_a}$$

a——横系梁的间距；

b——两拱肋中距，即横系梁的计算长度；

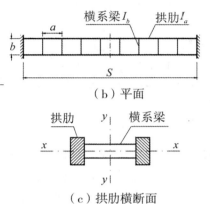

图 7.62　肋拱稳定计算图示

I_a——单根拱肋对自身重心轴（与 y-y 轴平行）的惯性矩；

I_b——单根横系梁对自身重心轴（与 y-y 轴平行）的惯性矩；

E_b——横系梁的弹性模量；

G——横系梁的剪切模量；

A_b——横系梁的截面积；

n——与横系梁截面形状有关的系数，矩形截面取1.20，圆形截面取1.11；

β——考虑节间稳定的系数，与临界力有关。当横系梁足以保证节间稳定时，β 可以略去。

7.5　钢管混凝土拱桥简介

7.5.1　钢管混凝土结构的特点

钢管混凝土结构属于钢-混凝土组合结构中的一种。根据钢管与钢管混凝土的组合关系，可以分为内填型和内填外包型两种，如图7.63所示。

内填型钢管混凝土管壁外露，结构含筋率较高，主要用于以受压为主的结构。它一方面借助内填混凝土增强钢管壁的稳定性，另一方面又利用钢管对核心混凝土的套箍作用，使核心混凝土处于三向受压状态，从而使其具有更高的抗压强度和抗变形能力。

内填外包型钢管混凝土主要用于在大跨度拱桥之中，它主要解决大跨度拱桥施工的"自架设问题"。首先架设自重轻、刚度、强度均较大的钢管骨架，然后在空钢管内浇注混凝土形成钢管混凝土，再在钢管混凝土骨架外挂模板浇注外包混凝土，形成钢筋混凝土

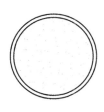
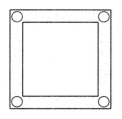

(a)内填型　　　　　(b)内填外包型

图 7.63　内填型和内填外包型

结构。在这种结构中,钢管和随后形成的钢管混凝土主要是作为施工的劲性骨架来考虑的。成桥后,它也可以参与受力,但其用量通常是由施工设计控制。

钢管混凝土除具有一般套箍混凝土的强度高、塑性好、质量轻、耐疲劳、耐冲击外,尚具有以下几方面的独特优点:①钢管本身就是耐侧压的模板,因而浇注混凝土时,可省去支模、拆模等工序,并可适应先进的泵送混凝土工艺;②钢管本身就是钢筋,它兼有纵向钢筋和横向箍筋的作用,既能受压,又能受拉;③钢管本身又是劲性承重骨架,在施工阶段可起劲性钢骨架的作用,在使用阶段又是主要的承重结构,因此可以节省脚手架,缩短工期,减少施工用地,降低工程造价;④在受压构件中采用钢管混凝土,可节省材料。

与所有材料一样,钢管混凝土结构材料也有它自身的缺点。对于管壁外露的钢管混凝土,在阳光的照射下,钢管膨胀,容易造成钢管与内填混凝土之间出现脱空现象;泵送管内混凝土也常出现不能完全饱满的情况,这都将引起拱圈受力不明了,从而降低钢管混凝土结构的安全度。

7.5.2　钢管混凝土拱桥的基本组成

钢管混凝土拱桥由钢管混凝土拱肋、立柱或吊杆、横撑、行车道系和下部构造组成,如图 7.64 所示。根据行车道板的位置,钢管混凝土拱桥可以做成上承式、中承式和下承式三种类型。

钢管混凝土拱桥结构轻盈,恒载集度比较均衡,因此拱轴系数比较小,一般在 1.167~2.24 之间,跨径小者取较大值,跨径大者取小值;矢跨比在 1/4~1/8 之间比较合理。拱轴线常采用悬链线或二次抛物线。

1. 钢管混凝土拱肋

按钢管的根数及布置方式,钢管混凝土拱肋横截面形式通常分为:单管型、双肢哑铃型、四肢格构型和三角形格构型等,如图 7.65 所示。

2. 横撑

横撑主要设置在拱顶、拱脚和拱肋与桥面系交接处。横撑的主要作用是将钢管混凝土拱肋连接成整体,确保结构稳定。桥面以上横撑一般设置奇数撑,拱顶处横撑所起的作用较大,同时,奇数根也比较美观。钢管混凝土拱肋的横撑多采用钢管桁架,钢管可以是空

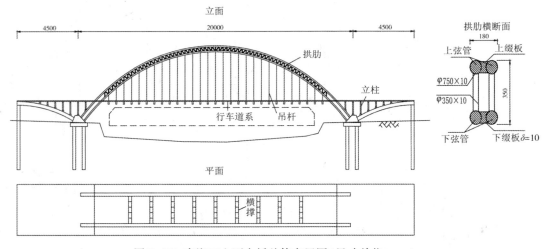

图7.64 南海三山西大桥总体布置图(尺寸单位：cm)

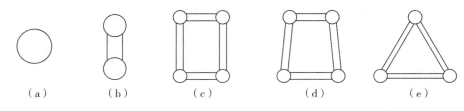

图7.65 拱肋截面形式

心的，也可以内填混凝土，做成钢管混凝土横撑。横撑在拱脚段多做成格式K撑或X撑，以获得更好的稳定性，在桥面系以上则多采用直撑、K撑或H形撑。

3. 吊杆

吊杆的张拉端(上端)通常设置在缀板处或钢管弦杆内，下端为固定锚，以方便拆卸更换。吊杆可采用柔性吊杆和刚性吊杆两种。中下承式钢管混凝土拱一般采用柔性吊杆，其材料可采用平行钢丝、平行钢绞线或平行钢丝束、单根钢绞缆和封闭钢缆等，外面再套以无缝钢管或用热挤聚乙烯层防护。刚性吊杆采用钢筋混凝土或预应力钢筋混凝土结构。

7.5.3 劲性骨架钢管混凝土拱桥示例

图7.66所示是我国于1997年建成的四川万县长江大桥，这是目前国内跨径最大的劲性骨架混凝土拱桥。

万县桥的基本情况如下：

①荷载等级：汽车-超20，挂车-120，人群3.5kN/m²；

②桥宽：净2×7.5m 行车道+2×3.0m 人行道，总宽24m；

③地震烈度：基本烈度6度，按7度验算；

④通航等级：在三峡水库正常蓄水位175m以上通航净空为24×300m，双向可通行三

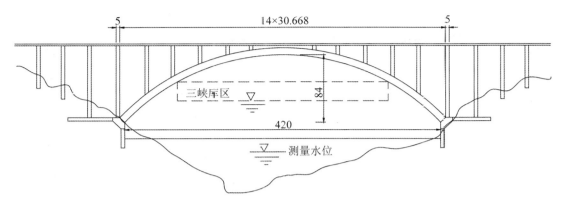

图 7.66 万县长江大桥桥孔布置图(尺寸单位:m)

峡库区规划的万吨级驳船队;

⑤桥孔布置:自南向北为 5×30.668m+420m+8×30.668m,全长 856.12m。

下面将以它为例,来叙述劲性骨架构造。

1. 主拱构造

主桥为劲性骨架钢筋混凝土拱桥,净跨 420m,拱圈宽 16m,高 7m,净矢高 84m,矢跨比 1/5,横向为单箱三室,细部尺寸如图 7.67 所示。

主拱圈拱轴系数经优化设计,并考虑到拱顶截面应有稍大的潜力,以满足施工阶段及后期徐变应力增量的受力需要,最后选定为 1.6。

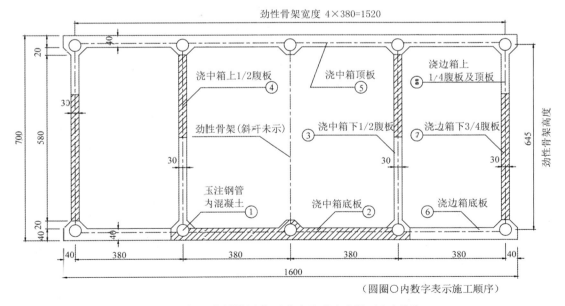

(圆圈○内数字表示施工顺序)

图 7.67 万县长江大桥拱圈截面形式及形成步骤(尺寸单位:cm)

2. 劲性骨架构造

该桥劲性骨架采用 5 个桁片组成,间距 3.8m,每个桁片上下弦为 D420×16mm 无缝钢管，腹杆与连接系杆为 4∠75×75×10 角钢组合杆件，骨架沿拱轴分为 36 节桁段，每个节段长约 13m，高 6.8m，宽 15.6m。每个桁段横向由 5 个桁片组成，间距 3.8m，每个节段质量约 60t。节段间采用法兰盘螺栓连接。因此在拼装过程中，高空除栓接外不再焊接，如图 7.68 所示。

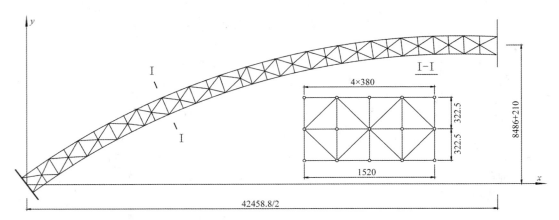

图 7.68　四川万县长江大桥劲性骨架构造图（尺寸单位：cm）

3. 混凝土浇筑

劲性骨架混凝土浇筑包括钢管内混凝土灌筑和拱箱外包混凝土的浇筑。该桥劲性骨架混凝土的施工顺序示于图 7.67，钢管内混凝土灌筑是在钢管骨架合拢以后开始进行的，待达到 70%的设计强度后，再按先中箱后边箱及底板—肋板—顶板的顺序，分 7 环依次浇完全箱，两环之间设一个等待龄期，使先期浇筑的混凝土能参与结构受力，共同承担下环新浇混凝土重力。在纵向采用"六工作面法"，对称、均衡、同步浇筑纵向每环混凝土，即将每拱环等分为 6 个区段，每段长约 80m，以 6 个工作面在各个区段的起点上连续向前浇筑混凝土，直至完成全环。整个浇筑过程中，骨架挠度下降均匀，基本上无上下反复现象，骨架上下弦杆及混凝土断面始终处于受压状态，应力变化均匀，使拱圈在施工过程中的强度、稳定性得到保证。

7.6　其他类型拱桥

7.6.1　桁架拱桥

桁架拱桥也称拱形桁架桥，其上部结构由桁架拱片、横向联系和桥面组成。桁架拱片是主要承重结构，由上下弦杆、腹杆和实腹段组成，其立面布置如图 7.69 所示。

桁架拱桥是一种整体型上承式拱桥，它进一步减轻了拱桥自重，增强了桥梁结构的整体性，充分发挥装配式结构工业化程度高、施工进度快等优点，扩大了拱桥的使用范围。

桁架拱片在施工期间单独受力，在竣工后与桥面板共同受力。其中，下弦杆为拱形，上弦杆一般与桥道结构组合成一整体而共同工作。在跨中部分，因上、下弦杆很靠近而做成实腹段。桁架拱在荷载作用下具有水平推力，使跨中实腹段在恒载作用下跨间弯矩减

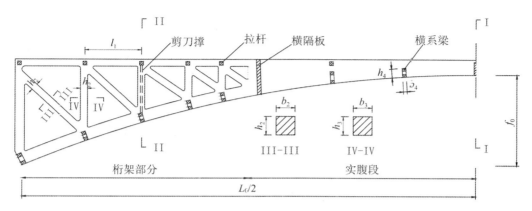

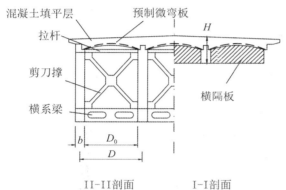

图 7.69 桁架拱桥的主要组成部分

小,主要承受轴向压力,在活载作用下将承受弯矩,属于偏心受压构件,即具有拱的受力特点。同时,由于它相当于把普通型上承式拱的传载构件(拱上结构)与拱肋连成整体,拱与拱上结构共同受力,各杆件主要承受轴力,所以又具有桁架的受力特点。由于它兼备了两者的有利因素,故能充分发挥材料的受力性能。

从结构布置来看,上弦杆和实腹段构成桁架拱片的上边缘,上弦杆轴线平行于桥面,考虑到桥面板参与受力,上弦杆和实腹段轴线应是包括桥面板在内的截面重心之连线。下弦杆相当于桁架拱的拱肋,为主要受压构件。下弦杆的轴线可以采用圆弧线、二次抛物线和悬链线等,腹杆内力与桁架拱下弦杆轴线有关,下弦杆的合理轴线应是在恒载作用下能使下斜杆的拉应力为零或限制在容许范围内的轴线。对实腹段,则希望采用曲率较大的轴线,以减小荷载下拱顶的弯矩。一般情况下,不存在既满足桁架部分,也满足实腹段的单一曲线。为使全拱底曲线连续,可采用抛物线,使之与两部分的合理曲线均较接近。

7.6.2 刚架拱桥

刚架拱桥的上部结构由刚架拱片、横向联结系和桥面等部分组成,如图 7.70 所示。刚架拱片是刚架拱桥的主要承重结构,一般由跨中实腹段的主梁、空腹段的次梁、主

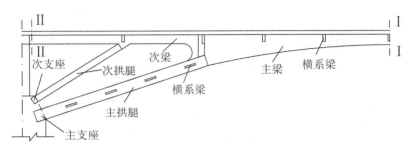

1/2跨刚架拱片立面布置

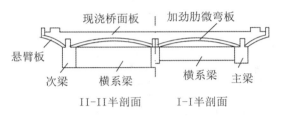

图 7.70 刚架拱桥的主要组成部分

拱腿(主斜撑)、次拱腿(次斜撑)等构成,与桥面板一起形成刚架拱的主拱。主梁和主拱腿的交接处称为主节点,次梁和次拱腿的交接处称为次节点。节点构造一般均按固结设计,并配置钢筋,主拱腿和次拱腿的支座分别称为主支座和次支座。

刚架拱桥的总体布置型式主要与桥梁跨径、荷载大小等有关。当跨径小于 25m 时,可采用只设主拱腿,不设次拱腿的最简单形式(图 7.71(a))。当跨径在 25~70m 时,为了减小腹孔段次梁和斜撑的内力,可以设置一根次拱腿(图 7.71(b))。随着跨径增大,为减小次梁和斜撑的内力,可设置多根斜撑。这些斜撑都可以直接支承在桥梁墩(台)上,也可以将次拱腿支承在主拱腿上,以减小次拱腿的长度(图 7.71(c))。

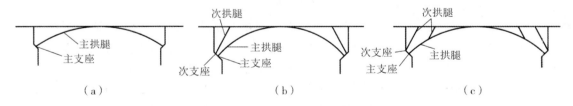

图 7.71 刚架拱桥的基本图示

刚架拱桥属于有推力的高次超静定结构,具有构件少、质量轻、整体性好、刚度大、施工简便、造价低、造型美观等优点,可在软土地基上修建,被广泛用于跨径为 25~70m 的桥梁。

7.6.3 中、下承式拱桥

中、下承式拱桥的桥跨结构一般由拱肋、横向联系和悬挂结构三部分组成。拱肋是主要的承重构件;横向联系设置在两片拱肋之间,用以增加两片分离拱肋的横向刚度和稳定性;悬挂结构包括吊杆和桥面系等,桥面荷载通过它们将作用力传递到拱肋上。

中承式拱桥的总体布置如图7.72所示,下承式拱桥的总体布置如图7.73所示。

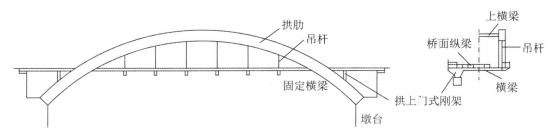

图 7.72　中承式钢筋混凝土拱桥的总体布置

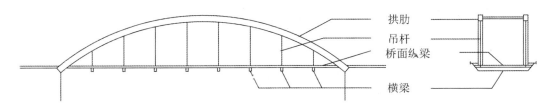

图 7.73　下承式钢筋混凝土拱桥的总体布置

中承式拱桥的行车道位于拱肋的中部,桥面系(行车道、人行道、栏杆等)一部分用吊杆悬挂在拱肋下,一部分用刚架立柱支承在拱肋上。下承式拱桥的行车道位于拱肋的下部,通过吊杆将纵梁和横系梁系统悬挂在拱肋下,在纵、横梁系统上设置行车道板,组成桥面系。

采用中、下承式拱桥可以降低桥面高度,有利于改善桥梁两端引道的纵面线形,减少引道的工程数量;有时为了满足当地景观或美学的需要,也采用中、下承式拱桥。

本 章 小 结

1. 拱桥在竖向荷载作用下,其两端支承除了有竖向反力外,还将产生水平推力,这将使拱内产生轴向压力,从而减小了拱顶处弯矩。

2. 拱桥上部结构由主拱圈和拱上建筑组成,主拱圈是主要承重结构。

3. 在简单体系的拱桥中,一般都不考虑拱上结构与主拱圈的联合作用,从结构受力体系上划分,拱桥可分两铰拱、三铰拱和无铰拱,一般都采用后者。

4. 根据主拱圈的截面形式拱桥又可分为板拱桥、板肋拱桥、肋拱桥、双曲拱桥和箱形拱桥。

5. 拱上建筑可采用实腹式和空腹式两种。空腹式拱上建筑又分为拱式和梁式两种。梁式拱上建筑又可分为简支腹孔、连续腹孔和框架腹孔三种形式。

6. 拱桥拱上建筑除了传力构件外,还有拱上填料、桥面、人行道、伸缩缝与变形缝、排水和防水,以及拱铰等细部构造。

7. 拱桥中的铰可分为永久性的拱铰和临时性拱铰，常用的有：弧形铰、铅垫铰、平铰、不完全铰和钢铰。

8. 拱桥总体设计包括确定结构体系及结构型式，桥梁长度及分孔，桥梁的设计标高和矢跨比等项内容。其中，确定设计标高一项又包括桥面标高、拱顶底面标高、起拱线标高和基础底面标高等具体内容。

主拱圈矢跨比是设计拱桥的主要参数之一。矢跨比大于或等于 1/5 的拱称为陡拱，矢跨比小于 1/5 的拱称为坦拱。

9. 拱桥常用的拱轴线型为圆弧线、悬链线和抛物线。但以悬链线最理想，因为这种拱轴线是与荷载作用下的压力线相吻合，理论上拱圈截面只受轴向压力，而无弯矩作用。

10. $y_1 = \dfrac{f}{m-1}(\mathrm{ch}k\xi - 1)$ 是实腹拱的拱轴线方程，它是一条悬链线。空腹式拱桥亦用悬链线作为拱轴线。为使悬链线拱轴与其恒载压力线接近，一般利用"五点重合法"（拱顶、两 $l/4$ 点和两拱脚），采用逐次逼近法确定悬链线拱轴系数 m 值。

11. 为了计算的简便，拱桥恒载内力一般分为两部分单独计算，即不考虑弹性压缩影响的内力与弹性压缩引起的内力，然后再将两者相加，便得到恒载作用下的总内力。空腹式无铰拱桥恒载内力的第一部分计算又可分为两部分，即先计算不考虑偏离影响的恒载内力，然后计算由偏离引起的恒载内力。二者叠加后，便得到空腹式无铰拱不考虑弹性压缩时的恒载内力。

12. 在超静定拱中，温度变化、混凝土收缩和拱脚变位都会使主拱圈产生附加内力。

13. 拱圈的验算包括拱圈强度验算和拱圈的纵向及横向稳定性验算。

14. 钢管混凝土拱桥由钢管混凝土拱肋、立柱或吊杆、横撑、行车道系和下部构造组成。

15. 桁架拱桥上部结构由桁架拱片、横向联系和桥面组成。刚架拱桥的上部结构由刚架拱片、横向联系和桥面等部分组成。

16. 中、下承式拱桥的桥跨结构一般由拱肋、横向联系和悬挂结构三部分组成。

思考题及习题

1. 拱桥的优缺点有哪些？
2. 拱桥的分类方式有哪些？
3. 对比板拱桥、板肋拱桥、肋拱桥、双曲拱桥和箱形拱桥的受力特点和适用范围。
4. 双曲拱桥在施工中是如何实现"化整为零"和"集零为整"的？这样做有何意义？
5. 简述拱上填料的作用，伸缩缝和变形缝的作用。
6. 确定拱桥的标高有哪几个？
7. 不等跨拱桥的处理方法有哪些？
8. 什么是理想拱轴线？拱轴线型有哪几种？分别对应于何种荷载？
9. 推导实腹式悬链线拱的拱轴线方程。
10. 什么是"五点重合法"？如何用"五点重合法"确定空腹式悬链线拱的拱轴系数 m？
11. 拱桥合龙时为何要强调低温合拢？

12. 如题图 1 所示的等截面悬链线无铰拱，拱轴系数 $m = 2.24$，为分段浇筑的钢筋混凝土结构，其收缩影响，相当于降低温度 15℃，施工时的合拢温度为 15℃，主拱圈线膨胀系数 $\alpha = 1.0 \times 10^{-5}$，弹性模量 $E = 3.0 \times 10^4$ MPa，主拱圈截面抗弯惯矩为 $I = 2\text{m}^4$，考虑混凝土徐变的影响，试求大气温度为 −5℃时，拱顶和拱脚截面由温度变化引起的弯矩，并绘出弯矩图。

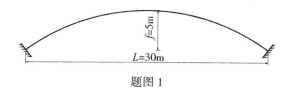

题图 1

13. 参考图 7.60，当拱脚 B 发生逆时针转角 θ_B 之后，求拱脚相对角变引起各截面的内力。

14. 绘出刚架拱桥的立面布置型式图，并标出各部分的名称。

15. 简述中、下承式拱桥的适用范围。

第 8 章 混凝土拱桥的施工

本章提要及学习结果

拱桥的施工方法,大体可分为有支架施工和无支架施工两大类。在我国,前者常用于石拱桥、混凝土预制块拱桥及现浇混凝土拱桥;后者多用于肋拱、箱形拱、桁架拱桥等。当然,也有采用两者相结合的施工方法。本章在侧重介绍有支架施工及无支架施工方法的基础上,概要介绍一些适合大跨径拱桥和组合式拱桥的新施工方法。通过本章的学习,学生应该能够:

1. 阐述混凝土拱桥的主要施工方法;讨论并表述各种施工方法过程、适用范围;
2. 能够在实践项目(拱桥认识实习)中选择合适的分析对象,提炼问题,把握总体目标,制定解决方案;
3. 分析与判断方案:课堂讨论,案例教学、实践项目(认识实习)中对问题和资料进行分析判断,找出矛盾和有效之处,为问题的解决提供方案;
4. 能够对目前国内外发生的一些拱桥施工事故,分析事故原因,查找相关资料,提出解决办法或者设计改进,形成总结性建议。

8.1 拱桥有支架施工

8.1.1 拱架

拱架是有支架施工建造拱桥必不可少的辅助结构,在整个施工期间,用以支承全部或部分拱圈和拱上建筑的重量,并保证拱圈的形状符合设计要求。因此,要求拱架具有足够的强度、刚度和稳定性。

拱架的种类很多,在一般情况下,拱架按拱圈宽度设置。但当桥宽较大时,由于拱架费用高(有的高达桥梁总造价的 25%),为了提高拱架利用率,减少拱架数量和费用,可以考虑将拱圈分成若干条施工,拱架沿拱圈宽度方向重复使用。

下面主要对木拱架和钢拱架进行扼要介绍。

1. 木拱架

木拱架常用于修建中、小跨径的圬工拱桥,按其构造形式可分为满布式拱架、拱式拱架等几种。

(1)满布式拱架

满布式拱架的优点是施工可靠、技术简单,木材和铁件规格要求较低。但这种拱架木材用量大,木材及铁件的损耗率也较大。在受洪水威胁、水深流急、漂流物较多及要求通航的河流上，不能采用这种拱架。

满布式拱架通常由拱架上部(拱盔)、卸架设备、拱架下部(支架)三个部分组成。常用的形式有立柱式和撑架式两种。无论是立柱式还是撑架式拱架，都应当构造简单、受力明确，避免采用复杂的节点和接头构造。拱架构件连接应紧密，以保证拱架在荷载作用下变形最小且变形曲线圆顺。

(2)拱式拱架

与满布式拱架相比较，拱式拱架不受洪水、漂流物的影响，在施工期间能维持通航，适用于墩高、水深、流急或要求通航的河流。

2. 钢拱架

钢拱架一般采用桁架式，由单片拱形桁架构成。它们可以被拼接成三铰、两铰或无铰拱架。图8.1(a)是两铰钢拱架构造示意图。由于钢拱架多用在大跨径拱桥的建造上，它本身具有很大的重量，故在安装时，还需借助临时墩和起吊设备，将它分为若干节段后再拼装而成。施工时，再拆除临时墩与钢拱架的联系，施工完毕后，又借助临时墩逐段将它拆除，图8.1(b)是这类拱架的安装示意图。图8.2为东岗镇黄河桥施工钢拱桥。

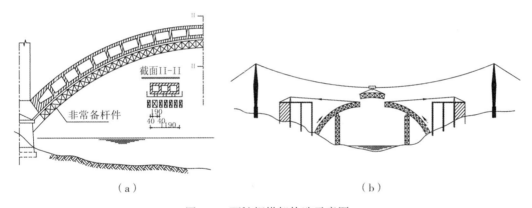

图 8.1 两铰钢拱架构造示意图

图 8.2 东岗镇黄河桥施工钢拱桥

8.1.2 拱圈混凝土的浇筑

1. 浇筑程序

浇筑一般可分成三个阶段进行。第一阶段，浇筑拱圈（拱肋）及拱上立柱的柱脚；第二阶段，浇筑拱上立柱，联结系及横梁等；第三阶段，浇筑桥面系。后一阶段的混凝土应在前一阶段混凝土具有一定强度后才能浇筑。拱圈或拱肋的拱架，可在拱圈混凝土强度达到设计强度的70%以上后，在第二阶段或第三阶段开始前拆除。但应事先对拆除拱架后拱圈的稳定性进行验算。

2. 拱圈浇筑

在浇筑拱圈混凝土之前，必须在拱架上立好模板，绑扎或焊接好钢筋骨架。为了保证在整个施工过程中拱架受力均匀和变形最小，必须选择合适的浇筑方法和顺序，并应注意以下几点：

①跨径小于16m的拱圈或拱肋混凝土，应按拱圈全宽从两端拱脚向拱顶对称地连续浇筑，并在拱脚混凝土的初凝前全部完成，如预计不能在限定时间内完成，则应在拱脚预留一个隔缝并最后浇筑混凝土。

②跨度大于或等于16m的拱圈或拱肋，应沿拱跨方向分段浇筑。分段位置应以能使拱架受力对称、均匀和变形小为原则，对于拱式拱架，宜将分段位置设置在拱架受力反弯点、拱架节点、拱顶及拱脚处；对满布式拱架，宜将它设置在拱顶、$L/4$部位、拱脚及拱架节点处。各段的接缝面应与拱轴线垂直，各分段点应预留间隔槽，其宽度一般为0.5~1.0m，当安排有钢筋接头时，其宽度尚应满足钢筋接头的要求。如预计拱架变形较小，可减少或不设间隔槽，而采取分段间隔浇筑，如图8.3所示。

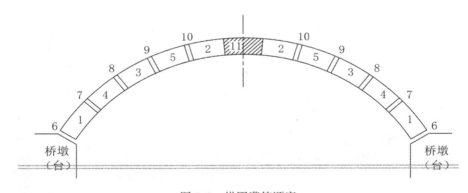

图8.3 拱圈灌筑顺序

③间隔槽混凝土，应待拱圈分段浇筑完成后且其强度达到75%以上设计强度，并且接缝按施工缝经过处理后，再由拱脚向拱顶对称进行浇筑。拱顶及两拱脚间隔槽混凝土应在最后封拱时浇筑。由于温降对拱圈受力不利，封拱合龙温度宜尽可能在低温时进行，一般最高不超过15℃，否则需采取一定的措施调整拱圈内力。封拱合龙前，当用千斤顶施加压力的方法调整拱圈应力时，拱圈（包括已浇间隔槽）内的混凝土强度应达到设计强度。

④浇筑大跨径拱圈时，纵向钢筋接头应安排在设计规定的最后浇筑的几个间隔槽内，

并应在浇筑这些间隔槽时再连接。

⑤浇筑大跨径拱圈(拱肋)混凝土时,宜采用分环(层)分段法浇筑,也可沿纵向分成若干条幅,中间条幅先行浇筑合龙,达到设计要求后,再按横向对称,分层浇筑合龙其他条幅。其浇筑顺序和养护时间应根据拱架荷载和各环负荷条件通过计算确定,并应符合设计要求。

⑥大跨径钢筋混凝土箱形拱圈(拱肋)可采取在拱架上组装并现浇的施工方法。先将预制好的腹板、横隔板和底板放在拱架上组装,在焊接腹板、横隔板的接头钢筋形成拱片后,立即浇筑接头和拱箱底板混凝土,组装和现浇混凝土时,应从两拱脚向拱顶对称进行,浇底板混凝土时,应按拱架变形情况设置少量间隔缝并于底板合龙时填筑,待接头和底板混凝土达到设计强度的75%以上后,安装预制盖板,然后铺设钢筋,现浇顶板混凝土。

⑦在多孔连续拱桥中,当桥墩不是按单向推力墩设计时,就应注意相邻孔间对称均匀施工。

8.1.3 拱上建筑的施工

拱上建筑的施工,应在拱圈合龙、混凝土强度达到要求强度后进行,如设计无规定,可按达到设计强度的30%以上控制,一般不少于合龙后的三昼夜。

对于实腹式拱上建筑,应由拱脚向拱顶对称地浇筑。当侧墙浇筑好以后,再填筑拱腹填料。对空腹式拱桥,一般是在腹拱墩浇筑完后就卸落主拱圈的拱架,然后再对称均匀地砌筑腹拱圈,以免由于主拱圈不均匀下沉导致腹拱圈开裂。

8.1.4 拱架的卸落

1. 卸架程序设计

卸架时间必须待拱圈混凝土达到一定强度后才能进行,为了保证拱圈或整个上部结构逐渐均匀降落,以便使拱架所支承的桥跨结构重量逐渐转移给拱圈自身来承担,因此拱架不能突然卸除,而应按照一定的卸架程序进行。

一般卸架的程序是:对于满布式拱架的中小跨径拱桥,可从拱顶开始,逐渐向拱脚对称卸落,对于大跨径拱圈,为了避免拱圈发生"M"形的变形,也有从两边1/4L处逐次对称地向拱脚和拱顶均匀地卸落。卸架时,宜在白天气温较高时进行,这样的条件对卸落拱架工作较方便。

2. 卸架设备

卸架设备一般采用木楔和砂筒两种。木楔又可分为:简单木楔:仅适用于跨径小于10m的满布式拱架;双向木楔:其优点是不用铁件,载重较大,卸模方便,适用于30m以内的满布式拱架;组合木楔:下落比较均匀,可用于30m以下的满布式拱架或20m以下的拱式拱架。

砂筒的承载力较大,可用于50m以上的满布式拱架和30m以上的拱式拱架。

8.2 拱桥缆索吊装施工

在峡谷或水深流急的河段上,或在通航河流上需要满足船只的顺利通行,或在洪水季节施工并受漂流物影响等条件下修建拱桥，以及采用有支架施工方法将会遇到很大困难或很不经济时，宜考虑采用无支架施工方法，而不需搭设拱架作为临时支承。

缆索架桥设备由于具有跨越能力大、水平和垂直运输机动灵活、适应性广、施工也比较稳妥方便等优点，因此，目前在修建公路拱桥时较多采用了缆索吊装方法。尤其在修建大跨径的或连续多孔的拱桥中，更能显示这种施工方法的优越性。在广泛的实践中，此法已得到了很大发展并积累了丰富的经验。

在采用缆索吊装施工的拱桥上，为了充分发挥缆索的作用，拱上建筑也应尽量采用预制装配式构件，这样就能提高桥梁工业化施工的水平，并有利于加快桥梁建设的速度。例如主桥全长 1250m 的长沙湘江大桥，17 孔共 408 节拱肋和其中 8 孔 76m 跨径的拱上建筑预制构件(立柱、盖梁、腹拱圈等)全部由两套缆索吊机吊装安砌，仅用 65 个工作日就安装完成。这对于加快大桥建设速度、减少木材用量、降低桥梁造价等方面都起了很大作用。

缆索吊装施工工序为：在预制场预制拱肋(或拱箱)节段和拱上结构，通过平车或其他运输设备将它们移运到缆索吊装设备下的合适位置，由起重索和牵引索将预制节段吊运至待拼桥孔处安装就位，立即用扣索再将它们临时固定，最后吊合龙段的拱肋(或拱箱)节段，并进行轴线调整后进行接头固结处理，所有拱肋(或拱箱)安装完毕，横系梁或纵向接缝均处理结束以后，再进行拱上结构的安装，缆索吊装施工的工地布置如图 8.4 所示。缆索吊装施工实质上属悬臂拼装法，所不同的是后者直接在已完成的悬臂节段上设置伸臂式起吊设备，但由于受到伸臂外伸长度和起重量的限制，使拼装节段划分得比较多，因而施工工期较长；而缆索吊装采用架空起吊设备，可以把主拱圈的节段划分得少一些，一般划分成 3 段、5 段或 7 段，极个别情况按偶数划分成 28 段(例如 $l = 180m$ 广西来宾桥)，这要视拱桥跨径的大小而定，因而加快了施工进度。下面仅介绍这种施工方法的一些特点。

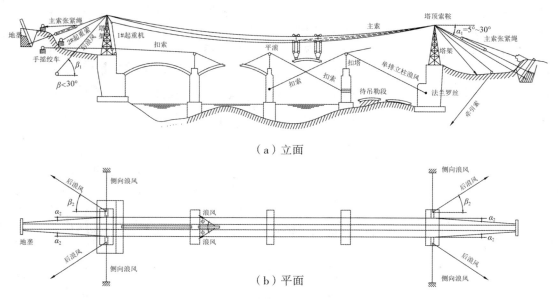

图 8.4 缆索吊装布置示意

8.2.1 拱圈节段的预制

板拱、肋拱拱桥的拱肋多为开口截面,其制作工艺相对简单,这里不作介绍。下面着重介绍箱形拱桥的箱肋制作工艺。为了预制安装的方便,通常将箱形截面主拱圈从横方向上划分成若干根箱肋,再从纵方向上划分为数段,待拱肋拼装成拱后,再在箱壁间用现浇混凝土把各箱肋连成整体,形成主拱圈截面。就每一个箱肋节段而言,其预制多采用组装预制的方法,施工主要步骤如下:

①先在样台上按设计图的尺寸对每个节段进行坐标放样,然后分别预制箱肋的侧板(箱壁)和横隔板,如图 8.5(a)所示。

②在拱箱节段的底模上,将侧板(箱壁)和横隔板安放就位,并绑扎好接头钢筋,然后浇筑底板混凝土及接缝混凝土,组成开口箱,如图 8.5(b)(c)所示。

③若采用闭口箱,可在开口箱内立顶板的底模,绑扎底板的钢筋,浇筑顶板混凝土,组成闭口箱,如图 8.5(d)所示。待节段箱肋混凝土达到设计强度后即可移运拱箱,以便进行下一节段拱箱的预制。

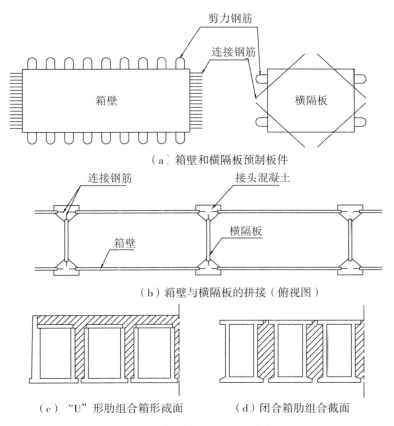

图 8.5 箱壁横隔板连接示意

8.2.2 拱肋的吊装

为了保证拱肋吊装的稳定和安全,必须遵循以下规定:

①拱肋的吊装,除拱顶节段外,其余节段均应设置一组扣索悬挂。

②拱肋分3段或5段拼装时,至少应保持2根基肋设置固定风缆,拱肋接头处应横向连接。

③对于中小跨径的箱形拱桥,当其拱肋高度大于0.009~0.012倍跨径,拱肋底面宽度为肋高的0.6~1.0倍,且横向稳定安全系数大于或等于4时,可采用单肋合龙,嵌紧拱脚后,松索成拱,如图8.6(a)所示。

④大、中跨径的箱形拱,其单肋合龙横向稳定安全系数小于4时,可先悬扣多段拱脚段或次拱脚拱肋,然后用横夹木临时将相邻两肋联结后,安装拱顶单根肋合龙,松索成拱,如图8.6(b)(c)所示。

⑤当拱肋跨径在80m以上或横向稳定安全系数小于4时,应采用双基肋合龙松索成拱的方式,即当第一根拱肋合龙并校正拱轴线,楔紧拱肋接头缝后,稍松扣索和起重索,压紧接头缝,但不卸掉扣索和起重索,待第二根拱肋合龙,两根拱肋横向联结固定好并接好风缆后,再同时松卸两根拱肋的扣索和起重索。

⑥当拱肋分3段吊装,采用阶梯形搭接头时,宜先准确扣挂两拱脚段,调整扣索使其上端头较设计值抬高30~50mm,再安装拱顶段使之与拱脚段合龙。采用对接接头,宜先悬扣拱脚段初步定位,使其上端头高程比设计值抬高50~100mm,然后准确悬扣拱顶段,使其两端头比设计值高出10~20mm,最后放松两拱脚段扣索使其两端均匀下降与拱顶段合龙。

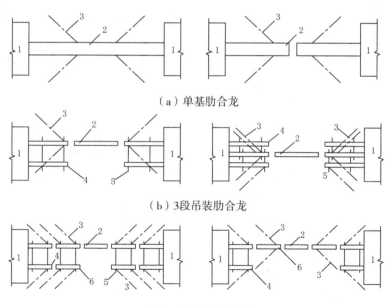

(a)单基肋合龙

(b)3段吊装肋合龙

(c)5段吊装单肋合龙

1—墩台;2—基肋;3—风缆;4—拱脚段;5—横夹木;6—次拱脚段

图8.6 拱肋合龙方式示意图

⑦当拱肋分5段吊装时，宜先从拱脚开始，依次向拱顶分段吊装就位，每段的上端头不得扭斜。首先使拱脚段的上端较设计高程抬高150~200mm，次边段定位后，使拱脚段的上端头抬高值下降50mm左右，并应保持次边段的上端抬高值约为拱脚段上端头抬高值的2倍的关系，否则应及时调整，以防拱肋接头开裂。

⑧当采用7段和7段以上拱肋吊装时，应通过施工控制的方法，准确计算每段吊装后各扣索的索力、各接头的标高位置，并对风缆系统进行专门设计，确保拱肋横向稳定安全系数不小于4，拱肋（包括接头）在各阶段承受的应力也应包含在控制计算中。

⑨拱肋合龙温度应符合设计规定，如设计无规定，可在气温接近当地的年平均温度（一般在5~15℃）时进行；天气炎热时，可在夜间洒水降温条件下进行。

⑩大跨径箱形拱桥分3段或5段吊装合龙后，根据拱肋接头密合情况及拱肋的稳定度，可保留起重索和扣索部分受力，等拱肋接头的连接工序基本完成后再依序松索。

8.2.3 施工加载程序设计

1. 目的

施工加载程序设计的目的，就是要在裸拱上加载时，使拱肋各个截面在整个施工过程中，都能满足应力、强度和稳定的要求，并在保证施工安全和工程质量的前提下，尽量减少施工工序，便于操作，加快施工进度。

2. 一般原则

①对于中、小跨径拱桥，当拱肋的截面尺寸满足一定的要求时，可不作施工加载程序设计。但应按有支架施工方法对拱上建筑进行对称、均匀的施工。

②对于大、中跨径的箱形拱桥，一般应按分环、分段、均匀对称加载的总原则进行设计，即在拱的两个半跨上，按需要分成若干段，并在相应部位同时进行相等数量的施工加载。但对于坡拱桥，一般应使低拱脚半跨的加载量稍大于高拱脚半跨的加载量。

③在多孔拱桥的两个相邻孔之间，也须均衡加载。两孔间的施工进度不能相差太远，以免桥墩承受过大的单向推力而产生过大的位移，造成施工快的一孔的拱顶下沉，邻孔的拱顶上冒，从而导致拱圈开裂。

3. 示例

图8.7所示是一座跨径85m的箱形拱桥的施工加载程序，拱箱吊装节段采用闭合箱。图中数字代表施工步骤，其加载程序简单叙述如下：

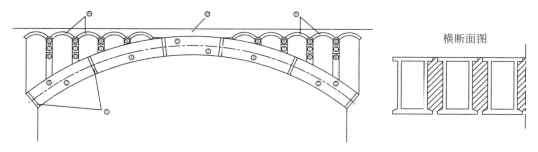

图8.7 加载程序

先将各片拱箱逐一吊装合龙，形成一孔裸拱圈。然后将全都纵横接头处理完毕，便浇筑接头混凝土，完成第一阶段加载。

浇筑拱箱间的纵缝混凝土。纵缝应分为两层浇筑，先只浇筑到大约箱高的一半处，使其初凝后再浇满全高使与箱顶齐平，横桥向各缝齐头并进。注意，下层纵缝应分段浇筑。图中步骤②、③、④、⑤为纵缝浇筑。

拱上各横墙加载。先砌筑 $1^\#$、$2^\#$ 横墙至 $3^\#$ 横墙底面高度；再砌筑 $1^\#$、$2^\#$、$3^\#$ 横墙至 $4^\#$ 横墙底面高度；最后全部横墙（包括小拱拱座）同时砌筑完毕，工作按左、右两半拱对称、均匀同时进行，见图中步骤⑥、⑦、⑧。

安砌腹拱圈及主拱圈拱顶实腹段侧墙。由于拱上横墙截面单薄只能承受一片预制腹拱圈块件的单向推力，因此，安砌腹拱圈时，应沿纵向逐条对称安砌，直到完毕。见图中步骤⑨。

以后各步骤，包括拱顶填料，腹拱填料，桥面系，可按常规工艺要求进行，勿须作加载验算。

8.3 其他施工方法简介

如前所述，拱桥的结构形式和经济性等与施工方法有着密切的联系，因此国内外都十分重视拱桥新施工方法的研讨，并已取得了可喜的进展，促使拱桥的建设达到了一个新的水平。

8.3.1 悬臂施工法

悬臂施工法是现代大跨度桥梁施工最常用的方法，它可以应用于除悬索桥外的几乎所有桥型。悬臂施工是拱桥无支架施工最主要的方法，它从拱脚处向拱顶处悬臂施工两个半拱，最后在拱顶进行合龙。

1. 悬臂浇筑法

日本首先在跨径 170m 的外津桥上采用了这种施工方法。它是借助于专用挂篮、结合使用斜吊钢筋的斜吊式悬臂浇筑施工方法，其主要架设步骤如图 8.8 所示。

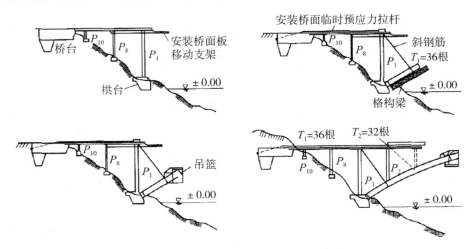

图 8.8　斜吊式悬臂浇筑施工步骤示意图

图 8.9 是采用悬臂浇筑箱形拱示意图。该方法把主拱圈划分成若干个节段,并用专门设计的钢桁托架结构作为现浇混凝土的工作平台。托架的后端铰接在已完成的悬臂结构上,其前端则用刚性组合斜拉杆经过临时支柱和塔架,再由尾索锚固在岸边的锚碇上。由于钢桁托架本身较重,它的转移必须借助起重量大的浮吊船,而钢筋骨架和混凝土的运输则借助缆索吊装设备,施工比较麻烦,拱轴线上各点的标高也较难控制,故目前较少采用这种施工方法。

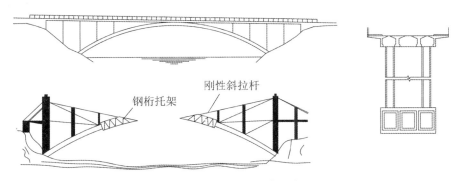

图 8.9 悬臂浇筑箱形拱示意图

2. 悬臂拼装法

悬臂拼装施工方法是另一种悬臂施工方法。在悬臂拼装施工之前,拱片(圈)沿桥跨划分为若干奇数预制段,箱形拱圈的顶、底板及腹板也可再分开预制。图 8.10 是利用伸臂式起重机在已拼接好了的悬臂端逐次起吊和拼接下一节段的施工示意图。每拼接好一个节段,即用辅助钢索临时拉住,每拼完三节,便改用更粗的主钢索拉住,然后拆除辅助钢索,供重复使用。这种方法,适用于特大跨径的拱桥施工。

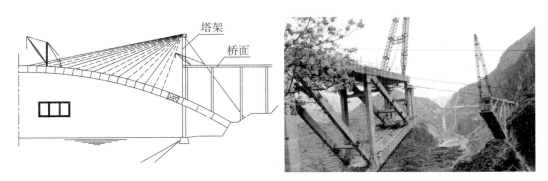

图 8.10 悬臂拼装示意图

目前世界上最大跨径的预应力混凝土桁式组合桥——贵州省江界河桥(330m,图 8.11),就是采用悬臂拼装施工法架设的。居目前世界第二跨的南斯拉夫 KRK 钢筋混凝土箱形拱桥,也是采用悬臂拼装施工法架设的。

8.3.2 劲性骨架施工法

劲性骨架施工方法,是用劲性钢材(如角钢、槽钢等型钢)作为混凝土拱圈(肋)的配筋,在施工过程中,先完成拱圈(肋)内的劲性钢骨拱,作为拱圈(肋)混凝土施工的拱架,然后在钢骨拱上现浇混凝土,将钢骨拱埋入拱圈(肋)混凝土中,最终形成钢筋混凝土拱圈(肋)。该方法的优点是可以减少施工设备的用钢量,结构整体性好,拱轴线易于控制,施工进度快等。但结构本身的用钢量大,且需用型钢较多,故一般用在大跨径拱桥工程中。劲性骨架施工法是一种较老的施工方法,1942年,西班牙就采用该法建成了210m的Esla混凝土拱桥,但之后的发展并不很快。从20世纪80年代起,随着我国大跨径混凝土拱桥的大量建造、高强经济的骨架材料(钢管混凝土)的使用,以及桥梁施工控制技术的发展,这一施工方法在我国大跨径混凝土拱桥的施工中得到了广泛使用。世界上最大跨径的混凝土拱桥——跨径420m的重庆万县长江大桥就是采用劲性骨架施工方法建成的,如图8.12所示。

图8.11 江界河桥的悬臂拼装施工

图8.12 万县长江大桥劲性骨架施工

在劲性骨架施工过程中,斜拉的扣挂索体系是技术关键之一。索材应强度高、模量大、变形稳定,索长与索力调整方便、行程大、控制精度高,锚固系统安全、可靠。

采用劲性骨架进行混凝土拱桥施工的步骤为(图8.13):

①在现场按设计图进行骨架1:1放样、下料及分段拼装成型。

②采用缆索吊装法进行骨架安装、成拱。对于钢管混凝土骨架,成拱后采用泵送法浇筑钢管内的混凝土,以形成最终的骨架结构。

③在骨架上悬挂模板浇筑混凝土拱圈(分环、分段、多工作面进行)。

钢管混凝土结构在拱桥中的应用,对改进劲性骨架具有重要的作用。目前普遍采用将钢管混凝土作为劲性骨架桁式结构的上、下弦杆,其具有刚度大、用钢量省、安全、经济的优点。

劲性骨架施工法是目前特大跨径混凝土拱桥施工的主要方法,实践过程中也发现该法存在空中混凝土浇筑工序多、时间长、质量控制较难等不足,有待今后进一步改进。

8.3.3 转体施工法

拱桥转体施工法的基本原理:将拱圈或整个上部的两个半跨分别置于河岸上,利用地形或简单支架进行现浇或预制拼装,然后利用千斤顶等动力装置,将这两个半跨结构转动至桥轴位置合龙成拱。拱桥的转体施工法根据其转动方位的不同,可分为竖向转体、平面转体及平竖结合转体三种。转体施工法具有变复杂为简单,避免水上高空作业,结构受力安全可靠,施工设备少用料省,施工速度快费用低等优点。

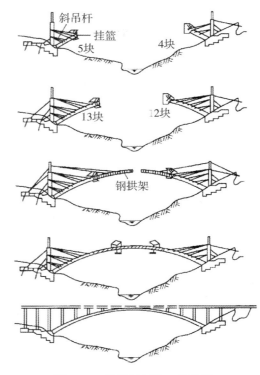

图8.13 劲性骨架施工示意图

1. 平面转体施工法

图 8.14 是主拱圈正处在平面旋转过程中的示意图。这种施工方法特点是:将主拱圈分为两个半跨,分别在两岸利用地形作简单支架(或土牛拱胎),现浇或者拼装拱肋,再安装拱肋间横向联系(横隔板、横系梁等),把扣索的一端锚固在拱肋的端部(靠拱顶)附近,经引桥桥墩延伸至埋入岩体内的锚锭中,最后用液压千斤顶收紧扣索,使拱肋脱模,借助环形滑道和手摇卷扬机牵引,慢速地将拱肋转体180°(或小于180°),最后再进行主拱圈合龙段和拱上建筑的施工。

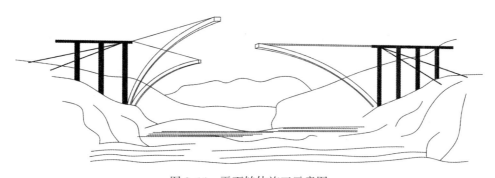

图8.14 平面转体施工示意图

图 8.15 示出了拱桥转动体系的一般构造。图 8.15(a)是在转盘上放置平衡重来抵抗悬臂拱肋的倾覆力矩,转动装置是利用摩阻系数特别小的聚四氟乙烯材料和不锈钢板制造,以利转动;图 8.15(b)是无平衡重的转动体系,它是把有平衡重转体施工中的扣索直接锚固在两岸岩体中,这种方法仅适合于在山区地质条件好或跨越深谷的地形条件下采用。

不论有无平衡重转体,转体施工法的关键设备是转盘,它由转盘轴心、环形滑道上板、底板等组成。实践表明,转盘滑道采用摩阻力很小(动摩擦系数为 0.04~0.05)的镀铬钢板与聚四氟乙烯板环道面接触方案较好。转盘直径是由环道聚四氟乙烯板工作压力大小及保证转动体系的稳定性确定。为了使旋转启动时环道受力均衡、转动平滑,转动部分(环形滑道以上部分)重心应恰好与转盘轴心位置重合。

钢管混凝土拱桥出现后,平转法也被应用于其施工中,而且由于钢管拱肋重量较轻,使这一方法的适用跨径范围有了很大的提高。与此同时,平转法在钢管混凝土拱桥应用中也取得了很大的技术进步。

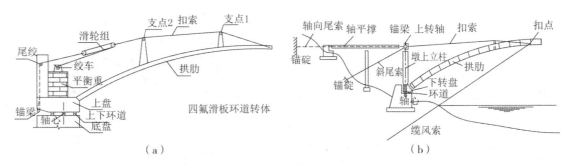

图 8.15 转动体系的一般构造

2. 竖向转体施工法

当桥位处无水或水很浅时,可以将拱肋分成两个半跨放在桥孔下面预制。如果桥位处水较深时,可以在桥位附近预制,然后浮运至桥轴线处,再用起吊设备和旋转装置进行竖向转体施工。这种方法最适宜于钢管混凝土拱桥的施工。因为钢管混凝土拱桥的主拱圈必须先让空心钢管成拱以后,再灌筑混凝土,故在旋转起吊时,不但钢管自重相对较轻,而且钢管本身强度也高,易于操作。图 8.16 是应用扒杆吊装系统对钢管拱肋进行竖向转体施工的示意图。它的主要施工过程是:将主拱圈从拱顶分成两个半拱在地面胎架上完成,经过对焊接质量、几何尺寸、拱轴线形等验收合格后,由竖在两个主墩顶部的两套扒杆分别将其旋转拉起,在空中对接合龙。拱脚旋转装置是采用厚度为 36mm 的钢板在工厂进行配对冲压而成,使两个弧形钢板密贴,两弧形钢板之间涂上黄油,以减小摩阻力,如图 8.17 所示。

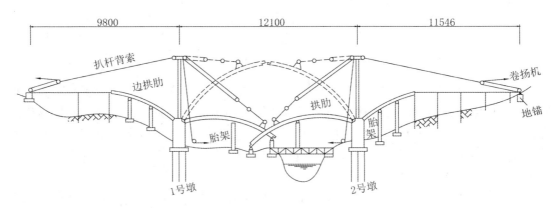

图 8.16 扒杆吊装系统总布置图(尺寸单位:cm)

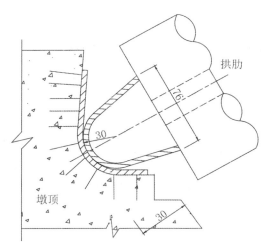

图 8.17　拱脚旋转装置(尺寸单位：cm)

3. 平-竖相结合的转体施工法

这种施工方法是在我国广州市丫髻沙大桥——三孔连续自锚中承式钢管混凝土系杆拱桥上首先采用，如图 8.18 所示。它综合吸收了上述两种转体施工方法的优点，具体体现在：

图 8.18　丫髻沙大桥转体施工

①利用竖向转体法的优点，变高空作业为地上作业，避免了长、大、重安装单元的运输和起吊；

②利用平面转体法的优点，将全桥三孔分为两段，放在主河道的两岸进行预制和拼装，将桥跨结构的施工对主航道航运的影响减少到最小程度；

③利用边孔作为中孔半拱的平衡重，使整个转体施工形成自平衡体系，免除了在岸边设置锚碇构造。

拱桥转体施工方法全跨分两段且全桥宽一次合龙，减少了吊装段数，结构整体刚度大，纵、横向稳定性好。据比较，转体施工比有支架施工可节约木材约 60% 以上，比用钢塔架缆索吊装施工法节约施工用钢材 70%～80%。特别值得一提的是，转体施工法除了在拱桥施工中得到了广泛的应用外，在其他桥型，比如刚架桥(图 8.19)、斜拉桥(图 8.20)中也得到了应用。

图 8.19 刚架桥的转体施工

图 8.20 斜拉桥的转体施工

【工程实例1】 北盘江桥转体施工(图 8.21~图 8.30)。2001 年建成的贵州水柏铁路北盘江大桥位于贵州省六盘水市境内的崇山峻岭地区,为水柏铁路(六盘水至柏果)全线重点控制工程。桥位处大桥与北盘江约呈 80°交角,河谷深切呈"V"形,六盘水岸崖高约 158m,呈直立状,崖底约有 3m 倒悬;柏果岸陡壁约 71°倾角,高约 177m,无倒悬。根据地形地质情况,大桥设计为一座提篮上承式钢管混凝土拱桥,大桥全长 486.2m,桥高 280m,主拱跨度 236m,矢跨比 1/4,采用转体法施工,单铰转体重力为 104000kN。主要施工步骤为:

图 8.21 主拱圈钢管的预制

图 8.22 预制好的拱肋节段

图 8.23 主拱圈的拼装

图 8.24 主拱圈的拼装及涂装

图 8.25　北盘江铁路桥南岸的主拱圈

图 8.26　北边拱肋的转体施工

图 8.27　转体施工中的拱脚临时铰

图 8.28　进行转体施工的南北主拱圈

图 8.29　南北主拱圈转体合拢

图 8.30　合拢的钢管混凝土拱圈

【工程实例 2】 鸳江大桥(又称桂江三桥)位于广西梧州市区,桂江与西江丁字交叉口处,跨越桂江(图 8.31~图 8.40)。主桥设计为 40+175+40(m)三跨连续自锚中承式钢管混凝土拱,它的特点是充分发挥了材料的性能,以抗压强度高的钢管混凝土作为拱肋,以抗拉强度高的钢绞线束作为系杆,通过边拱的重量,随着施工加载顺序逐步张拉系杆预应力束,以平衡主拱所产生的水平推力,最终形成对拱座基础只有较小水平推力的拱桥。施工单位采用的竖转技术也被施工实践证明是先进、简捷、安全、经济的。

图 8.31　鸳江大桥主孔

图 8.32　左半拱整体浮运

图 8.33　左半拱浮运至桥位

图 8.34　临时铰就位

图 8.35　左半拱竖向转体就位

图 8.36　右半拱临时铰就位

图 8.37　两半拱空中对接合拢

图 8.38　牵转千斤顶

图 8.39　半拱铰轴端提升架(正面)

图 8.40　成桥

本 章 小 结

1. 混凝土拱桥主拱圈的施工方法大体上可以分为有支架施工和无支架施工两大类。

2. 有支架施工中的支架形式有满布立柱式拱架、撑架式拱架、三铰桁式拱架和钢拱架，前三种一般用木材制造，适用于中小跨径拱桥，后一种一般用在大跨径拱桥的施工上。

3. 在支架上进行主拱圈的混凝土浇筑时要注意：①以对称、均匀和拱架变形小为原则；②对于大跨径拱桥，宜采用分层分段浇筑和留出间隔槽，具体位置可通过计算分析和遵循施工技术规范中的规定；③对于多孔连续拱桥，还应注意相邻孔之间的对称均匀施工。

4. 卸架的程序是：对于满布式拱架的小跨径拱桥，可以从拱顶开始，逐渐向拱脚对称卸落；对于大跨径主拱圈，可以从两达 $L/4$ 处逐次对称向拱脚和拱顶均匀地卸落。

5. 采用缆索吊装法时，必须按照设备的起重能力将主拱圈从横方向上划分成若干条拱肋，从纵方向上划分成奇数节段，先行预制，然后移运到缆索吊机的起吊位置处等待起吊。

6. 为了保证缆索吊装的稳定安全，可根据跨径的大小、拱圈截面的具体尺寸来决定采取单基肋合龙，或拱脚段为双基肋、三基肋的单肋合龙等方式，但在任何情况下，必须设置横向风缆。

7. 箱形拱的拱箱预制多采用组装预制，即先预制侧板和横隔板，再在底模台座上组装成"U"形开口箱，如需做成闭口箱时，就在其上浇筑顶板的混凝土。

8. 拱肋合龙温度应符合设计规定，如设计无规定，可在气温接近当地年平均温度(一般在 5~15 ℃)时进行，天气炎热时可在夜间洒水降温的条件下进行。

9. 劲性骨架施工方法，是用劲性钢材(如角钢、槽钢等型钢)作为混凝土拱圈(肋)的配筋，在施工过程中，先完成拱圈(肋)内的劲性钢骨拱，作为拱圈(肋)混凝土施工的拱架，然后在钢骨拱上现浇混凝土，将钢骨拱埋入拱圈(肋)混凝土中，最终形成钢筋混凝土拱圈(肋)。

10. 转体施工法可以分为平面转体施工、竖向转体施工和平—竖相结合的转体施工。

11. 悬臂施工法可以分为悬臂浇筑和悬臂拼装法。

12. 无论采用有支架施工还是缆索吊装施工方法，在裸拱上加载时，都必须要求使拱肋各截面始终都能满足应力、强度和稳定的要求，必要时需做好拱上建筑施工的加载程序设计。

思考题及习题

1. 无铰拱桥的有支架施工与连续梁桥的有支架施工中，在留接缝（或间隔槽）的问题上有哪些异同点？
2. 为什么采用缆索吊装时，主拱圈总是划分为奇数段？如果是多孔拱桥且中间无单向推力墩，则拱圈的合龙方式应如何进行？
3. 什么是转体施工？
4. 在支架上和拱架上浇筑的程序是什么？
5. 从施工条件和现场条件分析悬臂浇筑法施工和悬臂拼装法施工二者的适用条件和优缺点，并加以综合比较。
6. 拱桥有哪些主要施工方法？简述每种施工方法的具体施工过程。

第9章 斜拉桥和悬索桥

本章提要及学习结果

本章主要介绍斜拉桥的受力特点、孔跨布置、结构体系、主要构件——拉索、塔和梁的布置，简要介绍斜拉桥的结构设计和主要的施工方法。同时还介绍悬索桥的结构特点、主要构件及其作用，并简要介绍悬索桥的结构设计和主要的施工方法。通过本章的学习，学生应该能够：

1. 描述斜拉桥的总体布置、力学特点和主要构造，说明斜拉桥的设计计算要点；
2. 描述悬索桥的总体布置、力学特点和主要构造，说明悬索桥的设计计算要点；
3. 阐述斜拉桥和悬索桥的施工要点；
4. 说明斜拉桥和悬索桥两种结构体系的异同点。

9.1 概述

9.1.1 斜拉桥

斜拉桥又名斜张桥，是一种用斜拉索直接将主梁悬吊在塔柱上的桥梁。斜拉桥是一种组合受力体系桥梁，外荷载靠主梁受弯压、斜拉索受拉来承担。斜拉桥并不是一种新的设想，早期的藤索承重桥梁就是斜拉桥的前身。17世纪开始出现斜拉桥的构思，但由于当时桥梁结构和力学知识的缺乏，以及斜拉索材料强度的不足，导致桥梁坍塌事故时有发生，在此后的300多年中，斜拉桥没有得到很大发展。

第二次世界大战后，在欧洲的重建岁月中，为了寻求既经济又建造便捷的桥型，斜拉桥重新被重视起来。由于近代桥梁力学理论、计算机技术、高强度材料、施工技术的长足进步，人们认识到这种桥型在一定跨度范围内具有很大的优越性。

世界第一座现代斜拉桥是1955年在瑞典建成的主跨182.6m的新斯特罗姆海峡钢斜拉桥，第一座混凝土斜拉桥是1962年在委内瑞拉建成的马拉开波桥，跨径组合为160m+5×235m+160m（图9.1）。目前，世界上主跨最大的钢斜拉桥是2012年建成的主跨为1104m的俄罗斯岛大桥，跨度最大的混凝土斜拉桥是1992年挪威建成的主跨为530m的斯卡恩圣特桥（图9.2）。至今全球共建成300多座斜拉桥。

我国从20世纪70年代开始修建斜拉桥，经过40多年的发展，全国修建了200多座斜拉桥，大多数为混凝土斜拉桥。目前，我国最大主跨的钢斜拉桥是2008年建成的主跨为1088m的苏通长江公路大桥，最大混凝土斜拉桥是2000年建成的跨径为500m的荆沙长江大桥。最大结合梁斜拉桥是2011年建成的永川长江大桥，主跨为616m；最大混合梁斜拉桥是2009年建成的昂船洲大桥，主跨为1018m。需要指出的是：目前我国在建的常泰过江通道主航道桥，跨度达到1176m。

图9.1 马拉开波桥

图9.2 斯卡恩圣特桥

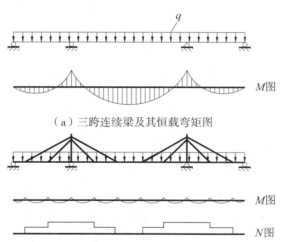

图9.3 三跨连续梁和三跨斜拉桥的恒载内力对比

斜拉桥主要有以下特点：

①斜拉桥是组合体系桥，结构轻巧，适用性强，可将梁、索、塔组合变化做成不同体系，适用于不同地质和地形情况。

②主梁增加了中间的斜拉索支撑，弯矩显著减小（图9.3），与其他体系的大跨径桥梁相比，其钢材和混凝土的用量比均较节省。

③借斜拉索的预拉力可以调整主梁的内力，使之分布均匀合理，获得较好的经济效果，并能将主梁做成等截面梁，便于制造和安装。

④斜索的水平分力相当于对主梁施加的预压力，提高了梁的抗裂性能（特别是混凝土梁），并充分发挥了高强材料的性能。

⑤建筑高度小，受桥下净空和桥面高程的限制少，并能降低引道填土高度。

⑥与悬索桥比较，斜拉桥竖向刚度及抗扭刚度均较强，抗风稳定性要好得多，用钢量较少，钢索的锚固装置也较简单。

⑦斜拉桥是自锚体系，不需要昂贵的锚碇构造。

⑧便于采用悬臂法施工和架设，但施工控制复杂，调索工序技术要求严格，索、梁、塔的连接构造复杂。

⑨由于是多次超静定结构，设计计算复杂。

9.1.2 悬索桥

悬索桥也叫吊桥，行车和行人的加劲梁①，通过吊索挂在主缆上。现在的主缆一般用许多根高强钢丝做成，主缆两端用锚碇固定。通常还用两个高塔给主缆提供中间支承。悬索桥承重主要靠主缆。主缆的钢丝强度高且可根据需要增加钢丝数，所以悬索桥的跨越能力特别强。早在1931年，美国人就修建了跨度超过1000m的悬索桥。悬索桥是一种最适合于大跨度的桥。由于其跨度大，相对来讲，悬索桥的桥塔高耸挺拔而主缆又显得轻柔飘逸，刚柔相济，雄伟壮观，特别美观，因此，大跨度悬索桥的所在地几乎无不将其作为重要的景观。

悬索桥的桥面通过长短不同的吊索悬吊在悬索（主缆、大缆）上，使桥面具有一定的平直度。拱桥作为承重结构的拱肋是刚性的，而悬索桥作为承重结构的悬索则是柔性的。为了避免在车辆驶过时桥面随着悬索一起变形，悬索桥一般均设有刚性梁（又称加劲梁）以保证车辆走过时不致发生过大的局部挠度。悬索桥的主缆一般均支承在两个塔柱上，塔顶设有鞍形支座，主缆的端部通过锚碇固定在地基中，图9.4显示了悬索桥的组成，个别也有将主缆固定在加劲梁的端部，称为自锚式悬索桥，如图9.5所示。

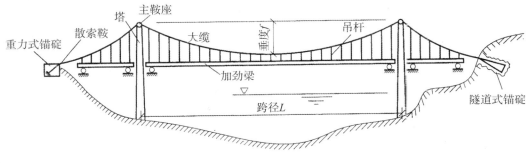

图9.4 悬索桥的组成

图9.5 自锚式悬索桥

悬索桥结构受力性能好，其轻盈悦目的抛物线形，强大的跨越能力，深受人们的欢迎。同其他体系的桥梁相比，跨度越大，悬索桥的优势越明显。其优越性主要表现在以下几方面：

---

① 悬索桥的梁主要起提供桥面、传递荷载及维持抗风稳定的作用，因而被称为加劲梁（stiffening girder），不称为主梁。

①在材料用量和截面设计方面，其他各种桥型的主要承重构件的截面积总是随着跨度的增加而增加，致使材料用量增加很快。但大跨度悬索桥的加劲梁（就工程数量讲，加劲梁在悬索桥中要占相当大的比例）却不是主承重构件，其截面并不需要随着跨度增大而增加。

②在构件设计方面，其他结构许多构件，如梁的高度、杆件的外廓尺寸、钢材的供料规格等，是容易受到客观制约的，但悬索桥的主缆、锚碇和桥塔这三个主要承重构件在扩充其截面积或承载能力方面所遇到的困难则较小。

③作为主要承重构件的主缆具有非常合理的受力方式。众所周知，对于拉、压构件，其应力在截面上分布是比较均匀的，而对于受弯构件，在弹性范围内，其应力分布呈三角形；就充分发挥材料的承载能力来说，拉、压受力方式较受弯构件合理，而受压构件需要考虑稳定性问题，因此受拉就成为最合理的受力方式。由于主缆受拉，且其截面设计较容易，因此悬索桥的跨越能力是目前所有桥型中最大的。目前正在修建和计划修建的大跨度桥梁中，跨度超过 1200m 的桥型几乎无一例外地选择悬索桥。

④悬索桥在施工时总是先将主缆架好，这样，主缆就是一个现成的悬吊式脚手架。在架梁过程中，梁段可以挂在主缆之下，虽然为了防御飓风在这时的袭击，必须采取防范措施，但同其他桥所用的悬臂施工方法相比，风险较小。

此外，由于悬索桥跨越能力大，常可因地制宜地选择一跨跨过江河或海峡主航道的布置方案，这样可以避免深水桥墩的修建，满足通航要求。由于跨度大，相对来讲，悬索桥的构件就显得特别柔细，故外形美观。

当然，悬索桥也有一些缺点：由于悬索是柔性结构，刚度较小，当活载作用时，悬索会改变几何形状，引起桥跨结构产生较大的挠曲变形；在风荷载、车辆冲击荷载等动荷载作用下，容易产生振动。历史上悬索桥发生破坏的事故较多，但自从 1940 年开展桥梁抗风稳定性研究以来，暴风损毁桥梁的事故已可避免，但对于其动力响应（车振响应、风振及地震响应）方面则应继续研究。

9.1.3 斜拉桥与悬索桥的比较

悬索桥与斜拉桥都属于缆索承重结构，缆索（主缆或斜拉索）都采用高强材料，受力合理，比较经济；两种结构的经济跨度范围都是大跨度，斜拉桥的经济跨度在 200m 以上，而悬索桥的跨度超过 600m；两种桥型的柔度大、变形大，其抗风及振动问题都必须予以重视。悬索桥与斜拉桥也有许多不同之处，具体表现在以下几方面。

1. 结构受力方面

悬索桥主要靠主缆承受荷载，并通过主缆将拉力传给锚固体系，加劲梁仅仅起到局部承受和传递荷载作用；采用地锚体系时，加劲梁中不受轴向力作用，由加劲梁自重引起的恒载内力较小。斜拉桥由斜拉索与主梁共同承受荷载，由于斜拉索的水平方向分力，主梁中存在较大的轴向力，恒载内力将占很大的比重。悬索桥只有通过调整矢跨比才能改变主缆的恒载内力，而斜拉桥则可直接通过张拉斜拉索就能调整索、梁的恒载内力。

2. 材料方面

已建成的大跨度悬索桥加劲梁大部分采用钢材，因其自重轻，可减小主缆的截面积；斜拉桥的主梁可以是钢梁，也可以是混凝土梁，还可以是结合梁。

3. 刚度方面

斜拉桥主梁上的荷载是通过锚固点直接传至斜拉索的，而在悬索桥中则是经吊杆传到柔性的承重主缆上的，因而两者结构刚度有较大的差别。悬索桥的承重主缆系锚固在专设的锚碇上，主梁不承受轴力；而在斜拉桥中，主梁承受巨大的轴向力，形成偏心受压构件。斜拉桥通过调整斜拉索的拉力大小可以对主梁内力进行调整，借以获得合理的内力分布；悬索桥则无法办到。斜拉桥的刚度在很大程度上取决于斜拉索的刚度。因此，改变斜拉索的初张力、间距和数量，不仅可以调节主梁的截面内力，也可改变桥梁的刚度，而悬索桥刚度则不易改变。

大跨度悬索桥设计的问题之一是如何提高结构的刚度，根据以上分析结果，如果在悬索桥上增加一些斜拉索，形成悬索-斜拉混合体系，则可以大大提高结构刚度。早期的Brooklyn桥为了提高桥梁抗风能力，采用了悬索与斜拉混合体系，除了整跨连续布置的吊杆外，在塔附近区域布置了斜拉索，如图9.6所示。根据设计者John A. Roebling的评论，"单单斜拉索的支承力将达到150000kN，足以支承桥面。如果拆除悬索，桥梁中部会下垂，但不会倒塌"。

图9.6 Brooklyn桥的缆索体系

在以后的桥梁设计中，工程师多次提出悬索-斜拉混合方案，提高拉索效率的概念更加明确，靠近塔附近，斜拉索支承效果好。完全由斜拉索承担外荷载，跨中荷载则通过吊杆由悬索承担，如图9.7所示。但这种构思使桥梁在结构性能与外形方面均产生明显的间断性，而且斜拉与悬吊交界处的吊索在活载作用下有较大的应力变化幅度，疲劳问题严重，因此，这种桥型到目前为止尚未得到广泛的应用。2016年建成的土耳其博斯普鲁斯海峡三桥采用了这种形式(主跨1408m)。

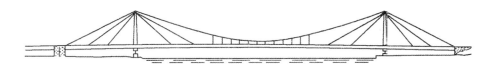

图9.7 Dishinger建议的斜拉与悬吊协作体系

斜拉索与悬索桥吊索具有各自的优势，为了获得斜拉索与吊索的双重效果，且避免上述的不利因素，可以采用垂直于辐射状基本索的辅助索来形成索网体系，如图9.8所示。正交辅助索的用钢量只有主索的1%，却可使整个缆索体系的形状改变，减小了斜拉索的自由长度，增大了有效弹性模量，同时也使单根斜拉索的不利振动得以消除，而激起整个索网体系的振动几乎是不可能的。

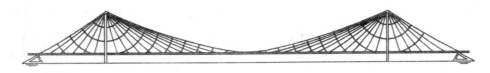

图 9.8 索网体系

4. 施工方面

悬索桥的施工顺序是锚碇、桥塔、主缆、吊索、加劲梁,施工需要的机械、技术和工艺都不复杂,结构的线形主要由主缆线形和吊索长度控制,施工控制实际是测量与质量的控制。在斜拉桥的施工中,斜拉索及主梁交替悬臂伸出,施工时结构体系发生多次转换,需要严格控制结构的线形和斜拉索的张拉内力,施工技术难度相对悬索桥来说要大。特别是混凝土斜拉桥,结构线形的控制是施工的关键。斜拉桥的施工事故往往与施工控制失误有关。

9.1.4 斜拉桥存在的问题

迄今为止,已建成的斜拉桥跨度已达到 1104m,突破了千米大关。但当斜拉桥的跨度过大后,如果在结构形式上仍维持传统的做法,将会带来诸多问题。

1. 索塔过高

斜拉桥索塔的有效高度受斜索最小水平倾角(20°)的限制,其高跨比约为 1/5,跨长 1000m 时塔高达 200m;而悬索桥的缆索矢跨比约为 1/10,跨长 1000m 时塔高仅 100m。斜拉桥索塔的高度要比同跨度悬索桥的高 1 倍。

索塔过高,除施工困难和须解决高耸结构动力稳定问题之外,在某些场合还会削弱斜拉桥的优势。例如,日本东京湾的彩虹桥,主跨 570m,本可完全采用斜拉桥,但由于附近航空港对塔顶高程的限制,最后改用悬索桥。

2. 斜拉索过长

主跨 1000m 以上的斜索,其最大水平投影长度接近 500m。由于斜索自重垂度的关系,水平投影长度过长,将大大折减斜拉索的修正弹性模量。从 Ernst 的弹性模量折减公式可得,当 $l=500$m,恒载应力 $\sigma=300$MPa 时,$E_e=0.55E$。一般要求 E_e 应不小于 $0.8E$(丹麦 Gimsing 教授建议),否则由于斜索的非线性影响,将大大增加梁、塔的弯矩。

3. 主梁轴力过大

斜拉桥传统的施工方法是采用伸臂法来架设主梁。跨度过大时,必须设临时墩,以减小伸臂长度,主梁根部(塔墩附近)的轴力将随跨度的增加而增大,使主梁的纵、横向压屈稳定问题更加突出,并影响施工安全。

斜拉桥是半个多世纪以来最富于想象力、构思内涵最丰富的一种桥型,它具有广泛的适应性。一般说来,对于跨度从 200m 至 900m 的桥梁,斜拉桥在技术上和经济上都具有相当优越的竞争能力。诚然,随着斜拉桥跨度的增大,将会面临一系列上面所提到的技术难点。另外,必须提到的是,斜拉索可以说是斜拉桥的生命线,国内外都有通车仅几年就因斜拉索腐蚀严重而导致全部换索的工程实例。因此,如何做好斜拉索的防腐工作,确保其使用寿命,是当今桥梁界十分关切和重视的重要课题。可以相信,随着高性能新材料的开发,斜拉桥还在向更大跨度和更新的结构型式发展。我国在琼州海峡等跨海工程中,曾研究过跨度突破千米的多跨连续斜拉桥的设计方案。意大利跨越墨西拿海峡大桥的设计竞赛中,曾进行过主跨达1500m的斜拉桥可行性研究。

可以设想,随着其他相关技术的进步,如新材料的开发,斜拉及悬索的组合,电子技术的进步,施工机械和方法的改进,计算理论的创新等,必然会促使斜拉桥的设计不断发展。

9.2 斜拉桥的布置与构造

9.2.1 孔跨布置

1. 双塔三跨式

图9.9所示双塔三跨式斜拉桥是一种最常见的孔跨布置方式。由于它的主跨跨径较大,一般适用于跨越较大的河流。

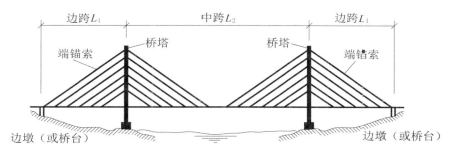

图9.9 双塔三跨式斜拉桥

在这类桥式中,边跨与主跨的比例非常重要,为了在视觉上清楚地表现主跨,边主跨之比应小于0.5。从受力上看,边主跨之比与斜拉桥的整体刚度、端锚索的应力变幅有着很大的关系。当主跨有活载时边跨梁端点的端锚索产生正轴力(拉力),而当边跨有活载时端锚索又产生负轴力(拉力松减),由此引起较大应力幅而产生疲劳问题。边跨较小时,边跨主梁的刚度较大,边跨拉索较短,刚度也就相对较大,因而此时边跨对索塔的锚固作用就大,主跨的刚度也就相应增大。对于活载比重较小的公路和城市桥梁,合理的边主跨之比为0.40~0.45,而对于活载比重大的铁路桥梁,边主跨之比宜为0.20~0.25,同理,钢斜拉桥的边跨应比相同跨径混凝土斜拉桥的跨径小。

2. 独塔双跨式

图9.10所示独塔斜拉桥也是一种较常见的孔跨布置方式,由于它的主孔跨径一般比双塔三跨式的主孔跨径小,适用于跨越中小河流和城市通道。

独塔双跨式斜拉桥的主跨跨径L_2与边跨跨径L_1之间的比例关系一般为$L_1 = (0.5 \sim 0.8)L_2$,但多数接近于$L_1 = 0.66L_2$,两跨相等时,由于失去了边跨及端锚索对主跨变形的约束作用,因而这种形式较少采用。

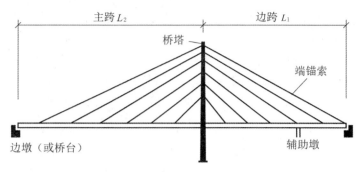

图 9.10 独塔斜拉桥

3. 三塔四跨式和多塔多跨式

斜拉桥与悬索桥一样，很少采用三塔四跨式或多塔多跨式。一个极简单的原因是，多塔多跨式中的中间塔塔顶没有端锚索来有效地限制它的变位(图 9.11)。因此，柔性结构的斜拉桥或悬索桥采用多塔多跨式，将使结构柔性进一步增大，随之而来的是变形过大(图 9.12)。在同等跨径、同等荷载条件下，双塔斜拉桥的中跨跨中挠度要比三塔桥小很多。

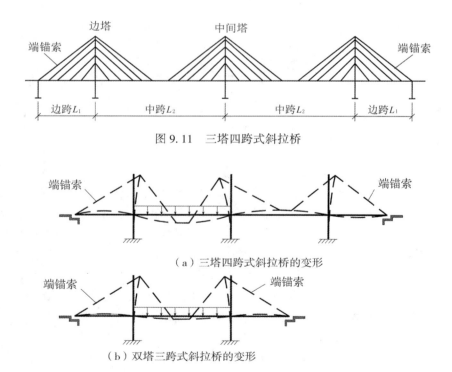

图 9.11 三塔四跨式斜拉桥

(a) 三塔四跨式斜拉桥的变形

(b) 双塔三跨式斜拉桥的变形

图 9.12 斜拉桥受力后的变形

增加主梁的刚度，可以在一定程度上提高多塔斜拉桥的整体刚度，但这样做必然会增加桥梁的自重，如必须采用多塔多跨式斜拉桥，则可将中间塔做成刚性索塔(如马拉开波桥),但此时索塔和基础的工程量将会增加很多,可用长拉索将中间塔顶分别锚固在两个边塔的塔顶或塔底加劲(如香港汀九桥),这种方式的缺点是长索下垂量很大,索的刚度较小,大风有可能将其破坏,可用交叉索体系(如苏格兰福斯新桥),或用"大小伞"体系,还可加粗尾索并在锚固尾索的梁段上压重,以增加索的刚度(如洞庭湖大桥),甚至可采用矮塔部份斜拉桥体系(塔高降低,则塔刚度迅速增大)。

4. 辅助墩和边引跨

活载往往在边跨梁端附近区域产生很大的正弯矩,并导致梁体转动,伸缩缝易受损,在此情况下,可以通过加长边梁以形成引跨(协作体系斜拉桥)或设置辅助墩的方法予以解决,如图9.13所示。同时,设辅助墩可以减小拉索应力变幅,提高主跨刚度,又能缓和端支点负反力,是大跨度斜拉桥中常用的方法。

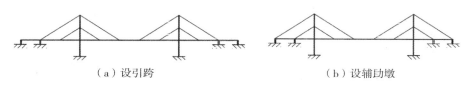

(a)设引跨　　　　　　　　　　(b)设辅助墩

图9.13　边引跨和辅助墩

9.2.2 斜拉索

1. 索面位置

索面位置一般有图9.14所示的三种类型。从力学角度来看,采用单索面时,拉索对抗扭不起作用。因此,主梁应采用抗扭刚度较大的截面。单索面的优点是桥面上视野开阔。采用双索面时,作用于桥梁上的扭矩可由拉索的轴力来抵抗,主梁可采用较小抗扭刚度的截面。至于斜向双索面,它对桥面梁体抵抗风力扭振特别有利(斜向双索面限制了主梁的横向摆动)。倾斜的双索面应采用倒Y形、A形或双子形索塔。目前建成的所有600m跨度以上的斜拉桥均采用斜向双索面。

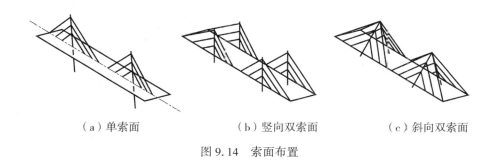

(a)单索面　　　　(b)竖向双索面　　　　(c)斜向双索面

图9.14　索面布置

2. 索面形状

索面形状主要有如图9.15所示的三种基本类型,它们各自的特点如下:

①辐射形布置的斜拉索沿主梁为均匀分布,而在索塔上则集中于塔顶一点。由于其斜

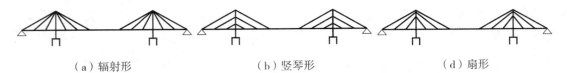

(a) 辐射形　　　　　　(b) 竖琴形　　　　　　(d) 扇形

图 9.15　斜拉索立面布置方式

拉索与水平面的平均交角较大，故斜拉索的垂直分力对主梁的支承效果也大，与竖琴形布置相比，可节省钢材 15%~20%，但塔顶上的锚固点构造过于复杂；

②竖琴形布置中的斜拉索成平行排列，在索数少时显得比较简洁，并可简化斜拉索与索塔的连接构造，塔上锚固点分散，对索塔的受力有利，缺点是斜拉索的倾角较小，索的总拉力大，故钢索用量较多。

③扇形布置的斜拉索是不相互平行的，它兼有上面两种布置方式的优点，故在设计中获得广泛应用。

3. 索距的布置

索距的布置，可以分为稀索与密索。在早期的斜拉桥中都为稀索（超静定次数少），现代斜拉桥则多为密索（必须利用电子计算机计算。）。密索优点如下：

①索距小，主梁弯矩小，从而可以减小主梁高度；

②索力较小，锚固点构造简单；

③锚固点附近应力流变化小，补强范围小；

④利于悬臂架设；

⑤易于换索；

⑥每根斜拉索的截面较小，自重小，使拉索有可能在工厂制造，从而保证质量。

斜拉桥采用悬臂法架设时，索间距宜为 5~15m，混凝土主梁因自重大，索距应密些，较大的索距适合于钢或钢-混凝土叠合主梁。

4. 拉索的构造

在近代大跨度斜拉桥中，拉索的构造基本上分为整体安装的拉索和分散安装的拉索两大类。前者的代表为平行钢丝索配冷铸锚，后者的代表为平行钢绞线索配夹片锚。

(1) 平行钢丝索配冷铸锚

平行钢丝索的截面组成和冷铸如图 9.16 所示。

平行钢丝索配冷铸锚的拉索，在工厂整体制造。平行钢丝索由 $\phi 5mm$ 或 $\phi 7mm$ 高强度镀锌钢丝（抗拉强度 $\sigma_b = 1600MPa$ 左右）组成，一般排列成六角形，表层由玻璃丝布包扎定型后用热挤高密 PE(HDPE) 塑造成正圆形截面。这种斜索具有厚镀锌层（锌层 300g/m）和厚 PE 层（厚度 6mm）的双重防腐保护。

平行钢丝索配冷铸锚，性能可靠（承载能力、疲劳强度和防腐措施），已被广泛使用。但由于其要求整体制造、整体运输和整体安装，在某些特定环境下受到限制。

由于运输需求，钢索必须盘绕在圆筒上，为避免索的钢丝产生过高的弯曲应力和外包 PE 套被撕裂，一般规定圆筒直径不小于索径的 20~25 倍。因此，在跨度大因而索也大的斜拉桥中，粗而长的斜索其索径可达 200mm 以上，索长 200m 以上。例如以索径 200mm

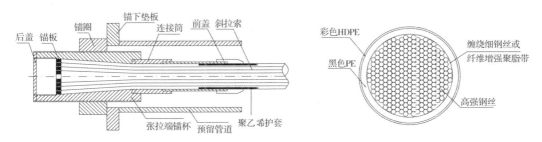

图 9.16 平行钢丝拉索

计,则圆筒直径超过 4m,绕索后的圆筒将更粗,这将给陆路运输(火车或汽车)造成困难,而在桥位处无水运条件(如山区或内后水库)时则更难解决。因此,在现代大跨度斜拉桥中提出拉索分散制作、现场安装成索的要求。这就是平行钢绞线索配夹片锚的拉索。

为方便平行钢丝索在圆筒上的盘绕,在工厂制造中常将索扭转一个 2°~4°的小角(增加柔性),此小扭角不影响索的特性(弹性模量和疲劳性能)。

(2)平行钢绞线索配夹片锚

平行钢绞线索截面组成和夹片锚如图 9.17 所示。

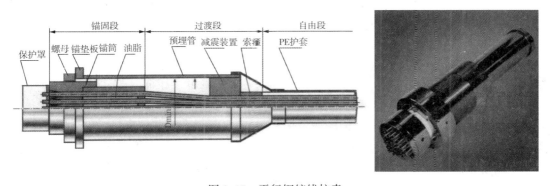

图 9.17 平行钢绞线拉索

将平行钢丝索中的钢丝换成等截面的钢绞线,即成为平行钢绞线索。

钢索线在索中是平行排列的,有别于早期曾出现过的将多根钢绞线扭绞而成的螺旋形钢绞线索,故称为平行钢绞线索。

此种 $\phi 15mm$ 钢绞线为后张法体内预应力无粘结钢绞线(抗拉强度 $\sigma_b = 1860MPa$),是将镀锌钢绞线表面涂油(或蜡)后外套两层 PE 管而成。钢绞线成盘运至现场,在现场截取需要长度后除去两端部分长度的套管,逐根安装、张拉,两端裸线由夹片锚固定。

采用夹片锚的原因,是在现场施工中难以将 $\phi 15mm$ 的钢绞线镦头(镦头机体积太大)和保证其质量。

对于平行钢绞线索配夹片锚的体系,需要注意:

① 夹片锚的疲劳强度;

② 夹片和锚孔之间的圆锥度配合要精确,否则咬合力将集中在夹片小端形成"切口效

应",成为疲劳破坏之源;

③对夹片应设置防松脱装置,否则在较小索力(小于 $0.25\sigma_b$)下受振动荷载时,夹片可因咬合力不足而松脱导致事故;

④钢绞线进入锚管内有两处转折,一是在钢绞线散开的约束圈处;二是在钢绞线进入锚孔处。在第二个转折处,亦为拉索的锚固点,存在着固端弯矩。由于轴向索应力和挠曲应力的叠加,该处产生最大的应力幅。为分散应力幅,需在锚管内加设一"支承圈",据实验,该"支承圈"可分散80%以上的应力幅。

当前,在斜拉索中使用的平行钢绞线索配夹片锚共有四种体系,即弗雷西奈体系(法国)、迪维达克体系(德国)、VSL体系(瑞士)和强力(Stronghold)体系(英国)。

5. 拉索防腐

拉索防腐是斜拉桥设计的重要课题。由于斜拉桥发展的历史还不长,斜索防腐措施尚未经历足够的时间考验,早期的斜拉桥设计,其最大的失误就是斜索防腐措施不足。

在现代斜拉桥所广泛采用的两种拉索(平行钢丝索配冷铸锚、平行钢绞线索配夹片锚)中,拉索防腐的典型措施如下:

①平行钢丝索配冷铸锚-镀锌钢丝为高密度PE套所防护,裸索埋于冷铸锚的环氧树脂混合料中。钢丝受到镀锌层和高性能PE套的保护。

②平行钢绞线索配夹片锚-镀锌钢绞线涂以油(或蜡)层后,用双层PE套防护并将整索弯于PE套内,套内灌以水泥砂浆或其他有机防腐剂,裸索埋于钢套的防腐油脂中。钢绞线受到镀锌层、油层、PE层和PE套管四层保护。

6. 拉索的减振

拉索的风致振动现象在各种跨径和类型的斜拉桥上普遍存在,拉索的振动易导致疲劳和外包破损。目前对斜拉桥的拉索采取的减振措施主要有以下几种:

(1)气动控制法

该法是将斜拉索原来的光滑表面做成带有螺旋凸纹、条形凸纹、V形凹纹或圆形凹点的非光滑表面。通过提高斜拉索表面的粗糙度,使气流经过拉索时在表面边界层形成湍流,从而防止涡激共振的产生;拉索表面的凹凸纹还能阻碍下雨时拉索上缘迎风面水线的形成,从而防止雨振的发生。但其对塔、梁在外界激励下导致索两端的支座激振(又称参数振动)无减振作用,且由于表面粗糙度的增加,会增大斜拉索对风的阻力。

(2)阻尼减振法

阻尼减振法的作用机理就是通过安装阻尼装置,提高拉索的阻尼比从而抑制拉索的振动。它对涡激共振、尾流驰振、雨振以及由支座激励引起的拉索共振和参数振动都能起到较好的抑制作用。根据与拉索的相互关系,阻尼装置又可分为安放在套筒内的内置式阻尼器(图9.18)和附着于拉索之上的外置式阻尼器(图9.19)。

(3)改变拉索动力特性法

采用联结器(索夹)或辅助索将若干根索相互联结起来,辅助索可以采用直径比主要索小得多的索。其作用机理是:通过联结,将长索转换成为相对较短的短索,使拉索的振动基频提高,从而抑制索的振动。这对防止低频振动十分有效,同时也能降低雨振以及单根索振动发生的概率,但对通常以高阶形式出现的涡激振动抑制作用不明显。另外,辅助索易疲劳断裂,对桥梁景观有一定影响。

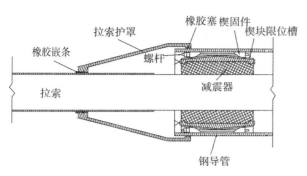

图 9.18　内置式阻尼器

图 9.19　外置式阻尼器

图 9.20 是多多罗大桥的制振缆索示意图，最大索长超过 450m。每半个扇面采用 4 道制振缆绳，每道的截面为 $2×\phi30mm$。除此之外该桥上还兼用了一些阻尼减振器。

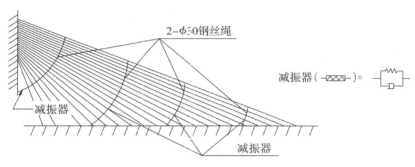

图 9.20　多多罗大桥的制振缆索示意图

9.2.3　主梁

混凝土斜拉桥的主梁由于受到斜拉索的支承作用，特别是密索斜拉桥中主梁的受力以压力为主，弯矩较小，因此主梁受力特性已经不同于传统的梁桥，主梁高度可以大大降低。通过斜拉索力的调整，可以使恒载弯矩减小到很低的程度，引起主梁弯矩的主要因素是活载及温差等附加荷载。影响活载及温度附加荷载弯矩的主要因素是索塔的刚度、主梁与索塔的连接方法、索的面积及索型。在双索面情况下，主梁在两边均有斜拉索支承，主梁横向受力以正弯矩为主，而采用单索面时，主梁横向受力基本为负弯矩，同时还要承担不对称活载扭矩，因此索面的空间形式对主梁截面有决定性的影响。所以主梁的设计必须综合考虑主梁、索塔、拉索三者之间的相互关系。

在大跨度斜拉桥中由于密索体系的采用，主梁相对刚度越来越小，抗风稳定性问题越来越突出，往往成为决定现代斜拉桥主梁截面形状的主要因素，一般而言，主梁截面必须有较好的流线型和较大的抗扭刚度。另外，应考虑到在减小活载的情况下主梁有足够的强度和刚度以更换拉索，并需考虑个别拉索偶然拉断或退出工作时结构仍具有足够的安全储备。

主梁的主要作用有三个方面：

①将恒载、活载分散传给拉索，梁的刚度越小，则承担的弯矩越小；

②与拉索及索塔一起成为整个桥梁的一部分，主梁承受的力主要是拉索的水平分力所形成的轴压力，因而需有足够的刚度防止压屈；

③抵抗横向风载和地震荷载，并把这些力传给下部结构。

主梁的高跨比正常范围：

对于双索面情形：1/100~1/150；

对于单索面情形：1/50~1/100，且高宽比不宜小于1/10。

1. 实体梁式和板式主梁

实体梁式和板式截面的主梁一般仅适用于双索面斜拉桥，因为这种截面具有构造简单和施工方便的优点。特别是当斜索在实体的边主梁中锚固时，锚固构造非常简单，而且在索面内具有一定的抗弯刚度，在锚固点处可以避免产生大的横向力流。

梁高较矮时，截面空气阻力小，在空气动力性能方面是合理与有效的，特别当桥面宽度增大到整个截面近似于一块平板时。

实体梁式主梁是混凝土斜拉桥中比较简单的一种截面形式。图9.21为重庆大佛寺长江公路大桥主梁（主跨450m，2001年）；图9.22为荆州长江公路大桥主梁（主跨500m，2002年）。

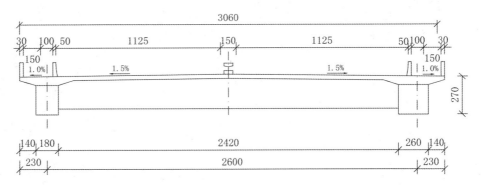

图9.21 重庆大佛寺长江公路大桥主梁（尺寸单位：cm）

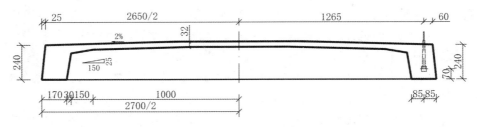

图9.22 荆州长江公路大桥主梁（尺寸单位：cm）

实体板式主梁包括纯板式和矮梁式截面形式，它们的出现，是20世纪80年代以来斜拉桥主梁的跨高比一再增大，主梁高度相对减小的结果。所谓矮梁板式主梁，是指主梁位于两边,且梁高相对于桥宽来说很小,但两主梁间仍有横梁和桥面板相连,如图9.23所示。

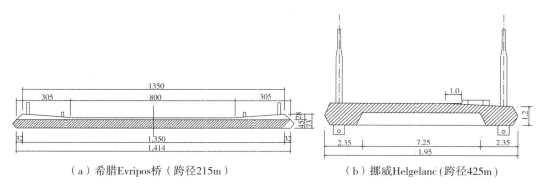

(a)希腊Evripos桥(跨径215m)　　　　(b)挪威Helgeland(跨径425m)

图9.23　实体板式主梁(尺寸单位:左图cm,右图m)

2. 箱形截面

混凝土箱形截面主梁是现代斜拉桥中经常采用的截面形式。这是因为它的抗弯和抗扭刚度大,能适应稀索、密索、单索面或双索面等不同斜索布置;其组合截面也可以方便地形成封闭式的单箱形式或分离式的双箱形式,以适应不同桥宽的需要;截面的组合构造也可以部分预制、部分现场浇筑(如法国布鲁东纳(Brotonne)桥),为桥梁施工方案提供了更多的选择。

单索面布置的箱形截面,首创于法国布鲁东纳桥(主跨320m,索距6m,1977年);而10年后建成的美国日照(Sunshine Skyway)桥(主跨365.2m,索距7.3m,1987年),均为同一工程设计公司(Fiss & Muller Eng. Inc)的著名作品。如图9.24所示的这两座姐妹桥,已成为世界混凝土斜拉桥的标准截面形式之一。

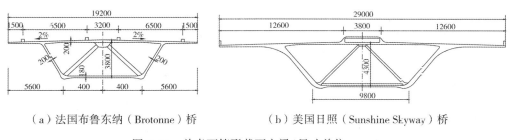

(a)法国布鲁东纳(Brotonne)桥　　　　(b)美国日照(Sunshine Skyway)桥

图9.24　单索面箱形截面主梁(尺寸单位:mm)

在双索面混凝土斜拉桥中,箱形截面的主梁常以分离式的两个箱体各自锚固于拉索,两箱之间则以横梁和桥面板联结。双箱梁的典型截面为倒梯形,如图9.25所示的武汉长江二桥(主跨400m,索距8m,1996年)。

在混凝土双箱梁截面的发展演化过程中,美国PK桥(Pasco-Kennewick,主跨299m,索距9.3m,1978年)首次采用三角形双箱梁,如图9.26所示。

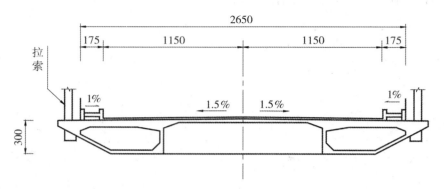

图 9.25　武汉长江二桥双箱形主梁(尺寸单位：cm)

在双箱梁的两个分离式箱体之间用底板将其封闭，即成为三室的单箱梁截面，双索面混凝土斜拉桥采用三室箱梁的实例很多，如法国诺曼底大桥边跨混凝土主梁部分的倒梯形三室箱梁截面。

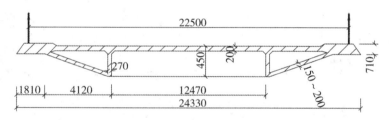

图 9.26　美国 PK 桥三角形双箱梁(尺寸单位：mm)

挪威 Skarnsunddet 桥(图 9.27)主梁采用了三角形的箱形截面，该桥主跨为 530m，建于 1992 年。

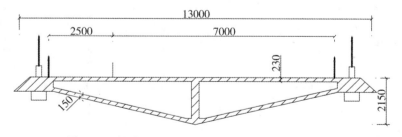

图 9.27　挪威 Skarnsunddet 桥主梁(尺寸单位：mm)

双索面桥与单索面桥的三室箱梁截面应有所不同。采用双索面时，应将两个中间竖腹板尽量拉大，使中室大于边室，以期取得较大的横向惯矩；对于单索面，则应将其尽量靠拢，以便将斜索锚固于较小的中室内，如图 9.28 所示为长沙湘江北大桥(主跨 210m)的三室箱梁截面。

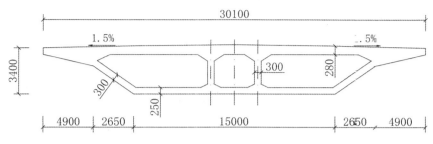

图 9.28 长沙湘江北大桥三室箱梁截面(尺寸单位：mm)

表 9.1 给出了若干种具有代表性的截面形式主梁的特点和适用范围。

表 9.1 斜拉桥混凝土主梁的截面形式

截面形式	示意图	特点	适用范围
板式截面		构造最简单，抗风性能也好；但抗扭能力较小，截面效率较低。	双面密索且宽度不太大的桥
双主梁截面		施工方便。采用悬臂法施工时，为了减轻挂篮的负荷，可以将两个边主梁先行浇筑，然后，在挂索后再浇筑横梁，最后浇筑桥面板混凝土，使形成整体，共同受力。	双索面斜拉桥
半封闭式双箱梁		抗风性能良好，中部无底板，可减轻结构自重。	双索面斜拉桥
单箱单室截面		采用斜腹板，可以改善抗风性能，又可减小墩台的宽度，且箱形截面的抗扭刚度也大。	单索面斜拉桥

续表

截面形式	示意图	特点	适用范围
单箱双室截面		在上述单箱的基础上增加一道中腹板，虽然增加了自重，但可减小桥面板的计算跨径。	单索面或双索面斜拉桥
单箱三室截面		桥面全宽可达 30～35m，但在悬臂施工时，须将截面分成三榀，先施工中间箱，待挂完拉索后，再完成两侧边箱的施工，呈品字形前进，将截面构成整体。	单索面斜拉桥
准三角形三室箱形截面		和上述三室箱不同者，中腹板间距较小，有利于单索面的传力，边腹板倾角更小，对抗风更有利。	单索面斜拉桥
三角形箱形截面		三角形截面对抗风最有利	双索面或单索面斜拉桥

3. 不同材料主梁的适宜跨径

斜拉桥主梁有下列四种不同的组成方式：
①预应力混凝土梁，称为混凝土斜拉桥；
②钢-混凝土组合梁，称为组合梁（或称结合梁、叠合梁）斜拉桥；
③钢主梁，称为钢斜拉桥；
④主跨为钢主梁或钢-混凝土组合梁，边跨为混凝土梁，称为混合式斜拉桥。

不同材料制作的主梁所对应的经济跨径是不同的。1995 年，Svensson 曾对 200～1000m 跨径斜拉桥选用不同材料主梁的经济性问题作过研究，认为当跨径为 200～400m 时，采用混凝土主梁是最经济的；当 400～600m 时，采用钢-混凝土组合梁是最经济的；当大于 600m 时，应采用钢主梁。另外，当跨径处于 400m 和 600m 两个临界区域时，应综合考虑其他因素分别对两种不同材料主梁作经济比较。

但 Svensson 的研究未考虑桥面宽度的影响。当桥面为 6 车道及以上时，混凝土横梁的重量将占相当大的比重，此时设计应考虑采用钢横梁方案。

主跨主梁和边跨主梁的设计理念是不同的。主跨必须有良好的动力特性，自重较轻。对于大跨度斜拉桥，边跨由于其拉索起着稳定索塔的作用，因而边跨应具有克服上提力的功能，这就需通过边跨的自重、刚度或设辅助墩的方式来解决。

4. 斜拉索与主梁的锚固构造

主梁壁厚较薄,斜拉索强大的锚固力必须通过实体的锚固块分散传递到主梁的顶底板及腹板上。斜拉索在主梁上的锚固有三种:在箱梁内锚固,穿过桥面在梁底锚固,在伸到主梁侧边的锚固横梁上锚固。无论哪种锚固,一般斜拉索穿过主梁处应设钢套筒,套筒下端设锚垫板,上端伸出桥面一段距离以保护斜拉索不被车辆撞击,套筒上一般要焊接多道剪力环以帮助锚垫板传力。

斜拉索与混凝土梁的锚固,常见型式大体上有 5 种,具体内容见表 9.2,局部构造示于图 9.29。

表 9.2　　　　　　　　　　　斜拉索与混凝土梁的锚固

序号	锚固型式	构造要点	力的传递	适用范围
1	顶板锚固块	以箱梁顶板为基础,向上、下两个方向延伸加厚而成	拉索水平分力传至梁截面,垂直分为由加劲斜杆平衡	箱内具有加劲斜杆的单索面斜拉桥
2	箱内锚固块	锚固块位于顶板之下和两个腹板之间,并与它们固结在一起	垂直分力通过锚固块左右的腹板传递	两个分离式单箱的双索面斜拉桥和带有中间箱室的单索面斜拉桥。
3	斜隔板锚固	锚头设在梁底外面,也可埋入斜隔板预留的凹槽内	垂直分为由斜隔板两侧的腹板以剪力形式传递	同上
4	梁底两侧设锚固块	设在风嘴实体之下或边腹板之下	—	双索面斜拉桥
5	梁两侧设锚固块	锚块设在梁底	—	双主梁或板式截面斜拉桥

9.2.4 索塔

索塔通过斜拉索与主梁相连,塔柱自身承担主梁的恒载与活载,同时,索塔与斜拉索及主梁共同形成高次超静定结构,因此,还承担温度变化、日照温差、支座沉降、混凝土收缩和徐变等因素引起的次内力,此外,作用在主梁的风力、地震力也通过索塔传到地基。斜拉索传递到塔柱的力主要是垂直和水平分力,通常自重作用下塔柱两侧水平力基本平衡,塔柱主要承担轴向压力,但是在活载和次内力作用下塔柱将承担不平衡水平力,从而处于偏心受压状态。

塔柱是整个超静定体系中的偏心受压构件,必须具有足够的强度和刚度来保证体系的稳定,同时塔柱的刚度及与主梁连接形式又影响体系的受力。塔柱是斜拉桥中的高耸结构,是表达斜拉桥个性和视觉效果的主要结构物,呈现多姿多彩的造型,且与周围环境配合协调,斜拉桥往往是城市的标志建筑。

索塔的顶部通常有一些附属建筑,如观光厅等旅游设施、避雷针、航空与航道用的标志灯等,设计时也应予以考虑。

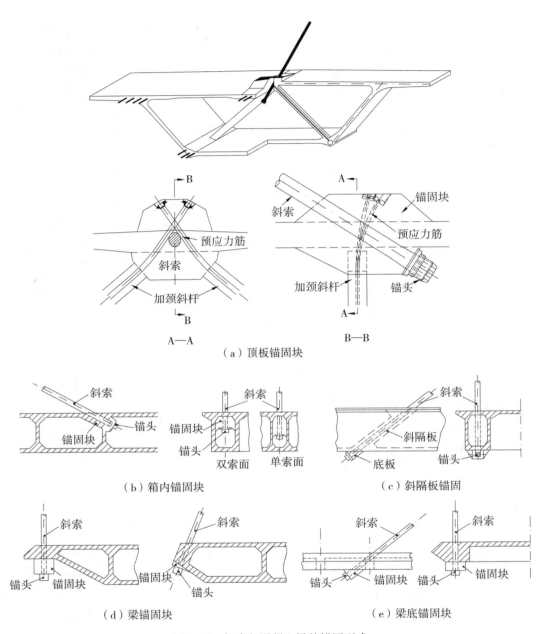

图 9.29 拉索与混凝土梁的锚固型式

1. 索塔的形式

索塔设计必须适合于拉索的布置,传力应简单明确,在恒载作用下,索塔应尽可能处于轴心受压状态。单索面斜拉桥和双索面斜拉桥索塔塔架的纵、横向布置形式如图 9.30、图 9.31 所示。

索塔沿桥纵向的布置有独柱式、A 字形、倒 Y 形等几种,单柱式主塔构造简单,外形轻盈美观;A 字形和倒 Y 形在顺桥向刚度大,有利于承受索塔两侧斜拉索的不平衡拉

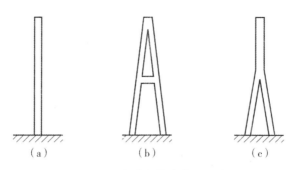

图 9.30 索塔的纵向布置形式

力,并有更良好的抗震能力,但由于施工较复杂,这类索塔采用不多,主要用于塔梁墩固结体系或多塔斜拉桥;A 字形还可减小主梁在该点处的负弯矩。

索塔横桥方向的布置方式,可分为独柱式、双柱式、门形或 H 形、A 形、宝石形或倒 Y 形等,如图 9.31 所示。

索塔纵横向布置均呈独柱式的索塔,仅适用于单索面斜拉桥。当需要加强横桥向抗风刚度时,则可以配合采用图 9.31(g)(h)的形式。图 9.31(b)~(d)一般适用于双平面索的情况;图 9.31(e)(f)(i)一般适用于双斜索面的斜拉桥上。

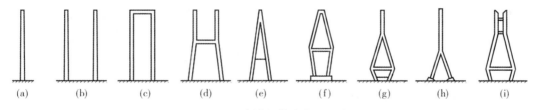

图 9.31 索塔的横向布置形式

斜拉桥的柔细感与直线感虽基本上来自于梁体与斜索,但索塔的形状对全桥的景观也至关重要,它在美学上几乎起决定性的作用。因此,必须非常慎重地选择索塔的形状,精心勾画出优美的尺寸比例。具体的做法可借助于制作模型来进行比较,然后决定取舍,并进行局部优化。

2. 塔的高跨比

主塔的高度 H 是指从主梁与主塔交界处以上的有效高度,因为它与斜拉索的倾角有关。桥塔的有效高度越高,斜拉索的倾角越大,索力垂直分力对三梁的弹性支承效果也越大,但塔柱与斜拉索的长度也要增加,因此,桥塔的适宜高度 H 要由经济比较来决定。根据已有斜拉桥的统计资料,最外侧斜拉索的倾角,无论是双塔三跨式或独塔两跨式斜拉桥,宜控制在 25°~45°,竖琴形布置较多取 26°~30°,放射形或扇形布置,倾角在 21°~30°范围内,以 25°最为普遍。

当跨度的组合为三跨双塔布置时,中跨与边跨之比为 2.2~2.5,塔高 H 为 $(1/4 \sim 1/7) L_2$;对于两跨结构,塔高 H 为 $(1/2.7 \sim 1/3.7) L_2$。主塔高度 H 应根据主塔形状、拉索的布置、主梁断面形式，从结构分析，施工方法，降低材料用量及造价，结合景观的要求来综合考虑决定。图 9.32 显示了塔高的常用比例。

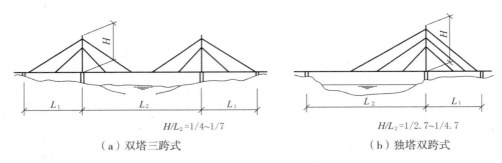

（a）双塔三跨式　　　　　　　　　　（b）独塔双跨式

图 9.32　塔高的常用比例

景观要求是决定塔高的另一主要因素，一般在城市或宽阔的水面上较高的塔高可以使全桥显得更加雄伟，相比之下，我国斜拉桥塔高的取值比国外略高。

3. 塔柱的横截面形式

组成索塔的塔柱及横梁的截面形状和截面尺寸应根据结构强度、刚度、稳定性计算的要求，并结合拉索在索塔上的锚固构造要求和桥梁美学上的要求来确定。塔柱截面可采用实心和空心两种，而沿塔高又可采用等截面或变截面布置。

混凝土索塔常采用的截面形式见图 9.33。实心体索塔一般适用于中小跨度的斜拉桥，对于小跨度可采用等截面，对于中等跨度可采用空心截面。矩形截面索塔的构造简单，其四角宜做成倒角或圆角，以利抗风。由此看来，所有其他多边形截面的索塔均比矩形截面的对抗风有利，而且还能增加桥梁外形的美观。八角形截面有利于配置封闭式环向预应力筋，但构造稍复杂；H 形截面在立面上可以不使锚头外露，对美观有所改善。各种空心截面包括 H 形截面，一般均需在每一层拉索锚头处增设水平隔板，其作用如下：一是有利于将索力传递到塔柱全截面上；二是在施工阶段和养护时可将它作为工作平台。

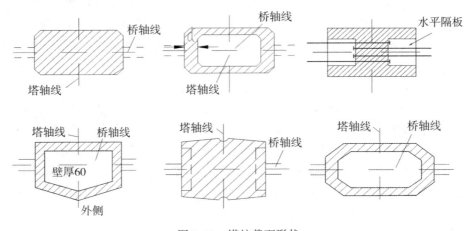

图 9.33　塔柱截面形状

4. 拉索在索塔上的锚固

主塔的拉索锚固是将一个拉索的局部集中力安全、均匀地传递到塔柱的重要受力构造。索塔与拉索的连接处，由于拉索强大的集中力作用，再加上孔洞的削弱及局部受力，因此，该处应力集中现象普遍存在，在设计时应做细致的局部分析，在构造上给予特别加强。混凝土塔柱上斜拉索锚固区通常采用如下构造：

①在实体塔上交错锚固，如图9.34(a)所示。其具体构造是在塔柱中埋设钢管，再将斜拉索穿入和用锚头锚固在钢管上端的锚垫板上。

②在空心塔上作非交错锚固，如图9.34(b)所示。其构造与上述的相同，但需在箱形桥塔的壁板内配置环向预应力钢筋，以抵抗拉索在箱壁内产生的拉力。

③采用钢锚固梁来锚固，如图9.34(c)所示。这种锚固构造是将钢锚固梁搁置在空心塔柱内侧的牛腿上，拉索通过埋设在塔壁中的钢管锚固在钢锚固梁两端的锚块上。钢锚固梁可以看成刚性构件，承担斜拉索的水平分力和局部弯矩，斜拉索的垂直分力由钢锚固梁通过牛腿传给塔柱。当塔柱两侧的拉索索力和拉索倾角相等时，锚梁传递给塔柱的仅为垂直力。当塔柱两侧拉索索力不等或索力相等而倾角不等时，锚梁传给塔柱的是竖向力和水平剪力。

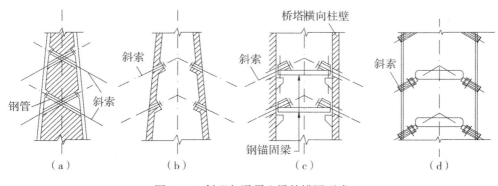

图9.34 斜索与混凝土梁的锚固型式

④利用钢锚箱锚固，如图9.34(d)所示，钢锚箱锚固的原理与钢锚梁锚固原理基本一致，在塔柱锚固区内埋设钢箱，整个钢箱是由各层的钢箱上下焊接而成，然后将钢箱用焊钉使之与混凝土塔身连接。钢箱内设锚梁，斜拉索锚固在锚梁上，钢锚箱承担斜拉索产生的局部拉应力，塔柱混凝土承担钢锚箱传来的整体压力或偏心压力。钢锚箱构造复杂，一般用于超大跨度斜拉桥，如我国的苏通大桥，图9.35所示为苏通大桥的钢锚箱构造。图9.36所示为法国诺曼底大桥的钢锚箱构造。

9.2.5 结构体系

斜拉桥的结构体系，可以有以下几种不同的划分方式：

①按照塔、梁、墩相互结合方式，可划分为漂浮体系、半漂浮体系、塔梁固结体系和刚构体系；

②按照主梁的连续方式，有连续体系和T构体系等；

 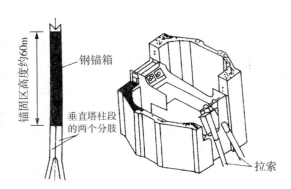

图 9.35　苏通大桥的钢锚箱构造　　　图 9.36　法国诺曼底大桥的钢锚箱构造

③按照斜拉索的锚固方式，有自锚体系、部分地锚体系和地锚体系。

下面介绍几种主要的斜拉桥体系如图 9.37 所示。

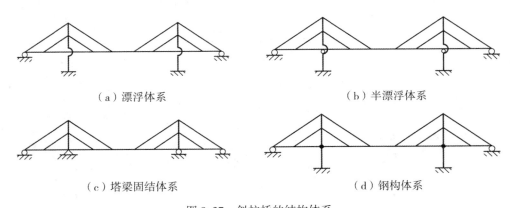

（a）漂浮体系　　　　　　　　　　（b）半漂浮体系

（c）塔梁固结体系　　　　　　　　（d）钢构体系

图 9.37　斜拉桥的结构体系

1. 漂浮体系

漂浮体系的特点是塔墩固结、塔梁分离。主梁除两端有支承外，其余全部用拉索悬吊，属于一种在纵向可稍作浮动的多跨弹性支承连续梁。空间动力分析表明，斜拉索是不能对梁提供有效的横向支承的，为了抵抗由于风力等引起主梁的横向水平位移，一般应在塔柱和主梁之间设置一种用来限制侧向变位的板式或聚四氟乙烯盆式橡胶支座，简称侧向限位支座，如图 9.38 所示。

该体系的主要优点是：当主跨满载时，塔柱处的主梁截面无负弯矩峰值；由于主梁可以随塔柱的缩短而下降，所以温度内力、收缩和徐变次内力均较小。密索体系中主梁各截面的变形和内力的变化较平缓，受力较均匀；地震时允许全梁

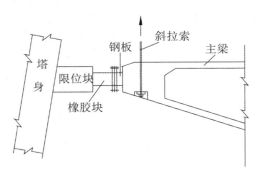

图 9.38　主梁侧向限位支座

纵向摆荡，作长周期运动，从而吸震消能。目前，大跨斜拉桥（主跨400m以上）多采用此种体系。

漂浮体系的缺点是：当采用悬臂施工时，塔柱处主梁需临时固结，以抵抗施工过程中的不平衡弯矩和纵向剪力，由于施工不可能做到完全对称，成桥后解除临时固结时，主梁会发生纵向摆动，应予注意。

为了防止纵向飓风和地震荷载使漂浮体系斜拉桥产生过大的摆动，影响安全，十分有必要在斜拉桥塔上的梁底部位设置高阻尼的主梁水平弹性限位装置。

2. 半漂浮体系

半漂浮体系的特点是塔墩固结，主梁在塔墩上设置竖向支承，成为具有多点弹性支承的三跨连续梁。它可以是一个固定支座，三个活动支座；也可以是四个活动支座，但一般均设活动支座，以避免由于不对称约束而导致不均衡温度变位，水平位移将由斜拉索制约。

半漂浮体系若采用一般支座来处理则无明显优点，因为当两跨满载时，塔柱处主梁有负弯矩尖峰，温度内力、收缩和徐变次内力仍较大。若在墩顶设置一种可以用来调节高度的支座或弹簧支承来替代从塔柱中心悬吊下来的拉索（一般称"零号索"），并在成桥时调整支座反力，以消除大部分收缩、徐变等的不利影响，这样就可以与漂浮体系相媲美，并且在经济和减小纵向漂移方面将会有一定好处。

3. 塔梁固结体系

塔梁固结体系的特点是将塔梁固结并支承在墩上，斜拉索变为弹性支承。主梁的内力与挠度直接同主梁与索塔的弯曲刚度比值有关。这种体系的主梁一般只在一个塔柱处设置固定支座，而其余均为纵向可以活动的支座。

这种体系的优点是：显著地减小主梁中央段承受的轴向拉力，并且在索塔和主梁中的温度内力极小。缺点是：中孔满载时，主梁在墩顶处转角位移导致塔柱倾斜，使塔顶产生较大的水平位移，从而显著地增大主梁跨中挠度和边跨负弯矩；另外，上部结构重量和活载反力都需由支座传给桥墩，这就需要设置很大吨位的支座。在大跨径斜拉桥中，这种支座甚至达到上万吨级，这样使支座的设计制造及日后养护、更换均带来较大的困难。此外，该体系的动力特性不理想，对于抗风、抗震不利，故不宜在大跨度桥梁上应用。

4. 刚构体系

刚构体系的特点是塔梁墩相互固结，形成跨度内具有多点弹性支承的刚构。

这种体系的优点是：既免除了大型支座，又能满足悬臂施工的稳定要求；结构的整体刚度比较好，主梁挠度又小。缺点是：主梁固结处负弯矩大，使固结处附近截面需要加大；为消除温度应力，应用于双塔斜拉桥中时要求墩身具有一定的柔性，常用于高墩的场合，以避免出现过大的附加内力。另外，这种体系比较适合于独塔斜拉桥。

刚构体系动力性能较差，因此，该体系用于地震区时，应认真进行动力分析研究。在塔梁墩固结处主梁负弯矩很大，此区段内主梁截面必须加大。在跨中设置剪力铰或挂孔时，对行车有一定影响，且对养护不利。

5. T构体系

T构体系斜拉桥与刚构体系的区别是主梁跨中区域无轴拉力。具体做法有两种：一是在斜拉桥主跨中央部分插入一小跨悬挂结构，如四川三台涪江桥（图9-39）；二是以"剪力铰"代替悬挂结构(图 9.40),这种剪力铰的功能是只传递弯矩、剪力,不传递轴力。

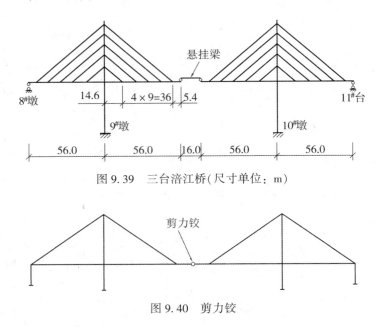

图 9.39 三台涪江桥(尺寸单位:m)

图 9.40 剪力铰

6. 部分地锚体系

一般来说,悬索桥的主缆多数是地锚体系;而斜拉桥的斜索则相反,多数是自锚体系。只有在如主跨很大边跨很小等特殊情况下,少数斜拉桥才采用部分地锚式的锚拉体系。如图 9.41 所示西班牙卢纳桥(Barrios de Luna)和图 9.42 所示我国湖北郧阳汉江桥。

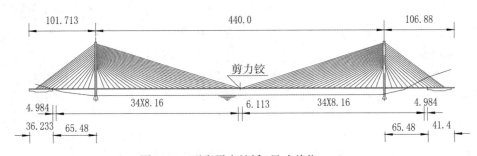

图 9.41 西班牙卢纳桥(尺寸单位:m)

9.2.6 部分斜拉桥

常规斜拉桥中主梁被视为支承在斜拉索上的连续梁,主梁在恒载作用下只承担局部弯矩,这就要求斜拉索的倾角不能太小,所以塔柱必须保持一定的高度,一般为主跨跨径的 1/4～1/7。如果塔高太低,斜拉索将不能有效支承主梁,需要增加斜拉索用量从而增加造价。

但是,如果将斜拉索视为布置在连续梁或连续刚构体外的预应力束,而塔柱视为体外预应力束的转向装置,则全桥的体系就变成梁桥。由力学知识可知,在截面相同的情况下,塔

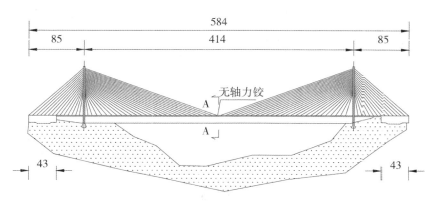

图9.42 郧阳汉江桥(尺寸单位：m)

的抗水平变位刚度与塔高 h 的三次方成反比，因而塔高降低则塔身刚度迅速提高。但塔高降低后拉索的水平倾角也将减小，拉索对主梁的支撑作用减弱，而水平压力增大，这相当于拉索对主梁施加了一个较大的体外预应力。部分斜拉桥由于拉索不能提供足够的支撑刚度，故要求主梁的刚度较大。因拉索只提供部分刚度，"部分斜拉桥"由此得名。其受力性能介于梁式桥和斜拉桥之间。通过改变塔柱的高度和斜拉索的初张力，可以改变斜拉索与主梁承担外荷载的比例关系。当塔柱比较低时，斜拉索只分担部分荷载，其他荷载仍然由主梁内的预应力承担。法国工程师，形象地将这时的斜拉索称为超剂量预应力，因此部分斜拉桥在国外被称为 Extra-Dosed Prestressed Concrete Bridge(超剂量预应力混凝土桥)。

部分斜拉桥结构如图9.43所示，具有以下特点：

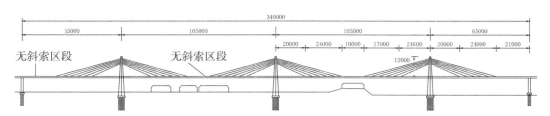

图9.43 矮塔部分斜拉桥(尺寸单位：mm)

①塔较矮。常规斜拉桥的塔高与跨度之比为 1/7~1/4，而部分斜拉桥为 1/12~1/8；

②梁的无索区较长，没有端锚索；

③边跨与主跨的比值较大，一般大于0.5；

④梁高较大，高跨比为 1/40~1/30，甚至做成变高度梁。

⑤拉索对竖向恒活载的分担率小于30%，受力以梁为主，索为辅。

⑥由于梁的刚度大，活载作用下斜拉索的应力变幅较小，可按体外预应力索设计。

图9.44 芜湖长江大桥

我国已经建成了漳州战备桥(主跨120m)等多座部分斜拉桥。芜湖长江大桥(图9.44)是一座公铁两用钢桁架主梁的部分斜拉桥,为了达到312m的跨度,用斜拉索承担了部分荷载,同时加强了钢桁梁的刚度。

9.2.7 超大跨径斜拉桥结构新体系

斜拉桥要在更大跨度上得到应用,一些关键技术仍需解决,其中最主要的问题是索塔区主梁轴压力过大。随着跨径的不断增大,拉索水平分力不断累积,在索塔附近梁段形成巨大的轴力,主梁抗压成为控制设计的因素,而主梁截面的过度增大导致失去与悬索桥的竞争力。

下面介绍两种针对千米以上的超大跨斜拉桥结构的新体系,即部分地锚斜拉桥和部分地锚交叉索斜拉桥。

1. 部分地锚斜拉桥

不同于自锚式斜拉桥全部主梁在恒载作用下受压,Niels J. Gimsing 教授提出的部分地锚斜拉桥方案如图9.45所示,主梁恒载轴力分布如图9.46所示。通过增加地锚和改变施工顺序,使得跨中区段主梁受拉,主梁内压力显著减小,如图9.47所示。

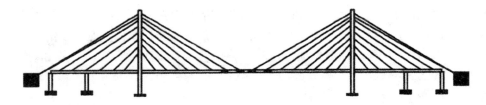

图 9.45 部分地锚斜拉桥

图 9.46 主梁恒载轴力分布图

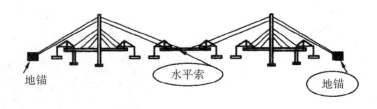

图 9.47 部分地锚斜拉桥施工过程

2. 部分地锚交叉索斜拉桥

部分地锚交叉索斜拉桥的主要特点是将长索交叉并锚固于地锚,使长索不对主梁产生水平压力,如图9.48所示,主梁恒载轴力分布如图9.49所示。

图 9.48 部分地锚交叉索斜拉桥

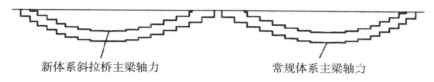

图 9.49 主梁恒载轴力分布图

交叉索对跨中区节段提供了双重支撑，但水平力相互平衡，如图 9.50 所示，因此长索倾角可以比自锚式斜拉桥长索倾角适当减小，从而可适当降低索塔高度。

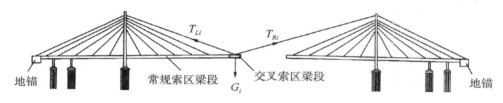

图 9.50 部分地锚交叉索斜拉桥跨中区段可实现"零轴力"架设

部分地锚交叉索斜拉桥与自锚式斜拉桥相比，主梁压力显著减小，从而节约大量主梁钢材。以主跨 1408m、交叉索区长 320m 为例，设计结果表明，主梁可节省钢材约 1/4，而地锚规模约为同跨度悬索桥的 28%，与同等跨径的常规斜拉桥方案相比，总造价可节省 11%。

需要指出的是，若锚碇所建位置的地质情况不良或位于深水区，则不适合采用部分地锚斜拉桥体系。

9.3 斜拉桥的计算分析要点

计算机技术的进步对斜拉桥的发展起到了重要的促进作用。由于斜拉桥，特别是密索体系斜拉桥，为高次超静定结构，因此无论是方案比较还是技术设计，其结构计算都需要采用有限元法并借助于电子计算机来进行计算。

斜拉桥是一个空间结构，其受力分析相当复杂，通常在计算中需要根据斜拉桥的结构特性来简化计算图式。例如，在竖向荷载作用下，可以将双索面斜拉桥简化为两片平面结构，将荷载在两片平面结构之间分配。这种做法略去了活载偏心作用下结构的扭转效应，而用横向分布系数来粗略计入空间影响。另外，由于对斜拉索施工阶段所施加的初始张拉力(指活载作用前的索力)足以抵消活载作用下对索产生的压力,斜拉索始终处于张紧状态,因此,即使对于柔性索,计算中仍可将其作为受拉杆单元来对待;对于主梁和索塔,则作为梁单元处理。斜拉桥与其他超静定桥梁一样,它的最终恒载受力状态与施工过程密切相关,因此结构分析必须准确模拟和修正施工过程。图9.51所示是斜拉桥结构分析离散图。

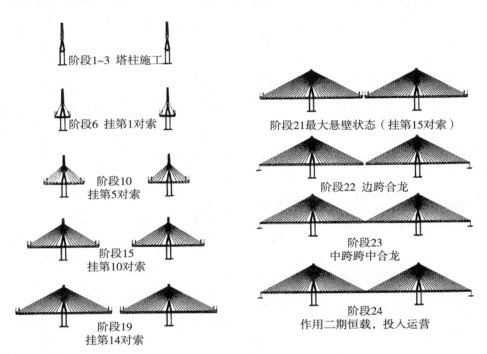

图 9.51 斜拉桥结构分析离散图

尽管目前已有商用软件可以对斜拉桥的结构进行精细的空间分析,但许多采用有限元法编制的实用电算程序中,仍将斜拉桥作为平面杆系结构来处理。斜拉桥设计计算的计算机软件必须考虑下列要素。

9.3.1 考虑施工中可能出现的各种工况

斜拉桥施工包括塔梁构件的安装、临时构件的拆除、斜拉索的张拉、施加各种集中或均布力、预应力张拉等过程,因此,计算软件必须具备上述功能。这些功能均在求解杆系内力及位移的核心程序上,通过前处理程序把施工过程中的各种作用力变为各种等效荷载来实现。

9.3.2 非线性因素

在中小跨度桥梁计算时均有线性结构的假定,因此,结构计算可以采用内力叠加原理。影响线加载计算活载内力即完全基于这一假定。但是这一假定在大跨度斜拉桥中不一定能满足。斜拉桥计算中的非线性体现在几何非线性和材料非线性两方面。

1. 几何非线性

当结构受力后随即发生位移,因此,严格地讲,结构受力的平衡是建立在变形后的几何形状上的。当受力较小或结构刚度很大时，几何形状的改变很小可以忽略不计。但是斜拉桥跨度大、线刚度小、结构的变形大，几何形状的改变不能忽略。由于每一荷载增量均作用在几何尺寸不同的结构上，因此结构的内力及变形与荷载呈非线性关系，这种由于几何形状改变造成的非线性称为几何非线性。

几何非线性在斜拉桥中主要体现为斜拉索的垂度对索的纵向张拉刚度的折减作用，以及主梁、塔柱受 P-Δ 效应而产生偏心距增大作用。前者使斜拉索的刚度减小，后者使梁、塔内力增大。在小跨度斜拉桥计算中前者影响较大，而在大跨度斜拉桥计算中两者均不可忽略。理论分析表明，当跨径达到千米级时，几何非线性影响会超过总荷载效应的15%。

考虑几何非线性的有限元软件须进行大量的迭代计算，计算效率低。一般在跨度不大的斜拉桥计算中仍然采用线性有限元算法，忽略 P-Δ 效应，斜拉索几何刚度的折减通过 Ernst 公式(图9.52)来计算：

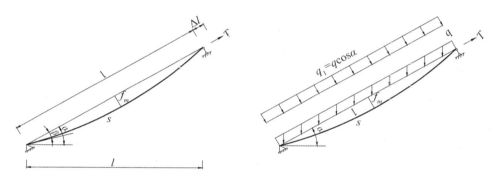

图9.52　斜拉索垂度对刚度的影响

$$E_{eq} = \frac{E_e}{1 + \frac{(\gamma L)^2}{12\sigma^3}E_e} = \mu E_e \tag{9-1}$$

式中：E_{ec}——Ernst 修正的有效(或修正)弹性模量；

E_e——不考虑斜索垂度影响的弹性模量，也就是斜拉索钢材的弹性模量值；

γ——斜索的单位体积质量；

σ——斜索的初应力；

L——斜索的水平投影长度。

2. 材料非线性

在中小桥计算中均假定材料是线弹性的，即应力与应变呈正比关系。严格地说，任何材料都是非线弹性的，即弹性模量随应力的增加而变化，一般情况下，弹性模量随应力增加而减小。在大跨度斜拉桥计算中，材料的这种特性必须考虑。材料非线性计算均采用试验获得的弹性模量曲线在有限元软件中迭代进行。

9.3.3　混凝土收缩徐变

混凝土并非弹性材料，而是弹塑性材料，而且在应力状态下塑性随时间变化。混凝土从浇筑完成开始的凝结过程一直伴随着体积的缩小，称之为混凝土的收缩。混凝土收缩与受力无关，只与混凝土的组成材料及环境温度、湿度有关。当混凝土受力后立即发生弹性变形，在弹性变形发生后、应力不变的状态下，变形随时间继续发展，称之为徐变。与收缩不同的是，徐变除与材料及环境有关外，主要与初始的弹性变形有关，没有弹性变形就没有徐变。收缩和徐变均随时间的延续而逐渐减小。

对于高次超静定结构，混凝土的收缩徐变除引起结构变形外，将引起次内力。

目前的杆系有限元软件考虑收缩徐变效应的方法是增量法，收缩徐变计算的准确程度取决于收缩徐变系数的取值，从计算效果看与实测结果还有很大差距，是混凝土斜拉桥理论与实际存在误差的主要原因之一。

9.3.4 温度影响

斜拉桥是空间杆系结构，除了主梁承担与梁桥类似的常年温差、日照温差效应外，还必须承担斜拉索与主梁的温差、塔柱单侧受日照等温度荷载效应。温度效应除了对成桥结构有内力的影响外，施工阶段的温差变形给主梁的施工带来很多不确定因素，是目前斜拉桥施工中的难点之一。

温度效应计算的准确性取决于温度场的取值，目前尚不能很准确地估计温差效应的影响。温度影响是大跨度斜拉桥施工计算中尚待解决的问题。

9.3.5 活载内力计算

在梁桥中活载内力计算采用影响线加载法计算，对于小跨径斜拉桥同样可以如此计算。但是在大跨度情况下，非线性影响明显增大，叠加原理不再适用，影响线加载法也就不能使用，最不利内力只能通过力学概念判断荷载位置后，通过非线性程序计算。但是，这样计算费时费力，一般仍用影响线加载计算不计非线性因素的内力，然后乘以非线性修正系数。

桥面板及桥面系构件的冲击系数一般仍可按规范规定的计算。但对斜拉桥的主梁、斜索和主塔等主要构件来说，如何计算冲击系数还有待研究。在实际设计中考虑的方法也不一致，按规范的公式来计算斜拉桥主要构件的冲击系数时，问题在于怎样考虑算式中的 L 值。我国一些斜拉桥采用如下公式计算：

$$\mu = \frac{10}{25 + L} \tag{9-2}$$

式中：L—— 影响线加载长度。

对大跨度斜拉桥，还需要考虑风和地震荷载对结构的影响。

9.4 悬索桥的基本类型和总体布置

9.4.1 悬索桥的流派

1. 美国式悬索桥

美国是修建悬索桥的先驱，起步较早，在建桥技术上已经很成熟，为悬索桥的发展积累了丰富经验，并形成了自己独特的风格。

美国式悬索桥的基本特征是采用竖直吊索（竖直骑挂式钢丝绳），并用钢桁架作为加劲梁（图 9.53），主缆采用空中编缆法（AS 法，即 Air Spinning Method）架设成缆，索夹分为左右两半，用高强度螺栓水平向紧固。这种形式的悬索桥绝大部分为三跨地锚式，加劲梁是不连续的，在主塔处有伸缩缝，桥面为钢筋混凝土桥面，主塔为钢结构。其优点是：可以通过增加桁架高度来保证梁有足够的刚度，且便于实现双层通车。

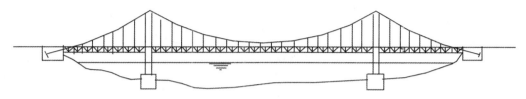

图 9.53　美国式悬索桥

日本修建的悬索桥在构思方面也以美国式悬索桥的模式为多，这主要是考虑到很多桥是公路铁路两用桥，采用桁架式加劲梁便于布置成双层桥面，使公路铁路分层通过。但是，日本吊桥也有自己的特点，如采用连续的加劲桁架，在桥塔处无伸缩缝，采用正交异性钢板来代替钢筋混凝土桥面等。

2. 英国式悬索桥

英国悬索桥起步于 20 世纪 60 年代，先后在英国本土和土耳其建成多座著名的典型英国式悬索桥，英国式悬索桥的基本特征是采用呈三角形的斜吊索（后来改回用竖直吊索）和高度较小的流线型扁平翼状钢箱梁作为加劲梁（图 9.54），索夹分为上下两半，在其两侧用垂直于主缆的高强度螺栓紧固。除此之外，这种形式的悬索桥采用连续的钢箱梁作为加劲梁，桥塔处没有伸缩缝，用混凝土桥塔代替钢桥塔；有的还将主缆与加劲梁在主跨中点处固结。

英国式悬索桥的优点是：钢箱加劲梁可减轻恒载，因而减小了主缆的截面，降低了用钢量和造价。钢箱梁抗扭刚度大，受到的横向风力小，有利于抗风，并大大减小了桥塔所承受的横向力。而三角形布置的斜吊索可以提高桥梁刚度。但这种斜吊索在吊点处构造复杂。

图 9.54　英国式悬索桥

3. 日本式悬索桥

20 世纪 70 年代日本开始新建悬索桥，其特征是主缆采用预制平行索股法（PPWS 法，即 Prefabricated Parallel Wire Strand Method）架设成缆，采用骑跨式钢丝绳竖直吊索和钢桁架加劲梁，索塔采用钢结构。

9.4.2 悬索桥的基本类型和适用范围

1. 按悬吊跨数分类

可分为单跨悬索桥、三跨悬索桥和多跨悬索桥，其结构形式布置如图 9.55 所示。其中单跨悬索桥和三跨悬索桥最为常用。

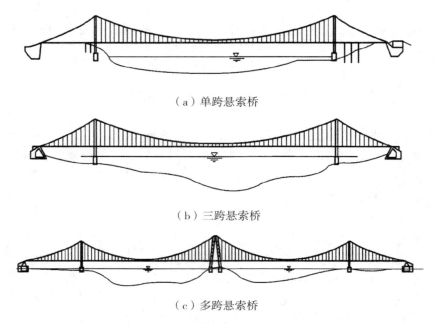

(a) 单跨悬索桥

(b) 三跨悬索桥

(c) 多跨悬索桥

图 9.55 悬吊跨数不同的悬索桥

①单跨悬索桥常用于高山峡谷地区，两岸地势较高，或者道路的接线受到限制，使得平面曲线布置不得不进入大桥边跨的情况。就结构特性而言，单跨悬索桥由于边跨大缆的垂度较小，大缆长度相对较短，对中跨荷载变形控制更为有利。

②三跨悬索桥是目前国际工程实例中应用最多的桥型，这是因为三跨悬索桥的缆吊结构总长度较单跨悬索桥大得多，特别适合于超宽的海面，同时其流畅对称的建筑造型也更符合人们的审美观点。

如果一侧边跨用立柱支撑更经济，另一侧边跨需用吊索支撑，这就形成了不对称的两跨悬索桥，例如香港青马大桥。

③多跨悬索桥是四跨及以上的悬索桥。这种桥型由于结构柔性大、固有振动频率较低，难以满足特大跨度悬索桥的受力及刚度需要，在建桥条件需要采用连续作大跨布置时，可以用两个三跨悬索桥联袂布置，中间共用一座锚碇锚固这两桥的大缆，如图 9.56 所示，如美国旧金山—奥克兰海湾大桥和日本南北备赞濑户大桥。当建桥条件特别适合于作连续大跨布置面采用四跨悬索桥时，为满足全桥刚度的要求，通常需要将中间塔沿纵向作 A 形布置，如图 9.55(c)所示，相应的塔顶大缆须采取特殊锚固措施，以克服两侧较大

的不平衡水平拉力，如温州瓯江北口大桥。也可以中塔采用纵向"人"字形钢桥塔，如图 9.57 所示泰州长江大桥。人字形主塔在分叉点以上是单柱结构，分叉点以下是双柱结构，可通过调节分叉点高度、塔柱张开量、截面尺寸实现中塔纵向刚度的调节，拓宽中塔刚度调节的范围，以利于兼顾中塔纵向刚度和抗滑移安全度。另外，钢结构本身适应变形的能力强，从材料上为适应中塔塔顶适量位移提供了保障。

图 9.56　联袂布置的悬索桥(旧金山—奥克兰海湾大桥(尺寸单位：m))

图 9.57　泰州长江大桥(尺寸单位：m)

2. 按主缆的锚固方式分类

按大缆的锚固形式划分，可分为地锚式悬索桥和自锚式悬索桥。

绝大多数悬索桥都采用地锚方式锚固主缆，即主缆通过重力式锚碇或隧道式锚碇将荷载产生的拉力传至大地来达到全桥的受力平衡。这是大跨度悬索桥最佳的受力模式。

在较小跨度的悬索桥中，也有自锚式锚固主缆的形式，如图 9.58 所示。这种自锚式悬索桥的主缆在边跨两端将主缆直接锚固于加劲梁上，主缆的水平拉力由加劲梁提供轴压力自相平衡，不需要另外设置锚碇。这种桥式的加劲梁要先于主缆安装施工，因此加劲梁在施工中必须被临时支撑，可能对通航和泄洪产生影响。同时，在 200~400m 的同等跨径条件下，自锚式悬索桥相对于其他体系桥梁，如斜拉桥、拱桥等造价高。为减小主缆对加劲梁产生的轴压力，取较大的垂跨比，为 1/6~1/5。

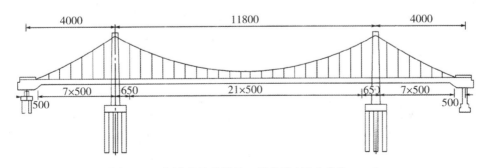

图 9.58　自锚式悬索桥的一般构造(尺寸单位：cm)

3. 按悬索桥加劲梁的支承构造分类

按照悬索桥中加劲梁支承构造的不同,悬索桥可分为单跨两铰、三跨两铰和三跨连续悬索桥等三种常用形式,如图 9.59 所示。

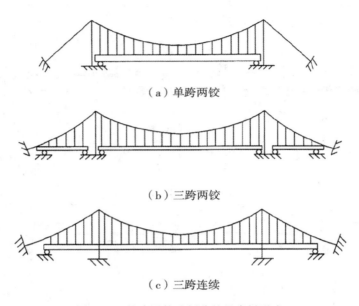

(a) 单跨两铰

(b) 三跨两铰

(c) 三跨连续

图 9.59 按支承构造划分的悬索桥形式

美国早期建造的悬索桥多为非连续的,自 1959 年在法国建成的坦克维尔桥开始,越来越多的大跨度悬索桥加劲梁采用连续支承体系,这对整体抗风及运营平顺性和舒适性均有利。

9.4.3 悬索桥的纵、横断面布置

悬索桥的纵、横断面布置主要包括以下几项内容:

1. 边跨与主跨的跨度比

桥塔把悬索桥划分为一个中跨和两个边跨,边跨与主跨之比与用钢量和竖向变形有关。但在实际设计中,边跨与中跨长度往往受经济因素、锚碇远近及锚固点高低等客观条件限制,取值的自由度并不大,边跨与中跨之比,常采用 0.25~0.45。目前世界上已建悬索桥的实例中,边跨与中跨的比例多在 0.25~0.50 之间取值。

2. 主缆的垂跨比

从总体受力角度出发,要求边跨和主跨主缆的水平分力在塔顶处互相平衡,以减小塔柱所承受的弯矩,这要通过调整边跨与主跨主缆的垂跨比来保证。

垂跨比是指主缆在主孔的垂度与主孔的跨度之比。垂跨比的大小一方面直接影响主缆的拉力,从而也就在很大程度上决定了主缆的用钢量;另一方面还对悬索桥的整体刚度有明显的影响,垂跨比越小,刚度越大,但缆中拉力也越大。因此,在实桥设计中,应结合对刚度的要求和主缆用钢量来选取合适的垂跨比,通常取值在 1/11~1/9 之间。公铁两用悬索桥通常取 1/11,公路悬索桥取 1/10。

3. 加劲梁的尺寸拟定

悬索桥加劲梁的高度尺寸,对大跨度悬索桥而言,似乎不存在与跨度有固定的比例关系。设计中主要根据抗风理论分析和风洞试验来验证所取的加劲梁高度和宽度是否具备优良的动力特性。通常桁式加劲梁梁高一般为 6~14m,高跨比在 1/180~1/70 之间,箱形加劲梁的梁高一般为 2.5~4.5m,高跨比在 1/400~1/300 之间。加劲梁的宽度则由车道宽度及桥面构造布置等决定,一般不小于跨径的 1/60,箱形梁的高宽比一般控制在 1/7~1/11 之间。

4. 加劲梁的支承体系

一般三跨悬索桥中加劲梁在塔柱处是非连续的,而是主跨和边跨分别简支在塔柱横梁上,称为三跨双铰加劲梁。但是,目前也有相当多的大跨径悬索桥将全桥设计成连续加劲梁。单跨悬索桥一般均采用双铰式。

三跨双铰式加劲梁的布置在受力上较合理,加劲梁的弯矩比较小,对桥塔基础不均匀沉降的适应性也比较好。但采用非连续的双铰加劲梁时,梁端的角变位和伸缩量以及跨中的最大挠度均较大。对于对变位要求较低的公路桥,采用三跨双铰加劲梁较合理,而对于有铁路通过的悬索桥,必须进行连续加劲梁和双铰加劲梁的比较。

5. 纵坡

根据悬索桥的景观特点,悬索桥的纵坡取决于两岸的地形、航道净空、路面排水和加劲梁的最大挠度等因素。已建成的长大悬索桥的中跨纵坡多为 1%~1.5% 的抛物线,而边跨多和中跨的端部以直线相接,因此边跨为直线,一般为中跨坡度的两倍。

9.4.4 索的受力特性

将索与同等跨径简支梁进行受力比较,见图 9.60 和图 9.61。

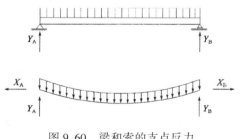

图 9.60 梁和索的支点反力

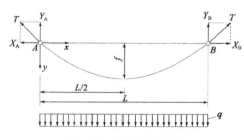

图 9.61 悬索计算简图

与梁相比,索的反力为(内力和反力上标加"0"的为简支梁,不加"0"的为索):

$$\left.\begin{array}{l} Y_A = Y_B = \dfrac{qL}{2} = Y_A^0 = Y_B^0 \\[2mm] X_A = X_B = \dfrac{Y_A \cdot \dfrac{L}{2} - q \cdot \dfrac{L}{2} \cdot \dfrac{L}{4}}{f} = \dfrac{M_{\frac{L}{2}}^0}{f} \end{array}\right\} \quad (9\text{-}3)$$

因此,就反力而言,索的竖向反力与简支梁相同,但在竖直荷载作用下,索会产生水平反力,而简支梁中没有水平反力的存在。换言之,在竖向荷载作用下,梁只要求有竖向支承,而索除竖向支承外,两端还必须有水平向的支承。

索与拱的受力既有相似之处，也有不同之处。相似之处在于，两者在竖向荷载作用下，都需要水平反力，只不过拱产生的是水平推力，而索是水平拉力。在内力方面，索一般只承受轴向拉力，而拱主要是轴向压力，除特殊情况（合理拱轴线）外，拱的内力中一般还有弯矩和剪力，只不过要比简支梁中的小很多；而索一般只有拉力，没有弯矩与剪力。

由于拱桥拱圈受轴向压力作用，存在失稳的问题，因而跨度受到限制。而悬索桥缆索中受轴向拉力作用，不存在失稳问题，所以悬索可以充分利用材料强度获得更大的跨度。

根据索不承受弯矩的条件，很容易由图 9.61 求得索在均布荷载作用下的方程为二次抛物线方程，它与拱在均布荷载作用下的合理拱轴线相同，只不过一个受压，一个受拉；一个朝上，一个朝下。

在几何方面，索与拱一样都是曲线形结构，除了跨径外，矢跨比是一个重要指标。两者的水平反力与矢高 f 都成反比，当 f 为零时，支点水平力将达到无穷大，因此直索与直拱是不能承担竖向荷载的，也就是说，它们必须是曲线形结构。同时，两者都存在着几何非线性问题，对于拱来说，主要是稳定问题（$P\text{-}\Delta$ 效应），而索是几何大变形问题。索和拱的刚度问题都很重要，拱的刚度要比索大许多，对于拱来说，足够的刚度主要保证其不失稳破坏；对于索来说，足够的刚度主要是为了保证其变形不要太大和有足够的动力稳定性。

悬索桥的加劲梁支承在柔性的主缆上，且加劲梁本身刚度也不大，其能够提供活载刚度的原因是重力刚度。柔性主缆的几何形状是由其在外力作用之下的平衡条件决定的，外力包括恒载和活载。如果恒载相当大，则其由恒载所决定的几何形状就不会因相对较小的活载上桥而有多大改变。于是，对活载而言，桥就有了刚度，这叫重力刚度（巨大的恒载提供了重力）。桥梁结构刚度一般以活载作用下桥梁的挠度衡量。

9.5 悬索桥构造

9.5.1 主缆

现代的悬索桥多采用平行钢丝主缆，它由高强度镀锌平行钢丝束组成，为便于施工安装和锚固，主缆通常被分成束股编制架设，并在两端锚碇处分别锚固，主缆的其余区段则挤紧成规则的圆形，然后缠以软质钢丝捆扎，并进行外部涂装防腐。现代主缆通常采用空中编丝法（AS 法）和预制平行束股法（PPWS 法）成缆。主缆在全桥的布置一般是每桥 2 根，分别布置在加劲梁两侧吊点之上。

主缆的截面组成：一般是先由 $\phi 5\text{mm}$ 左右的镀锌钢丝组成钢丝束股，然后再由若干根钢丝束股构成一根主缆。每根缆截面大小是由悬索桥缆的拉力大小确定的，一旦钢丝直径选定，缆所含钢丝总数 n 即随之而定。而具有 n 根钢丝的主缆应编制成多少股钢束 n_1 和每股钢束含多少根钢丝 n_2，则需根据缆的编制方法确定。

采用 AS 法时，每缆所含总股数 n_1 较少，为 30~90 股，但每股所含丝数 n_2 多达 300~500 根。因而其单股锚固吨位大，锚固空间相对集中。

采用 PPWS 法时，束股通常按正六边形平行排列定型，考虑桥跨及其施工条件，每股丝数 n_2 通常取值 61、91、127、169 组成形状稳定的正六边形，如图 9.62 所示。每缆总

股数 n_1 多达 100~300 股，锚固空间相对较大。因其采用工厂预制，故现场架索施工时间相对缩短，气候因素影响小，成缆工效提高。这种成缆方法在目前大跨悬索桥施工中常用（图 9.63）。在图 9.64 中示出了江阴长江大桥主跨主缆跨中横截面。

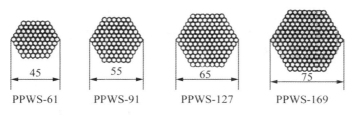

图 9.62　预制索股常用截面

图 9.63　阳逻大桥主缆架设

图 9.64　江阴长江大桥主跨主缆跨中横截面

在悬索桥中主缆是主要受力构件，也是不可更换的构件。由于它暴露在自然环境下，因而主缆防护的好坏将直接关系到悬索桥的寿命。主缆安装完成后，彻底清洗钢丝表面，然后手工涂抹防锈腻子，使它嵌入钢丝缝隙中，再用缠丝机将退火镀锌细钢丝缠绕，最后涂几层漆。在施工期间，也可以在镀锌钢丝外涂一道底漆或环氧树脂来保护钢丝。

通过主缆的锈蚀模拟试验发现，主缆锈蚀的原因是主缆中存在潮湿空气，根据湿气在主缆截面上分布规律的不同，钢丝的锈蚀规律也不同。控制主缆锈蚀最重要的一点是不让水进入主缆。为此，日本开发出一种 S 形截面的缠绕钢丝代替圆断面的钢丝，丝丝相扣，油漆不易开裂，水不能渗入。但是它解决不了施工期已经大量渗入的水对钢丝锈蚀作用，为此，日本又开发了干空气导入法。用除湿机干燥空气用管道通过索夹输入主缆，从另外的索夹排出主缆，出入口索夹的距离为 140m。主缆内 6 个月后相对湿度在 40% 以下，满足防腐要求。这种方法在明石海峡大桥上首先运用，我国的润扬长江大桥也采用了该方法。

选取适当的值作为主缆的安全系数，做到既保证结构的安全，又经济合理，这是降低悬索桥主缆材料用量的关键。国外早期悬索桥主缆的安全系数取得比较大，小跨度桥取得更大，目前一般都在 2.5~3.0。对特大跨度桥，则由于二次应力、施工误差等的影响比小跨度桥要小，因此安全系数可取得小一些，如明石海峡大桥取 2.3 左右。

目前国内外都在研究可用作主缆的新型材料，如碳纤维等，主缆材料和构造的进步必将促进悬索桥向更大的跨度发展。

9.5.2 主塔

主塔主要是对主缆起支承作用,分担主缆所受的竖向荷载,同时在风和地震荷载作用下,对全桥结构的总体稳定提供安全保证。桥塔几种常用的基本形式如图 9.65 所示。

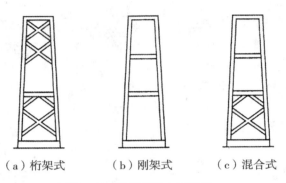

图 9.65 桥塔横桥向示意图

在横桥方向,主塔常采用刚构式、桁架式或两者混合的结构形式来联结两侧的立柱,用以抵抗横桥向的风力或地震作用。

在顺桥方向,按力学性质可分刚性塔、柔性塔两种结构形式。刚性塔多出现在早期较小跨度的悬索桥和多跨悬索桥中,为提高结构刚度时采用;而柔性塔则是大跨度现代悬索桥最常用的结构,为下端固结的单柱形式。

建筑主塔的材料可以采用圬工、钢材及钢筋混凝土。圬工桥塔在大跨径悬索桥上已不再使用,仅在古老的吊桥中还能看见。早期现代悬索桥主塔大多采用钢结构(钢主塔在欧美和日本应用较多),做成桁架或框架形式,多数采用桁架式,塔柱截面一般做成箱形截面或多格箱形截面。随着混凝土质量提高,以及滑模浇筑混凝土施工方法的使用,高塔柱的施工变得方便可靠,且建造和维修养护费用低、外形可塑造性强,故许多新桥业已改用钢筋混凝土主塔。英国亨伯尔桥是第一座采用钢筋混凝土主塔的特大跨径悬索桥,我国建成的大跨径悬索桥也大多采用了钢筋混凝土主塔。钢筋混凝土桥塔多采用框架式,为了减轻自重,大跨径悬索桥的塔柱多采用空心截面。塔的受力常为弯、压甚至扭转共同作用,以受压为主。

9.5.3 锚碇

锚碇结构用以锚固主缆,平衡主缆所受的拉力,并将其传到地基。自锚式悬索桥不需另外设置锚碇结构,而将主缆直接锚固于加劲梁体上,此时主缆在锚固区附近的水平倾角很小。地锚式锚碇又分为重力式锚碇和隧道式锚碇两种结构形式,如图 9.66 所示。

1. 重力式锚碇

重力式锚碇为一庞大的混凝土结构,依靠其自重实现对主缆拉力的锚固。锚碇中预埋有锚碇架,它是由钢锚杆和支撑架构成,主缆束股是通过锚头与锚杆联接,再由锚杆通过支撑架分散至整个混凝土锚体。由于锚碇承受的竖向(向上)分力和水平(向河心)分力很大,所需要的重力式锚块尺寸也很大。例如,明石海峡大桥采用外直径 85m、厚 2.2m、

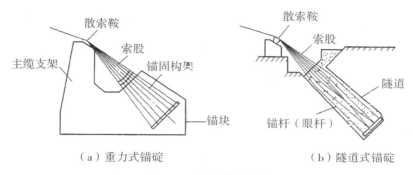

(a) 重力式锚碇　　　　　　（b) 隧道式锚碇

图 9.66　锚碇基本形式

高 75.5m 的地下连续墙作锚碇基础，墙内填碾压混凝土 260000m³；再在基础上修建锚碇身部，混凝土用量为 230000m³。

图 9.67 所示为一种新型重力式锚碇-三角形空腹构架式重力锚，图 9.68 为主缆在锚碇内的束股。

图 9.67　三角形空腹构架式重力锚

图 9.68　主缆在锚碇内束股

2. 隧道式锚碇

隧道式锚碇是先在两岸天然完整坚固的岩体中开凿隧道，将锚碇架置于其中后，用混凝土浇筑而成，这是利用岩体强度对混凝土锚体形成嵌固作用，达到锚固主缆拉力的目的，因而其锚碇混凝土用量较重力式锚碇则大为节省，经济性能更为显著。

9.5.4　加劲梁

加劲梁是直接承担竖向活载的结构，其变形从属于主缆，加劲梁的刚度对悬索桥的总体刚度贡献不大，因而梁高通常可做得很小，加劲梁起到了分散活载的作用，避免了活载作用位置产生过大的局部下挠，加劲梁除了具有传布竖向活载的作用外，还必须具有足够的抗扭转性能，以保持在风荷载作用下的气动稳定性，因而加劲梁应设计成闭口截面。

对于大跨度悬索桥的设计，抗风问题始终是核心技术问题，而其中的颤振稳定性又是重中之重。我们知道，飓风吹向大桥时，就对大桥输入了动能，而大桥摆动是将这种能量耗散，当风力足够大时，会造成风输入大桥的能量大于其耗散的能量，这时大桥的摆动将越来越大，最终导致加劲梁和吊杆迅速疲劳而风毁，称之为发散型振动。1940 年 11 月 7

日，美国塔科马大桥($L=853.4m$)遭风毁，就是因为选择了不当的加劲梁型式，当风速仅为19m/s时，即导致颤振破坏。因而，加劲梁的设计必须有足够的抵御颤振破坏的能力。

加劲梁分钢结构和混凝土结构两种，后者由于混凝土较重导致主缆拉力大和耗材大而较少被采用。钢加劲梁的截面形式主要有美国流派的桁架式和英国流派的扁平钢箱式，如图9.69和图9.70所示。前者更适于在铁路桥或公路铁路两用的桥中使用。两者的用钢量相比，则以采用钢箱梁略占优势。从抗风的角度看，不论采用哪种形式，加劲梁必须有足够的抗扭刚度，以保持抗风稳定性。

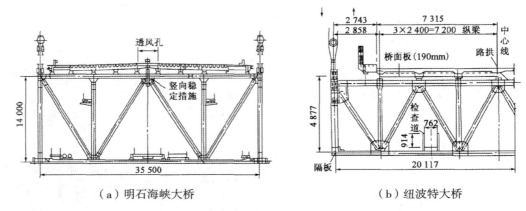

(a) 明石海峡大桥　　　　(b) 纽波特大桥

图9.69　桁架式钢加劲梁截面(尺寸单位：mm)

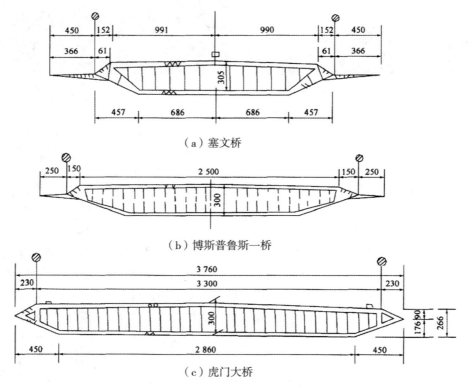

(a) 塞文桥

(b) 博斯普鲁斯一桥

(c) 虎门大桥

图9.70　扁平状钢箱加劲梁截面(尺寸单位：cm)

我国的汕头海湾大桥主跨452m，采用了薄壁预应力混凝土箱梁，是一个工程实践尝试特例。由于主梁自重太大，缆索体系造价大大提高，且工期长、架设难度高，在大跨度悬索桥中不宜采用。但是对于跨径200m以下的自锚式悬索桥，混凝土加劲梁被大量采用。

9.5.5 吊索与索夹

吊索也称吊杆，是将活载和加劲梁的恒载传递到主缆的构件。吊索上端通过索夹与主缆连接，下端与加劲梁连接，如图9.71所示。吊索可用钢丝绳、平行钢丝束或钢绞线等材料制作。

吊索与主缆的连接方式有骑挂式和销连接式两种，如图9.72所示。骑挂式的优点在于：索夹应力不直接受吊杆拉力的影响，结构简单。但其需对应于主缆倾角的变化而改变吊索槽的角度，致使铸造形式变多；同时，骑跨于索夹的吊索要产生弯曲应力，从而导致吊索强度下降。销连接式索夹的倾斜角变化仅通过改变销孔的位置即可，可减少吊索槽铸造形式。但销连接式也存在缺点：销与销孔之间有摩擦力，同时吊索的拉力影响索夹的应力分布。显然，骑挂式的吊索是不宜采用平行钢丝索的。

吊索的纵向布置大致分为平行竖直索和斜置索两种形式。斜向布置吊索体系虽然可以提高全桥振动阻尼，但并不具有构造及经济上的优势，而且有关疲劳的问题没有完全解决，因此大部分已建成或在建的大跨度悬索桥的吊索在纵向布置上均采用平行竖直索的布置形式，以方便设计和施工。

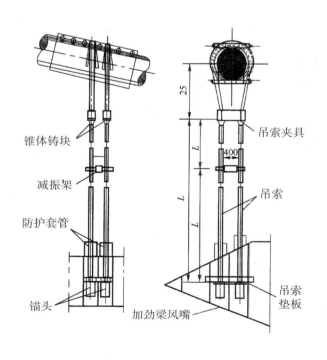

图9.71 吊索与主缆、加劲梁的连接

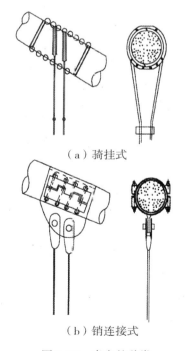

图9.72 索夹的种类

图 9.73、图 9.74 分别为美国金门大桥和中国舟山西堠门大桥的索夹。

图 9.73　美国金门大桥索夹　　　　图 9.74　舟山西堠门大桥索夹

9.5.6　索鞍

1. 主索鞍

主索鞍置于塔顶用以支承主缆，并将主缆所受到的竖向力传至主塔，如图 9.75 所示。鞍座常采用全铸钢或铸焊组合方式制造。由于其结构尺寸及重量较大，通常在纵向分成两节或三节铸造及施工吊装，但须拼合后进行整体机械加工。

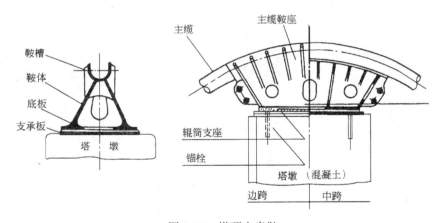

图 9.75　塔顶主索鞍

图 9.76、图 9.77 分别为江阴长江大桥和忠县长江二桥的主索鞍。

2. 散索鞍

散索鞍置于锚碇的前墙处，起着支承转向和分散主缆束股，使之便于锚固的作用，如图 9.78 所示。与塔顶主鞍座不同的是，散索鞍在主缆受力或温度变化时要随主缆同步移动，因而其结构形式上又有摇柱式和滑移式两种基本类型。在制造上，散索鞍分全铸焊和铸焊组合两种方式。图 9.79 所示为虎门大桥散索鞍。

图9.76 江阴长江大桥主索鞍

图9.77 忠县长江二桥主索鞍的安装

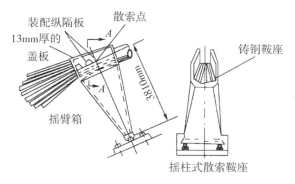

图9.78 散索鞍

图9.79 虎门大桥散索鞍

9.5.7 悬索桥计算理论简介

悬索桥是主缆系统和加劲梁系统两者的简单组合。图9.80所示的单跨悬索桥，是一次超静定结构，将主缆在跨中切开，作用一对赘余力 H，按照力法的原理就可以计算主缆的内力和加劲梁的内力。

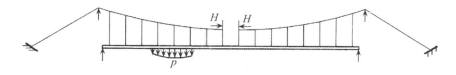

图9.80 单跨两铰悬索桥的计算简图

对于主缆和主梁结构内力分析的计算理论可以分为三种：弹性理论、挠度理论和有限变形理论。

1. 弹性理论

弹性理论是悬索桥最早的计算理论，19世纪末至20世纪初的早期悬索桥计算均采用弹性理论来进行。当时以世界上跨度最大的布鲁克林(Brooklyn)桥为代表的许多美国的悬索桥都是以这个计算理论来进行设计的。该理论是基于结构变形非常微小且可以忽略的计算假设，它不考虑结构体系变形对内力的影响，将悬索桥作为超静定结构，按照普通的结构力学方法计算。弹性理论在下列假定条件下，可根据弹性平衡状态推导出来：

① 悬索假定完全柔性；
② 假定悬索曲线形状和纵坐标在加载后保持不变；
③ 加劲梁沿跨径悬挂在悬索上，其截面的惯性矩沿跨径不变；
④ 吊杆为竖直，且沿桥跨密布，不考虑在活载作用下的拉伸和倾斜；
⑤ 一期恒载完全由主缆承担，恒载作用下主缆线形为二次抛物线，加劲梁中仅有二期恒载、活载、风力和温度变化产生的内力。

它只能满足早期跨度较小且加劲梁刚度相对较大的悬索桥的计算。

2. 挠度理论

悬索桥挠度理论于1862年提出，到20世纪初得到应用，从20世纪初到80年代前后，悬索桥的计算均采用挠度理论来进行。最早采用这个计算理论来进行设计的是1909年建成的美国纽约跨越东河的曼哈顿(Manhattan)桥，金门大桥也建立在此理论基础之上。

采用挠度理论来计算悬索桥时，基本假定与弹性理论大部分相同，其根本的区别在于上述第二条假定，即假定结构在荷载作用下的变形不可忽略，结构的内力平衡建立在变形后的几何形状上。考虑到原有荷载(如恒载)已产生的主缆轴力对新的荷载(如活载)产生的竖向变形(挠度)将再产生一种新的抗力。该理论是在变形之后再考虑内力的平衡。用挠度理论来计算活载内力时，计入了恒载内力对悬索桥的刚度所起的提高作用。采用挠度理论计算所得的内力比弹性理论要小得多，根据悬索桥的跨度大小、加劲梁的刚度大小以及活载影响与恒载影响的比例，一般挠度理论的内力计算值比弹性理论的计算值减少 1/2~1/10。

3. 数值法计算悬索桥

从20世纪80年代前后开始，电子计算机得到高速的发展和广泛的应用，结构几何非线性问题可以通过计算机的迭代计算得到精确的数值解。悬索桥的总体计算一般采用空间杆系有限元法进行，几何非线性问题采用有限位移理论求解。

有限元法放弃将悬索桥看作由承受轴向拉力的主缆与承受竖向弯矩的加劲梁所组合的结构体系，而是将悬索桥看作由多根直线杆件所组成的空间框架结构体系(主缆为多根直杆组成的折线形)，通过杆件交叉点(节点)处的变形协调使结构保持整体。变形协调建立在结构变形后的位置上，因此，各种几何非线性问题均被考虑在其中了。上述结构求解建立在有限位移理论基础上，采用迭代方法进行，一般采用拖动坐标法。

采用数值法进行计算时，对组成悬索桥的各个构件的位置与组合形状完全没有限制，而是可以任意布置，对主缆与吊索在计算上也不需加以区别。弹性理论、挠度理论一般只适用于进行结构面内的计算，而数值法可应用于结构的立体计算，这就能解决纵桥向设斜吊杆、横桥向吊杆面倾斜等方案的计算。因此，非线性有限元的应用使悬索桥的设计突破了计算手段的限制，为悬索桥设计的多样性创造了条件。

4. 悬索桥的抗风问题

以悬索为主要承重结构的吊桥结构线刚度低，风将对结构产生巨大的影响。由于风力和结构的相互作用使结构产生振动,风致振动分为:涡振(涡激振动)、自激振动(驰振、颤振、耦合颤振)、抖振(阵风随机周期作用)气流力干扰振动等类型。对于悬索桥,风致振动现象在主要构件上的表现分别是:

①在加劲梁上,所有上述各类现象都可能发生,是抗风设计的关键。

②桥塔在成桥状态下,其风振现象不严重,但在施工时则可能发生较严重的风致振动。对于钢塔,在较低风速下会发生涡振,在较高风速下可以发生驰振;而对于钢筋混凝土塔,理论上在更高风速可能发生驰振,但涡振一般不大可能发生。

③长吊索可以发生涡振,由于吊索直径较小,间距相对较大,一般不会发生如同斜拉索一样的尾流驰振。

④主缆由于其内有很大的轴力并连着密布的吊索,所以一般会像斜拉桥的拉索那样产生涡振和驰振。

风动力作用的理论计算很困难,目前往往采用模型的风洞实验和一些理论相结合的方法来解决。加强动力稳定性的措施有两个途径:

①增加悬索桥的刚度,提高结构的固有振动频率和增加结构的阻尼,从而提高悬索桥的临界风速,使之超过建桥地点可能发生的最大风速。

②单纯从增加加劲梁的刚度来提高悬索桥的稳定性,必然会降低悬索桥的经济性,积极的措施是减少空气动力的作用来增加悬索桥的稳定性,如采用两端倾斜的流线型截面等。

9.6 斜拉桥和悬索桥施工

9.6.1 斜拉桥施工简介

可以方便地采用无支架施工,是斜拉桥在大跨径桥梁方案中得到广泛应用的原因之一。塔柱是斜拉桥首先施工的主要受力构件,塔柱施工完毕后或塔柱锚固区施工至一半时,开始施工主梁,斜拉索一般随主梁的延伸逐步安装。斜拉桥是高次内部超静定结构,斜拉索的恒载张力是决定全桥受力的主要因素,因此,如何确定合理张拉索力及如何实际张拉到位,是斜拉桥施工的关键。

1. 索塔施工要点

(1)索塔施工顺序

一般来讲,钢塔采用预制拼装的办法施工,混凝土塔的施工则有搭架现浇、预制拼装、滑升模板浇筑、翻转模板浇筑、爬升模板浇筑等多种施工方法可供选择。

根据斜拉桥的受力特点,索塔要承受巨大的竖向轴力,还要承受部分弯矩。斜拉桥设计对成桥后索塔的几何尺寸和轴线位置的准确性要求都很高。混凝土塔柱施工过程受施工偏差、混凝土收缩、徐变、基础沉降、风荷载、温度变化等因素影响,其几何尺寸、平面位置将发生变化,如控制不当,会造成缺陷,影响索塔外观质量,甚至导致次内力的产生。因此不管是何种结构形式的索塔,采用哪种施工方法,施工过程中都必须实行严格的施工测量控制,确保索塔施工质量及内力分布满足设计及规范要求。

混凝土索塔的基本施工顺序如图9.81所示。

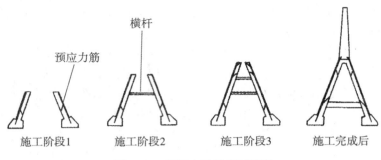

图 9.81 混凝土索塔施工顺序

(2)索塔施工模板

索塔施工模板按照结构形式不同可分为提升模和滑模。提升模按其吊点不同,可分为依靠外部吊点的单节整体模板逐段提升、多节模板交替提升(翻转模板)及本身带爬架的爬升模板(爬模)。滑模因只适用于等截面的垂直塔柱,有较大的局限性,目前已较少采用,而提升模板因适应性强、施工快捷的特点被大量采用。无论采用提升模板还是采用滑模,均可以实现索塔的无支架现浇。

① 单面整体提升模板。对于截面尺寸相同、外观质量要求一般的混凝土索塔施工,可采用单面整体提升模板。施工时,先制作和组拼模板,分块组装,模板下端夹紧塔壁以防止漏浆,然后进行混凝土全模板高度浇筑,待混凝土达到规定的设计强度后,将模板拆成几块后提升到下一待浇节段并组装,继续施工。单面整体提升模板可分为组拼式钢模和自制钢模。模板一次浇筑分节高度一般为 3~6m。

单面整体提升模板施工简便,在无吊机的情况下,可利用索塔内的劲性骨架作支撑,用手动葫芦提升。但在索塔截面尺寸变化较大,混凝土接缝质量要求高的情况下,其使用有一定的局限性,目前此法已很少采用。

② 翻转模板(交替提升多节模板)。每套翻转模板由内、外模、对拉螺杆、护栏及内工作平台等组成,不必另设内外脚手架,如图 9.82 所示。模板分节高度及分块大小,应根据起重设备吊装能力和塔柱构造要求确定。一般情况下,每套模板沿高度方向分为底节、中节和顶节等三个分节,每个分节高度为 1~3m。施工时,先安装第一层模板,浇筑混凝土,完成第一层基本节段的施工;再以已浇混凝土为依托,拆除已浇节段的下两个分节模板,顶节不拆,向上提升并接于顶节之上,安装对拉螺杆和内撑,完成第二层模板安装。如此由下至上依次交替上升,直至达到设计的施工高度为止。

翻转模板系统依靠混凝土对模板的粘着力自成体系,制造简单,构件种类少,模板的大小可根据施工能力大小灵活选用。混凝土接缝较易处理,施工速度快,能适应各种结构形式的斜拉桥索塔施工,目前被大量使用,特别是折线形索塔使用翻转模板施工更有优势,但此类模板自身不能爬升,要依靠塔吊等起重设备提升翻转循环使用,因而对起重设备要求较高。

③爬模(自备爬架的提升模板)。爬模系统一般由模板、爬架及提升系统三大部分组成,根据提升方式不同,又可分为倒链手动爬模、电动爬架拆翻模、液压爬升模等。

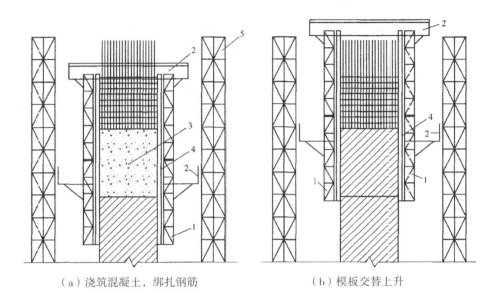

(a) 浇筑混凝土，绑扎钢筋　　　　(b) 模板交替上升

1—模板桁架；2—工作平台；3—已浇墩身；4—外模板；5—脚手架

图 9.82　翻转模板布置示意图

爬模系统所配模板一般采用钢模，且沿竖向将模板分为 3~4 节，模板分节高度根据塔柱构造特点、混凝土浇筑压力、爬架本身提升能力等因素确定，一般分节高度为 1.5~4.5m。

爬架可用万能杆件组拼，亦可采用型钢加工，主要由网架和联结导向滑轮提升结构组成。爬架沿高度方向分为两部分，下部为附墙固定架，包括 2 个操作平台；上部为操作层工作架，包括 2 个以上操作平台。爬架总高度及结构形式根据塔柱构造特点、拟配模板组拼高度及施工现场条件综合确定，常用高度一般为 15~20m。

爬架提升系统由爬架自提升设备和模板拆翻提升设备两部分组成。爬架自提升设备一般可采用倒链葫芦、电动机或液压千斤顶，模板翻提升设备则可采用倒链葫芦、电动葫芦或卷扬机。要求提升速度不可太快，以确保同步平稳。

爬模施工前，须先施工一段爬模安装锚固段，俗称爬模起始段。待起始段施工完成后，拼装爬模系统，依次循环进行索塔的爬模施工。根据爬模的施工特点，无论采用何种提升方式，相对其他施工方法，有施工速度快、安全可靠、对起重设备要求不高的特点。但此法对折线形索塔适应性较差，故一般在直线形索塔施工中应用较为广泛。图 9.83 所示为爬模施工示意图。

图 9.83　爬模施工示意图

(3) 劲性骨架

混凝土塔柱的塔壁内往往需设置劲性骨架,劲性骨架在工厂分节段加工,在现场分段超前拼接,精确定位。劲性骨架安装定位后,可供测量放样、立模、钢筋绑扎及斜拉索钢套管定位使用,也可承受部分施工荷载。劲性骨架在倾斜塔柱中,其功能作用更大,它的设计往往结合构件受力需要设置。当倾斜塔柱为内倾或外倾布置时,应考虑在两塔肢之间每隔一定的高度设置受压横杆(塔柱内倾)或受拉横杆(塔柱外倾)以减小斜塔柱的受力和变形,具体的布置间距应根据塔柱构造经过设计计算确定。

(4) 塔柱施工注意事项

①泵送混凝土配合比。塔柱高度大,泵送时,要求混凝土具有很好的流动性,合理的坍落度是保证泵送混凝土不卡管的关键。

②倾斜塔柱浇筑。浇筑倾斜塔柱时,应计算塔柱自重造成的弯矩,设置足够的横撑,保证倾斜塔柱的背侧混凝土不受拉,必要时塔柱内需配置施工临时预应力。

③横梁的浇筑。双柱桥塔间一般设有横梁,横梁为大体积混凝土,浇筑时应防止温度及收缩裂缝,同时横梁模板的支承必须稳定可靠。

④斜拉索锚固区浇筑。塔柱上混凝土锚固区内钢筋布置很密,应注意混凝土浇筑的密实,以保证斜拉索锚固点有足够的局部承压强度。锚固区布置斜拉索穿越塔柱的钢管,钢管的安置必须准确、可靠地固定,以保证斜拉索从管道的中心穿过,不与钢管发生摩擦。

⑤安全措施。塔柱施工是高空作业,施工安全必须放在首位。脚手架必须有足够的强度,特别是在大风天气应有足够的安全储备。高塔施工时,还应该防止雷击事故。

2. 主梁施工要点

前面所介绍的关于梁式桥和拱式桥的施工方法中,大体上可以归纳为:有支架施工法、悬臂施工法、顶推施工法、转体施工法四种。虽然这几种方法同样可以用在斜拉桥的建造上,但是最适宜的方法是悬臂施工法,其余三种方法一般只能用在河水较浅或者修建在旱地上的中、小跨径斜拉桥上,主要有以下两个原因:

①斜拉桥的跨径一般较大,常在200m以上,其主跨一般要跨越河水较深、地质情况较复杂的通航河道。如果不采用悬臂施工法,而采用其他三种方法都会给施工带来更大的困难,增大施工临时设施费用,甚至影响到河道的通航。

②在斜拉桥上采用悬臂施工法要比在 T 形刚构桥,连续梁桥和连续刚桥上采用更为有利,这可通过图 9.84 两种桥型的对比来说明。

梁式桥若要增大悬臂施工的跨长,必须依靠增大梁高来实现,但当达到一定的跨长之后,即使再增大梁的高度,所提高的强度和刚度都将被其本身的自重和挂篮的重量所抵消,这是梁式桥跨径受到限制的根本原因,而斜拉桥通过斜拉索提供的弹性支承可以大幅度地提高结构的强度和刚度,在施工过程中,它类似于多个弹性支承的悬臂梁,通过调整索力来减小主梁内力,就可以减小梁高和减轻自重,增大桥梁的跨越能力,因而成为大跨度桥梁中具有竞争力的一种桥型。

斜拉桥的悬臂施工也有悬臂拼装法和悬臂浇筑法两种。

(1) 悬臂拼装法

悬臂拼装法主要用在钢主梁(桁架梁或箱形梁)的斜拉桥上。钢主梁一般先在工厂加工制作,再运至桥位处吊装就位。钢梁预制节段长度应从起吊能力和方便施工考虑,一般

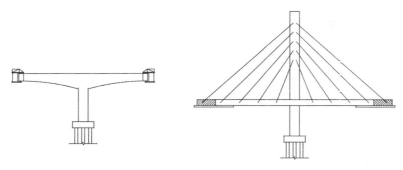

图 9.84 两种桥型应用悬臂浇筑法的对比

以布置 1~2 根斜拉索和 2~4 根横梁为宜，节段与节段之间的连接分全断面焊接和全断面高强螺栓连接两种，连接之后，必须严格按照设计精度进行预拼装和校正。常用的起重设备有悬臂吊机、大型浮吊以及各种自制吊机。这种方法的优点是钢主梁和索塔可以同时在不同的场地进行施工，因此具有施工快捷和方便的特点。

图 9.85、图 9.86 所示分别为苏通长江大桥和诺曼底大桥的悬臂拼装施工。

图 9.85 苏通长江大桥悬臂拼装施工

图 9.86 诺曼底大桥悬臂拼装施工

(2)悬臂浇筑法

悬臂浇筑法主要用在具有预应力混凝土主梁的斜拉桥上。其主梁混凝土的悬臂浇筑与一般预应力混凝土梁式桥的基本相同。这种方法的优点是结构的整体性好，施工中不需用大吨位悬臂吊机和运输预制节段块件的驳船；但其不足之处是，在整个施工过程中必须严格控制挂篮的变形和混凝土收缩、徐变的影响，相对于悬臂拼装法而言，其施工周期较长。

对于单索面布置的箱形截面主梁，为减轻浇筑重量，通常将横截面分解成三部分，即中箱、边箱和悬臂板。先完成包含主梁锚固系统的中箱，张拉斜向拉索，使之形成独立的稳定结构，然后以中箱和已浇梁段的边箱为依托，浇筑两侧边箱，最后用悬挑小挂篮浇筑悬臂板，使整体单箱按"品"字形不断向前浇筑。

图 9.87 所示是斜拉桥采用悬臂浇筑法的施工程序。

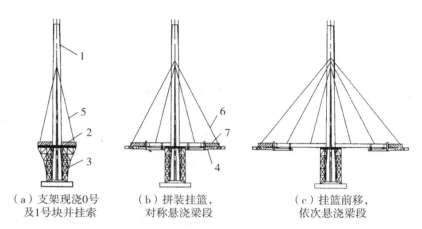

（a）支架现浇0号　　（b）拼装挂篮，　　（c）挂篮前移，
　　及1号块并挂索　　　对称悬浇梁段　　　依次悬浇梁段

1—索塔；2—现浇梁段；3—现拼支架；4—前支点挂篮；5—斜拉索；6—前支点斜拉索；7—悬浇梁段
图 9.87　悬臂浇筑程序

(3) 悬臂施工法中的其他问题

不论采用上述哪一种悬臂施工法，都存在一个塔与梁之间在施工过程中临时固结的问题，除非所设计的斜拉桥本身就是塔梁固结体系。斜拉桥主梁施工临时固结的措施主要有：

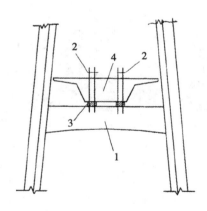

1—下横梁；2—锚筋；3—临时
固结支座；4—0号块
图 9.88　设临时支座锚固主梁

①加临时支座并锚固主梁，如图 9.88 所示。这种方法构造简单，制作和装拆方便，安全可靠。在下横梁上设置 4 个混凝土临时支座，将粗螺纹钢的下端预埋在主塔下横梁中，钢筋中段穿过支座和梁体并锚在 0 梁段顶部；钢筋的数量由施工反力计算确定。为便于拆除，在每个支座中间可设 20mm 厚的硫黄砂浆夹层。

②设临时支承。在塔墩两旁设立临时支承与临时支座共同承担施工反力，临时支承常用钢管桩或钢护筒。在下塔柱上设置预埋件作为临时支承的锚座。

如果塔两侧的主梁不对称，拆除临时支承时，漂浮体系会引起体系转换，梁向一端(通常是向岸端)水平移动，索力重新分布，如该水平位移很大，而且是突然发生时，会引起事故，因此拆除支承时应特别注意。

前面已述，斜拉桥的边跨对主跨起到锚固作用，故在悬臂施工过程中，边跨往往先于主跨合龙，以增加斜拉桥施工中的安全性。基于这个原因，如果在主梁靠岸的局部区段内水不太深时，则可以采用满布支架进行主梁的施工，尽可能早地将它与用悬臂施工法的梁段或整体相连，发挥锚固跨的作用，如图 9.89 所示。当水较深时，设计时应适当减小边跨长度，以方便用导梁或者移动模架快速合龙。

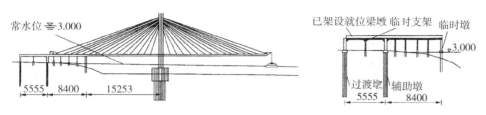

图 9.89 边跨局部区段的有支架施工(尺寸单位：cm；高程单位：m)

3. 斜拉索施工

斜拉索施工主要分为挂索和张拉两个过程。

(1) 挂索

成品索必须整索安装。较短的成品索直接利用吊机将拉索起吊，借助卷扬机由钢丝绳或钢绞线将斜拉索两端分别牵引入主梁和塔柱上的预留索孔，并初步固定在索孔端面的锚板上完成挂索。长索的垂度大，无法直接用卷扬机将锚头牵引到锚板后方，在锚头接近锚板时用钢连接杆将锚头连接到千斤顶，由千斤顶将锚头拉到锚板后方。对于超长斜拉索，垂度特别大，连接杆已无法将锚头连接到千斤顶，必须先架设临时索，然后沿临时索将斜拉索牵引到位。常用挂索方法如图 9.90 所示。

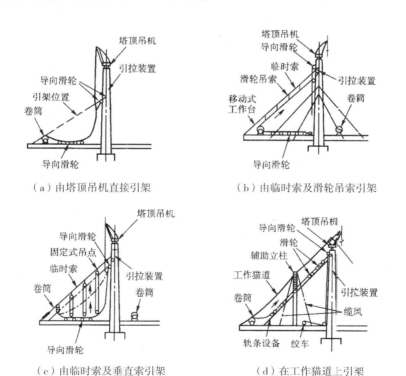

图 9.90 常用挂索方法

(2) 张拉

成品索一般直接用千斤顶整索张拉。现场制作索可以用小千斤顶逐根张拉，也可以仅用小千斤顶将初应力调均匀,然后再用大千斤顶整索张拉。根据设计要求及现场实际情况,可采用塔部一端张拉,或采用梁部一端张拉,还可采用塔、梁部两端张拉,其中以塔部一端张拉使用最为广泛。

在国外,尚有用临时钢索将主梁前端拉起或在支架上用千斤顶将主梁端顶起,安装斜拉索后再将主梁放平的间接张拉方法。

(3) 斜拉索索力的量测

斜拉索的索力正确与否,是斜拉桥设计施工成败的关键之一,必须有可靠的方法准确量测索力。目前,常用的索力量测方法有压力表测定法、压力传感器测定法和频率法三种。

压力表测定法是利用千斤顶的液压与张拉力之间的直接关系,在张拉过程中通过读取油压,而后换算成索力的测定方法。压力传感器测定法是通过串联一个压力传感器,张拉时直接从传感器的仪表上读取索力。频率法是利用索的振动频率与索力之间的关系,通过测定频率,间接量测索力的方法。

4. 斜拉桥施工监控简介

理论上,根据上述施工阶段的索力进行施工,即可达到成桥后的最优状态,但是随着桥梁跨径和结构柔度的增大,施工中的误差也大大增加,实际上施工中达不到设计时确定的状态。误差的累积,将使成桥后的最优状态难以达到。尤其对于预应力混凝土斜拉桥,材料特性、结构自重和预测计算时有较大的差距,其结果不是线形不满足要求,就是应力状态很不合理。施工控制的目的是通过在施工过程中的跟踪测试、分析,不断采取调整措施,保证全桥建成时达到成桥合理状态。

施工监控工作包括监测和控制两部分,监测是通过测量和测试手段获得桥梁在施工中的状态,控制是根据监测的结果与计算结果的比较,分析桥梁状态存在的误差,确定实时的调整方案,确保成桥时达到合理成桥状态。

目前,系统控制理论已经被引用到斜拉桥施工监控中来,早期的控制采用反馈控制思路,即监测数据与理论计算数据的误差,从而得到斜拉索张力的调整增量。但是,如果理论计算结果本身是不可实现的,或与施工现场的情况有差距,虽然目前调整了存在的误差,但是新节段施工后将出现新的误差,又要实施调整。目前采用自适应控制思路,即在误差出现后不是立即实施调整,而是分析误差出现的原因。目前已知的原因主要是计算参数(自重集度、预应力效应、混凝土徐变特性等)与现场的实际情况有差距,找出原因后重新确定施工阶段的斜拉索张拉力,按新索力施工后误差将大大减小。找参数误差的过程称为系统自适应的过程。

监测是控制的基本手段,目前的监测变量主要是斜拉索索力、结构变位(主梁标高变化、塔顶水平位移等)、关键部位结构应力等。

9.6.2 悬索桥施工简介

悬索桥适用于超大跨径桥梁的主要原因除了充分利用了材料强度外,独特的施工方法使超大跨径桥梁的架设成为可能。常规的悬索桥架设步骤一般为:塔柱及锚碇施工,猫道架设,主缆架设,索夹及吊杆安装,主梁吊装架设,等等。

1. 主要施工工艺简介

(1)塔柱及锚碇施工

①塔柱施工。钢塔柱一般用钢板先预制连接成格子形截面的节段，节段在现场吊装拼接成塔柱。早期的钢塔柱无论节段内还是在节段间的连接，均采用铆接，构建加工精度要求高。随着栓焊技术的发展，钢塔节段在工厂焊接制造，然后将节段运输到工地架设并用高强螺杆来连接。钢塔柱一般支承在一块厚钢板上，厚钢板与桥墩混凝土栓接，并把塔柱压力均匀传递到桥墩中去。现在也有在桥墩混凝土中埋设锚固构架，塔柱用高强螺栓锚固在构架上，通过构架将压力均匀传递到混凝土中去的做法。

混凝土塔柱的施工与斜拉桥塔柱施工相同，一般以就地浇筑为三，采用滑模、爬模等技术连续浇筑。

②锚碇施工。当河岸有坚硬岩石时，可以采用岩隧锚碇。岩隧锚可以将主缆集中在一个岩洞内锚固，也可以在岩石山开凿多个岩眼，将主缆分成多股穿过岩体在锚固室内锚固，如图9.91所示。

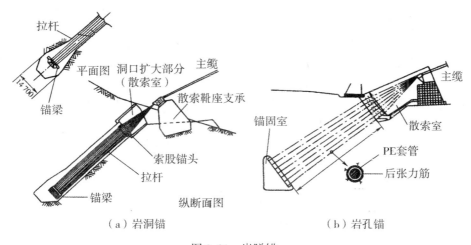

(a)岩洞锚　　　(b)岩孔锚

图9.91　岩隧锚

设置在承载力比较好的地基上的重力式锚碇，一般采用明挖的扩大基础。当锚碇设置在软土层中时，可以采用大型沉井或地下连续墙的形式。如江阴大桥北锚碇采用了大型沉井，而日本的明石海峡大桥采用了地下连续墙。图9.92所示为宜昌长江公路大桥的北锚碇施工，图9.93所示为润扬长江大桥北锚碇50m深基坑。

(2)缆索系统的架设

悬索桥整个主缆自重大，必须逐丝或逐股安装到位，然后在现场编制成缆。缆索的施工大致可分为如下步骤，如图9.94所示。

①准备工程。在架设缆索之前的准备工程包括安装塔顶吊机、塔顶鞍座、锚碇附近的散索鞍座，以及安装各种绞车和转向设备等的驱动装置。

②架设导索。导索是缆索工程中最先拉过海(或江河)的钢丝绳索。它是缆索工程中的第一道难关。导索从一端锚碇上引出，越过塔顶后，用拖轮拽到对岸，再越过对岸塔顶

图 9.92　宜昌长江公路大桥的北锚碇施工　　　图 9.93　润扬长江大桥北锚碇深基坑

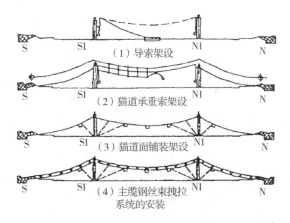 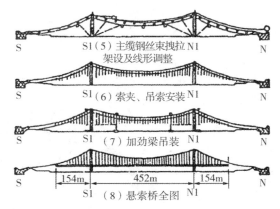

图 9.94　悬索桥施工步骤示意图

锚固在锚碇上。日本的明石海峡大桥、我国的舟山西堠门大桥用直升飞机将导索牵引过海(图 9.95),从而不影响海峡的通航。湖北沪蓉西高速公路四渡河特大悬索桥链接巴东县野三关镇和宜昌市长阳县,桥索塔顶至峡谷底高差达 650m,正桥面到谷底高差达500余米,堪称"天路"上的"天桥",采用了火箭发射将导索牵引过峡谷(图 9.96)。导索用钢缆制作,但是为了减轻重量,也有采用芳族聚酰胺纤维制作。两根导索一般分别拖拽安装,当拖拽特别困难时,可以只拖一根,另一根通过架设好的导索悬吊过海,再横移到位。

③架设牵引索及猫道索。当导索从一岸到另一岸架设完毕后,即可由它来架设牵引索,牵引索是布置在两岸之间的一根连接成环状的无端头的钢丝绳索,可由两岸的驱动装置来使牵引索走动,从而一来一往地引拉其他需要架设的缆索。

牵引索架设后首先要架设猫道索,猫道是一种在空中架设的工作走道,每座悬索桥的施工一般设有 2 个猫道,沿主缆下方布置,它是由若干根猫道索来承载的(图 9.97)。

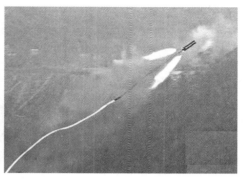

图 9.95　直升飞机将导索牵引过海　　　　图 9.96　火箭将导索牵引过峡谷

④架设猫道面板及横向天桥。当每个猫道的若干根猫道索由牵引索引拉架设好之后，即可铺设猫道面板形成空中工作场地。现在的猫道面板均采用透风性好的钢丝网片，以减小在空中的风阻力，以免风力造成猫道的翻转。在两个猫道之间一般设数座横向天桥，除了沟通两个猫道外，还能增加猫道横向稳定性(图 9.97)。

图 9.97　铺设猫道

⑤架设抗风索以完成猫道。猫道自重轻，在风力作用下极不稳定，故必须在猫道之下架设抗风索。抗风索与猫道索反向，与猫道之间用吊索连接，如图 9.98 所示。抗风索除了能增加抗风稳定性外，还能通过抗风吊索的张拉力调整猫道的线形，以适应主缆的形状。在风力不大的地区，通过增加横向天桥的个数来提高猫道的抗翻转能力，从而不设置抗风索。猫道形成后，即可在其上进行主缆的架设施工。

⑥主缆架设。现代大跨度悬索桥的主缆截面组成一般都是先由 $\phi 5mm$ 左右的钢丝组成钢丝束股，然后再由若干根钢丝束股组成一根主缆。

一般来说，采用 AS 法的主要缺点为架设主缆时的抗风能力较弱以及所需时间较长。AS 法的主要优点是索股丝数多、股数少，从而锚固空间较小，同时运输起吊设备比较轻便。相反，受起吊重量的限制，采用 PS 法时束股中的钢丝根数较少，故其股数较多，需

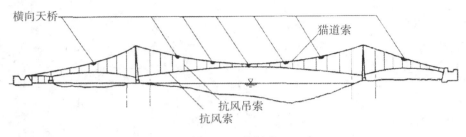

图 9.98 抗风索

要的锚固空间较大。

若干股索股编扎成主缆后通过紧缆机挤紧主缆(图 9.99),再用缠缆机在主缆外缠丝(图 9.100)。一般用 PS 法编成的主缆孔隙率较低。

图 9.99　紧缆机紧缆　　　　　　图 9.100　缠缆机缠丝

⑦将猫道转载于主缆后拆除抗风索,并架设竖吊索。当主缆架设完毕后,即可将猫道的全部荷载由猫道索转移到主缆上去,然后将抗风索拆除,并在猫道上安装竖吊索,安装完毕后即可拆除猫道,至此,悬索桥的缆索工程遂告全部完成。图 9.101 所示为悬索桥索夹的安装。

图 9.101　索夹的安装

(3)加劲梁的制造与架设

钢加劲梁在工厂分段制造,节段制造完成后必须进行相邻节段的试拼装,试拼合格、做好对接标志后,运到施工现场等待吊装。

加劲梁的架设以主缆作为脚手架,通过可以在主缆上沿纵桥向行走的提升梁(或称跨缆吊车)分段提升悬挂在吊索上。图9.102所示为舟山西堠门大桥加劲梁节段从预制厂到桥梁工地起吊示意图。梁段用驳船浮运到安装位置的下方,提升梁上的卷扬机放下提升钢丝绳,钢丝绳通过平衡梁与加劲梁节段连接,卷扬机将梁段提升到吊索位置后,将吊索下端与梁段上的吊点连接,同时将本梁段与相邻梁段临时铰接,然后松开平衡梁,本梁段吊装完成。

图9.102 舟山西堠门大桥加劲梁节段安装示意图

主缆是柔索结构,当只有部分梁段悬吊在主缆上时挠度很大,因此,已吊装的加劲梁将产生很大的弯曲变形。如果梁段吊装到位后即与相邻梁段连接,则加劲梁将承担很大的弯曲应力,造成结构破坏。为此,梁段吊装到位后只在上缘与相邻梁段连接形成铰接,下缘在吊装期间张开。随着吊装梁段的增加，主缆的局部挠度减小，加劲梁下缘的间隙逐渐闭合，待梁段全部吊装完成或大部分完成后在相邻节段间永久固结连接，此时，加劲梁恒载完全由主缆承担，加劲梁只承担节段内的局部弯矩。

加劲梁吊装可以从主跨跨中和边跨悬臂端向塔根前进，也可以从塔附近向跨中及悬臂端前进。总的要求是使塔柱尽量少承担不平衡主缆水平力，因此，中跨和边跨的前进速度必须经过计算确定。早期架设顺序及速度受到计算能力的限制，随着计算机技术的应用，架设的顺序可以多样化。图9.103和图9.104所示分别为施工中的香港青马大桥和汕头海湾大桥。

图 9.103　施工中的香港青马大桥　　　　图 9.104　施工中的汕头海湾大桥

2. 施工阶段线形及内力控制

悬索桥施工过程中必须对塔柱弯矩、主缆线形及加劲梁线形加以控制，以使成桥时塔柱基本只承担竖向力，主梁线形达到道路线形要求。

在空缆状态下，主缆无论在中跨还是在边跨，均为悬链线，当加劲梁安装完毕后，恒载接近于均布荷载，主缆线形接近于二次抛物线。在两种线形之间转换时，主缆将向中跨移动，因此，塔顶的索鞍在加劲梁架设期间必须可以在纵桥向移动，待架设完毕后再与塔顶固结。

主缆的长度是从成桥状态考虑成桥温度后用无应力法计算得到的。再根据索股在主缆中的位置计算索股的长度，编索时，先确定标准丝的长度，其余钢丝按照标准丝定长度。空缆的形状根据缆索的总长及中跨与边跨主缆水平分力相等的原则确定，空缆线形与成桥线形比较后可以得到索鞍在架设期间移动的距离。有了空缆线形后，即可进行加劲梁吊装过程模拟计算，从而得到吊装过程中主缆、加劲梁的线形控制值，结果将用于现场操作控制。现场控制时，将现场实测值与计算值比较，控制架设的精度。

以上计算都必须考虑几何非线性效应，现在一般通过基于有限位移法的计算机程序进行计算，同时考虑实测温度与计算温度差的补偿。

本 章 小 结

1. 斜拉桥主要由主梁、索塔和斜拉索三大部分组成。主梁一般采用混凝土结构、钢结构和混凝土-钢组合结构，索塔大都采用混凝土结构，而斜拉索则采用高强材料（高强钢丝或钢绞线)制成。主梁在斜拉索的各点支承作用下，就像多跨弹性支承的连续梁一样，使弯矩值得以大大降低；斜拉索轴力产生的水平分力可以对主梁产生预压力，这样不但节省了结构材料，又能大幅度地增大了桥梁的跨越能力。

2. 斜拉桥常见的孔跨布置方式有双塔三跨式和独塔双跨式两种，三塔四跨式和多塔多跨式则应用较少。

3. 斜拉索在立面上的布置方式常用的有辐射形、竖琴形和扇形这三种基本形式。扇形布置在设计中获得广泛应用。

4. 斜拉桥的梁、塔、墩可以有三种结合方式，即塔墩固结、塔梁固结和塔梁墩固结，并由此可组成四种不同的结构体系，即飘浮体系、支承体系(半漂浮体系)、塔梁固结体系和刚构体系。

5. 悬索桥是以受拉主缆为主要承重构件的桥梁结构。当设计的乔梁跨度在600m及以上时，悬索桥总是首选的桥型。悬索桥是目前所有桥型中跨越能力最大的一种桥型。

6. 悬索桥主缆在初始恒载作用下，具有较大的初始拉力，使主缆能保持一定的几何形状。但在外荷作用下，主缆不仅几何形状将发生改变，而且索力也发生改变，充分反映出主缆的几何非线性性质。这种几何形状非线性的改变对悬索桥受力的影响是不可忽略的，因此结构体系的平衡应该建立在变形后的状态上。

7. 斜拉桥主梁的施工最适宜的方法是悬臂施工方法，即悬臂拼装法和悬臂浇筑法。施工时都存在一个塔与梁之间临时固结的问题。索塔施工顺序一般来讲，钢塔采用预制拼装的办法施工，混凝土塔的施工则有塔架现浇、预制拼装、滑升模板浇筑、翻转模板浇筑、爬升模板浇筑等多种施工方法可供选择。拉索的张拉工艺、索力及桥面高程的控制是斜拉桥施工的关键，拉索张拉方法有用千斤顶直接张拉、用临时钢索将主梁前端拉起和在支架上将主梁前端向上顶起等方法。索力测量的主要方法有压力表测定法、压力传感器测定法和频率振动法等。

思考题及习题

1. 试比较悬索桥和斜拉桥受力特点有哪些不同。
2. 斜拉桥和悬索桥的主要受力构件有哪些？
3. 按塔、梁、墩结合方式，斜拉桥分为哪几个体系？各有什么特点？
4. 斜拉桥拉索的间距在哪个范围内较合适？
5. 按拉索平面数量和布置形式，斜拉索可分为哪几种？
6. 斜拉桥在同一索面内，拉索有哪几种布置形式？从主面上看，索塔有哪些形式？从横桥向看，索塔有哪些形式？
7. 悬索桥有哪些主要构件？其设计特点是什么？
8. 悬索桥的受力机理与斜拉桥有何不同？
9. 按照吊杆的布置方式，悬索桥分哪几种类型？各自优缺点是什么？
10. 锚碇作为悬索桥的一个特殊部件，有哪几种形式？
11. 为什么悬索桥的跨越能力特别大？
12. 斜拉桥主梁的施工方法和特点有哪些？

13. 斜拉桥和悬索桥混凝土桥塔施工中应注意哪些问题？
14. 为什么说悬索桥是一种最适合于大跨度的桥梁？
15. 斜拉桥中密索体系与稀索体系各有什么优缺点？
16. 拉索空间布置与平面布置方式对斜拉桥的受力性能有什么影响？
17. 斜拉桥边跨内设置辅助墩有什么作用？
18. 斜拉桥塔柱的高度确定主要考虑哪些因素？
19. 目前常用的斜拉索有哪几种？其防腐措施有哪些？
20. 斜拉桥边跨端锚索的作用是什么？
21. 简述自锚式悬索桥的定义。其与一般意义上的悬索桥相比，受力有何特点？
22. 简述悬索桥总体设计中的主要设计参数，设计中取用这些参数时应注意的要点。
23. 简述悬索桥的各种设计理论。
24. 简述悬索桥主缆架设方法中两类施工方法的主要过程。
25. 请你根据加劲梁截面形式的不同，说一说现代大跨度悬索桥分为哪两种类型。我国的现代大跨度悬索桥多为其中的哪一种类型？
26. 斜拉桥的拉索设计中为什么要对拉索采取防护及减振措施？
27. 斜拉桥的总体设计中主要的设计参数有哪些？参数取用时的注意要点有哪些？

第 10 章 桥梁墩台

本章学习结果和学习方法：

本章主要介绍桥梁的墩台构造、墩台的主要类型和应用范围、墩台计算中所使用的作用效应组合及其计算特点。通过本章的学习，学生应该能够：

1. 阐述说明重力式桥墩和轻型桥墩的特点及适用范围。
2. 阐述说明重力式桥台和轻型桥台的特点及适用范围。
3. 记住单向推力墩、U 形桥台的定义。
4. 说明当设置在基岩上的桥墩基底的合力偏心距超出核心半径时，基底应力验算的方法。
5. 计算在温度变化和汽车制动力作用下桩柱式桥墩的最不利桩底截面弯矩。

10.1 桥梁墩台的设计和构造

10.1.1 概述

桥梁墩（台）主要由墩（台）帽、墩（台）身和基础三部分组成（图 10.1）。

墩台是桥梁的重要结构，支承着桥梁上部结构的荷载，并将它传给地基基础。桥墩指多跨（两跨以上）桥梁的中间支承结构物，它除承受上部结构的荷载外，还要承受流水压力、风力以及可能出现的冰荷载、船只、排筏或漂浮物的撞击力。桥台一般设置在桥梁的两端，除了支承桥跨结构之外，它还衔接两岸接线路堤的构筑物，挡土护岸，承受台背填土及填土上车辆荷载所产生的附加侧压力。此外，桥梁墩台还要承受施工时的临时荷载，在某种情况下需要临时加固和补强。因此，桥梁墩、台不仅本身应具有足够的强度、刚度和稳定性，而且对地基的承载能力、沉降量，地基与基础之间的摩阻力等也都提出一定的要求，以避免在这些荷载作用下有过大的水平位移、转动或者沉降发生。因此，桥梁墩台的设计与结构受力、土质构造、地质条件、水文、流速以及河床内的埋置深度密切相关。

确定桥梁下部结构应遵循满足交通要求、安全耐久、造价低、维修养护少、施工方便、工期短、与周围环境协调和造型美观等原则。在桥梁的总体设计中，下部结构的选型对整个设计方案有较大的影响。合理的选型将使上、下部结构的造型协调一致、轻巧美观。

城市立交桥比一般的公路桥梁，对桥梁下部结构的造型有更高的要求。因此，在选型上，除了前述的总原则外，还应注意：首先要从整体造型着眼，力求形式优美、构造轻盈、线条明快、纹理有质；其次，各部分的形状尺寸要符合桥体结构受力的规律，结构匀

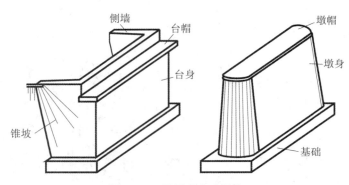

图 10.1 梁桥重力式墩台

称、比例适度,给人以稳重安全的感觉;最后,要与周围环境、文化、习俗相协调,使其色彩和谐、开阔明朗,令人舒适。近年来,国内外的城市桥梁中,涌现出丰富多彩的各种构造形式,如图 10.2 所示:①单柱式墩,其截面可以是圆形、矩形、多角形等,这种桥墩的外貌轻盈、视野开阔、造价经济;②多柱式墩,其柱顶各自直接支撑在上部结构的箱梁底板上,柱间不设横系梁,显得挺拔有力、干净利落;③矩形薄壁墩,常将表面作成纹理(竖向或横向纹理),从而收到美观的效果;④双叉形、四叉形,以及 T 形、V 形和 X 形等,这些形式除满足结构受力的要求外,还达到了造型美观的目的。

公路桥梁上常用的墩、台形式大体上可以归纳为两大类:梁桥墩台和拱桥墩台。

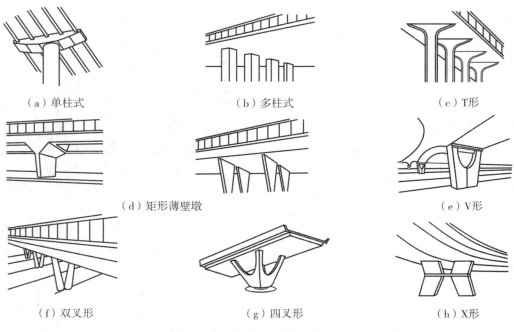

图 10.2 各种轻型桥墩形式

10.1.2 梁桥墩台

梁桥墩台从总体上可分为两种：一种是重力式墩、台。这类墩、台的主要特点是靠自身重量来平衡外力而保持其稳定。因此，墩身、台身比较厚实，可以不用钢筋，而用天然石材或片石混凝土砌筑。它适用于地基良好的大、中型桥梁，或流冰、漂浮物较多的河流中。在砂石料取用方便的地区，小桥也往往采用重力式墩、台。其主要缺点是圬工体积较大，因而其自重和阻水面积也较大。另一种是轻型墩、台。一般说来，这类墩台的刚度小，受力后允许在一定的范围内发生弹性变形。所用的建筑材料大都以钢筋混凝土和少筋混凝土为主，但也有一些轻型墩、台通过验算后，可以用石料砌筑。

1. 梁桥桥墩

桥墩按其构造可分为实体桥墩、空心桥墩、柱式排架桩墩、柔性墩和框架墩五种类型。按墩身横截面形状可分为矩形、圆形、圆端形、尖端形和各种空心墩，如图10.3所示。

墩身侧面可做成垂直的，亦可做成斜坡式或台阶式，如图10.4所示。

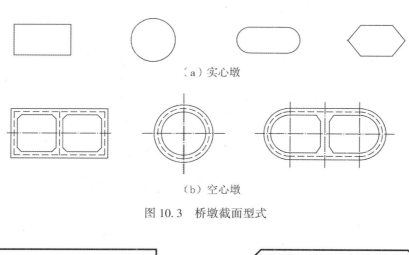

图 10.3 桥墩截面型式

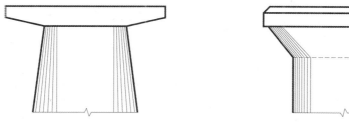

图 10.4 桥墩侧面的变化

(1) 实体桥墩

实体桥墩由一个实体结构组成。按其截面尺寸和桥墩重量的不同，可分为实体重力式桥墩(图10.5)和实体薄壁式桥墩(墙式桥墩，图10.6)，它们由墩帽、墩身和基础构成。

墩帽是桥墩顶端的传力部分，它通过支座承托着上部结构，并将相邻两孔桥上的恒载和活载传到墩身上，因此，墩帽的强度要求较高，一般都用C20以上的混凝土做成。另

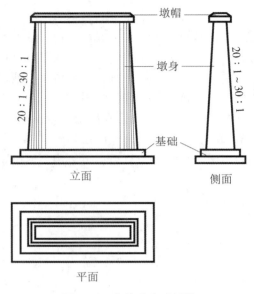

图 10.5 实体重力式桥墩

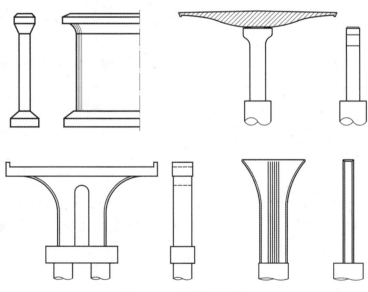

图 10.6 实体薄壁桥墩

外，在一些桥面较宽、墩身较高的桥梁中，为了节省墩身及基础的圬工体积，常常利用挑出的悬臂或托盘来缩短墩身横向的长度。悬臂式或托盘式墩帽一般采用 C20 或 C25 钢筋混凝土。

墩帽长度和宽度视上部结构的形式和尺寸、支座尺寸和布置，以及上部构造中主梁的施工吊装要求等条件而定。

墩帽尺寸拟定如下：

① 顺桥向墩帽最小宽度 b：

对于双排支座，如图 10.7 所示，为

$$b \geq f + \frac{a}{2} + \frac{a'}{2} + 2c_1 + 2c_2 \quad (10\text{-}1)$$

式中：f 为相邻两跨支座间的中心距，

$$f = e_0 + e_1 + e_1' \geq \frac{a}{2} + \frac{a'}{2} \quad (10\text{-}2)$$

e_0 为伸缩缝宽，中小桥为 2～5cm；大跨径桥梁可按温度变化及施工放样、安装构件可能出现的误差等决定，温度变化引起的变位为

$$e_0 = l \times t \times \alpha \quad (10\text{-}3)$$

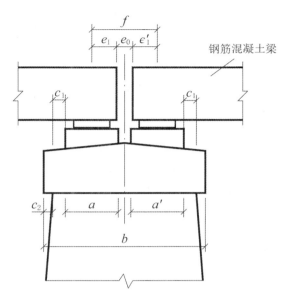

图 10.7 墩帽顺桥向尺寸

式中：l 为桥跨的计算长度（因桥梁的分孔、联长、固定支座与活动支座布置不同而不同）；t 为温度变化幅度值，可采用当地最高和最低月平均气温及桥跨浇筑完成时的温度计算决定；α 为材料的线膨胀系数，钢筋混凝土构造物为 1×10^{-5}。e_1、e_1' 为桥跨结构过支座中心线的长度；a、a' 为桥跨结构支座垫板的顺桥向宽度；c_1 为顺桥向支座垫板至墩身边缘的最小距离，见表 10-1 及图 10.8；c_2 为檐口宽度，5～10cm。

表 10.1　　　　　　　支座边缘到台、墩身边缘的最小距离

跨径 l（m）	桥向 顺桥向（cm）	横桥向（cm）	
		圆弧形端头（自支座边角量起）	矩形端头
$l \geq 150$	30	30	50
$50 \leq l < 150$	25	25	40
$20 \leq l < 50$	20	20	30
$25 \leq l < 20$	15	15	20

注：当采用钢筋混凝土或预应力混凝土悬臂墩帽时，可不受本表限制，应以便于施工、养护和更换支座而定。

对于单排支座，当墩上仅有一排支座时（如连续梁桥），可由下式计算（图 10.8 和图 10.9）：

$$b = a + 2c_1 + 2c_2 \quad (10\text{-}4)$$

对于不等高梁双排支座，如图 10.10 所示，左边（低梁端）宽度应按单排支座墩宽进行设计，而右边（高梁端）则应按桥台台帽宽度进行设计。

② 横桥向墩帽最小宽度 B：

对于多片主梁（图 10.11），为

$$B = 桥跨结构两外侧主梁中心距(B_1) + 支座底板横向宽度(a_1) + 2c_2 + 2c_1$$

$$(10\text{-}5)$$

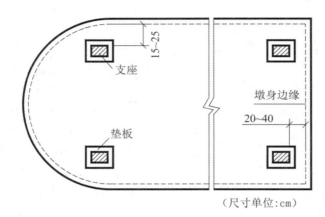

图 10.8 c 值的确定

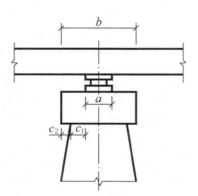

图 10.9 单排支座墩帽尺寸图

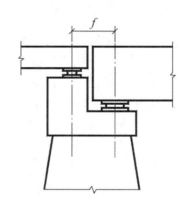

图 10.10 不等高梁桥墩帽尺寸

对于箱形梁(图 10.12)，为

$$B = B_1(两边支座中心距) + a_1 + 2c_1 + 2c_2 \tag{10-6}$$

墩身是桥墩的主体。重力式桥墩墩身的顶宽，对小跨径桥，不宜小于 80cm；对中跨径桥，不宜小于 100cm；对大跨径桥的墩身顶宽，视上部构造类型而定。侧坡一般采用 20∶1～30∶1，小跨径桥的桥墩也可采用直坡。

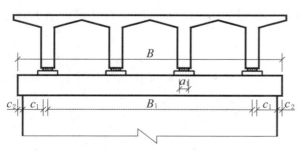

图 10.11 多片主梁墩帽横桥向尺寸

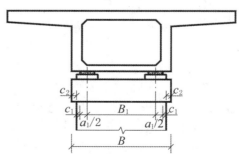

图 10.12 箱形梁墩帽横桥向尺寸

墩身通常由块石、浆砌片石、混凝土或钢筋混凝土等材料建造。为了便于水流和漂浮物通过，墩身平面形状可以做成圆端形或尖端形，如图10.13(a)(b)所示；无水的岸墩或高架桥墩可以做成矩形，在水流与桥梁斜交或流向不稳定时，宜做成圆形。在有强烈流水或大量漂浮物的河道(冰厚大于0.5m，流冰速度大于1m/s)上，桥墩的迎水端应做成破冰棱体，如图10.13(c)所示，破冰凌可由强度较高的石料砌成，也可以用高标号的混凝土辅之以钢筋加固。

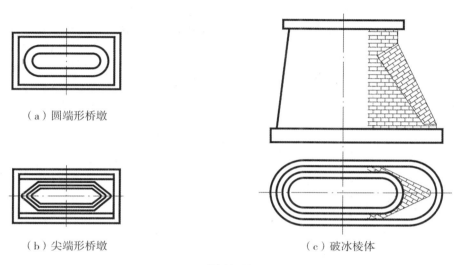

图 10.13

基础是介于墩身与地基之间的传力结构。基础的种类很多，这里仅简要介绍设置在天然地基上的刚性扩大基础。它一般采用C15以上的片石混凝土或用浆砌块石筑成。基础的平面尺寸较墩身底截面尺寸略大，四周放大的尺寸每边为0.25~0.75m。基础可以做成单层的，也可以做成2~3层台阶式的。

为了保持美观和结构不受碰损，基础顶面一般应设置在最低水位以下不少于0.5m；在季节性河流或旱地上，不宜高出地面。另外，为了保证持力层的稳定性和不受扰动，基础的埋置深度，除岩石地基外，应在天然地面或河底以下不少于1m；如有冲刷，基底埋深应在设计洪水位冲刷线以下不少于1m；对于上部结构为超静定结构的桥涵基础，除了非冻胀土外，均应将基底埋于冻结线以下不小于0.25m。

实体式薄壁桥墩可用钢筋混凝土材料做成，由于它可以显著减少圬工体积，因而被广泛使用于中小跨径的桥梁中，但其抗冲击力较差，不宜用在流速大并夹有大量泥沙的河流或可能有船舶、冰、漂浮物撞击的河流。

(2)空心桥墩

在一些高大的桥墩中，为了减少圬工体积，节约材料，减轻自重，减少软弱地基的负荷，也可将墩身内部做成空腔体，即所谓空心桥墩。这种桥墩在外形上与实体重力式桥墩并无大的差别，只是自重较实体重力式的轻，因此，它介于重力式桥墩和轻型桥墩之间。几种常见的空心桥墩如图10.14~图10.16所示。

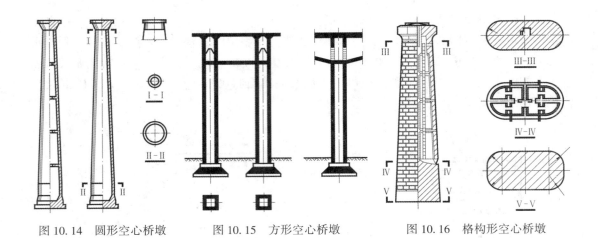

图 10.14 圆形空心桥墩　　图 10.15 方形空心桥墩　　图 10.16 格构形空心桥墩

空心桥墩在构造尺寸上应符合下列规定：①墩身最小壁厚，对于钢筋混凝土不宜小于 30cm，对于混凝土不宜小于 50cm；②墩身内应设置横隔板或纵、横隔板，以加强墩壁的抗撞能力；③墩帽下需有一定高度的实心部分以传递墩帽的压力，墩顶实体段以下应设置带门的进入洞或相应的检查设备；④墩身周围应设置适当的通风孔或泄水孔，孔的直径不小于 20cm，用以调节壁内外温差和平衡水压力。

(3)柱式桥墩

柱式桥墩的结构特点是由分离的两根或多根立柱(或桩柱)所组成，它外型美观，圬工体积少，因此是目前公路桥梁中广泛采用的桥墩型式之一，特别是在较宽较大的城市桥和立交桥中。

柱式桥墩的墩身沿桥横向常有 1~4 根立柱组成，柱身为 0.6~1.5m 的大直径圆柱或方形、六角形等型式，当墩身高度大于 6~7m 时，可设横系梁加强柱身横向联系。这种桥墩的刚度较大，适用性较广，并可与柱基配合使用，缺点是模板工程较复杂，柱间空间小，易于阻滞漂浮物，故一般多在水深不大的浅基础或高桩承台上采用，避免在深水、深基础及漂浮物多、有木筏的河道上采用。

柱式桥墩一般由基础之上的承台、柱式墩身和盖梁组成。双车道桥常用的型式有单柱式、双柱式和哑铃式以及混合双柱式四种，如图 10.17 所示。

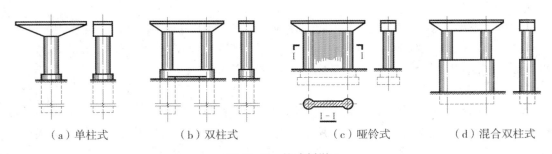

(a)单柱式　　(b)双柱式　　(c)哑铃式　　(d)混合双柱式

图 10.17 柱式桥墩

目前我国采用较多的还有钻孔灌注桩双柱式桥墩，它由钻孔灌注桩、柱与钢筋混凝土墩帽组成。柱与桩直接相连。当墩身桩的高度大于 1.5 倍的桩距时，通常就在桩柱之间布置横系梁，以增加墩身的侧向刚度。

钻孔柱柱式桥墩适合于许多场合和各种地质条件。通过增大桩径、桩长或用多排桩加建承台等措施，也能适用于更复杂的软弱地质条件以及较大跨径和较高的桥墩。它的施工方式较优越，全部墩台工程都可以在水上作业，避免了最繁重的水下作业，故目前应用较广。

(4) 柔性排架桩墩

柔性排架桩墩(图 10.18) 是由单排或双排的钢筋混凝土桩与钢筋混凝土盖梁连接而成。其主要特点是，可以通过一些构造措施，将上部结构传来的水平力(制动力、温度影响力等)传递到全桥的各个柔性墩台，或相邻的刚性墩台上，以减少单个柔性墩所受到的水平力，从而达到减小桩墩截面的目的。

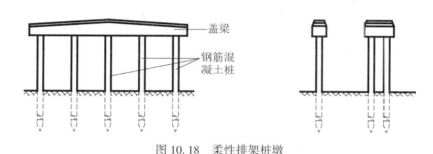

图 10.18　柔性排架桩墩

当桥梁孔数较多且桥较长时，柔性排架桩墩的墩顶会因位移过大而处于不利状态，这时宜将桥跨分成若干联，一联长度的划分视温度、地形、构造和受力情况确定。一般来讲，当墩的高度在 5m 以内时，可采用一段式、二段式和多段式桩墩。每段 1~4 孔，每段全长为 40~45m。对于多段式桩墩的中间段，由于不受土压力的影响，全长可以达到 50m，如图 10.19(a)(b)(c)所示。段与段之间设温度墩，即为两排互不联系的桩墩，为的是在温度变化的情况下，段与段之间互不影响。当墩的高度为 6~7m 时，也可组成上述的三种图式，但应在每段内设置一个由盖梁联成整体的双排墩，以增加结构的刚度，如图 10.19(d)所示。此时每段长度可适当加长，中间段的孔数可以多达 6 孔。

2. 梁桥桥台

梁桥桥台可分为重力式桥台和轻型桥台。除了这两种外，还有组合式桥台和承拉桥台。

(1) 重力式桥台

重力式桥台的常用型式是 U 形桥台，它由台帽、台身和基础三部分组成，如图 10.20 所示。台后的土压力主要靠自重来平衡，故桥台本身多数由石砌、片石混凝土或混凝土等圬工材料建造，并用就地浇筑的方法施工。

U 形桥台因其台身是由前墙和两个侧墙构成的"U"字形结构而得名。其优点是构造简单，可以用混凝土或片、块石砌筑，适用于填土高度在 8~10m 以下或跨度稍大的桥梁；缺点是桥台体积和自重较大，也增加了对地基的要求。此外，桥台的两个侧墙之间填土容

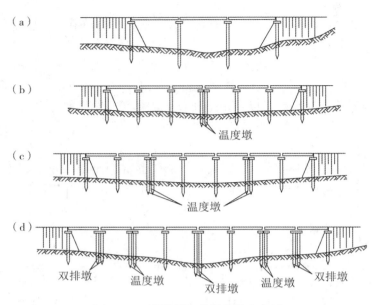

图 10.19　柔性排架桩墩的纵向布置

易积水，结冰后冻胀，使侧墙产生裂缝，所以宜用渗水性较好的土夯填，并做好台后排水措施。

如图 10.21 所示，顺桥向台帽最小宽度为：

$$b = \frac{a}{2} + e_1 + \frac{e_0}{2} + c_1 + c_2 \tag{10-7}$$

横桥向台帽宽度一般应与路基同宽，台帽厚度一般不小于 40cm，中小桥梁也不应小于 30cm，并应有 $c_2 = 5 \sim 10$cm 的檐口。台帽可用 C15、C20 钢筋混凝土或素混凝土做成，也可用 C25 石料圬工砌筑，所用砂浆不可低于 C5。

U 形桥台前墙正面多采用 10∶1 或 20∶1 的斜坡，侧墙与前墙结合成一体，兼有挡土墙和支撑墙的作用。侧墙正面一般是直立的，其长度视桥台高度和锥坡坡度而定。前墙的下缘一般与锥坡下缘相齐，因此，桥台越高，锥坡越坦，侧墙越长。侧墙尾端应有不小于 0.75m 的长度伸入路堤内，以保证与路堤有良好的衔接。台身的宽度通常与路基的宽度相同。

《公路桥规》规定，无论是梁桥还是拱桥，桥台前墙的任一水平截面的宽度，不宜小于该截面至墙顶高度的 0.4 倍。侧墙的任一水平截面的宽度，对于片石砌体不小于该截面至墙顶高度的 0.4 倍；对于块石、料石砌体或混凝土则不小于 0.35 倍。如果桥台内填料为透水性良好的砂性土或砂砾，则上述两项可分别减为 0.35 倍和 0.3 倍。前墙及侧墙的顶宽，对于片石砌体不宜小于 50cm；对于块石、料石砌体和混凝土不宜小于 40cm，如图 10.22 所示。

(2) 轻型桥台

轻型桥台的体积轻巧、自重较小，一般由钢筋混凝土材料建造，它借助结构物的整体刚度和材料强度承受外力，从而可节省材料，降低对地基强度的要求和扩大应用范围，为

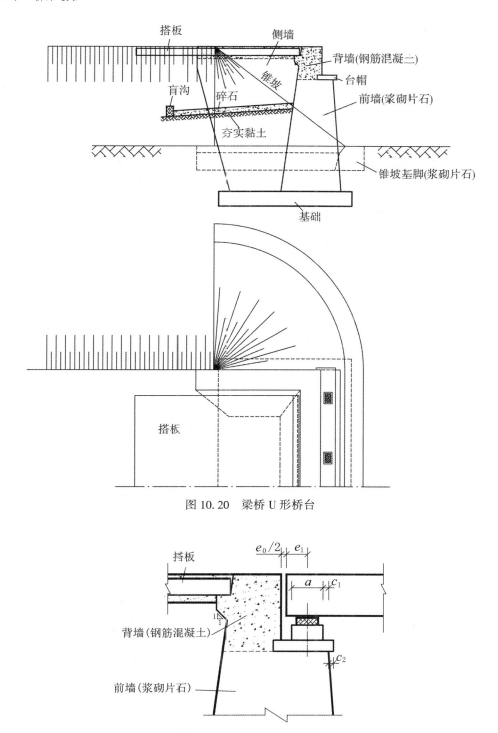

图 10.20 梁桥 U 形桥台

图 10.21 台帽顺桥向尺寸

在软土地基上修建桥台开辟了经济可行的途径。

常用的轻型桥台分设有支撑梁的轻型桥台、钢筋混凝土薄壁桥台、加筋土桥台和埋置

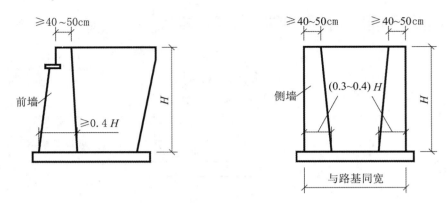

图 10.22 U 形桥台尺寸

式桥台等几种类型。

①设有支撑梁的轻型桥台,如图 10.23 所示,其特点是,台身为直立的薄壁墙,台身两侧有翼墙(用于挡土)。在两桥台下部设置钢筋混凝土支撑梁,上部结构与桥台通过锚栓连接,于是便构成四铰框架结构系统,并借助两端台后的土压力来保持稳定。

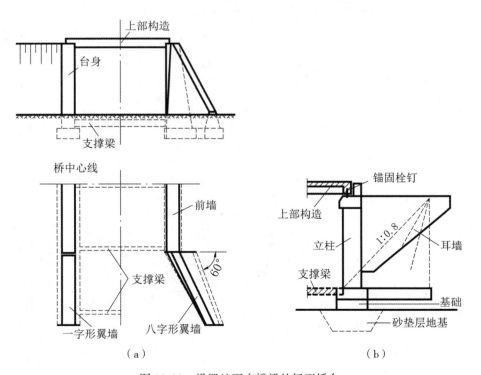

图 10.23 设置地下支撑梁的轻型桥台

按照翼墙(侧墙)的形式和布置方式,这种桥台又可分为一字形轻型桥台、八字形轻型桥台、耳墙式轻型桥台。

②钢筋混凝土薄壁桥台，常用的型式有悬臂式、扶壁式、撑墙式及箱式等，如图 10.24(a)所示。钢筋混凝土薄壁桥台是由扶壁式挡土墙和两侧的薄壁侧墙构成，如图 10.24(b)所示。挡土墙由前墙和间距为 2.5~3.5m 的扶壁所组成。台顶由竖直小墙和支于扶壁上的水平板构成，用以支承桥跨结构。两侧薄壁可以与前墙垂直，有时也做成与前墙斜交。前者称 U 字形薄壁桥台，后者称八字形薄壁桥台，如图 10.24(c)所示。这种桥台不仅可以减少圬工体积 40%~50%，同时因自重减轻而减小了对地基的压力，故适用于软弱地基的条件，但其构造和施工比较复杂，并且钢筋用量较多。

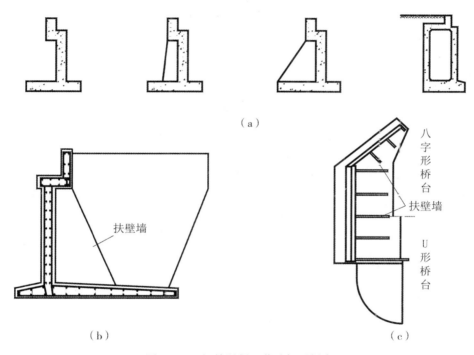

图 10.24 钢筋混凝土薄壁轻型桥台

③加筋土桥台，如图 10.25(a)所示，在台后路基填土不被冲刷的中、小跨径桥梁，台高在 3~5m 时，可采用。这类桥台一般由台帽和竖向面板、拉杆、锚定板及其间填料共同组合的台身组成。拉杆两端分别与竖向面板和锚定板连接，组成为加筋土的挡土结构。它的工作原理是：竖向面板后填料的主动土压力作用到面板上，再通过拉杆将该力传递给锚定板，而锚定板则依靠位于板前且具有一定抗剪能力的土体所产生的拉拔力来平衡拉杆拉力，使整个结构处于稳定状态。

如果上部结构的垂直反力直接由单独的桩柱承受的话，则加筋土墙体与桩柱便构成加筋土组合桥台。按照埋置情况，加筋土组合桥台又可分为分离式和结合式两种形式。分离式是台身与锚定结构分开，台身主要承受上部结构传来的竖向力和水平力，锚定结构承受土压力。锚定结构由锚定板、立柱、拉杆和挡土板组成，见图 10.25(b)。桥台与锚定结构间留空隙，上端做伸缩缝，桥台与锚定结构的基础分离，互不影响，受力明确，但结构复杂，施工不方便。结合式锚定板式桥台的构造见图 10.25(c)，它的锚定结构与台身结合在一起，台身兼做立柱或挡土板。作用在台身的所有水平力假定均由锚定板的抗拔力来平衡，台身仅承受竖向荷载。结构式结构简单，施工方便，工程量较省，但受力不很明确。

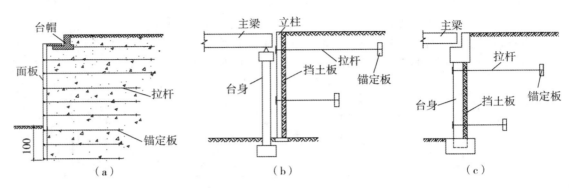

图 10.25 加筋土桥台和加筋土组合桥台

④埋置式桥台，是将台身埋在锥形护坡中，只露出台帽在外以安置支座及上部构造。埋置式桥台所受的土压力大为减小，桥台的体积也就相应的减少。但是由于台前护坡是用片石做表面防护的一种永久性设施，存在着被洪水冲毁而使台身裸露的可能，故设计时必须进行强度和稳定的验算。按台身的结构形式，埋置式桥台可以分为后倾式（图 10.26）、肋形埋置式（图 10.27）、桩柱式（图 10.28）和框架式（图 10.29）等。

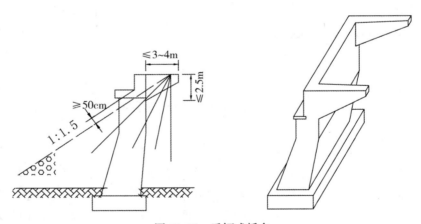

图 10.26 后倾式桥台

后倾式埋置式桥台实质上属于一种实体重力式桥台，它的工作原理是靠台身后倾，使重心落在基底截面的形心之后，以平衡台后填土的倾覆力矩。

肋形埋置式桥台的台身是由两块后倾式的肋板与顶面帽梁连结而成。台高在 10m 及 10m 以上者须设系梁。帽梁、系梁和耳墙均需配置钢筋，并采用 C20 混凝土。台身与帽梁、台身与基础之间只需布置少量接头钢筋，台身及基础可用 C15 混凝土。图 10.27 所示为配合后张法预应力混凝土简支梁使用的肋形埋置式桥台标准图示例。荷载等级为公路-

Ⅱ级，适用于净-7+2×0.25m 和净-7+2×0.75m 两种桥面净空。

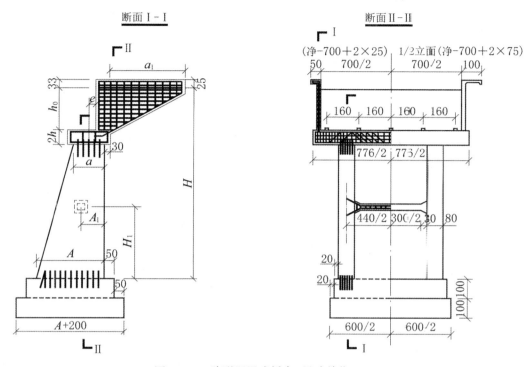

图 10.27 肋形埋置式桥台(尺寸单位：cm)

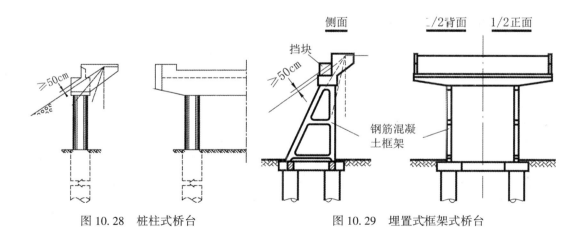

图 10.28 桩柱式桥台　　　　图 10.29 埋置式框架式桥台

桩柱式埋置式桥台对于各种土壤地基都适宜。根据桥宽和地基承载能力，可以采用双柱、三柱或多柱的型式。柱与钻孔桩相连的，称为桩柱式；柱子嵌固在普通扩大基础之上的，称为立柱式；完全由一排钢筋混凝土桩和桩顶盖（或帽）梁连接而成的，称为柔性柱台。

框架式桥台既比桩柱式桥台有更好的刚度，又比肋形埋置式桥台挖空率更高，更节约圬工体积。埋置式框架式桥台(图 10.29)结构本身存在着斜杆，能够产生水平分力以平衡土压力,加之基底较宽,又通过系梁联成一个框架体,所以稳定性较好,可用于填土高度在5m以下的桥台,并与跨径为16m和20m的梁式上部结构配合应用,其不足之处是必须用双排桩基,钢筋水泥用量均较桩柱式的要多。当填土高度大于5m时,可采用肋墙式桥台(图10.30)。

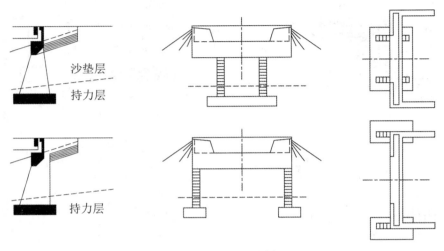

图10.30 肋墙式桥台

埋置式桥台的共同缺点是,由于护坡伸入到桥孔,压缩了河道,或者为了不压缩河道,就要适当增加桥长。

10.1.3 拱桥墩台

拱桥墩台同梁桥墩台一样,也分为两大类型,一类是重力式墩台,另一类是轻型墩台,其作用原理与梁桥墩台大致相同。

1. 拱桥桥墩

(1)重力式桥墩

拱桥是一种有推力结构,拱圈传给桥墩上的力,除了垂直力以外,还有较大的水平推力,这是与梁桥的最大不同之处。从抵御恒载水平力的能力来看,拱桥桥墩又可以分为普通墩和单向推力墩两种。普通墩除了承受相邻两跨结构传来的垂直反力外,一般不承受恒载水平推力,或者当相邻孔不相同时只承受经过相互抵消后尚余的不平衡推力。单向推力墩又称制动墩,它的主要作用是,在它的一侧的桥孔因某种原因遭到毁坏时,能承受住单侧拱的恒载水平推力,以保证其另一侧的拱桥不致遭到倾坍。而且,施工时为了拱架的多次周转,或者缆索吊装设计的工作跨径受到限制时为了能按桥台与某墩之间或者按某两个桥墩之间作为一个施工段进行分段施工,要设置能承受部分恒载单向推力的制动墩。由此可见,为了满足结构强度和稳定的要求,普通墩的墩身可以做得薄一些,如图10.31(a)(b)所示,单向推力墩则要做得厚实一些,如图10.31(c)(d)所示。

因为上承式拱桥的桥面与墩顶顶面相距有一段高度,墩顶以上结构常采用的形式:对于空腹式拱桥的普通墩,常采用立墙式、立柱加盖梁式或者采用跨越式,如图10.31(a) (b)所示；对于单向推力墩，常采用立墙式和框架式，如图10.31(c)(d)所示，宜每隔3~5孔设置一个。

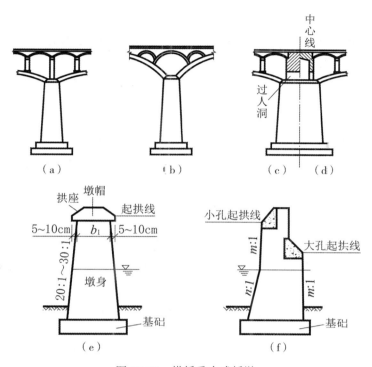

图10.31 拱桥重力式桥墩

拱桥实体重力式桥墩也由墩帽、墩身及基础三部分组成，与梁桥桥墩不同的是：梁桥桥墩的顶面要设置传力的支座，且支座距顶面边缘保持一定的距离。而拱桥桥墩则在其顶面的边缘设置呈倾斜面的拱座，如图10.31(e)(f)，直接承受由拱圈传来的压力，故无铰拱的拱座总是设计成与拱轴线呈正交的斜面。由于拱座承受着较大的拱圈压力，故一般采用C20以上的整体式混凝土、混凝土预制块或C40以上的块石砌筑。

当桥墩两侧孔径相等时，则拱座均设置在桥墩顶部的起拱线标高上，有时考虑桥面的纵坡，两侧的起拱线标高可以略有不同。当桥墩两侧的孔径不等，恒载水平推力不平衡时，将拱座设置在不同的起拱线标高上，如图10.31(f)所示。此时，桥墩墩身可在推力小的一侧变坡或增大边坡，以减小不平衡推力引起的基底反力偏心距。从外形美观上考虑，变坡点一般设在常水位以下，墩身两侧边坡和梁桥的一样，一般为20:1~30:1。

(2)轻型桥墩

拱桥桥墩上所用的轻型桥墩，一般为配合钻孔灌注桩基础的桩柱式桥墩，如图10.32所示。从外形上看，它与梁桥上的桩柱式桥墩非常相似。其主要差别是：在梁桥墩帽上设置支座，而在拱桥墩顶部分则设置拱座。当拱桥跨径在10m左右时，常采用两根直径为1m的钻孔灌注桩；跨径在20m左右时，可采用两根直径为1.2m或3根直径为1m的钻孔灌注桩；跨径在30m左右时，可采用3根直径为1.2~1.3m的钻孔灌注桩。桥墩较高时，应在桩间设置横系梁以增强桩柱刚性。桩柱式桥墩一般采用单排桩，跨径在40~50m以上的高墩，可采用双排桩。在桩顶设置承台，与墩柱联成整体。如果柱与桩直接连接，则应在结合处设置横系梁。若柱高大于6~8m，则还应在柱的中部设置横系梁。

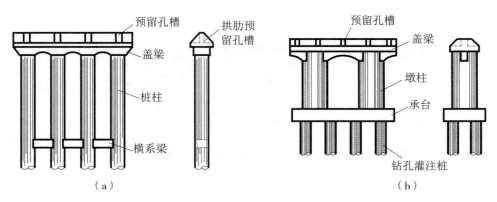

图 10.32　拱桥桩柱式桥墩

2. 拱桥桥台

拱桥桥台既要承受来自拱圈的推力、竖向力及弯矩，又要承受台后土的侧压力，从尺寸上看，拱桥桥台一般较梁桥要大。根据桥址具体条件可选用不同的构造型式，可分为重力式桥台、轻型桥台、组合式桥台、空腹式桥台和齿槛式桥台等。

(1) 重力式桥台

常用的重力式桥台为U形桥台，如图10.33所示，它由台帽、台身和基础三部分组成。U形桥台的台身是由前墙和平行于行车方向的两侧翼墙构成，其水平截面呈"U"字形。U形桥台常采用锥形护坡与路堤连接，锥坡的坡度根据坡高、地形等确定。U形桥台的优缺点与梁式桥中的U形桥台相同，在结构构造上，除在台帽部分有所差别外，其余部分也基本相同。拱桥桥台只在向河心的一侧设置拱座，其尺寸可参照相应拱桥桥墩的拱座拟定。其他部分的尺寸可参考相应梁桥U形桥台进行设计。

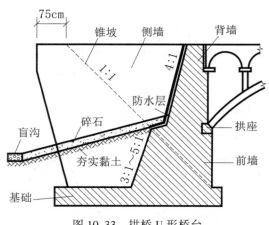

图 10.33　拱桥U形桥台

(2) 轻型桥台

轻型桥台是相对于重力式桥台而言的。其工作原理是，当桥台受到拱的推力后，便发生绕基底形心轴而向路堤方向的转动，此时台后的土便产生抗力来平衡拱的推力，由于土参与提供部分抗力，从而使桥台的尺寸大大小于实体重力式桥台，但此时必须验算由于拱脚位移而在拱圈内产生的不利附加内力的影响。采用轻型桥台时，要注意保证台后的填土质量，台后填土应严格按照规定分层夯实，并做好台后填土的防护工作，防止受水流的侵蚀和冲刷。常用的轻型桥台有"八"字形和"U"字形桥台，以及由此派生出来的Π形和E形等背撑式桥台。

①八字形桥台，其构造简单，台身由前墙和两侧的八字翼墙构成，如图 10.34(a)所示。两者之间通常留沉降缝分砌。前墙可以是等厚度的，也可以是变厚度的。变厚度台身的背坡为 2∶1~4∶1。翼墙的顶宽一般为 40cm，前坡为 10∶1，后坡为 5∶1。为了防止基底向河心滑动，基础应有一定的埋置深度。

②U 字形桥台，是由前墙和平行于车行方向的侧墙组成，构成 U 字形的水平截面，如图 10.34(b)所示。它与 U 形重力式桥台的差别是，后者是靠扩大桥台底面积，以减小基底压力，并利用基底与地基的摩阻力和适当利用台背侧土压力，以平衡拱的水平推力，因此基础底面积较轻型桥台的要大。U 形轻型桥台前墙的构造和"八"字形桥台相同，但侧墙却是拱上侧墙的延伸，它们之间应设变形缝，以适应桥的可能变位。

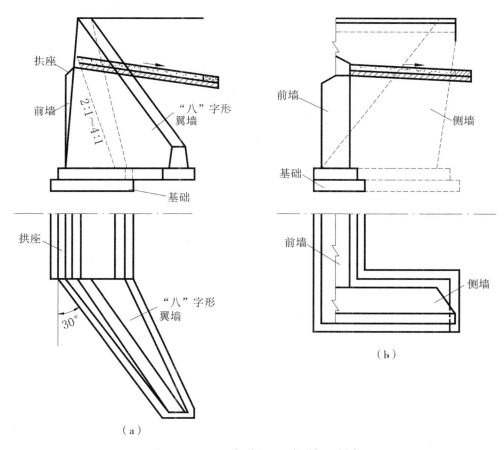

图 10.34　"八"字形和"U"字形轻型桥台

3. 背撑式桥台

当桥台较宽时，为了保证结构的强度和稳定性，可以在"八"字形或"U"字形桥台的前墙背后加一道或几道背撑，构成"Π"字形、"E"字形等水平截面形式的前墙，如图 10.35 所示。背撑顶宽为 30~60cm，厚度也为 30~60cm，背坡为 3∶1~5∶1 的梯形。这种桥台比"八"字形桥台稳定性要好，但土方开挖量及圬土体积都有增多。然而，加背撑的"U"字形桥台却能适用于较大跨径的高桥和宽桥。

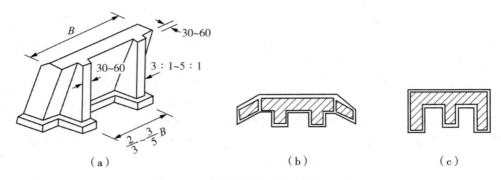

图 10.35 背撑式桥台(尺寸单位：cm)

(3)组合式桥台

组合式桥台由台身和后座两部分组成，如图 10.36 所示。台身基础承受竖向力，一般采用桩基或沉井基础；拱的水平推力则主要由后座基底的摩阻力及台后的土侧压力来平衡。因此，后座基底标高应低于拱脚下缘的标高。台身与后座间应密切贴合，并设置沉降缝，以适应两者的不均匀沉降，在地基土质较差时，后座基础也应适当处理，以免后座向后倾斜，导致台身和拱圈的位移和变形。

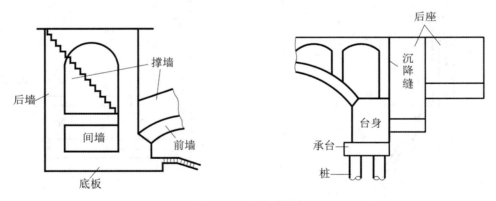

图 10.36 组合式桥台

10.2 桥墩计算

10.2.1 作用及其效应组合

1. 桥墩计算中的作用

(1)永久作用

①上部构造的恒重对墩帽或拱座产生的支承反力，包括上部构造混凝土收缩、徐变影响；

②桥墩自重，包括在基础襟边上的土重；

③预应力，例如对装配式预应力空心桥墩所施加的预应力；

④基础变位影响力，对于奠基于非岩石地基上的超静定结构，应当考虑由于地基压密等引起的支座长期变位的影响，并根据最终位移量按弹性理论计算构件截面的附加内力；

⑤水的浮力，位于透水性地基上的桥梁墩台，当验算稳定时，应计算设计水位时水的不利浮力；当验算地基应力时，仅考虑低水位时的有利浮力；基础嵌入不透水性地基的墩台，可以不计水的浮力；当不能肯定是否透水时，则分别按透水或不透水两种情况进行最不利的荷载组合。

（2）可变作用

①作用在上部结构上的汽车荷载，对于钢筋混凝土柱式墩应计入冲击力，对于重力式墩台则不计入冲击力；

②人群荷载；

③作用在上部结构和墩身上的纵、横向风力；

④汽车荷载引起的制动力；

⑤作用在墩身上的流水压力；

⑥作用在墩身上的冰压力；

⑦上部结构因温度变化对桥墩产生的水平力；

⑧支座摩阻力。

（3）偶然作用

①作用在墩身上的船只或漂浮物的撞击力；

②汽车车辆撞击力

（4）地震作用

2. 作用效应组合

为了找到控制设计的最不利组合，通常需要对各种可能的组合分别进行计算，并且在计算时还需按纵向及横向的最不利位置布载。在桥墩计算中，一般需验算墩身截面的强度、墩身截面上的合力偏心距及其稳定性。为此需根据不同的验算内容选择各种可能的最不利荷载组合。下面将分别叙述梁桥和拱桥桥墩可能出现的组合。

（1）梁桥重力式桥墩

第一种组合：按桥墩各截面上可能产生的最大竖向力的情况进行组合。

此时将汽车荷载在纵向布置在相邻的两跨桥孔上，并且将重轴布置在计算墩处，这时得到的桥墩上最大的汽车竖向荷载，但偏心较小。

该组合用来验算墩身强度和基底最大应力。因此，除了有关的永久荷载外，应在相邻两跨满布汽车车道荷载和人群荷载，如图10.37(a)所示。

第二种组合：按桥墩各截面在顺桥方向上可能产生的最大偏心和最大弯矩的情况进行组合。

当汽车车道荷载只在一孔桥跨上布置时，同时有其他水平荷载，如风力、船撞力、水流压力和冰压力等作用在墩身上，这时竖向荷载最小，而水平荷载引起的弯矩作用大，可能使墩身截面产生很大的合力偏心距，此时，桥墩的稳定性也是最不利的，该组合用来验算墩身强度、基底应力、偏心以及桥墩的稳定性。属于这一组合的除了有关的永久作用

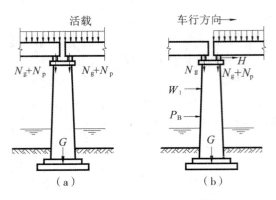

图 10.37 桥墩上纵向布载情况

外,还应在相邻两孔的一孔上(当为不等跨桥梁时则在跨径较大的一孔上)布置汽车车道荷载和人群荷载,以及可能产生的其他可变荷载,如纵向风力,汽车制动力和支座摩阻力,如图 10.37(b)所示。

第三种组合:按桥墩各截面在横桥方向可能产生最大偏心和最大弯矩的情况进行组合。

在横向计算时,桥跨上的汽车荷载可能是一列或几列靠边行驶,这时产生最大横向偏心距;也可能是多列满载,使竖向力较大,而横向偏心较小。

该组合用来验算在横桥方向上的墩身强度、基底应力、偏心以及桥墩的稳定性。属于这一组合的除了有关的永久荷载以外,要注意将汽车车道荷载和人群荷载偏于桥面的一侧布置,此外还应考虑其他可变荷载,如横向风力,流水压力或冰力等,或者偶然荷载中船只或漂浮物的撞击力等。如图 10.38 所示。

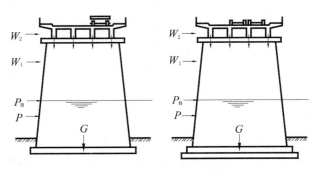

图 10.38 桥墩上横向布载情况

(2)拱桥重力式桥墩

①顺桥方向的作用及其效应组合。

对于普通桥墩应为相邻两孔的永久荷载,在一孔或跨径较大的一孔满布基本可变荷载的一种或几种,其它可变荷载中的汽车制动力、纵向风力、温度影响力等,并由此对桥墩产生不平衡水平推力、竖向力和弯矩,如图 10.39(a)所示。对于单向推力墩,则只考虑相邻两孔中跨径较大一孔的永久作用效应。

图 10.39 中的符号意义如下:

G——桥墩自重;

Q——水的浮力(仅在验算稳定时考虑);

V_g,V_g'——相邻两孔拱脚处因结构自重产生的竖向反力;

V_p——与车辆活载产生的 H_p 最大值相对应的拱脚竖向反力,可按支点反力影响线求得;

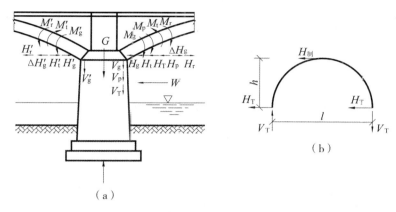

图 10.39 不等跨拱桥桥墩受力情况

V_T——由桥面处制动力 $H_{制}$ 引起的拱脚竖向反力,即 $V_T = \dfrac{H_{制} h}{l}$,其中 h 为桥面至拱脚的高度,l 为拱的计算跨径(图 10.39(b));

H_g,H'_g——不计弹性压缩时在拱脚处由恒载引起的水平推力;

ΔH_g,$\Delta H'_g$——由恒载产生弹性压缩所引起的拱脚水平推力,方向与 H_g 和 H'_g 相反;

H_p——在相邻两孔中较大的一孔上由车辆活载所引起的拱脚最大水平推力;

H_T——制动力引起在拱脚处的水平推力,按两个拱脚平均分配计算,即 $H_T = \dfrac{H_{制}}{2}$;

H_t,H'_t——温度变化引起在拱脚处的水平推力;

H_r,H'_r——拱圈材料收缩引起的拱脚水平拉力;

M_g,M'_g——由恒载引起的拱脚弯矩;

M_p——由车辆活载引起的拱脚弯矩,由于它是按 H_p 达到最大值时的活载布置计算,故产生的拱脚弯矩很小,可以忽略不计;

M_t,M'_t——温度变化引起的拱脚弯矩;

M_r,M'_r——拱圈材料收缩引起的拱脚弯矩;

W——墩身纵向风力。

②横桥向的作用及其效应组合。

在横桥方向作用于桥墩上的外力有风力、流水压力、冰压力、船只或漂浮物撞击力、或地震力等。但是对于公路桥梁,横桥方向的受力验算一般不控制设计。

以上所述的各种荷载组合是对重力式桥墩而言的,对于其他型式的桥墩,则要根据它们的构造和受力特点进行具体分析,然后参照上述的一般原则,进行个别的荷载组合。要注意的是:

第一,不论对于哪一种形式的桥墩,均应按承载能力极限状态的设计要求进行作用效应组合。

第二,《公路桥规》中还规定,有些可变作用实际上不可能同时出现或是同时参与组合的概率比较小,不应同时考虑其作用效应组合。例如在计入汽车制动力时,就不应同时计入流冰压力、冰压力和支座摩阻力等,具体参见现行《桥规 JTG D60》。

10.2.2 重力式桥墩计算

对于梁桥和拱桥重力式桥墩的计算,虽然在荷载组合的内容上稍有不同,但是就某个截面而言,这些外力都可以合成为竖向和水平方向的合力(用 $\sum N$ 和 $\sum H$ 表示)以及绕该截面 $x\text{-}x$ 轴和 $y\text{-}y$ 轴的弯矩(用 $\sum M_x$ 和 $\sum M_y$ 表示),如图 10.40 所示。因此,它们的验算内容和计算方法基本相同。下面将叙述重力式桥墩的一般计算程序。

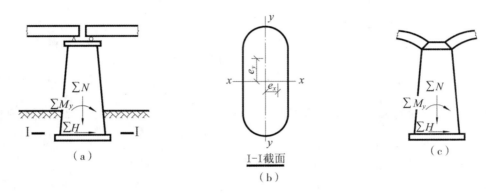

图 10.40 墩身底截面强度验算

1. 截面承载能力极限状态验算

重力式桥墩主要用圬工材料建造,一般为偏心受压构件,截面的强度验算采用分项安全系数的极限状态设计,在不利荷载组合作用下,桥墩各控制截面的荷载效应设计值应小于或等于结构的抗力效应设计值,以方程表示为

$$r_0 S \leqslant R(f_d, a_d) \tag{10-8}$$

式中各符号的意义及取值参考《公路桥规》。

墩台截面的强度验算包括下列各项内容:

①验算截面的选取。强度验算截面通常选取墩身的基础顶面与墩身截面突变处。对于悬臂式墩帽的墩身,应对与墩帽交界的墩身截面进行验算。当桥墩较高时,由于危险截面不一定在墩身底部,需沿墩身每隔 2~3m 选取一个验算截面。

②验算截面的内力计算。按照各种组合分别对各验算截面计算其竖向力、水平力和弯矩(顺桥向和横桥向),得到相应的纵向力 $\sum N$、水平力 $\sum H$ 和弯矩 $\sum M$。

③抗压强度的验算。按轴心或偏心受压构件验算墩身各截面的强度。如果不满足要求时,就应修改墩身截面尺寸、重新验算。

④截面偏心验算。桥墩承受偏心受压荷载时,各验算截面在各种组合下的偏心距 $e_0 = \dfrac{\sum M}{\sum N}$ 均不应超过《公路桥规》表 4.0.9 中的限值。

如果超过,则可按下式确定截面尺寸:

$$r_0 N_d \leqslant \varphi \frac{A f_{tmd}}{\dfrac{Ae}{W}-1} \tag{10-9}$$

式中各符号的意义及取值见《公路桥规》(JTG D61)第4.0.10条。

⑤抗剪强度的验算。当拱桥相邻两孔的推力不相等时,要验算拱座截面的抗剪强度,按下式计算:

$$r_0 V_d \leqslant A f_{td} + \frac{1}{1.4} \mu_f N_k \tag{10-10}$$

式中各符号的意义及取值见《公路桥规》(JTG D61)中相关内容。

2. 桥墩的稳定性验算

桥墩的稳定性验算一般包括纵向挠曲稳定验算和整体稳定性验算。《桥规》(JTG D61)第4.0.5条至第4.0.10条在承载力验算时引入了偏心受压构件承载力影响系数 φ,该系数同时考虑了构件轴向力偏心矩和构件长细比的影响,而构件长细比就反映了偏心受压构件在非弯曲平面内的稳定性。

桥墩整体稳定性验算包括抗倾覆稳定性验算和抗滑动稳定性验算两方面内容,仍按《公路桥涵地基与基础设计规范》进行计算。

(1)抗倾覆稳定性验算

如图10.41所示,当桥墩处于临界稳定平衡状态时,绕倾覆转动轴 A-A 取矩,令稳定力矩为正,倾覆力矩为负,则

$$\sum P_i \cdot (s - e_i) - \sum (H_i \cdot h_i) = 0$$

即:

$$s \cdot \sum P_i - \left[\sum (P_i \cdot e_i) + \sum (H_i \cdot h_i) \right] = 0$$

上述方程左边第一项为稳定力矩,第二项为倾覆力矩。

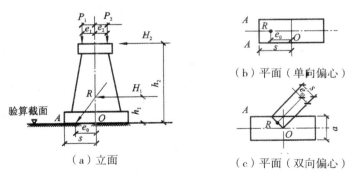

O—截面重心;R—合力作用点;A-A—验算倾覆轴

图10.41 墩台基础的稳定验算示意图

由此可见,抵抗倾覆的稳定系数 K_0 可按下式验算:

$$K_0 = \frac{M_{\text{稳}}}{M_{\text{倾}}} = \frac{s \sum P_i}{\sum (P_i e_i) + \sum (H_i h_i)} = \frac{s}{e_0} \tag{10-11}$$

式中：$M_稳$——稳定力矩；

$M_倾$——倾覆力矩；

$\sum P_i$——作用于基底竖向力的总和；

$P_i e_i$——作用在桥墩上各竖向力与它们到基底重心轴距离的乘积；

$H_i h_i$——作用在桥墩上各水平力与它们到基底距离的乘积；

s——基底截面重心 O 至偏心方向截面边缘距离；

e_0——所有外力的合力 R（包括水浮力）的竖向分力对基底重心的偏心距。

（2）抗滑动稳定性验算

抵抗滑动的稳定系数 K_c，按下式验算：

$$K_c = \frac{\mu \sum P_i + \sum H_{iP}}{\sum H_{ia}} \tag{10-12}$$

式中：$\sum P_i$——竖向力的总和（包括水的浮力）；

$\sum H_{iP}$——抗滑稳定水平力的总和；

$\sum H_{ia}$——抗滑稳定水平力的总和；

μ——基础底面（圬工）与地基土之间的摩擦系数，若无实测值时可参照表 10.2 选取。

上述求得的倾覆与滑动稳定系数 K_0 和 K_c 均不得小于表 10.3 中所规定的最小值。同时，在验算倾覆稳定性和滑动稳定性时，都要分别按常水位和设计洪水位两种情况考虑水的浮力。

表 10.2　基底摩擦系数

地基土分类	摩擦系数 μ
黏土（流塑~坚硬）、粉土	0.25~0.35
砂土（粉砂~砾砂）	0.30~0.40
碎石土（松散~密实）	0.40~0.50
软岩（极软岩~较软岩）	0.40~0.60
硬岩（软硬岩、坚硬岩）	0.60、0.70

表 10.3　抗倾覆和抗滑动的稳定系数

	作用组合	验算项目	稳定系数
使用阶段	仅计永久作用（不计混凝土收缩及徐变、浮力）和汽车、人群作用的标准值组合	抗倾覆	1.5
		抗滑动	1.3
	各种作用的标准值组合	抗倾覆	1.3
		抗滑动	
施工阶段作用的标准值组合		抗倾覆	1.2
		抗滑动	

3. 墩顶水平位移验算

墩顶过大的水平位移会影响桥跨结构的正常使用，对于高度超过 20m 的重力式桥墩，应验算墩顶水平方向的弹性位移。《公路桥规》规定墩顶端水平位移的容许极限值为：

$$\Delta \leq 0.5\sqrt{l} \tag{10-13}$$

式中：l——相邻墩台间最小跨径长度（m），跨径小于 25m 时仍以 25m 计；

Δ ——墩顶计算水平位移值(cm)。

4. 基础底面土的承载力和偏心距验算

(1)基底土的承载力验算

基底土的承载力一般按顺桥向和横桥向分别进行验算。当偏心荷载的合力作用在基底截面核心半径 ρ 以内时,应验算偏心向的基底应力。当设置在基岩上的桥墩基底的合力偏心距超出核心半径时,其基底的一边将会出现拉应力,由于不考虑基底承受拉应力,故需按基底应力重分布(图10.42)重新验算基底最大压应力,其验算公式如下:

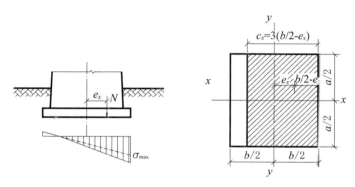

图10.42 基底应力重分布

顺桥方向:

$$p_{\max} = \frac{2N}{ac_x} \leqslant r_R[f_a] \tag{10-14}$$

横桥方向:

$$p_{\max} = \frac{2N}{bc_y} \leqslant r_R[f_a] \tag{10-15}$$

式中: $p_{\max}$ —— 应力重分布后基底最大压应力;

N—— 作用于基础底面合力的竖向分力;

a、b—— 横桥方向和顺桥方向基础底面积的边长;

r_R—— 地基承载力容许值抗力系数,根据地基不同的受荷阶段,取 1.0 ~ 1.5;

$[f_a]$—— 计入基底埋置深度影响的修正后的地基土壤容许承载力;

c_x—— 顺桥方向验算时,基底受压面积在顺桥方向的长度,即 $c_x = 3\left(\dfrac{b}{2} - e_x\right)$;

c_y—— 横桥方向验算时,基底受压面积在横桥方向的长度,即 $c_y = 3\left(\dfrac{a}{2} - e_y\right)$;

e_x、e_y—— 合力在 x 轴和 y 轴方向的偏心距。

(2)基底偏心距验算

为了使恒载基底应力分布比较均匀,防止基底最大压应力 $\sigma_{\max}$ 与最小压应力 $\sigma_{\min}$ 相差过大,导致基底产生不均匀沉陷和影响桥墩的正常使用,故在设计时,应对基底合力偏心距加以限制,在基础纵向和横向,其计算的荷载偏心距 e_0 应满足表10.4的要求。

表 10.4　　　　　　　　　　墩台基础合力偏心距的限制

荷载情况	地基条件	合力偏心距	备注
墩台仅受永久作用标准值组合	非岩石地基	桥墩 $e_0 \leq 0.1\rho$	对于拱桥和刚构桥墩台,其合力作用点应尽量保持在基底重心附近
		桥台 $e_0 \leq 0.75\rho$	
墩台承受作用标准值组合或者偶然作用标准值组合	非岩石地基	$e_0 \leq \rho$	拱桥单向推力墩不受限制,但 $e_0 > \rho$ 时应考虑应力重分布,且符合抗倾覆稳定系数
	石质较差的岩石地基	$e_0 \leq 1.2\rho$	
	竖密岩石地基	$e_0 \leq 1.5\rho$	

注：$\rho = \dfrac{W}{A}$，$e_0 = \dfrac{\sum M}{N}$。

式中：ρ——墩台基础底面的核心半径；

W——墩台基础底面的截面模量；

A——墩台基础底面的面积；

N——作用于基础底面合力的竖向分力；

$\sum M$——作用于墩台的水平力和竖向力对基底形心轴的弯矩。

10.2.3　桩柱式桥墩计算

桩柱式桥墩的计算包括盖梁计算和桩身计算两个部分。

1. 盖梁计算

(1) 计算图式

桩柱式墩台通常采用钢筋混凝土构件。在构造上,桩柱的钢筋伸入到盖梁内,与盖梁的钢筋绑扎成整体,因此盖梁与柱刚接呈刚架结构。双柱式墩台,当盖梁的抗弯刚度与桩柱的抗弯刚度比大于 5 时,为简化计算,可以忽略节点不均衡弯矩的分配及传递,一般可按简支梁或双悬臂梁进行计算和配筋；多根桩柱的盖梁可按连续梁计算。当盖梁计算跨径与梁高之比,对于简支梁小于 2.0,对于连续梁小于 2.5 时,应按《公路钢结构桥梁设计规范》(JTGD64—2015)附录六作为深梁计算。当刚度比小于 5,或桥墩承受较大横向力时,盖梁和桩柱应作为横向刚架的一个整体予以验算。计算盖梁内力时,可考虑柱支承宽度的影响。

(2) 外力计算

外力包括上部结构恒载支点反力、盖梁自重、活载和施工吊装荷载以及桥墩沿纵向的水平力。活载的布置要使各种组合为盖梁最不利情况,求出支点最大反力作为盖梁的活载。当活载对称布置时,按偏心压力法法(或刚接板梁法、铰接板梁法)计算。当盖梁为多根柱支承时,其内力计算可按《公路钢结构桥梁设计规范》(JTGD64—2015)考虑桩柱支承宽度对削减负弯矩尖峰的影响。桥墩沿纵向的水平力有制动力、温度力、支座摩阻力以及地震力等。

(3) 内力计算

公路桥桩柱式墩台的帽梁通常采用双悬臂式,计算时的控制截面应选取支点和跨中截面。在计算支点负弯矩时,采用非对称布置活载与恒载的反力;在计算跨中正弯矩时,采用对称布置活载与恒载的反力。桥墩沿纵向的水平力以及当盖梁在沿桥纵向设置两排支座时,上部结构活载的偏心对盖梁将产生扭矩,应予以计入。

(4)配筋验算

盖梁的配筋验算方法与钢筋混凝土梁配筋类同,根据弯矩包络图配置受弯钢筋,根据剪力包络图配置弯起钢筋和箍筋。在配筋时,还应计算各控制截面抗扭所需要的箍筋及纵向钢筋。当采用预应力混凝土盖梁时,预应力钢筋的配置及普通钢筋的配置同预应力混凝土梁。

2. 柱身计算

(1)外力计算

桥墩桩柱的外力有上部结构恒载与盖梁的恒载反力以及柱身自重;活载按设计荷载布置车列,得到最不利的荷载组合,荷载组合后要分别比较哪一种情况控制桩长和桩的内力。桥墩的水平力有支座摩阻力和汽车制动力等。

(2)内力计算

桩柱式墩按桩基础的有关内容计算桩柱的内力和桩的入土深度。对于单柱式墩,计算弯矩应考虑两个方向弯矩的合力。纵、横方向弯矩合力值:$\sum M = \sqrt{M_x^2 + M_y^2}$。

(3)配筋验算

在最不利组合内力作用下,可先配筋,再按钢筋混凝土偏心受压构件进行验算。圆截面柱的截面配筋计算参照《规范》[3]按钢筋混凝土偏心受压构件计算。

(4)抗裂验算

钢筋混凝土圆形和环形截面偏心受压构件的最大裂缝宽度计算按我国《公路桥规》(JTG 3362)中的第6.4.3条进行。

10.2.4 柔性排架墩计算

梁桥的柔性墩多用于中、小跨径的桥梁上,若桥跨结构采用连续的构造和变形不够完善的支座(如仅垫油毛毡数层时),则可近似地按多跨铰接框架的图式计算,如图10.43(a)所示。但目前我国的公路桥梁中,比较多地采用较大摩阻力的板式橡胶支座。这种支座在水平力的作用下,将发生较小的水平向剪切变形,故它可按在节点处设置水平弹簧支承的框架图式计算,如图10.43(b)所示。下面将着重对其计算特点进行简要介绍。

1. 基本假定

①柔性墩视为下端固支、上端铰支的超静定梁。外力(如温度力和制动力)引起的墩顶位移视为铰支沉陷,如图10.44(a)所示。

②作用于墩顶的竖向力N、不平衡弯矩M_0以及由温度、制动力等水平力H引起的墩顶位移,先分别进行力学分析,然后进行内力叠加,不计这些力相互作用的影响,如图10.44(b)所示。

③计算制动力时,各墩台受力按墩顶抗推刚度分配。在计算土压力时,若设有实体刚性墩台,则全部由有关刚性墩台承受。若均为柔性墩,则由岸墩承受土压力,并假定此时各个墩顶与上部构造之间不发生相对位移。

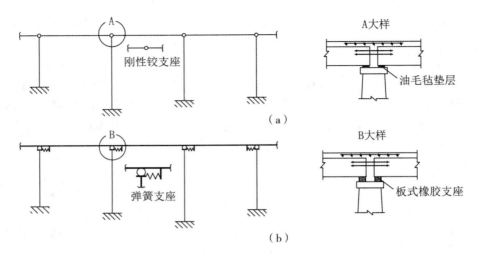

图 10.43 梁桥柔性排架墩计算图示

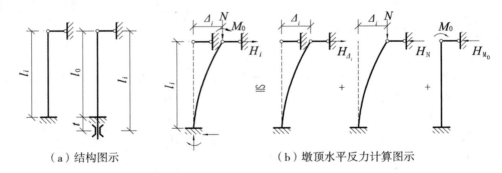

(a)结构图示 　　　　　(b)墩顶水平反力计算图示

图 10.44 柔性排架墩结构计算图示

④计算温度变形时,墩对梁产生的竖向弹性拉伸或压缩影响忽略不计,而只计桩墩顶部水平力对桩墩所引起的弯矩的影响。

2. 计算步骤

①桥墩抗推刚度 $k_{墩i}$ 的计算。抗推刚度 $k_{墩i}$ 是指使墩顶产生单位水平位移所需施加的水平反力。

$$k_{墩i} = \frac{1}{\delta_i} \tag{10-16}$$

当墩柱下端固定在基础或承台顶面时,

$$\delta_i = \frac{l_i^3}{3EI} \tag{10-17}$$

式中:δ_i——单位水平力作用在第 i 个柔性墩顶产生的水平位移(m/kN);

l_i——第 i 墩柱下端固接处到墩顶的高度(m);

I——墩身横截面对形心轴的惯性矩(m^4)。

当考虑桩侧土的弹性抗力时,δ_i 则按桩基础的有关公式计算。

②墩顶制动力的计算。

$$H_{iT} = \frac{k_{Zi}}{\sum k_{Zi}} T \qquad (10\text{-}18)$$

式中：H_{iT}——作用在第 i 墩台的制动力(kN)；

T——全桥(或一联)承受的制动力(kN)。

于是墩顶水平位移 Δ_{iT} 为

$$\Delta_{iT} = \frac{H_{iT}}{k_{Zi}} \qquad (10\text{-}19)$$

③梁的温度变形引起的水平力。当温度下降时桥梁上部结构将缩短，两岸边排架向河心偏移；当温度上升时，桥梁上部结构将伸长，两岸边排架向路堤偏移。因此，无论温度升高或降低，必然存在一个温度变化时偏移值等于零的位置 x_0（称为温度中心）。在求排架的偏移值时，需先求出这个位置(图 10.45)。图中 x_0 为温度中心C—0线至0号排架的距离；i 为桩的序号，$i = 0, 1, 2, \cdots, n$，n 为总排架数减 1；L_i 为第 i 跨的跨径。

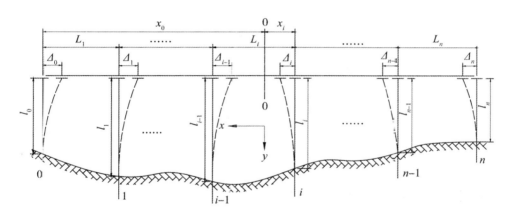

图 10.45 温度变化时柔性排架墩的偏移图式

如果用 $x_1, x_2, \cdots, x_i$ 表示自0—0线至1，2，$\cdots$，i 号排架的距离，则得各墩顶部由温度变化引起的水平位移为：

$$\Delta_{it} = \alpha \Delta t x_i \qquad (10\text{-}20)$$

式中：α——上部结构的线膨胀系数；

Δt——温度升降的度数。

Δ_{it}，x_i 均带有正负号，以自0-0线指向 x 轴正轴为正。

$$x_i = x_0 - (L_1 + L_2 + \cdots + L_i) = x_0 - \sum_{j=1}^{i} L_j \qquad (10\text{-}21)$$

各排架桩顶所受的温度力为

$$H_{it} = k_{Zi} \Delta_{it} \qquad (10\text{-}22)$$

在温变作用下，各墩顶水平力之和必为零，即

$$\sum_{i=0}^{n} H_{it} = 0 \qquad (10\text{-}23)$$

联立解式便得到

$$x_0 = \frac{\sum_{i=1}^{n} k_{Zi}\left(\sum_{j=1}^{i} L_j\right)}{\sum_{i=1}^{n} k_{Zi}} \quad (10\text{-}24)$$

当各跨跨径相同都为 L 时

$$x_0 = \frac{\sum_{i=1}^{n} k_{Zi}(iL)}{\sum_{i=0}^{n} k_{Zi}} = \frac{\sum_{i=1}^{n} ik_{Zi}}{\sum_{i=0}^{n} k_{Zi}} L \quad (10\text{-}25)$$

将 x_0 代入式(10-20)，可以得到 Δ_{it}。

由式(10-19)得到，墩顶发生的水平位移综合为：

$$\Delta_i = \Delta_{iT} + \Delta_{it} \quad (10\text{-}26)$$

由前述可知，$k_i = \dfrac{3EI}{l_i^3}$。相应的水平力为

$$H_i = k_i \Delta_i = H_{iT} + H_{it} \quad (10\text{-}27)$$

④ 由于墩顶产生水平位移 Δ_i、墩顶竖向力 N 和弯矩 M_0 将引起墩顶产生新的附加水平位移，并使墩身内力增大，这就是所谓的二次力(或称几何非线性)效应，在高柔墩中需要考虑这一因素的影响。

作用在一个墩顶的各项水平力计算出后，便可根据最不利作用效应进行组合。柱墩按柱顶处的水平力、竖向力及弯矩对各截面进行承载能力极限状态验算和稳定性验算，排架桩应考虑桩侧土的弹性抗力，按弹性地基梁法进行内力计算，并对各截面进行承载能力极限状态验算，还要对其稳定性、桩的入土深度等进行验算。

柔性排架墩在横桥向是一个多跨刚架，横桥向水平荷载不大，一般不控制设计，可不作验算。

【例 10.1】 图 10.46 所示为五跨的简支梁桥，跨长 $L = 20$m，桥宽 9m，按单向双车道设计，钢筋混凝土双圆柱式墩($D = 1.0$m)，混凝土强度等级为 C30，扩大基础垫基在基岩上。设梁与桥墩之间为刚性铰接，其余尺寸见图 10.46。试计算在温升 20℃ 和公路-Ⅱ级汽车荷载的制动力作用下所引起的最不利柱底截面弯矩。

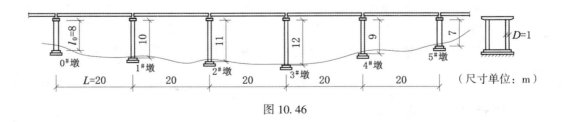

图 10.46

解： ① 计算桥墩抗推刚度 k_i。

C30 混凝土的弹性模量为 $E = 3 \times 10^4$MPa $= 3 \times 10^7$kN/m^2

桥墩顺桥向的抗弯惯矩为 $I = 2 \times \dfrac{\pi D^4}{64} = 2 \times \dfrac{\pi \times 1}{64} = \dfrac{\pi}{32}(\text{m}^4)$

各墩的抗推刚度 k_i 为

$0^\#$ 墩 $\quad k_0 = \dfrac{3EI}{l_1^3} = \dfrac{3 \times 3 \times 10^7 \times \dfrac{\pi}{32}}{8^3} = 17257(\text{kN/m})$

相对于 $0^\#$ 墩的各墩抗推刚度比为

$$k_0 : k_1 : k_2 : k_3 : k_4 : k_5 = \dfrac{3EI}{8^3} : \dfrac{3EI}{10^3} : \dfrac{3EI}{11^3} : \dfrac{3EI}{12^3} : \dfrac{3EI}{9^3} : \dfrac{3EI}{7^3}$$
$$= 1 : 0.512 : 0.385 : 0.296 : 0.702 : 1.493$$

② 温度影响力计算。

确定温度偏移值为零的位置。如图 10.47 所示，以 O—O 线为原点，令 O—O 线距离 $0^\#$ 桥台支座中心的距离为 x_0，由式(10.25)得

$$x_0 = \dfrac{\sum\limits_{i=1}^{5} i k_i}{\sum\limits_{i=0}^{5} k_i} L = \dfrac{k_1 + 2k_2 + 3k_3 + 4k_4 + 5k_5}{k_0 + k_1 + k_2 + k_3 + k_4 + k_5} L = \dfrac{12.443 k_0}{4.388 k_0} \times 20 = 56.714(\text{m})$$

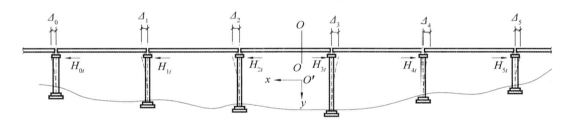

图 10.47 温度中心和影响力计算简图

求各墩墩顶的位移量 Δ_{it}。由式(10.21)可以算出各墩至温度偏移零点的距离：
$x_1 = 36.714\text{m}, x_2 = 16.714\text{m}, x_3 = -3.286\text{m}, x_4 = -23.286\text{m}, x_5 = -43.286\text{m}$

混凝土的线膨胀系数为：$\alpha = 1 \times 10^{-5}$

由式(10.20)得各墩墩顶位移值为

$\Delta_{0t} = \alpha \Delta t x_3 = 1 \times 10^{-5} \times 20 \times 56.714 = 11.343 \times 10^{-3}(\text{m})$

$\Delta_{1t} = \alpha \Delta t x_3 = 1 \times 10^{-5} \times 20 \times 36.714 = 7.343 \times 10^{-3}(\text{m})$

$\Delta_{2t} = \alpha \Delta t x_3 = 1 \times 10^{-5} \times 20 \times 16.714 = 3.343 \times 10^{-3}(\text{m})$

$\Delta_{3t} = \alpha \Delta t x_3 = 1 \times 10^{-5} \times 20 \times (-3.286) = -0.657 \times 10^{-3}(\text{m})$

$\Delta_{4t} = \alpha \Delta t x_3 = 1 \times 10^{-5} \times 20 \times (-23.286) = -4.657 \times 10^{-3}(\text{m})$

$\Delta_{5t} = \alpha \Delta t x_3 = 1 \times 10^{-5} \times 20 \times (-43.286) = -8.657 \times 10^{-3}(\text{m})$

计算各墩墩顶承受的水平推力 H_{it}。由式(10.22)得 $0^\#$ 墩墩顶的水平推力为

$$H_{0t} = k_0 \Delta_{0t} = 17257 \times 11.343 \times 10^{-3} = 195.74(\text{kN})$$

同理，根据刚度比和 Δ_{it}，可得其他墩顶所承受的水平推力，具体值见表 10.5。

以上各式中的 Δ_{it}、x_i、H_{it} 均带有正负号,凡与图 10.47 中 x 轴正方向相同则为正,反之为负。

③ 计算汽车制动力。

a. 求汽车制动力。《公路桥规》规定:汽车制动力的计算布载应按车道荷载进行布置,如图 10.48 所示。从图中可知,活载总重为:

$$\sum Q = 100 \times 7.9 + 225 = 1015(\text{kN})$$

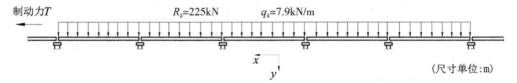

图 10.48　公路-Ⅱ级车道荷载布置

按《公路桥规》第 4.3.6 条,汽车制动力为

$$T = \sum Q \times 10\% = 101.5(\text{kN})$$

同时《公路桥规》规定,公路-Ⅱ级荷载所产生的制动力不得小于 90kN,经比较取 $T = 101.5\text{kN}$。

b. 汽车向左行驶时的制动力分配。按式(10.18)计算:

$$H_{iT} = \frac{k_i}{\sum k_i} T$$

对于 0# 墩:

$$H_{0T} = \frac{k_0}{k_0 + k_1 + k_2 + k_3 + k_4 + k_5} T = \frac{k_0}{4.388 k_0} \times 101.5 = 23.13(\text{kN})$$

同理可得其他墩受到的制动力,计算值列于表 10.5 中。

c. 汽车向右行驶时的制动力分配。只需将向左行驶的计算值反号即得,计算值亦列于表 10.5 中。H_{iT} 均带有正负号,以指向 x 轴正方向为正。

④ 求墩身底截面的弯矩。温度影响力和汽车制动力的组合:分别按汽车向左和向右行驶的工况进行叠加,即 $H_i = H_{iT} + H_{it}$,直接在表 10.5 中计算。

墩底截面弯矩:按 $M_i = H_i \cdot l_i$ 直接在表 10.5 中计算。

表 10.5　　　　各墩墩底水平推力及墩底截面弯矩计算值汇总

桥墩编号		0#	1#	2#	3#	4#	5#
墩身高度 l_i(m)		8	10	11	12	9	7
温升 20℃影响力 H_t(kN)		195.74	64.878	22.192	-3.36	-56.443	-223.005
制动力 H_T(kN)	向左行驶	23.131	11.843	8.899	6.854	16.245	34.528
	向右行驶	-23.131	-11.843	-8.899	-6.854	-16.245	-34.528

续表

桥墩编号		0#	1#	2#	3#	4#	5#
$H_t = H_{iT} + H_i t$ (kN)	向左行驶	218.871	76.721	31.091	3.494	-40.198	-188.477
	向右行驶	172.609	53.035	13.293	-10.214	-72.688	-257.533
墩底弯矩(kN·m)	向左行驶	1750.970	767.212	341.997	41.926	-361.781	-1319.339
	向右行驶	1380.870	530.348	146.227	-122.565	-654.193	-1802.731

从表 10.5 计算结果可知，0#、5#两个边墩的墩底弯矩很大，受力不利，因而宜将两边墩支座改为滑动支座，这样墩顶只承受很小的摩阻力，墩底弯矩将大幅度减小。两端改为滑动支座后，中墩在温变效应作用下内力值变化将很小，而水平制动力原先由 6 个墩承受转成为基本只由 4 个墩承受，因而中墩在制动力作用下的内力将有所增加。

10.3 桥台计算

10.3.1 重力式桥台的计算

桥台的计算荷载与桥墩计算中所用到的荷载基本相同，只是在永久作用中要计入台后填土对台身的侧压力。工程设计中，一般都将它按主动土压力计算，其大小与压实程度有关。

重力式桥台的计算与验算内容与重力式桥墩相似，包括验算台身截面强度、地基应力以及桥台稳定性等，但对于桥台，只需作顺桥方向的验算，故桥台在进行荷载布置及组合时，只考虑顺桥方向。

1. 梁桥桥台的荷载布置及组合(只考虑顺桥向)

①在桥跨结构上布置车道荷载，温度下降，制动力向桥孔方向，并考虑台后土侧压力，如图 10.49(a)所示；

②在台后破坏棱体上布置车道荷载，温度下降，并考虑台后土侧压力，如图 10.49(b)所示；

③在桥跨结构上和台后破坏棱体上都布置车道荷载(当桥台尺寸较大时，还要考虑在桥跨结构上、台后破坏棱体上和桥台上同时布置车道荷载的情况)，温度下降，制动力向桥孔方向，并考虑台后土侧压力，如图 10.49(c)所示。

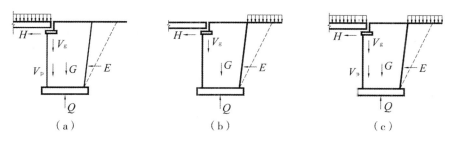

图 10.49 作用在梁桥桥台上的荷载

一般重力式桥台以第二种和第三种组合控制设计,但需根据具体情况进行分析比较后才能确定。

2. 拱桥桥台的荷载布置及组合(只考虑顺桥向)

①在台后破坏棱体上布置车道荷载,制动力向桥跨方向,桥跨上无作用,温度下降,并按未压实土考虑台后土侧压力,使桥台有向桥跨方向偏移的趋势,拱圈材料的收缩力,如图 10.50 所示;

②在桥跨结构上布置车道荷载,使拱脚水平推力 H 达到最大值,温度上升制动力向路堤方向,并按压实土考虑台后土侧压力,使桥台有向路堤方向偏移的趋势,拱圈材料的收缩力,如图 10.51 所示。

图中符号的意义同图 10.39。

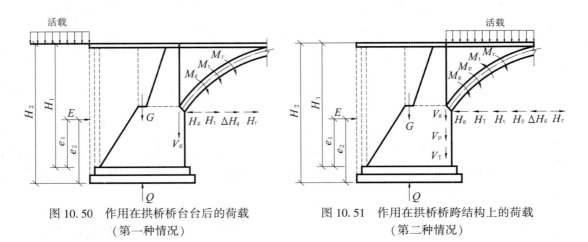

图 10.50 作用在拱桥桥台台后的荷载 （第一种情况）

图 10.51 作用在拱桥桥跨结构上的荷载 （第二种情况）

桥台台身强度、基底承载力、偏心以及桥台稳定性验算和桥墩相同。如果 U 形桥台两侧墙宽度不小于同一水平截面前墙全长的 0.4 倍时,桥台台身截面强度验算应把前墙和侧墙作为整体考虑其受力;否则,台身前墙应按独立的挡土墙进行验算。

10.3.2 梁桥轻型桥台的计算特点

前面介绍了设有支撑梁的梁桥薄壁轻型桥台的受力特点,它是利用桥跨结构和底部支撑梁作为桥台与桥台或者桥台与桥墩之间的支撑,以防止桥台受路堤的土侧压力而向河心方向移动,从而使结构构成为四铰框架的受力体系。因此,对于这类桥台(如"一"字形桥台)的计算主要包括三项内容:

①桥台(顺桥向)在侧向土压力作用下台身作为竖梁进行截面强度验算;

②桥台(包括基础)在竖向荷载作用下横桥向作为一根弹性地基短梁进行截面强度验算;

③基础底面下地基应力验算。

1. 桥台作为竖梁时的截面承载能力极限状态验算

通常取单位桥台宽度进行验算,其步骤为:

(1)验算截面处的竖直力 N

包括以下三项：

①桥跨结构恒载在单位宽度桥台上的支点反力 N_1；

②单位宽度台帽的自重 N_2；

③验算截面以上单位宽度台身的自重 N_3。于是

$$N = N_1 + N_2 + N_3$$

（2）土压力计算

计算土压力时，对桥台的最不利荷载组合是桥上无车辆荷载，台背填土破坏棱体上有车辆荷载。其荷载分布如图 10.52(a)所示。

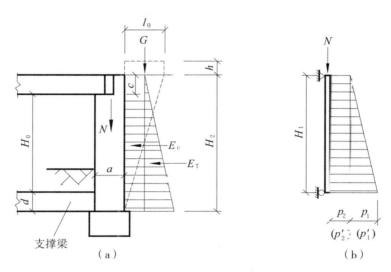

图 10.52 土压力及计算图式

① 单位台宽由填土本身引起的土压力 E_T，呈三角形分布，其计算公式为

$$E_T = \frac{1}{2}\gamma H_2^2 \tan^2\left(45° - \frac{\varphi}{2}\right) \tag{10-28}$$

② 单位台宽由车辆荷载引起的土压力 E_c，呈均匀分布，其计算公式为

$$E_c = \gamma H_2 h \tan^2\left(45° - \frac{\varphi}{2}\right) \tag{10-29}$$

③ 单位台宽的总土压力 E，其计算公式为

$$E = E_T + E_c \tag{10-30}$$

④ 等代土层厚度 h 为

$$h = \frac{\sum G}{Bl_0\gamma} \tag{10-31}$$

式中：γ——台后填土容重；

φ——土的摩擦角；

$\sum G$——布置在 $B \cdot l_0$ 面积内的车轮或履带重；

B—— 桥台计算宽度；

l_0—— 台后填土的破坏棱体长度，

$$l_0 = H_2 \tan\left(45° - \frac{\varphi}{2}\right) \qquad (10\text{-}32)$$

(3) 台身内力计算

① 计算图式。台身按上下铰接的简支梁计算，如图10.52(b)所示。对于有台背的桥台，因上部构造与台背间的缝隙已用砂浆或小石子混凝土填实，保证了有牢靠的支撑作用，因此，台身受弯的计算跨径为

$$H_1 = H_0 + \frac{1}{2}d + \frac{1}{2}c \qquad (10\text{-}33)$$

式中：H_0—— 桥跨结构与支撑梁间的净距；

d—— 支撑梁的高度；

c—— 桥台背墙的高度。

对于受剪的计算跨径，则取 H_0。

② 内力计算。在计算截面弯矩 M 时，轴力 N 的影响忽略不计，而是放在强度验算中考虑。对于跨中截面，其弯矩为

$$M = \frac{1}{8}p_2 H_1^2 + \frac{1}{16}p_1 H_1^2 \qquad (10\text{-}34)$$

在台帽顶部截面的剪力为

$$Q = \frac{1}{2}p_2' H_0 + \frac{1}{6}p_1' H_0 \qquad (10\text{-}35)$$

在支撑梁顶面处的剪力为

$$Q = \frac{1}{2}p_2' H_0 + \frac{1}{3}p_1' H_0 \qquad (10\text{-}36)$$

式中：p_1，p_2—— 受弯计算跨径 H_1 处的土压力强度；

p_1'，p_2'—— 受剪计算跨径 H_0 处的土压力强度。

(4) 截面强度验算

按《公路桥规》[3]有关公式进行跨中截面的抗压强度和支点截面的抗剪强度验算。

桥台在本身平面内的弯曲验算。轻型桥台是一较长的平直薄墙，在竖向荷载作下，本身平面内发生弯曲，弯曲的程度与地基的变形系数 α 有关，见图 10.53。

当桥台长度 $L > \dfrac{4}{\alpha}$ 时，把桥台当作支承在弹性地基上的无限长梁计算；当 $L < \dfrac{1.2}{\alpha}$ 时，把

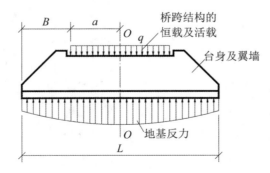

图 10.53 桥台受力图式

桥台当作支承在弹性地基上的刚性梁计算（即不考虑桥台在本身平面内发生弯曲）；当 $\frac{4}{\alpha} > L > \frac{1.2}{\alpha}$ 时，把桥台当作支承在弹性地基上的短梁计算。在一般情况下，轻型桥台的长度大多处于 $\frac{4}{\alpha}$ 和 $\frac{1.2}{\alpha}$ 之间，因此，这里仅介绍按短梁计算的公式。

设梁上作用着一段对称的均布荷载，则梁的最大弯矩产生在中点，其计算公式为

$$M_{1/2} = \frac{q}{2\beta^2}\left(\frac{\mathrm{ch}\beta l - 1}{\mathrm{sh}\beta l + \sin\beta l}\mathrm{ch}\beta a\sin\beta a + \frac{1-\cos\beta l}{\mathrm{sh}\beta l + \sin\beta l}\mathrm{sh}\beta a\cos\beta a - \mathrm{sh}\beta a\sin\beta a\right)$$

（10-37）

式中：l——基础长度；
　　　a——桥台中心线至分布荷载边缘的距离；
　　　β——特征系数，

$$\beta = \sqrt[4]{\frac{k}{4EI}}$$

（10-38）

其中：k——土的弹性抗力系数，若无试验资料时，可按规范或手册采用。
　　　E、I——桥台的弹性模量和截面惯性矩。

3. 基底应力验算

桥台的基底应力为桥台本身自重引起的和桥跨结构的恒载及活载引起的应力之和。桥台自重引起的基底应力可按台墙因自重不致发生弯曲的假定（图 10.54）计算。荷载引起的基底最大应力可按下式求得：

$$\sigma = \frac{q}{b}\left(\frac{\mathrm{ch}\beta l + 1}{\mathrm{sh}\beta l + \sin\beta l}\mathrm{sh}\beta a\cos\beta a + \frac{1+\cos\beta l}{\mathrm{sh}\beta l + \sin\beta l}\mathrm{ch}\beta a\sin\beta a + 1 - \mathrm{ch}\beta a\cos\beta a\right)$$

（10-39）

式中，b 为基础宽度；其余符号同前。

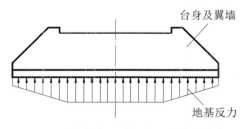

图 10.54　桥台自重引起的基础应力分布图

拱桥轻型桥台在目前工程设计中应用较少，故不作介绍，需要时可参考《公路桥涵设计手册——墩台与基础》。

本 章 小 结

1. 梁桥(或拱桥)墩(台)主要由墩(台)帽、墩(台)身和基础三部分组成。

2. 梁桥墩台可分为重力式墩台和轻型墩台两大类。重力式墩台是靠自身重量来平衡外力而保持其稳定,其墩、台身比较厚实,一般用天然石材或片石混凝土砌筑,但圬工体积较大,适用于地基良好的大、中型桥梁。轻型墩、台的体积和自重较小,刚度小,受力后允许在一定的范围内发生弹性变形,一般用钢筋混凝土和少量配筋的混凝土修建,适用于中、小跨径桥梁。

3. 梁桥桥墩按其构造,可分为实体桥墩、空心桥墩、柱式桥墩和柔性排架墩四种类型。实体桥墩分实体重力式桥墩和实体薄壁式桥墩两种;空心桥墩在外形上与实体重力式桥墩无太大的差别,只是将墩身内部作为空腔体以减轻自重,减少软弱地基的负荷;柱式桥墩的常用形式有单柱式、双柱式(或多柱式)和哑铃式以及混合双柱式;柔性排架墩是由单排或双排的钢筋混凝土桩与钢筋混凝土盖梁连接而成。

4. 梁桥轻型桥台分为设支撑梁的轻型桥台、钢筋混凝土薄壁桥台和埋置式桥台等类型。

5. 拱桥重力式桥墩可分为普通墩和单向推力墩,普通墩的墩身薄一些,单向推力墩则做得厚实一些。

6. 拱桥桥墩与梁桥桥墩的一个不同点是,梁桥桥墩的顶面要设置传力的支座,且支座距顶面边缘要保持一定的距离;而拱桥桥墩则在其顶面的边缘设置呈倾斜面的拱座,直接承受由拱圈传来的垂直压力和水平推力。

7. 拱桥桥台可分为重力式桥台、轻型桥台和组合式桥台。常用的重力式桥台为 U 形桥台,其尺寸一般较相应梁桥的要大。常用的轻型桥台有"八"字形和"U"字形桥台。轻型桥台的工作原理是,当桥台受到拱的推力后,便发生绕基底形心轴而向路堤方向的转动,依靠台后土产生的抗力来平衡拱的推力,从而减小桥台尺寸,但由于拱脚位移而产生的附加内力必须予以计算。

8. 重力式桥墩计算包括截面强度验算、桥墩的稳定性验算、墩顶水平位移验算、基础底面土的承载力和偏心距的验算。

9. 桩柱式桥墩计算包括盖梁计算和柱身计算。

10. 柔性排架墩计算也包括截面强度验算和桥墩稳定性验算,其中的重点是水平力的计算,包括墩顶制动力和梁的温度变形引起的水平力计算。

11. 梁桥轻型桥台的计算包括桥台作为竖梁时的强度计算、桥台在本身平面内的弯曲验算和基底应力验算。

思考题及习题

1. 说明重力式桥墩和轻型桥墩的特点及适用范围。
2. 说明重力式桥台和轻型桥台的特点及适用范围。
3. 什么叫 U 形桥台?
4. 叙述设有支撑梁的轻型桥台的特点。
5. 什么叫单向推力墩?
6. 当设置在基岩上的桥墩基底的合力偏心距超出核心半径时,基底应力如何验算?
7. 习题 7 图所示为五跨联的简支梁桥,跨长 $L=20\text{m}$,桥宽 9m,钢筋混凝土双圆柱式墩($D=1.0\text{m}$),混凝土标号为 C30,扩大基础位于基岩上。桥面做成简支连续,1#~4# 桥墩与梁之间为刚性铰接,0# 和 5# 桥墩采用滑动支座,摩阻系数近似取为零,其余尺寸见图。试求在温降 20°C 和公路-I 级荷载的制动力作用下所引起的最不利柱底截面弯矩。

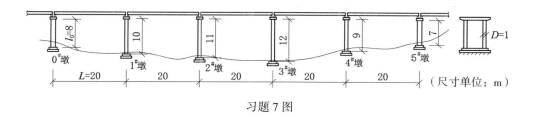

习题 7 图

第 11 章 桥梁建筑美学

本章提要及学习结果

本章简述桥梁的审美原理与法则、桥梁建筑美学的基本要素,以及各种桥型的美学设计,还简单介绍了桥梁的景观设计。通过本章的学习,学生应该能够:
1. 阐述桥梁建筑的几何构成与形态,表达桥梁建筑美学的基本要素;
2. 记住各种桥型及附属设施的美学设计;
3. 说明桥梁的景观设计。

桥梁作为一种建筑结构,不仅承担着交通功能,更是一种地标性建筑或城市的象征,一种文化符号。建筑及其美学一直是人们欣赏价值提升的体现,从古至今,有建筑的发展,必有其美学的发展。桥梁作为建筑的重要组成部分,其美学有着独特的价值,横贯中西,跨越千年。

11.1 桥梁审美原理与法则

11.1.1 引言

桥梁作为人类建造的结构物,不仅具有交通功能,而且能满足人们到达彼岸的心理希望,同时也是生活环境中使人印象深刻的标志性结构物,常常成为审美的对象和文化的遗产,因此,对桥梁造型的美学要求,即桥梁结构本身的协调与和谐以及桥梁和周围环境的协调,给人们美的享受,应当是桥梁设计中必须考虑的主要因素。

桥梁建筑空间形态一般称为形体。当人们接近一个卓越的桥梁建筑时,由于其结构形体使人产生感动和联想,我们把创造具有这种艺术感染力的建筑结构形体称为建筑造型,把获得这种建筑造型的工作过程称为建筑造型设计。

1. 审美

审美是一个既简单又复杂的命题。简单地说,审美是审美主体(人)在创造美的客体(又称对象、产品、存在物)或鉴赏客体美的过程中产生的高级精神活动。它包括行为主体对来自审美客体的一切信息(如外观形态、技术或艺术水准、思想性、使用功能、使用效果、性价比、色彩、气味等)的接受、感知、感觉、感受、思维、想象、联系、比较、判断、情感等,以及由此作出的价值取向和情感判断,如取/舍、喜/厌、亲/疏、好/坏、真/伪、善/恶、美/丑等。

概括地说,人的审美鉴赏活动通常要经历三个过程。第一个过程是信息采集过程,这是人运用自己的感官(眼、耳、鼻、舌、身)和大脑去接收或感知来源于客体的一切信息或刺激；第二个过程是信息感应过程，这是信息或刺激对人发生的生理反应或心理反应过程；第三个过程是审美判断过程，这是人经过感情思维或更高级的理性思维(如比较、分析、推证等)以及实践检验、科学检测等高级精神活动后，对客体作出价值判断或审美判断。

审美必须经过复杂的感性思维或更高级的理性思维，这是只有人类才具有的有意识的高级精神活动，所以审美只能是人类独有的行为。

2. 桥梁建筑的艺术特性

自古以来，建筑与绘画、雕塑被称为三大造型艺术，它和其他门类艺术有共同的特征，例如都具有鲜明的形象、强烈的艺术感染力、不容忽视的审美价值，反映民族风情、时代特征等。建筑艺术特别是桥梁建筑艺术，作为实用艺术，又不同于别的艺术，还有着它独特的艺术特性。

(1)功能价值与审美价值相统一

为了满足人类社会生活发展的需求而创造的桥梁建筑与某些纪念性、观赏性建筑不同，它首先是一种具有运输能力的实用结构物，所以功能价值是第一位的。如果一座桥梁能稳健地跨越障碍，安全可靠、交通畅行，满足功能要求，就可以说已为桥梁美提供了先决条件；如果过桥时令人提心吊胆，不堪负荷或事故不断，交通堵塞，也就谈不上桥梁美了。自古以来，人们称建筑是"石头的史书""无声的音乐""立体的画"，桥梁建筑也不例外。它以巨大的体量、固定不变的位置、相对的永久性和无法忽视的瞩目形象给环境景观和人们生活带来深刻的影响。因此，桥梁建筑不仅表现出结构上稳定连续的强劲力感与跨越能力，而且要有美的形态与内涵，只有内容与形式高度统一，功能价值与美学价值完美体现，桥梁建筑才能显示出不朽的生命力。

(2)艺术与技术紧密相关

桥梁建筑与其他建筑一样，是工程技术与艺术结合的产物，它作为物化了的人工环境，必然依赖于相应的技术，并耗费大量的材料，因而技术对艺术的制约表现在经济、材料、设计理论、施工技术等方面。技术本身也是美的因素之一，力学发展、钢筋混凝土的出现等都给建筑业带来一次又一次的革命，轻巧、优美、大跨度等各式形态桥梁才得以发展。因而，技术进步对于桥梁美具有重要作用，是桥梁美学发展的强大推动力。

技术与艺术紧密相关，但不能互相替代。如材料新不等于桥梁美，技术新也不等于艺术美。只有立足于现实条件、经济能力，最大限度地发挥技术、材料的作用及人的聪明才智，才能创造出体现技术美与艺术美结合的桥梁建筑。

(3)结构外露的空间实体

虽然桥梁建筑属建筑范畴，但桥梁与房屋建筑还有着许多不同，房屋建筑是空间的分隔组合，桥梁是空间的延续与扩展。前者是人们生活、工作的空间，后者是连接跨越的通道，常被比喻为"彩虹""纽带"。房屋建筑通常是封闭的，从外观很难看出其内部复杂多变的结构，而桥梁结构则是敞开的、外露的，如桥梁的塔、梁、墩、索等组成部分一目了然，功能关系明确。从美学观点出发，与其他门类艺术相比桥梁建筑这些外露构件在美学处理上的难点，即如何将这些构件组合成为美的整体，更为困难。

(4)单维突出的空间结构物

由于桥梁功能的需求决定了其基本形态是水平方向单维突出的结构物，即桥梁沿路线方向的长度与桥的宽度、高度相比差距较大,这种形态在视觉平衡、比例和谐上很不利。协调这种比例,改善视觉印象,是桥梁美学设计中必须重视的问题。

(5)桥梁建筑艺术表现的局限性

桥梁建筑首先是一个工程结构,在艺术表现上受到了诸多条件的限制,表达自由度远不及其他艺术。桥梁基本上是由几何形态构成的空间形体,靠它的可视形象,给人以庄严、雄伟、稳定挺拔或轻巧明快、柔美秀丽等感受,但很难以自身的形式表现更具体的内容,常常借助雕塑、绘画、匾额、书法、诗词等其他艺术形式,使人产生联想、激发情感,有时还要借助音乐、光影、照明等来渲染气氛。

11.1.2 桥梁形态元素及情感效应

桥梁建筑造型可以简化为几何形的线材、面材、块材的组合。点、线、面是几何的基本要素,具有一定的"表情",通过艺术组合可以形成动势、趋向、力感、节律,从而反映桥梁建筑的风格特点,产生某种形态情感,形成特定的人文环境。

1. 点形态

点形态是最基本的造型元素,在结构中,它通常是"体"的泛称,所表现的意义有:表示特定目标(焦点);界定构件空间位置(交叉点);单个标志物等,如图11.1所示。通过点(体)的形状、体量、疏密、排列、位置变化,可以表现动与静、活泼与严肃、强调与淡化、虚与实、朦胧(神秘)与清晰(开放)等情感。

图11.1 点线形态组合艺术造型

桥梁建筑中的塔、柱、杆等,在俯视时均为点的形状。从侧面看,支座、栏杆柱头、灯具等均为点的形状。

2. 线形态

线形态是面的界定(交界线)、体的轮廓(轮廓线)、细长构件(如主缆、吊索、斜拉索、栏杆、高塔等)的形态,如图11.2所示。水平直线表达稳定、舒展、延伸、目的等情感;竖直线表现向上、坚挺、崇高、积极等情感;曲线形态柔顺、流畅、活泼、弹性,极富心理感染力和诱惑力,表达理智、典雅、恬静、浪漫、抒情、奔放等情感。

3. 面形态

面形态是体的界定(界面)、体形态的外观。面形态有圆形、方形、三角形、多边形、曲线

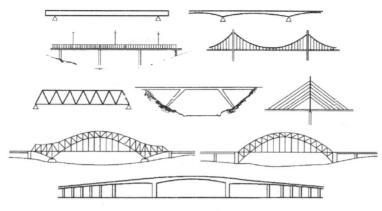

图 11.2 桥梁中的线形态元素组合

形等多种造型；有直面、曲面、水平面、竖直面、斜面等，如图 11.3 所示。面形态是线形态的运动结果，因此具有线形态的情感效应，但具有更丰富、更强烈的表现力和感染力。

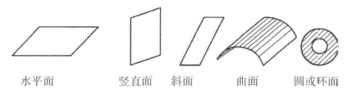

水平面　　竖直面　　斜面　　曲面　　圆或环面

图 11.3 面形态基本元素

4. 体形态

任何结构物都是"体"（包括单体、群体），所以说，桥梁形态艺术在本质上就是体形态艺术。体是面、线、点在三维空间的延伸，如图 11.4 所示。体形态以其体量（尺寸）、比例、质感、色彩、造型、空间位置、排列组合等形成其审美功能（包括技术美、功能美、艺术美），引发存在、真实、充实等情感。

图 11.4 桥梁中的体形态示例

5. 质感

质感是体形态的视觉和触觉审美产生的情感效应，是材质本色、纹理、粗糙度、硬度等引发的审美效果。例如，木结构的本色、纹理、弹性等质感，可引发天然、纯朴情感；而钢结构的铁灰色、平滑、坚硬等质感，则可引发冷峻、刚毅、坚强、现代等情感。

6. 色彩

体形态或面形态的表面色彩包括材料本色和涂装色两种，后者具有丰富的表现力，可引发复杂的情感效应。目前,桥梁色彩审美已成为一种时尚,适应不同环境的桥梁参考色,见表 11.1 所示。

表 11.1　　　　　　　　　　　与环境适应的桥梁色彩

地　区	环境特征	与环境协调方式	桥梁涂装色彩
山区	山峦叠嶂,林木苍翠	以融和为主	采用与环境色近似的调和色,如绿、浅蓝、灰
		强调色彩效果	采用鲜艳对比色,如红、黄、白
海滨区	海阔天空,随季节变化的环境色少	强调突出于环境	采用高彩度的色,如红、黄、橘红、蓝、绿及白、黑
		以长大桥自身的形态形成主景,并突出稳定感	以明度高的灰色系列为主,如银灰色等
田野区	环境单调,视域广阔	与背景中的构筑物融和	采用调和色、灰色材质固有色、灰绿、灰黄、浅褐
		形成标志性建筑,突出于环境之上	采用高彩度色,如红、白、蓝、黄
都市区	景观复杂、喧闹	以融和消失为主,桥梁宜朴素,压抑感小	使用较朴素柔和、淡的中间色、材质固有色

7. 灯饰

现代桥梁审美艺术中,灯饰已不再是通常概念中的照明工具,而成为夜间展示和扩展桥梁形态美,塑造丰富多彩、神秘、美妙、流动、变幻的夜空世界的审美元素。它要高于简单的形态艺术。

8. 雕塑小品

雕塑小品不属于桥梁主体形态艺术范围,但在桥梁附属工程中(如古代桥梁中的栏杆)引入雕塑小品,可以提升桥梁的审美效果。现代桥梁雕塑小品多设置在桥梁周边,属于桥位周边景观设计范围。图 11.5 为重庆长江大桥的桥头雕塑,以春、夏、秋、冬为题,

图 11.5　重庆长江大桥的桥头雕塑

"春"是一个拿着花的少女,带来春天,万物复苏;"夏"是一个水中搏击浪的年轻男子,意气风发,朝气蓬勃;"秋"是一位扛着麦穗的劳动妇女,春华秋实,象征丰收;"冬"则是一个即将步入老年,但依然健壮的男人,不愿服老。

11.1.3 桥梁建筑造型美的法则

桥梁是人类最杰出的建筑成果之一,闻名遐尔的美国金门大桥、澳大利亚悉尼港桥、英国伦敦桥、日本明石海峡大桥,以及中国苏通长江大桥、杭州湾大桥、香港青马大桥、港珠澳大桥,这些著名大桥都是一件件宝贵的空间艺术品,成为陆地、江河、海洋和天空的景观,成为城市标志性建筑。21世纪的桥梁结构必将更加重视建筑艺术造型,重视桥梁美学和景观设计,重视环境保护,达到人文景观同环境景观的完美结合。下面将结合一些实例来简要介绍一下桥梁建筑造型美的法则。

1. 协调与统一

协调与统一,主要是指两个方面:一是桥梁与桥位处的自然景观和附近的人工建筑物一起,处在人们的生活空间中,因此要求桥梁建筑造型要达到与环境的协调(图11.6);二是桥梁建筑本身由若干部分组成,其各自功能和造型不同,这种差异和变化必然在和谐与秩序中得到有机统一,否则不是呆板单调,便是杂乱无章,不能唤起人们美的感观。

桥梁建筑中的环境设计,不是装饰自然,而是希望桥梁建筑同周围自然景色一起发挥作用,一般采用的手法有:①隐蔽法,即尽可能做到藏桥于景中。此法主要用于山区或风景区的小跨径桥梁。②融合法,使桥梁构成新环境一个要素,组合于周围总体景观和环境的画面中,是常用的方法。③强调法,是一种突出桥梁建筑,使其成为景观主体的手法,一些城市跨越江河的大桥或特大桥往往属于此类。

桥梁结构造型统一,要注意各结构部分的协调统一。例如,多个桥墩的高度可能会随地形而变,但其形状应统一,即在多样变化中求得造型统一,如图11.7所示。但是过多的"同"也会给人单调、呆板的感受,所以同中求异,统一中求多样、求变化,才能营造出桥梁美的情趣与韵味。例如卢沟桥柱头上的石狮,它们的间距、大小、轮廓都是统一的,内容上也以表达狮子的情态为主旨而统一,但细看,每个石狮千姿百态,趣味无穷,无一雷同。

图11.6 瑞士萨尔基那山谷桥

图11.7 造型统一的桥墩序列

2. 主从与重点

桥梁建筑从功能特点考虑有主体和附属之分,而从结构受力体系来说,有主要受力构件和次要受力构件之分。主桥与引桥、主孔与边孔、主体与附属存在主从差异，这种差异与对立，使桥梁建筑形成一个完整协调的有机整体。

桥梁的"主"从首先从布孔上考虑。如果一座桥梁有主孔与边孔之分，则主孔不仅跨径大，标高要高，而且有时为了适应大跨而采用不同的结构形式，突出了主孔位置和造型，使其视觉重点突出引人注意，从而获得主从分明的效果(图11.8)。

斜拉桥、悬索桥的结构图形简洁，主塔将竖向及斜向心理引诱线引向塔顶，形成人们瞩目的重要部位，突出了高耸挺拔气势夺人的塔作为主体的主导地位，配以轻柔的拉索、无限延伸的水平加劲梁，视觉上主从分明，构成了索结构桥型所独有的形态和美感。

图11.9所示为云南省红河哈尼族彝族自治州建水县城西面的双龙桥，它承袭我国连拱桥的传统风格，是我国古桥梁中的佳作。双龙桥在建筑上颇具特色，整座桥是以中间的亭阁为中心，下跨一大孔，两边各有八个小孔对称分布，体现出桥梁美学中"主从与对称"的概念。建桥者在桥梁体型的安排上突出中心部位作为"主"，两侧部位起到衬托作用作为"从"，并以中轴线对称布置，从而使整个桥梁体型关系主次分明。再加上对称形象，匀称悦目，给人一种庄重、均衡和稳定的美感。

3. 对称与均衡

对称是指以某一线为中轴线，左右、前后或上下两侧的建筑同形同量。对称桥梁建筑造型是最常见的表现形式，以桥梁中线为对称轴，桥梁结构对称，孔数相同，跨度及结构尺度均对称。对称的造型统一感好、规律性强，容易使人产生庄严、整齐的美感(图11.8、图11.9)，同时也能照顾到简化施工、降低造价的要求。

图11.8　通济桥

图11.9　双龙桥

均衡则是在非对称的构图中，以不等的距离形成力量(体量)的平衡感。均衡具有变化的美，其结构特点是生动活泼，有动感。有些桥梁受地形、河流主航道、主河槽的影响，采用不了对称布置，布孔不对称或结构形式不对称。对于布孔的不对称情况，为了达到造型上的均衡性，可采用斜塔、疏密与长度不等的拉索和大小相差悬殊的跨径来调整布孔上的不对称进而达到均衡的目的，从而使桥梁从构造、功能和景观上得到协调一致的处理。结构的非对称造型处理得当，有时也会产生意料之外的效果(图11.10、图11.11)。

4. 比例与尺度

比例是表现桥梁建筑物各部分数量关系之比，是相对的，不涉及具体尺寸，它包括三个方面的内容：一是桥梁结构各部分本身的三维尺寸的关系；二是桥梁结构整体与局部或局部与局部之间的三维尺寸的关系；三是桥梁结构实体部分与空间部分的比例关系，也称为虚实比例关系。

　　图 11.10　长沙洪山庙大桥　　　　　　图 11.11　日本 Ayunose 桥

　　桥梁建筑中各部分尺寸比,主要服从于结构刚度、变形和经济的要求,但需使人们从视觉上获得协调匀称及满意的感受;主梁实体部分与桥下空间部分的比例关系是虚实比例关系,在桥下净空或桥面标高要求固定的情况下,可通过调节跨度,进而增加或减少梁高,使桥梁的虚实透视存在一个最佳的比例。图 11.12 所示为河南洛阳的龙门桥,跨越伊河,处于龙门石窟游览点入口位置上,它的跨径布置为 60+90+60(m),这种和黄金分割比例相近的比例关系,收到了良好效果,给人以美观、稳定、庄重的感受。

　　与比例不同,尺度涉及真实尺寸的大小,但是一般又不是指要素真实尺寸的大小,而是指建筑要素给人感觉上的大小印象和实际大小之间的关系。如果两者一致,则建筑形象正确地反映了建筑物的真实大小;如果两者不一致,则表明建筑形象歪曲了建筑物的真实大小,通常称为建筑物失掉了应有的尺度感。

　　比例和尺度是密切相关的建筑造型特征,一座桥梁某些部位的尺度不当或比例失调,都会影响它的整体形象,只有各部分的比例和尺度达到匀称和协调,才能构成优美形象,图 11.13 所示的西陵长江大桥索塔因通航净空低,而"身长腿短",不够协调。

　　图 11.12　洛阳龙门桥　　　　　　　　图 11.13　西陵长江大桥

　　5. 稳定与动势

　　安全稳定是对桥梁建筑最基本的使用要求,同时桥梁建筑造型也必须给人以稳定可靠的感觉,否则就不可能让人感受到其造型之美。所以,只有使人在直观上能感受到桥梁的强度和稳定性时,形式美和功能美才得以在人的心理上产生统一(图 11.14)。

桥梁是一个承重结构，人们首要的心理活动是通过视觉看出它是如何承受荷载的，荷载是如何传递的，简洁的承载和传力结构，会形成一个紧凑严密、蕴藏着巨大力量的结构物，任何一座设计合理、造型优美的桥梁都会显示出安静、自信、坚固的形象，给人一种坚定、不可动摇的稳定感(图 11.15)。

图 11.14　刚架斜缆，传力简捷，
　　　　　形似屋架，胜似屋架

图 11.15　拱肋上承，简捷明快，
　　　　　曲直分明，相得益彰

人们观赏桥梁结构物是多视角的。在桥上高速行驶的车或移动的人，由于视点的变化，人们观看到的实际桥梁建筑形象有规律地变化，仿佛是桥梁在运动，给人一种动感；当人们在桥外沿着桥梁水平方向目视多跨桥梁，由于其跨越方向的延伸长度要比宽度和高度大得多，人们自然就会感到桥梁结构上的强烈运动延伸的动势。此外，拱桥外形在纵向与竖向的起伏变化，以及弯桥在水平面的蜿蜒变化，均会给人以深刻的感受(图 11.16)。

图 11.16

6. 韵律与节奏

"音乐是流动着的建筑，建筑是凝固着的音乐"。建筑与音乐同样是采用节奏和韵律的适当配合，造成美学上的冲击和震撼。节奏和韵律是产生协调美的共同因素，所以我们在桥梁建筑艺术领域中也能看到这样的运用。在造桥者看来，运用韵律可以把设计的桥梁构成为一个系统的整体。通过有规律的重复或有秩序的变化形成韵律和节奏，激发人们的美感。几乎所有的桥梁结构都具有韵律和节奏的因素，从栏杆设计到灯柱的布置，从结构细部到分孔规律，一般都蕴涵着韵律和节奏的效果。

桥梁建筑韵律形式主要有连续韵律和渐变韵律。连续韵律为桥梁建筑部分重复连续出现。例如等跨连续拱桥，由于其曲线的造型呈动态的趋势、虚实的交替，可以形成强烈的韵律感，图 11.17 所示的四川南充市的白塔嘉陵江大桥，为多孔钢筋混凝土拱桥，工程师通过拱上的小腹拱组成韵律，贯连全桥，再配以岸上古塔，相互辉映，景色十分秀丽。渐变韵律则是连续的部分按一定的秩序变化，逐渐加长或缩短，变宽或变窄，变密或变疏等，大跨拱桥上腹拱的变化就是一种渐变韵律，多孔拱桥的重复又形成连续的韵律，形成一种韵律美。某些多跨桥梁，各孔跨径和桥下净高以中孔最大，向两边逐渐变小，形成规律性变化，通过渐变韵律的美学表现，使人赏心悦目（图 11.18）。

图 11.17　白塔嘉陵江大桥

图 11.18　颐和园十七孔桥

7. 色彩与风格

(1) 色彩

色彩是审美对象的视觉属性之一，是建筑的一种表现手段，不容忽视。在目前中国的桥梁设计中，色彩问题不算突出，因为中国的公路桥梁中石桥、混凝土桥占大多数，而这两类桥的颜色都是接近天然的调和色彩，不但本身和谐，与环境也是相协调的。古往今来的石桥，大多数颜色能和自然景色融为一体。

桥梁常用的色彩是绿色、灰色、灰绿色，尤其是灰色，一向都有"完全的灰色"的叫法，这些都是调和的色彩。据说，英国伦敦泰晤士河上的一座桥，起初曾经漆成黑色，结果桥上悲观厌世的自杀事件发生率高于其他桥梁，后来重新漆成调和颜色，事故发生率就减少了一半，这说明了桥梁色彩的重要性。

如图 11.19 所示的陕西省延安市的延河桥，为一座三孔连续石拱桥，这座桥的跨度、桥高和各部比例十分和谐，上部结构富有韵律感，桥和宝塔山遥相辉映。从桥梁色彩来看，比较好地和延安当地的山水颜色融合在一起，使得三者能够协调映衬，而没有突兀的感觉。

（2）风格

风格是设计构思所表现的具有特色或标明特征的建筑形态，是一座桥梁建筑的各种因素有机的总和，也是它的整体特点。这一整体特点表现出时代的、民族的、社会的文化思想，往往成为观赏者审美的主要方面。桥梁的风格，就如人们的风度一样，有一种难以名状却又不难感觉到的独特内涵。

桥梁风格的历史性既带有传统建筑的风格，同时也有设计者主观方面所想表达的内容；桥梁风格的民族性取决于某一民族的社会物质生活条件和文化传统所产生的审美要求的特殊性，是由民族的漫长的历史过程形成的，因而具有较大的稳定性和持续性。图 11.20 所示为亚利桑那州菲尼克斯城的托马斯路天桥，画家与建筑工程师们一起完成了这座天桥的设计，该设计代表了霍荷卡姆部落的独特风格。

图 11.19　延河桥

图 11.20　托马斯路天桥

风格的时代性、民族性和地域性是有机统一的。桥梁建筑的杰出作品从来都是某一时代、某一民族及某一地域进步的审美理想的美好体现，也是美学价值、历史价值之所在。现代桥梁建筑应该表现出积极的、正面的、令人精神振奋的格调，体现出良好的时代、民族与地域风格。

11.2　梁桥美学设计

梁式桥是最古老、最简单、使用最多的桥型，可见。其形态特征是水平方向单维突出，充分显示了刚性，具有很强的沿水平方向左右伸展的动力感与穿越感。但随着跨度的不断增大，梁桥各部分体量增大，因而比例选择、构件配置以及与周围环境的协调等在梁桥艺术表现方面都极为重要，也是梁桥设计美学处理上的难点。

严格地说，大多数梁式桥设计者并非刻意追求造型的艺术美，而梁式桥的经济实用，会使人产生自然、朴素、务实等情感。目前，大量建设的城市高架桥大多为梁式桥，设计者往往应用桥墩造型的艺术化、截面形式的多样化、结构尺寸的轻巧化等理念来提升梁式桥造型审美效果，如厦门海沧大桥引桥花瓶式桥墩和桥下跌水、雕塑，又如城市桥梁中采用的鱼腹式箱梁桥和飞鸟式翼板桥，造型简洁而兼具雄伟，外形自然朴素。

11.2.1 梁桥美学特征

1. 主梁形态

主梁是梁桥的主要承重构件，在满足受力要求的前提下，做到梁的形态优美、纤细轻盈、流畅连续，一直是梁桥美学设计的重要内容。一般采用的主梁有等截面梁和变截面梁。等截面梁在表达形态上比较简洁，但是其美感受到梁的长细比影响，当长细比较小时，梁就会显得笨重。变截面梁在桥梁的构件当中是富有表现力和视觉效应的。变截面梁在桥墩处梁高增加，突出了梁中力的传递。同时，通过减小平均厚度使梁更加纤细，所以往往可以构成比等截面梁更加独特和优雅的造型。

2. 桥墩

桥墩是桥梁的主要结构，桥墩的结构形式、数量、桥墩的布置及桥墩和主梁的组合都会对桥梁的美产生很大的影响，如图 11.21 所示的桥梁等跨连续，方便施工，饱含韵律。合理的桥墩设计和布置，不仅是桥梁满足结构设计的要求，也是桥梁美学设计的要求。

由于梁式桥跨度小、桥墩多，且与观赏者近距离接触(如城市立交桥)，自然成为视觉审美焦点，故应当作桥梁审美创造的重点。其对于上部结构比较单调的梁桥，桥墩是重要的视觉元素，其造型是否符合桥梁风格、是否优美，直接决定桥在人心目中的整体形象。因此桥墩对梁桥的造型影响很大。对于体量较大的梁桥，并且桥下景观和交通要求比较高的时候，桥墩可以通过如下处理手法创造轻巧的形象：

①缩小桥墩底面面积，减轻桥的重量感，并且可以对桥墩做内收、挖空等处理手法，桥墩外形产生丰富变化的同时，也减轻了桥梁的沉闷感。

②采用Y形、V形、H形等空透式异型桥墩，空透的形体产生轻盈质感。

③通过给桥墩设置纵向线条或凹槽(道理如同西方古典柱式)，强调竖直方向感的同时也虚化了桥墩，凹入部分可减轻桥墩笨重体积感。

另外，下部结构的设计，根据实际情况，通过减少横向墩柱的数量，来增强桥下的透明度。对墩帽的设计，通过采用T形盖梁、隐含式盖梁、半隐含式盖梁或干脆取消盖梁等措施，使桥墩看起来不那么粗大、厚重。图 11.22 所示为我国宜黄高速公路上的东荆河大桥，设计成4根墩柱，造成桥下墩柱连片林立，视觉零乱。该桥完全可以采用3根柱，并对盖梁和墩柱造型加以适当处理，就可以获得良好效果。

对于需要通过桥墩表现力量感与浑厚感的梁桥，处理手法则与上述恰好反过来。在桥墩的形式上应避免挖空、内收等形体处理手法，增强桥墩的浑厚感，将表面粗糙、无光泽、具有较大体量的材料，如砌石、毛石等作为贴面材料。

色彩的不同处理手法也可使桥墩产生或轻巧或稳定等不同的感觉。例如，将明度高的色彩(轻感色)设置于结构上部，明度高的色彩可以使上部结构在视觉上取得较好的轻巧感；反之，将深色置于桥墩下部，增加下部的重量感，加强稳定感。另外，桥墩若采用光滑反光的表面可以使桥墩更为轻巧灵动，而粗糙质朴的表面则使桥墩更加雄浑厚重。

图 11.21 梁桥的桥墩

图 11.22 东荆河大桥

3. 桥台

桥台的造型和桥梁整体是否协调，以及与周围环境是否融洽，是桥梁美学设计的重要内容之一。特别是在跨数较少的桥梁中，桥台造型的美学设计和桥梁整体美学设计息息相关，同时对桥址附近的环境也会产生较大影响。

桥台的位置、形式取决于桥型、水文地质等各种制约条件。决定桥台最终视觉效果的因素主要有上部结构梁高、桥台的高度、桥下净空和以上各因素间的比例关系。桥台体量越小，桥梁整体造型越显得轻巧，但是这样会造成桥梁跨径增大，因此需要综合考虑。以下几个要点是做到桥台给人以良好视觉效果的关键：

①尽量减少桥台的体量。大体积的桥台会使桥梁外观的长细比减小，同时也减少了桥下空间，削弱了景观效果。因此，减少桥台体量可以使桥梁看起来更长、更优雅，当然这样做有时会引起跨径的增加。

②重视桥台与桥梁两侧环境的结合形式。桥台与桥梁上部结构及桥梁地基的结合方式与桥梁的美学形象直接相关，特别是在大型薄壁桥台中，桥台的连接形式对于桥梁造型影响重大，因此需要设计人员认真对待。

③桥台造型要和周围环境相协调。通过与周围环境的互相衬托，往往能够使桥台造型具有美感。做好桥台与环境的和谐，第一，可以对桥台的材质表面进行合理修饰，尤其是对于大型桥台，可以在其表面进行铺装、衬砌、雕刻、装饰等，如图 11.23 所示，桥台表面用石料装饰，并配以精美的图案加以点缀修饰，图 11.24 所示桥台表面装饰了不同几何图案的石料。第二，对于桥台周围土体进行修饰。如果桥台周围土体荒芜、颜色单调，会对桥台产生不好的影响，给人一种负面情绪，因此，可以通过对桥台周围土体进行绿化、铺砌等手段，对其进行改造，从而与桥台构成具有一定美感的造型效果。图 11.23 所示桥梁对两侧锥形护坡上植草绿化，改善了效果。

11.2.2 梁桥美学设计要点

梁桥的造型要注意从整体着眼，力求形式优美、线条明快、构造清晰、纹理有致。在设计上需要注意以下几点：

1. 比例与尺度

比例和谐是一切建筑物美学质量的基础，对于梁桥而言，需要考虑桥梁整体高度、宽度、跨径深度之间，悬臂结构与支承单元之间，以及梁高与跨度之间都应有和谐的三维比例关系。良好的比例不应当被科学数据制约，有时符合力学的数据在人的直觉上并不符合良好的比例与尺度，因此设计师要有一定的美学修养与直觉把握。

图 11.23　桥台表面进行了铺装和装饰　　　　图 11.24　桥台表面装饰了石料

如果想要给梁桥塑造轻巧感觉，桥梁的每个构件并不是越细、越薄就越好，而要考虑比例与尺度的合理性。例如梁桥的梁体大小、桥梁宽度与高度都比较大，上部显得比较厚重，下部若配以感觉纤细的桥墩，则并不能使桥梁显得轻巧，反而给人头重脚轻的不安定感。薄墩厚梁、薄梁厚墩都会导致比例不协调。桥梁的比例、形式与环境也有很大关联，例如在开阔地带的跨线桥，若配以宽大的薄壁墩（宽桥），则会给人阻塞的感觉，同时也会破坏桥梁与环境的融合。

2. 材质与色彩

对于形体水平、坦直、简洁的梁桥而言，适当的外表面装修对于提升桥梁的整体形象很有帮助，尤其对于所处位置有人流经过的梁桥，更需要外表面材质对桥梁品位进行整体提升。现代桥梁因为多数采用混凝土，其灰暗的色彩往往给人沉闷的心理感受，甚至不进行装修导致桥身全身灰蒙，且容易布满污迹，十分影响城市形象。梁桥的装饰多以水刷石、贴面、喷涂、普通室外涂料为主。在条件符合的情况下，最好采用天然石材饰面，显示出自然表现质地的同时也提高了质感档次。

色彩在美学上起着重要作用，特别是结合桥梁所选用的材料，应认真考虑色彩与材质结合所表达的感觉。梁桥的风格质朴，所以不太适合过于奇巧的色彩，并且色彩不宜过杂，注意在比例和色调上的搭配。桥跨结构和桥墩可为同一种颜色，强调结构的一致性；亦可根据实际需要用对比的色彩，把桥跨结构和桥墩区别开来，通常深色的桥墩配以浅色的桥跨结构可以强调出桥墩的轻巧和纤细。

3. 形体与环境

城市环境中高高低低的楼群，使得桥梁的存在既不应否定，也不应强调，而应当采用融合的手法来处理桥梁和环境的关系。而梁桥与造型张扬的索桥相比，正好适合这样的环境，梁桥开朗平直、简洁有力的特点，尤其适合修建在原本环境就已经比较杂乱的城市环境当中，维持人们的视觉平衡，打造和谐的城市空间景观。

梁桥跨越的可能是河流，也可能是其他的行车道，因此其下部形本必须要考虑到与下部的行车道及绿化的关系。可与环境融合，尽量隐于环境之中，也是突出桥梁本身，吸引人的注意力，这需要结合实际来协调桥梁与环境的关系，图 11.25 所示为利用攀缘植物软化桥墩，与周围环境融合。

图 11.25　垂直绿化的桥墩

4. 利用桥面直线与梁底曲线组合，营造最佳视觉效果

对于大跨度连续梁桥和多跨连续刚构桥，可是设计成变截面，上缘平直，表现出直线造型的坚定性，下缘为多跨连续的平坦曲线，即富于连续韵律美，又具有生动活泼、跳跃前进的动感，是一道亮丽的景观。如图 11.26 所示。

图 11.26　泸州长江二桥（主跨 252m）

11.3　拱桥美学设计

11.3.1　拱桥美学特征

拱桥历史悠久，造型优美，是桥梁中最能充分发挥美学创作的一种桥型。拱桥外观上富于变化，刚柔相济，给人以力度感和美的享受。

许多著名拱桥甚至成为一个城市,一个地区的旅游景点。这是因为拱桥可做成各种和周围景观协调的曲线式样,或用连拱如涟浪,体现一种韵律;或大拱、小拱巧妙搭配,在变化中蕴涵协调;或大拱、小拱相叠,从层次上表现柔和之美、曲线之美;或将桥做成各种异形拱。

1. 主拱形态

主拱不仅是拱桥的主要承重部位,主拱形态也是拱桥最重要的视觉要素。拱圈的设计应兼顾美学与力学。优美的拱曲线孕育着强大的力量,产生一跃而过的动感和跨越感,加上柔美拱曲线与直线的梁柱结合,呈现出刚柔相济、韵律优美的绰约风姿。

拱圈的线形对拱桥美感影响重大。如前所述,拱圈曲线通常为规则的圆弧线、抛物线或悬链线。对于较小跨径的拱桥,常采用圆弧线,施工方便,形态简洁优美、宁静稳定。如古罗马时期兴建的大批拱桥常采用半圆拱。建于 1569 年的佛罗伦萨圣桥(图 11.27)的拱曲线则采用两抛物线的组合。悬链线的应用使得拱桥的跨径得到了很大的提高,如万县长江大桥(图 11.28)。从美学角度看,由于矢跨比的大幅度减小,桥型愈显优雅美观,跨越感更强。拱还可以是三铰拱、两铰拱和无铰拱,如图 11.29 所示的瑞士萨尔基那山谷桥就是三铰拱,像镰刀,造型别具一格,被评为 20 世纪世界最美丽的桥梁之首。

图 11.27 佛罗伦萨圣桥

图 11.28 万县长江大桥

图 11.29 萨尔基那山谷桥

图 11.30 JK 总统大桥

2. 主拱与桥面的相对位置

在目前的桥梁设计方案中,大跨度拱桥中、下承式拱桥已成为首选桥型。它们不仅保持了拱桥的基本力学特性,充分发挥拱圈混凝土材料的抗压性能,而且构件简洁明快,特别是多孔连续的中、下承式拱桥，以其造型起伏、构件轻巧给人以美感，并且具有广泛的适用场合。巴西的JK总统大桥(图11.30)，位于桥面两边的拱肋交错出现，韵律感很强。

3. 拱桥的桥台与桥墩

拱桥桥墩是桥跨结构的支撑点，应设在视觉上能提供水平与垂直支撑反力的地形处。当跨数较少时，为避免二重性问题，常采用奇数跨，而且从跨中向两边跨度逐渐递减，各跨的矢跨比保持一致。

当桥墩的位置确定后，桥墩高度受上部结构形式、桥面高度和地形的影响。对于坦拱，应采用较低而宽厚的桥墩，显示出承载的力感；对于多跨高架拱桥，桥墩相对较高，墩拱结合处应简洁流畅，使力的传递自然而连续。为了减小桥墩对水流的阻力，桥墩常带分水尖，这不仅加固了桥梁的支撑结构，还改善了水面通道惯有的狭窄特性，减小了水流波浪。

桥台的体量是桥台设计应考虑的主要因素。过大的桥台显得十分笨重，与轻盈的拱桥和周围环境不相协调，故应尽量采取使其隐蔽的方式，减小桥台的体量感。对于跨越山谷的拱桥，可以充分利用山体做埋置式桥台，加上被山林树丛遮掩，使桥自然融于景观之中。

总之，拱桥桥墩、桥台美学设计要点与梁桥的墩台一样，要体现力线明确，给人以稳定安全感，体量尽可能轻盈，形态上要注意与整体相协调。

11.3.2 各类拱桥美学设计

1. 实腹拱桥

实腹拱桥常用于小跨径拱桥，由于拱圈与侧墙连成整体，面积较大，从美学角度上需注意以下几点：

①桥梁整体的均衡感，即拱顶不宜太薄，否则拱顶会消失在阴影中，这样会损害拱的形象及整体连续性。

②要尽可能利用天然材料，充分体现坚实、古朴、厚重的材质感。

③连拱等跨时，因缺少变化略显单调，应按照地形特点及通航需要，采取从中孔向外孔矢高与跨径递减的方案，形成既统一又富有变化的渐变韵律。

2. 空腹拱桥

当跨径增大，而矢跨比较大时，采用实体侧墙看上去就感到笨重了。空腹拱不仅能减轻自重，节省材料，而且可以更好地利用拱上构造以增加虚实、空透的变化，并形成节奏韵律来统一整体，给人以美感，特别适合自然风光十分优美的环境。

我国是空腹石拱桥的鼻祖，自然在全国各地这类桥梁数不胜数，如赵州桥，其古朴、稳健、优美的形态彰显了我国桥梁建筑的民族风格。

3. 组合体系拱桥

组合体系拱桥是将行车系结构与主拱按不同构造方式构成一个整体共同受力的桥梁，一般为中、下承式，其在桥面上空呈现的曲线轮廓会给人留下深刻印象。其优美的形态、协调的色彩，令人赏心悦目，也改善了环境景观，所以是现代拱桥常用的桥式。

几千年来拱式结构一直广泛用于各种建筑。从远古的皇宫、神庙，到中世纪流行的歌德建筑，再到辉煌的现代建筑；从园林小桥到特大跨现代桥梁；从偏僻的山区桥梁到繁华的城市桥梁；从砖石结构到混凝土结构、钢结构，拱式结构造型无所不在。

拱式结构由规则的、富于感染力的曲线或曲面元素组成，所产生的视觉印象和审美情感十分丰富，其连续流畅、圆滑平和、柔软而富于弹性，具有极强的视觉诱惑力，并能引发温柔亲切、自然和谐、优美舒畅等情感效应，同时又蕴藏了稳定刚强、坚固耐久、柔中有刚、充满自信等丰富内涵。由多个规则曲线或曲面组成的多跨连拱富于节奏与韵律，更显生动活泼，能产生跳跃、奔放、飘逸的动感。拱式曲线的矢高可陡可坦，跨度可大可小，形态可尖可平，可为单层又可多层垒合，可为单跨又可多跨连续，应用其良好的可塑性，可把拱式结构组合各种造型和谐的新结构、新造型，诗人惊叹："千寻水面跨长桥，急隐晴虹卧海潮。""谁人垒石架长虹，江水流来汇泽通。"这正是雄伟的拱桥产生的审美情感。而曲线形拱圈独有的卓越丰姿，则更显其妩媚，刚柔并济。

11.4 悬索桥美学设计

11.4.1 悬索桥的美学特征

1. 比例均衡

悬索桥与梁桥相比，增加的桥塔和主缆协调了后者水平方向的构图比例，向上伸展的桥塔的动势和水平方向的加劲梁的动势不仅保持令人满意的视觉平衡，也创造出更大范围的景观形象。

2. 气势恢宏，宏伟壮观

目前只有悬索桥能达到最大跨径，气势磅礴，无与伦比。其高耸的主塔、粗壮的主缆、强劲的主梁将空间一跨而过，具有很强的律动感与跨越感，构成宏伟壮观的景观形象。

3. 刚柔并济，形态优美

悬索桥桥塔高耸，缆索下悬，凭空飞渡，上下起伏，气韵生动，梁、塔、缆索简洁的几何构图及柔性曲线与刚劲直线的结合，使桥型清晰、动态分明，充分体现了力线明快、简洁流畅、功能与形式统一的优美形态。

11.4.2 悬索桥主构要素的美学设计

1. 造型审美设计原则

中国桥梁界习惯把锚碇系统、索塔系统、悬吊系统(主缆、吊索)、行车系统称为悬索桥"四大系统"。它们既是悬索桥的主要承载构件，又是悬索桥的子系统，或独立审美单元(审美单元是审美元素的组合)；既是悬索桥造型美的组成要素，又具有独立的审美功能。按照系统论方法及技术美、功能美、艺术美协调统一，相互关照的精神，把"四大系统"造型审美设计原则归纳为：

①局部服从整体，即各系统形态及尺度合理，比例协调，与总体造型和谐，与环境地形相亲和；

②艺术美服从技术美(即艺术造型设计服从结构设计)，技术美(即结构受力合理，结构设计最优化)满足功能美(包括承载功能、交通功能、耐久性、通航功能等)的要求；

③体现地域文化特点，富于标志性、象征性；
④方便施工、节省投资。

2. 索塔造型审美设计

悬索桥的桥塔高耸挺拔，蕴藏着力的紧张感和直向蓝天的动势，将结构工程学和建筑美学有机结合，起着象征和标志作用，所以桥塔在悬索桥美学设计中至关重要。

(1)索塔的功能

正如前面所述，索塔的主要功能是支撑主缆和行车系统，并通过索鞍把主缆压力传递到地基，通过横梁把来自行车系统的竖直力和水平力传递到地基。索塔是高耸结构，还要承载风荷载、地震荷载；位于水中的索塔还会受流水、流冰冲击，并可能受船舶撞击。因此，为了满足功能要求，索塔必须要有足够的高度和足够的截面尺寸。

最低塔高由以下条件确定：通航净空高程+安全高度+加劲梁及支座高度+跨中吊索长度+主缆垂度+塔冠高度。增高索塔虽然可以突显索塔的审美功能，但也会增加施工难度和工程造价，除非有特殊要求，否则通常是不可取的。

(2)索塔造型选择

索塔立面造型与主缆位置及索塔材料有关。因绝大多数悬索桥为双主缆，故索塔多为门式框架。混凝土索塔的刚度大、强度高，一般只设中横梁和上横梁，当桥面以上塔高超过100m，或桥址风况条件恶劣时，可增设一道中横梁，如图11.31所示。国外悬索桥多用钢塔，为增加整体稳定性，或突显塔的的审美功能而在塔柱之间增加了许多联结系，如图11.32所示。

图11.31 亨伯河桥索塔造型

图11.32 福斯海峡公路桥索塔造型

混凝土索塔的塔柱和横梁多为矩形箱式截面，如图11.33所示。

(3)索塔造型审美评述

①门式索塔造型简洁、美观大方，增设横梁之后，在上升的动势中，又增加了稳定、慎重的安全感，是一种理想的造型。门式索塔的审美效应很大程度上取决于索塔的高宽比，如图11.34所示的汕头海湾大桥的索塔矮而宽，稳重有余但活力不够；图11.35所示的西陵长江大桥索塔则因通航净空低，而"身长腿短"，似不协调。厦门海沧大桥塔柱外

图 11.33　混凝土塔柱横截面

图 11.34　汕头海湾大桥的索塔

图 11.35　西陵长江大桥索塔

轮廓，横梁下缘、塔冠均设计为曲面，使索塔在刚劲中又添妩媚，在现代风格中又蕴含古朴典雅，并与主缆悬垂曲线、钢箱上拱曲线联合组成三维空间中的曲线(面)造型，更充分地展示出以曲线(面)造型为主旋律的悬索桥的造型美与和谐美，如图 11.36 所示。但曲面塔柱施工难度大，因而未能得到推广，实际工程中仍以矩形箱式索塔为多。

②桁架式索塔多用于钢塔，其审美效果受高宽比和剪刀撑尺度的影响：剪刀撑宜少而大，以两层为好，以显示简洁、稳定。如果多而细，则显得烦杂、累赘。图 11.37 所示为审美效果极佳的钢桁架式索塔。

图 11.36　厦门海沧大桥索塔塔柱

图 11.37　双层剪刀撑钢桁架式索塔-日本关门大桥

③阶梯式索塔、门式索塔、格构式索塔也用于钢塔，其塔柱由下而上分段变细，既符合索塔柱的受力特点，也突显出上升动势，引人关注，如美国金门大桥索塔（图 11.38）。

④ 涂装色彩和灯饰夜景有利于强化索塔的审美冲击力。中国海沧大桥、日本彩虹桥、美国金门大桥堪称经典作品。

3. 锚碇造型审美设计

(1) 锚碇的功能及选型

锚碇可以分为重力式锚和隧道锚，主要功能是平衡主缆拉力。因此，锚碇的选型和造型主要取决于结构要求和锚碇部位的地形、地质条件。自锚式悬索桥没有锚碇，而是将主缆直接锚固在梁上。隧道式锚碇将主缆锚固于地下岩石中，完全看不见，对结构外观基本没有影响。重力式锚碇借助混凝土的重量锚固主缆，放置于地基之上，体量比较大，显得十分笨重，故其美学处理不可忽视。

重力式锚碇的美学处理方法包括消去法、融合法和对比法。消去法是将锚碇埋于地下，仅小部分露出地面。融合法是根据环境条件，水面、植被覆盖等方法，锚碇露出地面，虽然能看到但不明显，并与周围环境融为一体。使用融合法处理时，应注意锚碇露出部分与整体尺寸的协调性，以免体量过小，给人不稳定感。对比法是将锚碇大部分暴露可见，巨大的体积与桥塔、引桥梁柱形成强烈的对比。通常设计者应精心设计锚碇的造型，并将大壁面刻槽分格，设计艺术图案，避免单调感，减少体量感，也可对锚碇进行拓扑优化，将应力较小的部分挖空，这样受力更合理，同时也节省了材料，减轻笨重感。

(2) 框架式锚碇造型

框架式锚碇仍属于重力式锚碇，其结构高耸、体积庞大，能激发观赏者稳重、坚实、镇静等审美情感，如图11.39所示。厦门海沧大桥充分利用锚碇内部空间，扩展了锚碇功能和审美效应，被誉为一大创举。

图 11.38　金门大桥阶梯式索塔

图 11.39　海沧大桥三角形框架式锚碇

4. 加劲梁审美设计

(1) 加劲梁的功能及选型

加劲梁的主要功能是支承行车系统，承受车辆荷载、风荷载，保证行车安全畅通。加劲梁主要形式有钢桁架和扁平钢箱梁两种；其他还有混凝土加劲梁、钢-混叠合梁，前者自重太大，后者抗风稳定性差，现已很少采用。

钢桁架加劲梁约为跨度的 1/50~1/80，其梁高刚度大、抗风性好，但要求的引桥高、接线长，多用于超大跨跨海、跨山谷的双层桥面悬索桥。流线形扁平钢筋梁梁高多为 3.0~3.5m，最大不超过 4.0~4.5m，为跨度的 1/300~1/400，适合于城市及引桥长度受到限制的桥位。经过多年抗风稳定性理论及试验研究，已基本解决了流线形扁平钢箱梁的抗风稳定问题，从而扩展了钢箱梁的使月范围。跨度 1650m 的浙江西堠门大桥设计颤振检验风速已达 78.74m/s，可承受 21 级台风。

（2）加劲梁审美评述

① 加劲梁一般设计有 2.0%~2.5%的纵坡，且跨度大、高跨比小，远观似长虹卧波、彩练凌空，表现出非凡的飞跃、跨越能力，具有极强的震撼力。如果再配以与环境相宜或具有标志性的涂装色彩，则审美效果更为突出（图 11.40）。

② 桁架式加劲梁的远景或中景整体审美效果很好，其排列有序的腹杆、竖标及组合而成的 K 形、三角形、菱形构图反复出现，富有节奏感（图 11.41）。但行车道设在下层的桁架式加劲梁的动态视觉审美效果较差，行驶者视线所及都是一掠而远的杆件，令人眼花缭乱。

图 11.40　润扬长江大桥加劲梁　　　　图 11.41　明石海峡大桥钢桁架加劲梁

③ 扁平钢箱梁各单元组成闭合箱体，且风嘴、人行道形状各异，无论近景、中景、远景、俯视、仰视都浑然一体，视觉尺度印象极佳。总体而言，其总体尺度与局部尺度相宜，尺度比例和谐，能使观赏者感到真实、自然、亲切。扁平钢箱梁整体尺寸庞大，显得雄伟壮观、坚强有力，但它的梁高低、梁宽窄，又显得格外纤细轻巧，其庞大与紧凑的和谐，力量与纤细的结合，表达出了令观赏者感到赞叹、折服的崇高情感。扁平钢箱梁的行车道设在桥面，行车视野宽阔，桥位周边景观之美尽收眼底，使观赏者备感愉悦。

11.4.3　悬索桥引发的审美情感

悬索桥与其他桥型的重要区别在于它以高强钢丝组成的悬吊系统（主缆、吊索）作为承载和传力结构，以高强钢材组成的加劲梁作为行车系统。正是这些其他桥型没有的技术特征和功能特征构成了悬索桥特有的超凡跨越能力和宏伟规模，创造出卓越的造型艺术美和强烈的审美冲击效应（图 11.42）。

悬索桥桥型设计和造型艺术中，应用了桥梁形态元素组合法则，如协调与和谐法则、多样与统一法则、复杂与简洁法则、对比与联想法则、韵律与序列法则、对称法则、比例

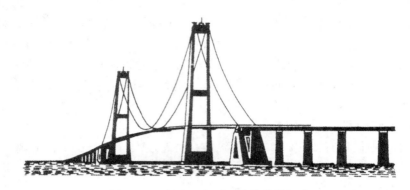

图 11.42 极富心理感召力的曲线组合

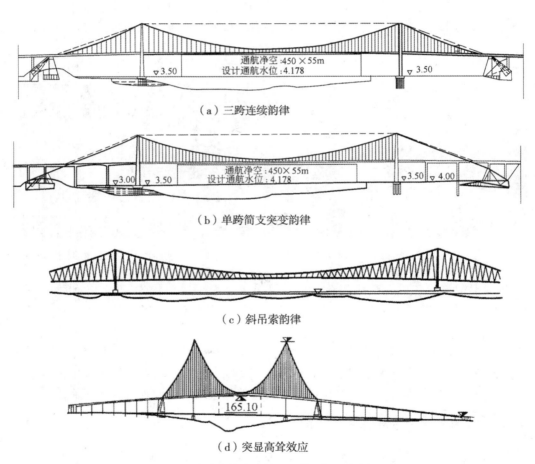

(a) 三跨连续韵律

(b) 单跨简支突变韵律

(c) 斜吊索韵律

(d) 突显高耸效应

图 11.43 吊索韵律的视觉图像(高程单位:m)

法则等。在悬索桥造型艺术审美过程中,细细品味这些法则表现的规律性,可以在形象思维过程中,引发丰富的理性思维和情感冲动,如虚与实的思维、刚与柔的思维、冲击与力度的思维、镇静与稳重的思维、飞跃与跨越的思维、平衡与稳定的思维等。悬索桥最突出的审美效应则是飞跃与跨越引发的冲击效应和桥与环境协调及形态元素排列有序引发的和谐韵律。

①悬索桥总体造型气势磅礴，宏伟壮观；轻巧飘逸，柔中济刚；凌空飞渡，静动相承；与环境交相辉映，展示了人类征服障碍，跨越天险的智慧和力量，激发出奋进向上的审美情感。

②悬索桥主缆和钢箱梁组成上垂下拱的曲线，形态优美，纤柔轻巧，生动活泼，具有极大的心理感召力和诱惑力，这正是多种曲线组合的审美效果。

③悬索桥的吊索，特别是三跨连续悬索桥的吊索，自起点由短而长到索塔，再自索塔由长而短至跨中，排列有序，反复循环，强弱渐变，连续起伏，虚实相容，和谐相处，这正是韵律美和对称美的形象展示(图11.43)。

韵律表达了人类关于连续性、规律性、统一性、完整性的思维，对统一体中多种元素和谐美的追求。所以，韵律美被称为悬索桥造型美的真谛，或者说是最高境界。

11.5 斜拉桥美学设计

11.5.1 斜拉桥体系及其主要结构元素

作为现代最为流行的桥型之一，斜拉桥与悬索桥一样，同属悬吊式结构，在景观特征上也有一定的相似之处。从整体而言，斜拉桥与悬索桥一样，规模庞大，令人震撼。索塔向上伸展的动势和斜拉索的动感，对水平延伸的主梁动势在视觉上起着平衡的作用。同时，斜拉桥刚度大、空气动力性能好且轻巧纤细，体现了桥梁的现代美。桥面有极其纤柔的长细比和极细的斜拉索，尤其是主梁的纵向线条简洁舒展、连续流畅，形成极强的跨越感。但两者区别也较为明显，前者以直线的刚性为基调，由直线的塔、索、梁构成简洁、稳定的三角形几何形态，而后者则以柔美的主缆曲线为基调。斜拉桥主要由索塔、主梁、斜拉索组成。斜拉桥的桥塔、拉索、主梁等桥梁主体结构构件的景观设计是桥梁景观设计的重要组成部分，影响着桥梁整体风格和形象。

1. 斜拉桥结构体系

斜拉桥是由索塔系统、斜拉索系统、行车道系统组成的大跨度桥梁。目前斜拉桥最大跨度已达1104m(俄罗斯岛大桥)，理论最大跨度可达3000m。为使结构受力合理、比例均衡，斜拉桥边中跨度、梁高、塔高索距等结构元素的尺寸宜符合第9章所述的比例关系。

2. 索塔功能及选型

索塔的主要功能是承受斜拉索和行车道系作用于索塔的内力，以及直接作用于索塔的风荷载，地震荷载，水流、流冰、船舶冲击荷载，并把这些外力和荷载传递到地基，保证全桥稳定。

索塔结构选型应首先考虑布索要求，使结构受力合理、安全、经济、方便施工，同时充分展示造型美。斜拉桥索塔造型多种多样，其中，异型斜拉桥的斜索塔造型奇特，但受力不合理，只宜用于对景观有特殊要求的中小跨斜拉桥。

3. 斜拉索系统功能及选型

斜拉索系统又称索面系统，由多股钢丝或钢绞线组成的多根斜拉索及锚头组成，其主要功能是斜拉扣挂行车道系统，并通过索鞍把索力传递给索塔。

斜拉索造型多种多样，按索面数目分、有三索面、双索面、单索面。行车宽度大于40m者常采用三索面式；行车道宽度大于30m，常采用双索面式或单索面式；若行车道较窄，则可采用单索面式。按边、中跨度比例关系，又有对称索面或不对称索面之分；按索塔高跨比及斜拉索间距或排列方式分类，有平行密索面、平行稀索面、放射索面。

4. 行车道系统功能及造型

行车道系统由加劲梁和桥面铺装及交通安全设施组成，主要功能是承受车辆荷载及环境荷载，创造良好的行车条件。受斜拉索水平分力作用，斜拉桥的加劲梁除了承受弯曲应力外，还要承受较大的轴向力，这对消除拉应力是有利的。所以，跨度600m以下的斜拉桥多采用钢筋混凝土梁，而跨度600m以上者，从减小行车道恒载考虑，宜采用钢加劲梁或叠合梁。

11.5.2 斜拉桥造型艺术美学设计

1. 视觉审美评述：斜拉桥宏伟壮观、刚强有力

斜拉桥与悬索桥都具有卓越的跨越能力和高耸的索塔，宏伟壮观，富于冲击力、震撼力和标志效应是两种桥型共同的审美特点。就视觉印象而言，如果说悬索桥是妩媚纤巧，斜拉桥则是刚强有力。斜拉桥的主要结构元素，如塔、索、梁，多为各种倾角的直线元素组合而成的组合结构，如斜拉桥的特征元素——索面结构就是多条斜直线，它与索、梁组合为多重三角形，其视觉形象更容易引发刚强有力、目标明确、稳定简洁等情感思维。

2. 造型美学设计

斜拉桥跨度宜大宜小，形态组合可简可繁，可"常规"可"异常"，即造型创新空间大，设计者可以在符合基本审美原则的前提下，独具匠心，创造出具有雕塑效果的多种新颖造型，如不对称斜拉桥、斜塔斜拉桥、低塔斜拉桥、无背索斜拉桥、稀索斜拉桥等。目前这种审美思维已成为中小跨斜拉桥的"时尚"桥型，如图11.44、图11.45所示。

图11.44 无背索斜拉桥

悬索桥受悬吊系统功能和布局限制，结构元素的组合比较单一，而斜拉桥则根据跨度大小、景观造型艺术的需要，创造出多种造型，使之兼有"雕塑"艺术的审美效果。

(1) 体系美学设计

对称体系斜拉桥的索面系统对称布置于索塔两侧，侧视如两把巨伞，正视如同从索塔

图 11.45　矮塔斜拉桥

放射出无数的光束。对称体系斜拉桥左右对称、均衡，给观赏者安详、平衡、稳定的视觉印象，更符合古典传统审美思维和结构受力行为。而现代派则认为这种简单对称显得平凡、呆板、缺乏活力。非对称体系斜拉桥或左右两跨一长一短，或索塔倾斜，或索面交叉，或主梁平面弯曲（图 11.46、图 11.47），造型各式各样、生动活泼、新颖美观，符合当今追求个性解放、突出创新变革的社会潮流。非对称体系斜拉桥在不平衡中求得力的均衡，在不稳定中求得功能的稳定，在静态中蕴含动态形象，不是雕塑胜似雕塑，显示出人类社会发展的特点，体现了设计者的独具匠心。这种桥型更富于视觉吸引力和冲击力，常常成为观赏者的焦点，但缺点是造价高、施工难度大，只宜用于小跨度桥梁或人行桥梁。

图 11.46　曲梁斜拉桥　　　　图 11.47　宁波姚江大桥

（2）索塔造型美学设计

作为斜拉桥主体构件要素而在力学上起着重要作用的桥塔，其高耸挺拔的风姿引人注目，具有象征和标志作用，是景观中最重要的因素之一。因此，应在结构设计的基础上，按照桥梁景观设计的原理进行造型及外观的完善，使桥塔在蕴藏着自身力量感、紧张感的同时，又孕育着向高空伸展，刺破青天的动势，使桥塔具有高扬功能与动态美，引发参观者由"情境"层面进入"意境"层面。

斜拉桥索塔造型丰富多姿，现代斜拉桥流行的有独柱形、双柱形、门形、H 形、R

形、A 形、Y 形索塔，钢塔斜拉桥则多采用桁架式或钢箱索塔，小跨度"异形"斜拉桥采用歪塔、异型索塔。

独柱式索塔与单索面相配，高耸挺拔，形似天梯直上云天，突显其向上延伸的动势，使观者有飞跃之感。当跨度较大时，下端可分为两支，成为倒 Y 形，或变截面修饰造型。双柱式、门形、H 形索塔同属一类，是斜拉桥索塔的基本形式。无横梁双柱索塔结构简洁，视觉空间畅通，使行驶者无压抑感，而心情舒畅。当跨度较大，索塔较高时，需以横梁联系双柱，而成为门形或 H 形。为了减少横梁的负面影响，常请名人在横梁上题写桥名，使之成为又一视觉焦点。A 形索塔下肢分开，突出其坚实稳重，上肢交汇于一点，突显其目标坚定，更能表现斜拉桥刚强有力的雄姿。倒 Y 形（即"人"字形）是 A 形索塔的变异，如图 11.48 所示，既利于布索，又突显高耸效果。

图 11.48 "人"字形索塔

异型索塔是异型斜拉桥的主要造型特征，更显张扬，是个性化的标志（图 11.49）。

图 11.49 异型索塔

（3）斜拉索索面美学设计

斜拉索是斜拉桥主要审美元素，特别在中景或远景审美过程中，斜拉索索面形式造成的视觉审美印象尤为深刻。

密索面体系拉索虚实相间、井然有序，远观似一张拉网斜挂于塔梁之间，虽然纤细，但强劲有力，审美效果较好（图 11.50）。疏索面体系拉索稀疏而无形态可言，审美效果较差，现已较少采用。

图 11.50　斜拉索索面远景审美

放射形和扇形索面斜拉索以不同倾角交汇于索塔上部，具有较强的视觉吸引力，当与 A 形索塔匹配时，审美效果更佳。

平行索面斜拉索等间距平行排列，长短有序，布局严谨，犹如二面竖琴架立在塔梁之间，令观者肃然（图 11.51）。

(4) 主梁美学设计

随着密索体系的发展，斜拉桥主梁可以做得更加轻薄、纤细。主梁断面形式目前以抗扭刚度较大且便于与拉索连接的箱梁为主，其形态断面多为倒梯形，这样不仅可满足抗风稳定要求，而且在光影效果下也更显轻盈美观。钢箱梁是当前最常见的主梁断面形式。它具备梁高较低（仅为跨径的 1/400~1/300）、可充分利用箱体空间隐藏线路系统等优点。对于双层桥面，则可利用钢桁架梁作为加劲梁。这种梁的设计与悬索桥类似。

另外，主梁纵断面线形通常为水平直线，坦直似箭，简明、舒展，并具有速度感和连接顺畅感。对三跨斜拉桥

图 11.51　斜拉索索面近景审美

当桥跨较大或因桥下净空需要时，可采用纵向竖曲线，这样不仅可避免大跨径梁易给人带来的下垂感，同时也使桥梁侧面景观形态优美，极富跨越感。

3. 斜拉桥美学设计缺陷

① "上身"长"下肢"短、"手臂"长"脚杆"短的斜拉桥，总体造型欠匀称。这种缺陷以修建于宽浅河滩桥位的斜拉桥最为突出，如图 11.52 所示。

② "半跨长草、半跨流水"的斜拉桥，"效率"不高，审美效果欠佳。为了便于施工，斜拉桥索塔多设于河岸或河滩，而为了平衡拉力，又需配置足够长的边跨，这就使边跨位于可以不修桥或修小跨度桥的河滩或河岸，建桥效率不高。

③ 灯柱造成的"不和谐音"。设计者常常把照明灯柱穿插在拉索平面，使灯柱与拉索交叉，显得错乱无序，犹如在优美的乐章中加入了"不和谐音"，此类设计很多（图 11.53）。虽然这是一个细节，但却极大地损害了斜拉的审美效应，值得设计者深思。

图 11.52 上高下低、身长腿短，总体造型欠佳　　图 11.53 灯柱与拉索交叉，显得错乱无序

由上所述。拉索不仅是斜拉桥的主要构件，而且也是决定桥梁景观的重要因素，它的斜直线分置，与桥塔构成简洁、稳定的几何构图，蕴藏着明确、强劲的力感，同时又加强了桥的平衡感。斜拉索作为能引导观赏者产生心理力势感的一种构件，由于其布置形式不同，所产生效果也不同。拉索与主梁角度越大，引导观赏者向上的力势感越强，而其夹角与桥梁工程的结构力学性能有关。

11.6 附属设施美学设计

11.6.1 栏杆

1. 栏杆分类

桥梁栏杆是用来保障行人或车辆行驶安全、防止坠落或冲撞的一种必要的安全设施，是与行人接触最为接近的部位，其造型设计效果影响着桥梁整体的视觉效果。桥梁栏杆形式虽然多种多样，但总体上可大致分栅栏式、栏板式、棂格式和混合式四类。

（1）栅栏式

栅栏式栏杆是指栏杆与立柱按等间距或有规则变化来排列，用一根通栏扶手连接，不需过多的雕饰，只求规格严整、简洁明快、连续流畅、施工简便，在各种桥梁工程中得到广泛应用。

（2）栏板式

栏板式栏杆分为实体栏板和镂空栏板两种形式。实体栏板式栏杆要在两个立柱间设置预制栏板，栏板上面经常雕刻着各种体现民族风情的饰物，用以增加情趣感，适用于中小型石桥、混凝土桥及园林桥。镂空栏板式栏杆立柱间的栏板按设计图案和纹样留出不同几何形状的孔洞，以便呈现出不同形式的镂空图形。该种形式的桥梁栏杆，不仅可以通过镂空的轮廓和形状形成刚柔、虚实、静动、疏密的美感，也可以透过空隙使人们看到若隐若现的风景，引起人们无限遐想，有着强烈的艺术效果。

（3）棂格式

棂格式栏杆由结构多变的棂格图案组成，形式多变、生动活泼，形成了韵律性强的建筑风格。

(4) 混合式

混合式栏杆是前几种栏杆形式的综合，既有较为规律的基本图案，又有较为灵活的表现形式，打破了立柱式桥梁栏杆的单调感，也赋予了其一定内涵。比如，我国古代桥梁望柱上雕刻的狮兽等饰物，西方桥梁望柱上雕刻的希腊神话人物等饰物都赋予了桥梁栏杆一定内涵。

2. 桥梁栏杆美学设计要点

(1) 栏杆尺度要有"度"，既保证安全又保持美感

俗语说，"危楼不可居，危栏不可依"。因而，桥梁栏杆首要功能是保证车辆、行人的安全，在满足基本功能的条件下再考虑美学设计，使其既有一定使用功能，又有强烈的视觉形象。桥梁栏杆要有足够的强度和刚度，经得起拥挤和冲撞，同时在心理上给人带来安全感。为了做到这一点，应严格设计桥梁栏杆的尺度。例如，过于纤细、稀疏的栏杆设计一定程度上会引起驾驶员心理上的不安全感。因此，栏杆设计时应结合桥梁整体设计适当增加栏杆的粗度，并紧凑布置栏杆，使驾驶员、行人经过时具有一定安全感。同时，栏杆布置应尽量不影响驾驶员的视线，以免影响行车安全。

(2) 形式设计要多样与统一，做到相辅相成、相得益彰

当前，桥梁栏杆形式设计大多千篇一律，基本是简单明快的设计风格。尽管简单实用，但由于构成栏杆的各个构件和图案造型不是灵活多变的，这样的栏杆设计难免让人产生单调乏味的感觉。因此，可以借助形式多样的构成构件和图案造型使栏杆设计形式变化多端，但要避免杂乱无章，以免造成反效果。为了使栏杆设计格调明快、形式多样，设计应力求做到在变化中求统一，使二者相辅相成、相得益彰，才会取得设计美感。

(3) 造型设计要与桥型相适应，使其紧密构成一个整体

栏杆作为桥梁总体构造的一部分，栏杆造型设计应对桥梁整体美观起到衬托和加强作用。因此，栏杆造型设计要与桥型格调相一致、设计形式相统一。比如，桥梁整体设计风格简单明快、纤细轻巧，栏杆设计格调也应如此，否则会造成栏杆造型相对整体突兀、不协调，不仅影响桥梁美观，也对驾驶员、行人心理产生干扰。

(4) 造型与周围环境协调，自然融入周围环境

桥梁作为基础设施，往往体现着一个地区的地域风格和民族风格。为了将一个地区的地域风格和民族风俗传承下去，桥梁栏杆造型设计要与其所在地建筑风格和民族风格相一致。比如云南西双版纳桥梁栏板基本刻有孔雀，象征着傣族人民对吉祥的向往、对孔雀的喜爱。这样设计出来的结构才能很好地融入当地文化，并向世人展示当地文化和民俗。

11.6.2 照明

道路照明一般是使用立在路侧成排的路灯作为功能性照明。它的特点是效率高，光照分布均匀，同时具有很好的诱导性。对于桥梁的功能照明，如果也采用成排的路灯，毫无变化地按原有的节奏排列，道路延伸的感觉虽得以体现，但桥梁节点的感觉被弱化了。尤其是城市重点地区的桥梁(包括立交桥)，造型丰富特殊，其功能照明设计要力求在白天不影响其整体造型的完整性，在夜晚又可强化桥梁的特殊地理位置、特殊结构特点，使人们无论在视觉感受和心理感受上，都会产生美的享受，如图 11.54、图 11.55 所示。

图 11.54　美国金门大桥照明　　　　图 11.55　上海南浦大桥照明

在我国，随着桥梁造型的不断丰富，人们对景观需求的不断提高，常规的灯杆式照明形式已远远不能满足桥梁景观的设计要求，桥梁设计与照明设计一体化势在必行，要使桥梁无论在白天还是夜晚均给人们呈现出最完美的一面。大型桥梁必定是具有特色的大型建筑物，照明作为桥梁设计的一个重要组成部分，其设计不能单纯地与一般道路或建筑物的照明设计一样，而是要着重考虑大型桥梁夜景照明的功能性和装饰性，设计时要将两者综合起来进行考虑，以达到最安全、最合适、最美观的照明效果。横跨东京港的彩虹大桥是国际都市东京的海上大门，景观照明效果的基本原则主要是要具备作为东京门户的标志性、亲水性及反映未来的崭新性，要创造出精彩的夜间景观，主塔光色随季节变化，夏季为白色，冬季为暖白色。悬索照明每个单元使用三种不同光色：白色（中性的公共色）、绿色（东京的视觉色象征亲水性）、珊瑚色（象征 21 世纪的来临）。该桥还特别考虑了节能与环保，使用太阳能发电，解决照明 40% 的用电量，该桥照明设计是由日本著名设计师石井斡子花费近 3 年时间完成，具体布设图如图 11.56 所示。

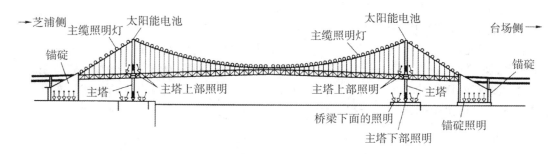

图 11.56　日本东京彩虹桥照明灯具布设图

单从大型桥梁的照明装饰性角度来看，与其他夜景照明的设计一样，需要考虑很多因素的影响，比如，照明的设计是否安全可靠，是否符合经济合理的原则；照明的设备是否便于维护，是否节省电能；照明的亮度要符合相关照明安全的规定，不能产生眩光，以免干扰驾驶者视线。照明的设计及选用不仅要突出大型桥梁的特色，更要塑造建筑物在夜间的美好形象，而且照明的设计要把握大型桥梁建筑师的设计意图和风格，整个的照明效果要突出桥梁的特色和韵味。

桥梁景观照明的美学设计要点主要有以下几个方面：

①选择桥梁要素为照明表现对象。桥梁夜景照明应还原其建筑艺术美，不可千篇一律，要根据不同桥型的形体特征，有选择地进行照明设计，必须掌握桥梁的要素，如主缆、桥塔、斜拉索、护栏、纵梁、桥拱、桥墩等。

②表现出桥梁造型的立体感。由于不同光源的光谱分布的影响。照明对象会出现阴影，形成鲜明的立体感。但光线方向过于单一，也会产生令人不适的阴影效果。倘若照明方向过于扩散，照明要素各个面的照度相近，则立体感就会减弱。所以，必须合理布置光源，调整光照角度，使照明要素的主照面、副照面和投影面的照度合理分配，以获得适合的立体感。

③强调色彩表现。由于不同光源的光谱分布的影响在不同光源照射下观看桥梁时，其外观色彩会发生变化，所以光源的色调直接影响桥梁色彩的表现。如果需要准确表现桥梁照明要素的色彩，则须选择高显色性光源。

11.6.3　桥头建筑

在很多桥梁的两头均建有大小不同、高低不等、形状各异的附属性建筑物，这些附属性建筑物称为桥头建筑。

北京卢沟桥桥头就建有碑亭，立有华表。在苏州宝带桥头，修有碑亭、古塔。在都江堰安澜桥头，建有桥亭。在北京北海公园堆云积翠桥两端，各建高大牌楼一座，红柱绿瓦，色彩绚丽，形态美观。这些附属建筑和桥梁巧妙结合，高低错落，纵横有序，使桥的总体布局更为完善、合理。同时，它们也成了指示道路、导航引渡的标志。

本 章 小 结

1. 在满足功能要求的前提下，要选用最佳的结构型式。质量统一于美，美从属质量。

2. 美，主要表现在结构选型和谐与良好的比例，并具有秩序感和韵律感。过多的重复，会导致单调。

3. 重视与环境协调。材料的选择、表面的质感，特别色彩的运用起着重要作用。模型检验有助于实感判断，审视阴影效果。

4. 美丽的桥梁应以其个性对人们产生积极的影响。美和伦理本是相通的，美的环境将直接陶冶人们的情操，大自然的美、人为环境的美对人们身心健康非常重要。

5. 斜拉桥的斜拉索与主梁角度越大，引导观赏者向上的力势感越强，而其夹角与桥梁工程的结构力学性能有关。

6. 在满足受力要求的前提下，做到梁的形态优美、纤细轻盈、流畅连续，是桥梁美学设计的重要内容。

7. 栏杆造型设计效果影响着桥梁整体的视觉效果，要有足够的强度和刚度，经得起拥挤和冲撞，同时在心理上给人带来安全感。

8. 拱圈的设计应兼顾美学与力学。优美的拱曲线孕育着强大的力量，产生一跃而过的动感和跨越感，加上柔美拱曲线与直线的梁柱结合，呈现出刚柔相济、韵律优美的绰约风姿。

9. 同一是统一的最简单形式，过多的"同"会给人单调、呆板的感觉，所以同中求异，统一中求多样、求变化，才能营造出桥梁美的情趣与韵味。

10. 桥梁对称结构产生稳重、肃穆、庄严的美，而不对称均衡则能突出个性，适应多层次审美心理要求。

11. 桥梁建筑不仅要表现出结构上的稳定连续、强劲力感和跨越能力，而且要有美的形态与内涵，只有内容和形式的高度统一，才能显示出不朽的生命力。

12. 桥梁的塔、梁、墩、索等外露构件既成为桥梁景观重点，也是桥梁美学处理上的难点，如何将这些构件组合成美的整体，是桥梁建筑艺术设计的难点。

思考题及习题

1. 桥梁建筑造型美的法则有哪些？
2. 对于体量较大的梁桥，并且桥下景观和交通要求比较高的时候，桥墩如何进行处理，以创造轻巧的形象？
3. 实腹拱桥建筑从美学观点上需注意些什么？
4. 简述斜拉桥和悬索桥在美学方面的异同点。
5. 简述梁桥美学设计要点。
6. 桥梁建筑韵律的表现手法有哪几种？
7. 影响桥梁美学的元素有哪些？
8. 简述现代桥梁建筑美学特征。
9. 桥梁与环境协调的设计方法有哪几种？

参 考 文 献

[1] 交通部. 公路桥涵设计通用规范(JTG D60—2015)[S]. 北京：人民交通出版社，2015.
[2] 交通部. 公路圬工桥涵设计规范(JTG D61—2005)[S]. 北京：人民交通出版社，2005.
[3] 交通部. 公路钢筋混凝土及预应力混凝土桥涵设计规范(JTG 3362—2018)[S]. 北京：人民交通出版社，2018.
[4] 交通部. 公路钢结构桥梁设计规范(JTG D64—2015)[S]. 北京：人民交通出版社，2015.
[5] 交通部. 公路桥涵地基与基础设计规范(JTG 3362—2019)[S]. 北京：人民交通出版社，2019.
[6] 交通部. 公路交通安全设施施工技术规范(JTG F71—2006)[S]. 北京：人民交通出版社，2006.
[7] 交通部. 公路排水设计规范(JTG/T D33—2012)[S]. 北京：人民交通出版社，2012.
[8] 交通部. 公路桥涵施工技术规范(JTG/T 3650—2020)[S]. 北京：人民交通出版社，2020.
[9] 交通部. 公路桥涵养护规范(JTG H11—2004)[S]. 北京：人民交通出版社，2004.
[10] 交通部. 公路悬索桥设计规范(JTG/T D65-05-2015)[S]. 北京：人民交通出版社，2015.
[11] 交通部. 公路工程技术标准(JTG B01—2014)[S]. 北京：人民交通出版社，2014.
[12] 住建部. 城市桥梁设计规范(CJJ 11—2011)[S]. 北京：中国建筑工业出版社，2011.
[13] 住建部. 城市道路照明设计标准(CJJ45—2006)[S]. 北京：中国建筑工业出版社，2006.
[14] 徐光辉，胡明义. 公路桥涵设计手册——梁桥(上册)[M]. 北京：人民交通出版社，1996.
[15] 刘效尧，赵立成. 公路桥涵设计手册——梁桥(下册)[M]. 北京：人民交通出版社，2000.
[16] 顾懋清，石绍甫. 公路桥涵设计手册——拱桥(上册)[M]. 北京：人民交通出版社，1997.
[17] 顾安邦，孙国柱. 公路桥涵设计手册——拱桥(下册)[M]. 北京：人民交通出版社，1997.
[18] 江祖铭，王崇礼. 公路桥涵设计手册——墩台与基础[M]. 北京：人民交通出版社，1997.
[19] 金吉寅，等. 公路桥涵设计手册——桥梁附属构造与支座[M]. 北京：人民交通出版社，1999.

[20] 朱尔玉,等. 桥梁文化与美学[M]. 北京:北京交通大学出版社,2019.
[21] 邵旭东. 桥梁工程(第四版)[M]. 武汉:武汉理工大学出版社,2016.
[22] 邵旭东,等. 桥梁工程(第五版)[M]. 北京:人民交通出版社,2019.
[23] 陈宝春,等. 桥梁工程(第三版)[M]. 北京:人民交通出版社,2017.
[24] 徐风云,等. 桥梁审美原理[M]. 北京:人民交通出版社,2007.
[25] 范立础. 桥梁工程(上册)(第二版)[M]. 北京:人民交通出版社,2012.
[26] 顾安邦. 桥梁工程(下册)(第二版)[M]. 北京:人民交通出版社,2011.
[27] 张明君,等. 城市桥梁工程[M]. 北京:中国建筑工业出版社,2000.
[28] 雷俊卿. 桥梁悬臂施工与设计[M]. 北京:人民交通出版社,2000.
[29] 徐岳,等. 预应力混凝土连续梁桥设计[M]. 北京:人民交通出版社,2000.
[30] 范立础. 预应力混凝土连续梁桥[M]. 北京:人民交通出版社,1999.
[31] 钱冬生,陈仁福. 大跨悬索桥的设计与施工[M]. 成都:西南交通大学出版社,1999.
[32] 陈宝春. 钢管混凝土拱桥[M]. 3版. 北京:人民交通出版社,2016.
[33] 赵衡平. 现代桥梁伸缩装置[M]. 北京:人民交通出版社,2008.
[34] 马尔立. 公路桥梁墩台设计与施工[M]. 北京:人民交通出版社,1998.
[35] 戴公连,等. 漫话桥梁[M]. 北京:中国铁道出版社,2009.
[36] 易建国. 混凝土简支梁(板)桥[M]. 3版. 北京:人民交通出版社,2006.
[37] 中国公路学会桥梁和结构工程分会. 面向创新的中国现代桥梁[M]. 北京:人民交通出版社,2009.
[38] 刘月莲,等. 公路桥梁养护管理与维修加固[M]. 北京:人民交通出版社,2009.
[39] 邵旭东,等. 钢-超高性能混凝土轻型组合桥梁结构[M]. 北京:人民交通出版社,2015.
[40] 邵旭东. 半整体式无缝桥梁新体系[M]. 北京:人民交通出版社,2014.
[41] 李爱群,等. 桥梁结构健康监测[M]. 北京:人民交通出版社,2009.
[42] 李合群. 中国古代桥梁文献精选[M]. 武汉:华中科技大学出版社,2008.
[43] 中交第二公路工程局有限公司. 公路桥梁施工系列手册(悬索桥)[M]. 北京:人民交通出版社,2014.
[44] 王应良,等. 欧美桥梁设计思想[M]. 北京:中国铁道出版社,2008.
[45] 邵旭东,等. 桥梁设计与计算(第二版)[M]. 北京:人民交通出版社,2012.
[46] 邵旭东,等. 桥梁设计百问(第三版)[M]. 北京:人民交通出版社,2015.
[47] 刘士林,等. 斜拉桥设计[M]. 北京:人民交通出版社,2006.
[48] 周孟波. 斜拉桥手册[M]. 北京:人民交通出版社,2004.
[49] 严国敏. 现代悬索桥[M]. 北京:人民交通出版社,2002.
[50] 闫志刚. 钢筋混凝土及预应力混凝土简支梁桥结构设计[M]. 北京:机械工业出版社,2009.
[51] 吴胜东. 润扬长江公路大桥建设——第八册:景观与旅游[M]. 北京:人民交通出版社,2007.
[52] 罗哲文,等. 中华名胜大观——中华名桥大观.[M] 北京:机械工业出版社,2009.
[53] 上海市政工程设计研究总院. 桥梁设计工程师手册[M]. 北京:人民交通出版

社,2007.
[54] 南京长江第三大桥建设指挥部. 南京长江第三大桥工程建设论文集[C]. 北京:人民交通出版社,2007.
[55] 陈惠发,等. 桥梁工程施工与维修[M]. 北京:机械工业出版社,2009.
[56] 孙元桃. 桥涵工程施工技术[M]. 北京:人民交通出版社,2009.
[57]《桥梁》杂志编辑部,山东高速集团有限公司. 青岛海湾大桥国际桥梁论坛论文集[C]. 北京:人民交通出版社,2008.
[58] [德]F.莱昂哈特. 钢筋混凝土及预应力混凝土桥建筑原理[M]. 项海帆,等,译. 北京:人民交通出版社,1988.
[59] [美]林同炎. 预应力混凝土结构设计[M]. 路湛沁,等,译 北京:中国铁道出版社,1983.
[60] 马竞,金晓勤. 我国第一座整体式全无缝桥梁——广东清远四九桥的设计思路[J]. 中南公路工程,2002.
[61] 尼尔斯·J.吉姆辛. 缆索支撑桥梁——概念与设计(第二版)[M]. 金增洪,译. 北京:人民交通出版社,2002.
[62] 张喜刚,等. 苏通大桥总体设计//中国公路学会桥梁与结构工程学会2004年桥梁学术会议论文集[C]. 北京:人民交通出版社,2004.
[63] 程翔云. 梁桥理论与计算[M]. 北京:人民交通出版社,1990.
[64] 黄平明. 混凝土斜梁桥[M]. 北京:人民交通出版社,1999.
[65] 王连广. 钢与混凝土组合结构理论与计算[M]. 北京:科学出版社,2005.
[66] 黄侨. 桥梁钢-混凝土组合结构设计原理[M]. 北京:人民交通出版社,2005.
[67] 周明杰. 钢-混凝土组合结构设计与工程应用[M]. 北京:中国建材工业出版社,2005.
[68] 刘玉擎. 组合结构桥梁[M]. 北京:人民交通出版社,2005.
[69] 张联燕,程悉芳. 桥梁转体施工[M]. 北京:人民交通出版社,2002.
[70] 项海帆,刘光栋. 拱结构的稳定与振动[M]. 北京:人民交通出版社,1991.
[71] 项海帆. 桥梁概念设计[M]. 北京:人民交通出版社,2011.